2024-25年合格目標
大卒程度 公務員試験

本気で合格! 過去問解きまくり!

② 判断推理・図形

はしがき

1 「最新の過去問」を掲載

2023年に実施された公務員の本試験問題をいち早く掲載しています。公務員試験は年々変化しています。今年の過去問で最新の試験傾向を把握しましょう。

2 段階的な学習ができる

公務員試験を攻略するには，さまざまな科目を勉強することが必要です。したがって，勉強の効率性は非常に重要です。『公務員試験 本気で合格！過去問解きまくり！』では，それぞれの科目で勉強すべき項目をセクションとして示し，必ずマスターすべき必修問題を掲載しています。このため，何を勉強するのかをしっかり意識し，必修問題から実践問題（基本レベル→応用レベル）とステップアップすることができます。問題ごとに試験種ごとの頻出度がついているので，自分にあった効率的な勉強が可能です。

3 満足のボリューム（充実の問題数）

本試験問題が解けるようになるには良質の過去問を繰り返し解くことが必要です。『公務員試験 本気で合格！過去問解きまくり！』は，なかなか入手できない地方上級の再現問題を収録しています。類似の過去問を繰り返し解くことで知識の定着と解法パターンの習得を図れます。

4 メリハリをつけた効果的な学習

公務員試験の攻略は過去問に始まり過去問に終わるといわれていますが，実際に過去問の学習を進めてみると戸惑うことも多いはずです。『公務員試験 本気で合格！過去問解きまくり！』では，最重要の知識を絞り込んで学習ができるインプット（講義ページ），効率的な学習の指針となる出題傾向分析，受験のツボをマスターする10の秘訣など，メリハリをつけて必要事項をマスターするための工夫が満載です。

みなさんが本書を徹底的に活用し，合格を勝ち取っていただけたら，わたくしたちにとってもそれに勝る喜びはありません。

2023年9月吉日

株式会社　東京リーガルマインド
LEC総合研究所　公務員試験部

巻頭特集 国家公務員（人事院・裁判所）の基礎能力試験が変わります！

人事院や裁判所をはじめ，国家公務員試験で課される基礎能力試験が2024（令和6）年度から大きく変更されます。変更内容は出題数・試験時間・出題内容と多岐にわたっています。2024（令和6）年度受験生は要注意です！

1. 基礎能力試験の問題数・時間・出題内容の変更

2023（令和5）年度以前		2024（令和6）年度以降
〈総合職・院卒者試験〉		
30題／ 2時間20分 ［知能分野24題］ 　文章理解⑧ 　判断・数的推理（資料解釈を含む）⑯ ［知識分野 6題］ 　自然・人文・社会（時事を含む）⑥	⇒	30題／ 2時間20分 ［知能分野24題］ 　文章理解⑩ 　判断・数的推理（資料解釈を含む）⑭ ［知識分野 6題］ 　自然・人文・社会に関する時事，情報⑥
〈総合職・大卒程度試験〉		
40題／ 3時間 ［知能分野27題］ 　文章理解⑪ 　判断・数的推理（資料解釈を含む）⑯ ［知識分野13題］ 　自然・人文・社会（時事を含む）⑬	⇒	30題／ 2時間20分 ［知能分野24題］ 　文章理解⑩ 　判断・数的推理（資料解釈を含む）⑭ ［知識分野 6題］ 　自然・人文・社会に関する時事，情報⑥
〈一般職/専門職・大卒程度試験〉		
40題／ 2時間20分 ［知能分野27題］ 　文章理解⑪ 　判断推理⑧ 　数的推理⑤ 　資料解釈③ ［知識分野13題］ 　自然・人文・社会（時事を含む）⑬	⇒	30題／ 1時間50分 ［知能分野24題］ 　文章理解⑩ 　判断推理⑦ 　数的推理④ 　資料解釈③ ［知識分野 6題］ 　自然・人文・社会に関する時事，情報⑥
〈裁判所職員総合職（院卒）〉		
30題／ 2時間25分 ［知能分野27題］ ［知識分野 3題］	⇒	30題／ 2時間20分 ［知能分野24題］ ［知識分野 6題］
〈裁判所職員総合職（大卒）・一般職（大卒）〉		
40題／ 3時間 ［知能分野27題］ ［知識分野13題］	⇒	30題／ 2時間20分 ［知能分野24題］ ［知識分野 6題］

2023年8月28日現在の情報です。

<変更点>

・[共通化]：原則として大卒と院卒で出題の差異がなくなります。
・[問題数削減・時間短縮]：基本的に出題数が30題となります（総合職教養区分
　　　　　　　　　　　　　除く）。それに伴い，試験時間が短縮されます。
・[比率の変更]：出題数が削減された職種では，知能分野より知識分野での削
　　　　　　　　減数が多いことから，知能分野の比率が大きくなります（知
　　　　　　　　能分野の出題比率は67.5％→80％へ）
・[出題内容の変更①]：単に知識を問うような出題を避けて時事問題を中心とす
　　　　　　　　　　　る出題となります。従来，時事問題は，それのみを問う
　　　　　　　　　　　問題が独立して出題されていましたが，今後は，知識分
　　　　　　　　　　　野と時事問題が融合した出題になると考えられます。
・[出題内容の変更②]：人事院の場合，「情報」分野の問題が出題されます。

2. 時事問題を中心とした知識

　「単に知識を問うような出題を避けて時事問題を中心とする出題」とはどんな問題なのでしょうか。
　人事院は，例題を公表して出題イメージを示しています。

人事院公表例題

【No.　】世界の動向に関する記述として最も妥当なのはどれか。

1．英国では，2019年にEUからの離脱の是非を問う国民投票と総選挙が同時に行われ，それらの結果，EU離脱に慎重であった労働党の首相が辞任することとなった。EUは1990年代前半に発効したリスボン条約により，名称がそれまでのECから変更され，その後，トルコやウクライナなど一部の中東諸国や東欧諸国も2015年までの間に加盟した。

（社会科学の知識で解ける部分）

2．中国は，同国の人権問題を厳しく批判した西側諸国に対し，2018年に追加関税措置を始めただけでなく，レアアースの輸出を禁止した。中国のレアアース生産量は世界で最も多く，例えば，レアアースの一つであるリチウムは自然界では単体で存在し，リチウムイオン電池は，充電できない一次電池として腕時計やリモコン用電池に用いられている。

（自然科学（化学）の知識で解ける部分）

3．ブラジルは，自国開催のオリンピック直後に国債が債務不履行に陥り，2019年に年率10万％以上のインフレ率を記録するハイパーインフレに見舞われた。また，同年には，アマゾンの熱帯雨林で大規模な森林火災が発生した。アマゾンの熱帯雨林は，パンパと呼ばれ，多種多様な動植物が生息している。

（人文科学（地理）の知識で解ける部分）

4．イランの大統領選で保守穏健派のハメネイ師が2021年に当選すると，米国のバイデン大統領は，同年末にイランを訪問し，対イラン経済制裁の解除を約束した。イランや隣国のイラクなどを流れる，ティグリス・ユーフラテス両川流域の沖積平野は，メソポタミア文明発祥の地とされ，そこでは，太陽暦が発達し，象形文字が発明された。

（人文科学（世界史）の知識で解ける部分）

5．（略）

この例題では，マーカーを塗った部分は，従来の社会科学・自然科学・人文科学からの出題と完全にリンクします。そして，このマーカーの部分にはそれぞれ誤りが含まれています。

この人事院の試験制度変更発表後に行われた，2023（令和5）年度本試験でも，翌年以降の変更を見越したような出題がなされています。

2023（令和5）年度国家総合職試験問題

【No. 30】 自然災害や防災などに関する記述として最も妥当なのはどれか。

1. 日本列島は，プレートの沈み込み帯に位置し，この沈み込み帯はホットスポットと呼ばれ，活火山が多く分布している。太平洋プレートとフィリピン海プレートの境界に位置する南海トラフには奄美群島の火山があり，その一つの西之島の火山では，2021年に軽石の噴出を伴う大噴火が起こり，太平洋沿岸に大量の軽石が漂着して漁船の運航などに悪影響を及ぼした。

2. 太平洋で発生する熱帯低気圧のうち，気圧が990 hPa未満になったものを台風という。台風の接近に伴い，気象庁が大雨警報を出すことがあり，この場合，災害対策基本法に基づき，都道府県知事は鉄道会社に対して，計画運休の実施を指示することとなっている。2022年に台風は日本に5回上陸し，その度に計画運休などで鉄道の運行が一時休止した。

3. 線状降水帯は，次々と発生する高積雲（羊雲）が連なって集中豪雨が同じ場所でみられる現象で，梅雨前線の停滞に伴って発生する梅雨末期特有の気象現象である。2021年7月，静岡県に線状降水帯が形成されて発生した「熱海土石流」では，避難所に指定された建物が大規模な崖崩れにより崩壊するなどして，避難所の指定の在り方が問題となった。

4. 巨大地震は，海洋プレート内で起こる場合が多い。地震波のエネルギーはマグニチュード（M）で示され，マグニチュードが1大きくなるとそのエネルギーは4倍大きくなる。2022年にM8.0を超える地震は我が国周辺では発生しなかったものの，同年1月に南太平洋のトンガで発生したM8.0を超える地震により，太平洋沿岸などに10 m以上の津波が押し寄せた。

5. （略）

> 自然科学（地学）の知識で解ける部分

この出題でも，マーカーを塗った部分には，それぞれ誤りが含まれています。そのうえ，すべて自然科学（地学）の知識で判別することができます。

マーカーを塗っていない箇所は，時事的な話題の部分ですが，この部分にも誤りが含まれています。

これらから言えることは，まず，時事の部分の判断で正答を導けるということ。そして，時事の部分について正誤の判断がつかなくても，さらに社会・人文・自然科学の知識でも正解肢を判断できるということです。つまり，2つのアプローチで対応できるわけです。

3. 知識問題の効果的な学習方法

① **社会科学**

社会科学は多くの専門科目（法律学・経済学・政治学・行政学・国際関係・社会学等）の基礎の位置づけとなる守備範囲の広い科目です。もともと「社会事情」として社会科学の知識と最新トピックが融合した出題はよく見られました。そのため、基本的に勉強の方法や範囲に変更はなく、今回の試験内容の見直しの影響はあまりないといえるでしょう。時事の学習の際は、前提となる社会科学の知識にいったん戻ることで深い理解が得られるでしょう。

② **人文科学**

ある出来事について出題される場合、出来事が起こった場所や歴史的な経緯について、地理や日本史、世界史の知識が問われることが考えられます。時事を人文科学の面から学習するにあたっては、その国・地域の理解の肝となる箇所を押さえることが重要です。ニュースに触れた際に、その出来事が起こった国や地域の地理的条件、その国を代表する歴史的なトピック、周辺地域との関係や摩擦、出来事に至るまでの経緯といった要素を意識することが大事です。

③ **自然科学**

自然科学は、身の回りの科学的なニュースと融合しやすいため、出題分野が偏りやすくなります。たとえば、近年の頻出テーマである環境問題、自然災害、DXや、宇宙開発、産業上の新技術、新素材といった題材では、主に化学や生物、地学と親和性があります。自然科学の知識が身の回りや生活とどう関わりあっているのか、また、科学的なニュースに触れたときには、自分の持つ自然科学の知識を使って説明できるかを意識しながら学習することを心がけていきましょう。

2024年，国家公務員試験が変わります！！
~変更のポイントと対策法をすっきり解説！~

2024年から変わる「国家公務員採用試験」。どこがどう変わるのか、どんな対策をすればよいのか、LEC講師がわかりやすく解説します。

動画はこちらからアクセス！ ⇒

二次元コードを読み込めない方はこちら↓
lec.jp/koumuin/kakomon24_25/
※動画の視聴開始日・終了日は、専用サイトにてご案内します。
※ご視聴の際の通信料は、お客様負担となります。

岡田 淳一郎　LEC専任講師

本書の効果的活用法

STEP1 出題傾向をみてみよう

各章の冒頭には，取り扱うセクションテーマについて，過去9年間の出題傾向を示す一覧表と，各採用試験でどのように出題されたかを分析したコメントを掲載しました。志望先ではどのテーマを優先して勉強すべきかがわかります。

❶ 出題傾向一覧
章で取り扱うセクションテーマについて，過去9年間の出題実績を数字や★で一覧表にしています。出題実績も9年間を3年ごとに区切り，出題頻度の流れが見えるようにしています。志望先に★が多い場合は重点的に学習しましょう。

❷ 各採用試験での出題傾向分析
出題傾向一覧表をもとにした各採用試験での出題傾向分析と，分析に応じた学習方法をアドバイスします。

❸ 学習と対策
セクションテーマの出題傾向などから，どのような対策をする必要があるのかを紹介しています。

● 公務員試験の名称表記について
本書では公務員試験の職種について，下記のとおり表記しています。

地上	地方公務員上級（※1）
東京都	東京都職員
特別区	東京都特別区職員
国税	国税専門官
財務	財務専門官
労基	労働基準監督官
裁判所職員	裁判所職員（事務官）／家庭裁判所調査官補（※2）
裁事	裁判所事務官（※2）
家裁	家庭裁判所調査官補（※2）
国家総合職	国家公務員総合職
国Ⅰ	国家公務員Ⅰ種（※3）
国家一般職	国家公務員一般職
国Ⅱ	国家公務員Ⅱ種（※3）
国立大学法人	国立大学法人等職員

（※1）道府県，政令指定都市，政令指定都市以外の市役所などの職員
（※2）2012年度以降，裁判所事務官（2012〜2015年度は裁判所職員）・家庭裁判所調査官補は，教養科目に共通の問題を使用
（※3）2011年度まで実施されていた試験区分

STEP2 「必修」問題に挑戦してみよう

　「必修」問題はセクションテーマを代表する問題です。まずはこの問題に取り組み，そのセクションで学ぶ内容のイメージをつかみましょう。問題文の周辺には，そのテーマで学ぶべき内容や覚えるべき要点を簡潔にまとめていますので参考にしてください。
　本書の問題文と解答・解説は見開きになっています。効率よく学習できます。

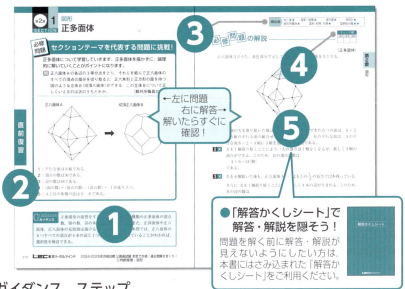

❶ ガイダンス，ステップ

　「ガイダンス」は必修問題を解くヒント，ひいてはテーマ全体のヒントです。
　「ステップ」は必修問題において，そのテーマを理解するために必要な知識を整理したものです。

❷ 直前復習

　必修問題と，後述の実践問題のうち，LEC専任講師が特に重要な問題を厳選しました。試験の直前に改めて復習しておきたい問題を表しています。

❸ 頻出度

　各採用試験において，この問題がどのくらい出題頻度が高いか＝重要度が高いかを★の数で表しています。志望先に応じて学習の優先度を付ける目安となります。

❹ チェック欄

　繰り返し学習するのに役立つ，書き込み式のチェックボックスです。学習日時を書き込んで復習の期間を計る，正解したかを○×で書き込んで自身の弱点分野をわかりやすくするなどの使い方ができます。

❺ 解答・解説

　問題の解答と解説が掲載されています。選択肢を判断する問題では，肢１つずつに正誤と詳しく丁寧な解説を載せてあります。また，重要な語句や記述は太字や色文字などで強調していますので注目してください。

STEP3 テーマの知識を整理しよう

　必修問題の直後に，セクションテーマの重要な知識や要点をまとめた「インプット」を設けています。この「インプット」で，自身の知識を確認し，解法のテクニックを習得してください。

❶「インプット」本文

　セクションテーマの重要な知識や要点を，文章や図解などで整理しています。重要な語句や記述は太字や色文字などで強調していますので，逃さず押さえておきましょう。

STEP4 「実践」問題を解いて実力アップ！

　「インプット」で知識の整理を済ませたら，本格的に過去問に取り組みましょう。「実践」問題ではセクションで過去に出題されたさまざまな問題を，基本レベルから応用レベルまで収録しています。

❶ **難易度**
　収録された問題について，その難易度を「基本レベル」「応用レベル」で表しています。
　1周目は「基本レベル」を中心に取り組んでください。2周目からは，志望先の採用試験について頻出度が高い「応用レベル」の問題にもチャレンジしてみましょう。

❷ **直前復習，** ❸ **頻出度，** ❹ **チェック欄，** ❺ **解答・解説**
※各項目の内容は，STEP 2をご参照ください。

LEC専任講師が，『過去問解きまくり！』を使った
「オススメ学習法」をアドバイス！⇒

講師のオススメ学習法

❓ どこから手をつければいいのか?

　まず各章の最初にある「出題傾向の分析と対策」を見て，その章の中で出題数が多いセクションがどこなのかを確認してください。

　そのセクションは捨ててしまうと致命傷になりかねません。必ず取り組むようにしてください。逆に出題数の少ないセクションは優先順位を下げてもよいでしょう。

　各セクションにおいては，①最初に必修問題に挑戦し，そのセクションで学ぶ内容のイメージをつけてください。②次に必修問題の次ページから始まる知識確認によって，そのセクションで学習する考え方や公式を学びます。③そして，いよいよ実践問題に挑戦です。実際に出題された問題を解いてみましょう。

🕐 演習のすすめかた

　試験で数的処理の解答に割くことができる時間の目安は，1問あたり4分程度です。

❶ 1周目（数分〜20分程度：解法を学ぶため時間は気にしない）

　最初は解法を考えるということが重要なため，いろいろと試行錯誤することになります。したがって，この段階では時間を気にしないで解けそうなら20分でも時間をかけて解き，解けなそうならば解説を見て考え方を学んでください。

❷ 2周目（4分〜10分程度：解けるかどうかを確認するため時間内に解けなくてもよい）

　問題集をひととおり終えて2周目に入ったときは，時間を意識して解いていきましょう。ただし，時間内に解けなくても気にしなくてよいです。2周目は問題の解法を覚えているかどうかの復習に重点を置くことから，「実際に解くことができる」ということが大切です。問題を自分の力で解くということを意識してください。

❸ 3周目以降や直前期（4分程度：時間内に解くことを意識する）

　3周目以降や直前期は，これまでとは逆に解答時間を意識するようにしてください。ただし，すべての問題を4分程度で解けるようになる必要はありません。複数問を一度にまとめて解いたときに，たとえば，5問ならば20分，10問ならば40分というように，1問あたりの解答時間が平均して4分程度になることを目指してください。

　また，このように，まとまった数の問題を一度に解く練習を繰り返すことで，解答に時間のかかる問題を取捨選別し，解答時間を適切に配分する力を養うことができます。

一般的な学習のすすめかた（目標正答率60～80%）

判断推理・図形の分野をひととおり学習していきます。

全体的に学習することで，さまざまな職種や問題に対応することができることから，安定して合格に必要な得点をとることを目指します。

確認した「出題傾向の分析と対策」で出題数が多い分野を優先的に学習します。目指す職種の出題数に応じて分野の調整をしてください。

一般的に判断推理では論理（論理式），対応関係，数量推理，順序関係，位置関係，推理の優先順位が高く，次に真偽，試合，操作手順と続きます。特別区を目指す場合には暗号も見ておいてください。図形では展開図，軌跡，平面図形の分割・構成，立体図形の分割・構成，図形の計量の優先順位が高いです。

頻出分野に絞って演習をすることにより，効率よく合格に必要な得点をとることを目指します。1周目は基本レベルの問題を中心に学習し，得意な分野や2周目以降は応用レベルにも挑戦していきましょう。

数的処理で高得点を目指す場合には，優先順位の低い分野や応用レベルの問題も積極的に演習していきましょう。

短期間で学習する場合のすすめかた（目標正答率50～60%）

試験までの日数が少ない場合，短期間で最低限必要な学習をします。

学習効果が高い問題に絞って演習をすることにより，最短で合格に必要な得点をとることを目指します。

問題ページ左に「直前復習」と書かれた各セクションの必修問題と，以下の「講師が選ぶ『直前復習』50問」に掲載されている問題を解いてください。

講師が選ぶ「直前復習」50問

直前復習

必修問題21問 +

実践1	実践42	実践83	実践114	実践176
実践5	実践52	実践89	実践118	実践178
実践15	実践55	実践93	実践128	実践181
実践21	実践60	実践94	実践131	実践185
実践24	実践63	実践96	実践142	実践196
実践26	実践65	実践97	実践146	実践204
実践28	実践67	実践101	実践161	実践206
実践30	実践73	実践103	実践163	実践208
実践31	実践79	実践104	実践166	実践210
実践41	実践80	実践105	実践171	実践215

目次 CONTENTS

- はしがき
- 本書の効果的活用法
- 講師のオススメ学習法
- 判断推理・図形をマスターする10の秘訣

第1章 判断推理 ………………………………………………… 1

- √ SECTION① 論理（論理式）問題1 ～ 7 ……………………………… 6
- √ SECTION② 論理（ベン図・その他）問題8 ～ 12 ………………… 24
- √ SECTION③ 真偽 問題13 ～ 20 …………………………………… 42
- √ SECTION④ 対応関係 問題21 ～ 39 ……………………………… 62
- √ SECTION⑤ 試合 問題40 ～ 51 …………………………………… 120
- √ SECTION⑥ 数量推理 問題52 ～ 61 ……………………………… 166
- √ SECTION⑦ 順序関係 問題62 ～ 74 ……………………………… 204
- √ SECTION⑧ 位置関係 問題75 ～ 87 ……………………………… 246
- ◯ SECTION⑨ 暗号 問題88 ～ 92 …………………………………… 284
- √ SECTION⑩ 操作手順 問題93 ～ 99 ……………………………… 304
- √ SECTION⑪ 推理 問題100 ～ 110 ………………………………… 330

第2章 図形 ………………………………………………… 365

- SECTION① 正多面体 問題111 ～ 112 …………………………… 370
- SECTION② 立体の切断 問題113 ～ 120 ………………………… 380
- SECTION③ 投影図 問題121 ～ 127 ……………………………… 402
- SECTION④ 展開図 問題128 ～ 140 ……………………………… 428
- SECTION⑤ 軌跡 問題141 ～ 156 ………………………………… 468
- SECTION⑥ 円の回転数 問題157 ～ 159 ………………………… 516
- SECTION⑦ 平面図形の分割・構成 問題160 ～ 174 …………… 528
- SECTION⑧ 立体図形の分割・構成 問題175 ～ 184 …………… 572
- SECTION⑨ 位相 問題185 ～ 193 ………………………………… 598
- SECTION⑩ 図形の計量 問題194 ～ 221 ………………………… 628

講師厳選！直前にやるべき問題5選！
解説動画を見ながら学習しよう！

本書の『講師が選ぶ「直前復習」問題50問』の中からさらに厳選した5問の解説動画を視聴することができます。

※画面はイメージです。
　実際の解説動画とは異なります。

パソコン・スマートフォンで視聴可能な解説動画です。
1問ごとに区切った10分解説なので、聞きたい問題だけをセレクトして通勤、通学中などスキマ時間にも学習できます。

二次元コードを読み込めない方はこちら↓

lec.jp/koumuin/kakomon24_25/

※動画の視聴開始日・終了日は、専用サイトにてご案内いたします。
※ご視聴の際の通信料はお客様負担となります。

解説動画の簡単アクセスはこちらから！

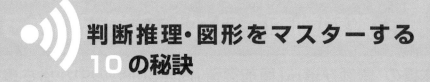
判断推理・図形をマスターする10の秘訣

- ❶ 習うより慣れろ。そのために，毎日必ず勉強しよう［共通］

- ❷ 自分のレベルに見合った基本問題を繰り返し解こう［共通］

- ❸ 初めは解答時間を気にしない。自分で考えることが大事［共通］

- ❹ 解説を読むだけではなく，必ず計算したり図を描いたりして解きなおそう［共通］

- ❺ 丸暗記より発想の仕方を覚えよう［共通］

- ❻ 最後まであきらめない忍耐力が向上力［共通］

- ❼ 自分にとってわかりやすい方法で条件を図形に整理しよう［判断推理］

- ❽ 試行錯誤が大事。詰まったら，条件にあう具体例を考えてみよう［判断推理］

- ❾ 図を描いてイメージするだけでなく，知識も大事。まずは知識を覚えよう［図形］

- ❿ 補助線を制するものは計量を制する。補助線を引いて知っている知識を使えるようにしよう［図形］

第1章
判断推理

SECTION

① 論理（論理式）
② 論理（ベン図・その他）
③ 真偽
④ 対応関係
⑤ 試合
⑥ 数量推理
⑦ 順序関係
⑧ 位置関係
⑨ 暗号
⑩ 操作手順
⑪ 推理

第1章　判断推理

出題傾向の分析と対策

試験名	地上			国家一般職 (旧国Ⅱ)			東京都			特別区			裁判所職員			国税・財務・労基			国家総合職 (旧国Ⅰ)		
年度	15-17	18-20	21-23	15-17	18-20	21-23	15-17	18-20	21-23	15-17	18-20	21-23	15-17	18-20	21-23	15-17	18-20	21-23	15-17	18-20	21-23
出題数 / セクション	15	14	14	17	18	18	9	5	3	13	16	16	18	17	19	18	18	18	19	18	17
論理（論理式）	★★		★	★	★★	★		★					★	★	★	★	★★★	★	★	★×4	★★
論理（ベン図・その他）		★							★				★★★	★	★		★				★
真偽				★			★★			★★	★	★	★★	★	★		★			★	
対応関係	★★	★★×4	★★×4	★★×5	★★×5	★★×4		★	★	★★	★★	★★	★★	★★	★★	★★	★★	★★	★★	★	★
試合		★★			★	★				★★	★★	★★	★	★★		★★	★		★	★	
数量推理	★★	★★	★★							★	★	★	★★	★★×4	★	★	★★×4	★	★	★★×4	★
順序関係	★★	★	★★×4	★★×4	★	★				★	★★	★	★★×5	★	★★	★	★★			★	
位置関係	★	★★	★★	★★	★★	★★				★★	★★	★★	★★	★★	★★×5	★	★★	★	★★	★	★
暗号										★★	★★	★★	★								
操作手順	★	★	★	★	★★				★				★★	★★★	★★★	★★	★	★	★★	★	★★
推理	★★	★★	★	★	★★			★			★	★	★	★★	★★	★	★★	★★	★★	★★★	★

（注）　1つの問題において複数の分野が出題されることがあるため，星の数の合計と出題数とが一致しないことがあります。

　本書で取り上げている試験種では「対応関係」，「数量推理」，「位置関係」，「順序関係」，「操作手順」からの出題が多い。

　判断推理の問題は情報を整理していくために表や図を用いることが有効である。整理する表や図の形にはいくつかの形式があるが，自分が解きやすい方法，得意な方法を見つけるようにしたい。

地方上級

例年5題程度出題されている。近年では,「論理」,「対応関係」,「数量推理」,「位置関係」からの出題が多い。基本的な問題も出題されるが,「推理」のように問題形式が決まっていない問題も時々出題されることから,問題ごとに何が問われているかを判断して適切な解法を考えられるようにしておきたい。

国家一般職（旧国家Ⅱ種）

例年6題程度出題されている。近年では,「対応関係」,「順序関係」,「論理」,「数量推理」からの出題が多い。また,「操作手順」では2022年に情報の基本であるプログラムの問題が出題されている。多くは本書に載っている解法で十分であるが,場合分けに慣れる練習をしよう。

東京都

近年1,2題程度出題されている。「対応関係」,「順序関係」,「数量推理」からの出題が多い。基本的な問題が出題されることから確実に得点できるようにしておきたい。また,職種を問わず過去問と同様の問題が出題されることから,複数年度にわたって過去問を解いておき,同様の問題が出たときは確実に解けるようにしておきたい。

特別区

2015年までは4題の出題であったが,2016年から5題の出題となり,2017年以降も踏襲されている。近年では,「対応関係」,「試合」,「位置関係」,「暗号」からの出題が多い。「試合」,「暗号」の問題は時間を要することが多い。しかし,それ以外の単元は基本的な解き方をする問題が多いことから,確実に得点できるようにしておきたい。

裁判所職員

例年6題程度出題されている。近年では,「論理式」,「試合」,「操作手順」,「数量推理」,「順序関係」からの出題が多い。他の試験種ではあまり出題されないような単元からなる難易度が高い問題も1題含まれているのが,最近の傾向である。数的推理に比べて判断推理の方が難易度の高い問題が多く含まれる年度が多い印象を受ける。2022年までは難しい問題も含まれていたが,2023年は少し易化した。

国税専門官・財務専門官・労働基準監督官

例年5,6題の出題である。近年では,「対応関係」,「順序関係」,「位置関係」,「数量推理」からの出題が多い。また,「操作手順」でフローチャートの問題も2023年に出題されている。典型的な問題形式の出題もあるが,応用問題も出題されるために,少なくとも得意な分野については多くのことを学習しておくのがよいだろう。

国家総合職（旧国家Ⅰ種）

　例年6題程度出題されている。近年では，「対応関係」，「数量推理」，「操作手順」，「論理式」からの出題が多い。他の職種で見られるような問題形式での出題は少なく，複数の分野を組み合わせた問題が多いため，幅広い分野についての学習と，横断的な応用力が必要である。試行錯誤が必要な問題も多く，普段の学習から慣れておきたい。

Advice アドバイス　学習と対策

　「真偽」，「対応関係」，「試合」，「順序関係」，「位置関係」は，出題形式こそ違えど，考え方はほとんど変わらない。

　その考え方とは，

①問題文を整理して，条件を抜き出す。

②複数の条件を統合する。

③推理が行き詰まったとき，「…ならば」と仮定して推理を進めていく（試行錯誤してみるという表現が近い）。

の3点である。特に③は難しい。なぜなら推理が行き詰まる箇所は人によって違い，問題集の解説のように仮定するとは限らないからである。また，判断推理の問題を解くうえで欠かせないのは条件を図表に整理して視覚的に見やすくすることである。この図表の整理の仕方に決まった形はない。問題文から判断して自分が見やすい図表の整理をしていくことが大事である。この「考え方」「整理の仕方」から共通していえることは「自分で考える」ことが大事だということである。

　数的処理の問題は当然，正答は1つしかないが，そこに行き着くまでの解法は人の数だけあると思ってほしい。それが顕著に現れているのが判断推理である。問題集の解説はあくまで参考程度に留めておき，あくまで自分で考えるということを念頭においてほしい。

memo

第1章 判断推理

判断推理
論理（論理式）

必修問題 セクションテーマを代表する問題に挑戦！

論理式を用いた論理の解法を学習していきます。ある程度パターン化されていますので得点源になりやすいです。

問 あるグループにおける花の好みについて、次のア～ウのことが分かっているとき、確実にいえるのはどれか。　　（特別区2021）

ア：アサガオが好きな人は、カーネーションとコスモスの両方が好きである。
イ：カーネーションが好きではない人は、コスモスが好きである。
ウ：コスモスが好きな人は、チューリップが好きではない。

1：アサガオが好きな人は、チューリップが好きである。
2：カーネーションかコスモスが好きな人は、アサガオが好きではない。
3：コスモスが好きな人は、アサガオが好きである。
4：コスモスが好きではない人は、チューリップが好きである。
5：チューリップが好きな人は、アサガオが好きではない。

頻出度	地上★★★　国家一般職★★★　東京都★★　　特別区★
	裁判所職員★★★　国税・財務・労基★★　　国家総合職★

必修問題 の解説

チェック欄		
1回目	2回目	3回目

〈論理式〉

第1章 判断推理

まず，条件ア～ウを論理式にすると，

ア：アサガオ → カーネーション∧コスモス

　　分解すると，アサガオ → カーネーション
　　　　　　　　　　　　　　↓
　　　　　　　　　　　　　コスモス

イ：$\overline{カーネーション}$ → コスモス

ウ：コスモス → $\overline{チューリップ}$

となり，これらをまとめると次のようになる。

　　　　アサガオ → カーネーション
　　　　　　　↓
　　　コスモス ← $\overline{カーネーション}$
　　　　　　　↓
　　　$\overline{チューリップ}$

1× アサガオが好きな人は，チューリップが好きではない。

2× 本肢の対偶をとると，アサガオが好きな人は，カーネーションとコスモスの両方が好きではないとなるが，条件アに反している。

3× 上の論理式から，アサガオが好きな人は，コスモスが好きであるとはいえるが，その逆である本肢は確実にはいえない。

4× 上の論理式から，コスモスが好きな人は，チューリップが好きではないとはいえるが，その裏である本肢は確実にはいえない。

5○ 本肢の対偶は，アサガオが好きな人は，チューリップが好きではないとなり，上の論理式から正しい。よって，本肢は確実にいえる。

正答 **5**

LEC東京リーガルマインド　2024-2025年合格目標 公務員試験 本気で合格！過去問解きまくり！
②判断推理・図形

第1章 SECTION 1 判断推理
論理（論理式）

1 命題
正しい（真）か正しくない（偽）かの判定ができる文章を命題という。

2 命題の合成
(1) 否定
「$\bar{p}$」は「pでない」という命題を表す。また，論理学で，$\bar{\bar{p}} \equiv p$（「『pではない』ことはない」は「pである」と同じ意味である）が成り立つ。

(2) 「かつ」と「または」
　$p \wedge q$（pかつq）　「p，qの両方が成り立つ」という意味の命題。
　$p \vee q$（pまたはq）　「p，qの少なくとも一方が成り立つ」という意味の命題。

(3) 論理式
「pならばqである」という仮言命題や，「pはすべてqである」という全称命題を「$p \to q$」という論理式で表す。
　例）　お茶類はすべて飲み物である。　お茶類→飲み物

3 命題の操作
(1) 逆・裏・対偶
「$p \to q$」という命題に対して，逆，裏，対偶を作ることができる。
　逆：$q \to p$，裏：$\bar{p} \to \bar{q}$，対偶：$\bar{q} \to \bar{p}$

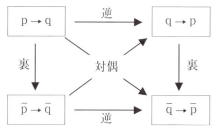

ある命題とその対偶の真偽は一致するが，逆と裏の真偽は必ずしも一致するとは限らない。
　例）　次の命題が真であるとして，逆，裏，対偶の真偽を確認する。
　　　命題：「人間は哺乳類である。（人間→哺乳類）」　　　　　　　　⇒　真
　　　逆：「哺乳類は人間である。（哺乳類→人間）」　　　　　　　　　⇒　偽
　　　裏：「人間でないものは哺乳類ではない。（$\overline{人間}$→$\overline{哺乳類}$）」　⇒　偽
　　　対偶：「哺乳類でないものは人間ではない。（$\overline{哺乳類}$→$\overline{人間}$）」　⇒　真
　この場合は，逆や裏が正しくないことがわかる。

INPUT

(2) 三段論法

「p→q」と「q→r」という命題が成り立つとき,「p→q→r」と1つの式にまとめることができる。このとき,途中の命題(q)を省略して「p→r」と記すことができる。

この性質を利用して,「p→q」「q→r」という2つの命題(前提という)から,結論として「p→r」を導くのが三段論法である。

例) 前提:「お茶類はすべて飲み物である」と「飲み物はすべて水分を含む」

・お茶類 → 飲み物   ・飲み物 → 水分

お茶類 → 飲み物 → 水分

結論:「お茶類はすべて水分を含む(お茶類→水分)」

(3) 命題をわかりやすく表現する。

次の(a), (b)の命題は,「∨」,「∧」を使わずに表すことができる。

「p→q∧r」と,「p∨q→r」は,それぞれ2つの命題の形で表現ができる。

(a) p→q∧r ⇒ p→q, p→r

(b) p∨q→r ⇒ p→r, q→r

例) 6の倍数はすべて2の倍数であり,かつ,3の倍数である。

(6の倍数→2の倍数∧3の倍数)

6の倍数→2の倍数(6の倍数はすべて2の倍数)

6の倍数→3の倍数(6の倍数はすべて3の倍数)

(注)(a), (b)の命題とは異なり,以下の命題は成立しない。

(c) p∧q→r ⇒ p→r, q→r

(d) p→q∨r ⇒ p→q, p→r

例) 2の倍数であり,かつ,3の倍数である数はすべて6の倍数である。

(2の倍数∧3の倍数→6の倍数)

この命題自体は正しいが,それを分けた次の命題,

2の倍数→6の倍数(2の倍数はすべて6の倍数)

3の倍数→6の倍数(3の倍数はすべて6の倍数)

は正しいとはいえない。

(4) ド・モルガンの法則

「p∧q」や「p∨q」の否定に関しては,以下のような公式がある。

・$\overline{p \wedge q} \equiv \overline{p} \vee \overline{q}$ ・$\overline{p \vee q} \equiv \overline{p} \wedge \overline{q}$

第1章 SECTION 1 判断推理
論理（論理式）

実践 問題 1 基本レベル

頻出度	地上★★★	国家一般職★★	東京都★	特別区★
	裁判所職員★★	国税・財務・労基★★		国家総合職★

問 あるグループにおけるスポーツの好みについて，次のア〜エのことが分かっているとき，確実にいえるのはどれか。 （特別区2018）

ア：野球が好きな人は，ゴルフが好きである。
イ：ゴルフが好きな人は，ラグビーとバスケットボールの両方が好きである。
ウ：サッカーが好きな人は，野球かラグビーが好きである。
エ：テニスが好きでない人は，バスケットボールが好きではない。

1：野球が好きな人は，テニスが好きである。
2：テニスが好きな人は，ゴルフが好きである。
3：ラグビーが好きな人は，サッカーが好きである。
4：ゴルフが好きでない人は，サッカーが好きではない。
5：バスケットボールが好きでない人は，テニスが好きではない。

OUTPUT

実践 問題 **1** の解説

〈論理式〉

条件ア～エを論理式で表すと，次のようになる。

　ア：野球 → ゴルフ

　イ：ゴルフ → ラグビー ∧ バスケ　分解すると，

　　　ゴルフ → ラグビー，ゴルフ → バスケ

　ウ：サッカー → 野球 ∨ ラグビー

　エ：$\overline{テニス}$ → $\overline{バスケ}$　対偶をとると，　バスケ → テニス

ア，イおよびエをまとめると，下図のようになる。

　　　　　　野球 → ゴルフ → バスケ → テニス
　　　　　　　　　　　　↓
　　　　　　　　　ラグビー

　したがって，三段論法より，「野球が好きな人はテニスが好きである」ことは確実にいえる。

　よって，正解は肢１である。

正答 1

第１章 判断推理

LEC東京リーガルマインド　2024-2025年合格目標 公務員試験 本気で合格！過去問解きまくり！　11
②判断推理・図形

判断推理
論理（論理式）

実践 問題 2 〈基本レベル〉

頻出度	地上★★★　国家一般職★★　東京都★　特別区★
	裁判所職員★★　国税・財務・労基★★　国家総合職★★

問 あるクラスで国語，数学，英語，理科，社会の5科目のテストが行われ，すべての生徒が全科目のテストを受けた。テストの結果に関して次のことが分かっているとき，論理的に確実にいえるのはどれか。
ただし，それぞれの科目の満点は100点である。　　　　　（国家一般職2023）
○ 国語の得点が50点未満ならば，理科の得点は50点未満である。
○ 英語と社会の得点の合計が150点未満ならば，国語の得点は50点未満である。
○ 理科の得点が50点未満ならば，数学の得点は50点以上である。

1：数学の得点が50点未満ならば，国語の得点は50点未満である。
2：国語と数学と社会の得点の合計が250点以上ならば，数学の得点は50点未満である。
3：理科の得点が50点以上ならば，英語の得点は50点以上である。
4：国語の得点が50点以上ならば，数学の得点は50点未満である。
5：社会の得点が50点未満ならば，理科の得点は50点以上である。

OUTPUT

実践 問題 **2** の解説

〈論理式〉

各条件を，論理式で書き表す。

「国語＜50」→「理科＜50」 ……①

「英語＋社会＜150」→「国語＜50」 ……②

「理科＜50」→「数学≧50」 ……③

次に，上記論理式の対偶を示す。

①の対偶：「理科≧50」→「国語≧50」 ……④

②の対偶：「国語≧50」→「英語＋社会≧150」 ……⑤

③の対偶：「数学＜50」→「理科≧50」 ……⑥

以上をもとに，各肢の記述を検討する。

1 × ④と⑥より，数学の得点が50点未満ならば，国語の得点は50点以上である。

2 × 国語と社会が100点，数学，理科と英語が50点の場合，条件をすべて満たし，かつ，肢2の主張を満たさない例である。

3 ○ ④と⑤から，理科の得点が50点以上ならば，英語と社会の得点の合計が150点以上である。また，100点満点のテストで2教科の合計が150点以上であるとき，英語と社会ともに50点以上である。したがって，理科の得点が50点以上ならば，英語の得点は50点以上であるといえる。

4 × 選択肢1から，数学の得点が50点未満ならば，国語の得点は50点以上を④と⑥より導くことができる。本肢の記述は，この命題の逆に相当するが，一般に，ある命題とその逆の命題の真偽は，一致しない。一致しない例として，国語と社会が100点，数学，理科と英語が50点の場合の場合が挙げられる。

5 × 社会が50点未満ならば，英語と社会の合計は150点未満となる。そのため，②より国語は50点未満，①より理科は50点未満となる。

正答 3

SECTION 1 判断推理 論理（論理式）

実践 問題 3 基本レベル

問 あるテニス大会の出場経験者についてアンケート調査を行ったところ，ア，イのことが分かった。
　ア　優勝経験者は，試合前日に十分な睡眠をとっていた。
　イ　家族にテニス選手がいる者は，毎日練習していた。
このとき，「優勝経験者は毎日練習していた。」ということが確実にいえるためには，次のうちどの条件があればよいか。　　　　　　　　　　　　（国Ⅱ2007）

1：家族にテニス選手がいない者は，試合前日に十分な睡眠をとっていなかった。
2：毎日練習した者は，試合前日に十分な睡眠をとっていた。
3：試合前日に十分な睡眠をとっていなかった者は，毎日練習していなかった。
4：試合前日に十分な睡眠をとっていなかった者の家族には，テニス選手がいなかった。
5：家族にテニス選手がいる者は，優勝していた。

OUTPUT

チェック欄		
1回目	2回目	3回目

実践 問題 **3** の解説

〈論理式〉

第1章 判断推理

はじめに，条件アおよびイを論理式で下記のように表す。

ア：優勝 → 睡眠

イ：家族 → 練習

次に，「優勝経験者は毎日練習していた」をウとして論理式で表すと次のようになる。

ウ：優勝 → 練習

ウがいえるためには，ア，イに加えて次の①～③のいずれかが成り立っていればよい。

①：優勝 → 家族 　（対偶は，$\overline{家族} → \overline{優勝}$）

②：睡眠 → 家族 　（対偶は，$\overline{家族} → \overline{睡眠}$）

③：睡眠 → 練習 　（対偶は，$\overline{練習} → \overline{睡眠}$）

```
ア：優勝  →   睡眠
   ①↓  ②↙  ③↓
イ：家族  →   練習
```

以上を踏まえて肢の検討を行う。

1 ○ $\overline{家族} → \overline{睡眠}$ 　となるため，②の対偶であり，正しい。

2 × $\overline{練習} → \overline{睡眠}$ 　となり，③の逆であるため，誤りである。

3 × $\overline{睡眠} → \overline{練習}$ 　となり，③の裏であるため，誤りである。

4 × $\overline{睡眠} → \overline{家族}$ 　となり，②の裏であるため，誤りである。

5 × 家族 → 優勝 　となり，①の逆であるため，誤りである。

正答 1

第1章 SECTION 1 判断推理 論理（論理式）

実践 問題 4 基本レベル

頻出度	地上★★★ 国家一般職★★ 東京都★ 特別区★
	裁判所職員★★ 国税・財務・労基★★ 国家総合職★

問 5枚のカードがテーブルに置かれている。それぞれのカードは片面にはアルファベットが書かれ、もう片面には数字が書かれてある。
この5枚のカードについて「カードの片面に母音のアルファベットが書かれているならば、その裏面には3の倍数または4の倍数が書かれている」ということが成り立っているかを、最も少ない枚数のカードを裏返して確認するとき、裏返す必要があるカードを全てあげているものは次のうちどれか。

(裁判所職員2019)

　　　　ア　　　イ　　　ウ　　　エ　　　オ
　　　[A]　[F]　[8]　[10]　[24]

1: ア、エ
2: ア、オ
3: ア、ウ、エ
4: ア、ウ、オ
5: ア、イ、ウ、エ

OUTPUT

実践 問題 **4** の解説

〈論理式〉

まず，命題である「カードの片面に母音のアルファベットが書かれているならば，その裏面には3の倍数または4の倍数が書かれている」を論理式で表すと，

　　アルファベットが母音の文字→3の倍数∨4の倍数　……①

となる。この命題が成り立っているかどうかを調べるには，この論理式が成り立たなければならない。

したがって，①の命題あるいは①の対偶である，

　　$\overline{3\text{の倍数}}$∧$\overline{4\text{の倍数}}$→アルファベットが子音の文字　……②

が成り立つ可能性があるカードを裏返して確認する必要がある。

ここで，5枚のカードについて，①あるいは②の論理式の仮定の部分を満たすのは，アのAとエの10の2枚のみである。したがって，アとエの2枚を調べればよいことがわかる。

よって，正解は肢1である。

正答 **1**

第1章 SECTION 1 判断推理
論理（論理式）

実践 問題 5 基本レベル

問 あるホテルで働くA～Eの5人のアルバイトの勤務の割り振りについて、次のことが分かっている。これから確実にいえるのはどれか。

(国税・財務・労基2012)

○ Aが出勤していないときは、Bは出勤している。
○ AとCがともに出勤しているか、AとCがともに出勤していないかのいずれかである。
○ Cが出勤しているときは、Dも出勤している。
○ Eが出勤しているときは、Aは出勤していない。

1：Aが出勤しているならば、Eも出勤している。
2：AかDのどちらかは必ず出勤している。
3：BかDのどちらかは必ず出勤している。
4：Cが出勤しているならば、Bも出勤している。
5：Eが出勤しているならば、Dも出勤している。

OUTPUT

チェック欄		
1回目	2回目	3回目

実践 問題 **5** の解説 ————————————————

〈論理式〉

第1章 判断推理

4つの条件を上からアからエとする。条件アからエを論理式で表すと次のようになる。

条件ア：$\overline{A} \to B$

条件イ：$A \Leftrightarrow C$（$A \to C$と$C \to A$の両方を満たす），$\overline{A} \Leftrightarrow \overline{C}$

条件ウ：$C \to D$

条件エ：$E \to \overline{A}$

選択肢ごとに正誤を検討する。

1 × 本選択肢を論理式で表すと$A \to E$である。条件エの対偶から$A \to \overline{E}$を導くことはできるが$A \to E$を導くことができないため，確実にいえない。これより，本肢は不適である。

2 × AかDのどちらかは必ず出勤しているということは，AとDの2人とも出勤していない状況はないということになる。つまり，**AあるいはDの1人が出勤していないならば，他方は必ず出勤している**ということができる。これを論理式で表すと，Aが出勤していない場合は$\overline{A} \to D$，Dが出勤していない場合は$\overline{D} \to A$と表すことができる。条件イとウから，$A \to D$は成り立つが，$A \to \overline{D}$を導くことができないため，確実にいえない。このことから，$\overline{A} \to D$の対偶である$\overline{D} \to A$も導くことができないため，確実にいえない。このことから，本肢は不適である。

3 ○ 肢2同様に，論理式で表すと，$\overline{B} \to D$，あるいは$\overline{D} \to B$のいずれかが成り立つことを示せばよい。条件アの対偶と条件イとウを用いて，$\overline{B} \to A \to C \to D$を導き出すことができて，三段論法により$\overline{B} \to D$が成り立つ。したがって，$\overline{D} \to B$も成り立つため，本肢は正しい。

4 × 本選択肢を論理式で表すと，$C \to B$である。条件アとイを用いて，$\overline{C} \to B$を導くことはできるが，$C \to B$を導くことができないため，確実にいえない。これより，本肢は不適である。

5 × 本選択肢を論理式で表すと，$E \to D$である。Eがある条件エを用いても，$E \to D$を導くことはできないため，確実にいえない。これより，本肢は不適である。

正答 3

第1章 SECTION 1 判断推理
論理（論理式）

実践 問題 6 基本レベル

問 A～Dはある草野球チームのメンバーである。このチームが昨年行ったいずれの試合に関しても，次の①～④が成り立っていた。
① Aは，火曜日と木曜日以外に行われた試合には必ず来た。
② Bは，試合が午前中に行われる場合は来なかった。
③ Cが来なかった試合にはDも来なかった。
④ 試合に勝ったときは必ずA，B，Cの3人とも試合に来ていた。

このチームが昨年行ったある試合は金曜日の午後に行われ，その試合にDは来なかったという。この情報と①～④だけではこの試合の勝敗を論理的に判断できないが，ある人が次のように推論をしてしまった。下線部分ア～エを，論理的に正しいものと論理的に誤っているものとを正しく分類しているものはどれか。 (地上2015)

［推　論］
試合は金曜日だったので，①より<u>ア．Aは試合に来た</u>。試合は午後に行われたので，②より<u>イ．Bは試合に来た</u>。また，Dが試合に来なかったので，③より<u>ウ．Cも試合に来なかった</u>。④より<u>エ．A，B，Cの3人のうち1人でも来なかった試合は勝てなかった</u>。したがって，「この試合には勝てなかった」という結論が得られる。

	（正）	（誤）
1：	ア，イ	ウ，エ
2：	ア，ウ	イ，エ
3：	ア，エ	イ，ウ
4：	イ，ウ	ア，エ
5：	ウ，エ	ア，イ

OUTPUT

実践 問題 **6** の解説

〈論理式〉

本条件の各要素となる命題を次のように表すものとする。

A：Aは試合参加 　　B：Bは試合参加

C：Cは試合参加 　　D：Dは試合参加

$\overline{A}$：Aは試合不参加 　$\overline{B}$：Bは試合不参加

$\overline{C}$：Cは試合不参加 　$\overline{D}$：Dは試合不参加

午前：試合は午前に開催 　$\overline{午前}$：試合は午前に不開催(午後も同様に表す)

勝利：試合に勝利 　　　　$\overline{勝利}$：試合に不勝利(敗退または引分け)

日：試合は日曜に開催

$\overline{日}$：試合は日曜に不開催(月，火，水，木，金，土曜も同様に表す)

この命題を用いて，条件①～④を論理式で表すと次のとおりになる。

①： 　$\overline{火} \wedge \overline{木}$ → A

②： 　午前 → $\overline{B}$

③： 　$\overline{C}$ → $\overline{D}$

④： 　勝利 → $A \wedge B \wedge C$

上記の論理式をもとに，Dが参加しなかった金曜日午後に行われた試合に関する推論ア，イ，ウ，エの正誤を判断すると次のとおりになる。

[推　論]	[正誤判断の根拠]
ア：○　金→A	論理式①は，$\overline{火} \wedge \overline{木}$ ≡ $\overline{火} \vee \overline{木}$ ≡ 日∨月∨水∨金∨土 → Aとなるため，正しい。
イ：×　午後→B	この推論は午後 ≡ $\overline{午前}$ → Bとなるが，これは論理式②の裏であるため，誤りである。
ウ：×　$\overline{D} → \overline{C}$	この推論は，論理式③の逆であるため，誤りである。
エ：○　$\overline{A} \vee \overline{B} \vee \overline{C} → \overline{勝利}$	この推論の対偶は，論理式④と同じになるため，正しい。

よって，正解は肢3である。

正答 **3**

第1章 SECTION 1 判断推理 論理（論理式）

実践 問題 7 応用レベル

頻出度 地上★★★ 国家一般職★★ 東京都★★ 特別区★
裁判所職員★★★ 国税・財務・労基★★ 国家総合職★★

問 あるグループが5問からなるテストを受けた。次のア～ウのことが分かっているとき，確実に言えるものはどれか。 （裁判所職員2017）

ア：第1問又は第4問に正解した者は，第3問は間違えた。
イ：第2問を間違えた者は，第3問又は第4問に正解した。
ウ：第4問に正解した者は，第5問を間違えた。

1：第2問を間違え，第5問に正解した者は，第3問に正解した。
2：第5問に正解した者は，第4問を間違え，第2問に正解した。
3：第1問と第4問を間違えた者は，第3問に正解した。
4：第3問に正解した者は，第4問を間違え，第5問に正解した。
5：第3問と第4問を間違えた者は，第1問と第2問に正解した。

OUTPUT

チェック欄		
1回目	2回目	3回目

実践 問題 **7** の解説

第1章 判断推理

〈論理式〉

問題の条件を論理式で表すと，それぞれ次のようになる。なお，肯定は正解した問題を，否定は間違えた問題を表すものとする。

条件ア：第1問→$\overline{第3問}$，第4問→$\overline{第3問}$

条件イ：$\overline{第2問}$→第3問∨第4問

条件ウ：第4問→$\overline{第5問}$

3つの条件をまとめると複雑になるため，選択肢ごとに正誤を考えていくことにする。

1 ○ 本選択肢は，$\overline{第2問}$∧第5問→第3問がいえれば正解である。ここで，$\overline{第2問}$∧第5問→$\overline{第2問}$，$\overline{第2問}$∧第5問→第5問であることに注意する。すると，条件ウの対偶と$\overline{第2問}$∧第5問→第5問から三段論法により，

$\overline{第2問}$∧第5問→$\overline{第4問}$　……①

を導くことができて，さらに，$\overline{第2問}$∧第5問→$\overline{第2問}$と条件イから三段論法より，

$\overline{第2問}$∧第5問→第3問∨第4問　……②

を導くことができる。第2問を間違え，第5問に正解した者は，②より第3問と第4問の少なくとも一方に正解しているが，①より第4問は必ず不正解であるため，必ず第3問は正解していることになる。よって，本肢は確実にいうことができる。

2 × 本選択肢は，第5問→$\overline{第4問}$，および第5問→第2問がいえれば正解となる。前半は条件ウの対偶であるため正しいが，後半は3つの条件から導くことができず，確実にいえない。

3 × 本選択肢は，条件アの裏であるため，正しい命題とは確実にいえない。

4 × 本選択肢は，第3問→第4問，および第3問→$\overline{第5問}$がいえれば正解となる。前半は条件アの対偶であるため正しいが，後半は3つの条件から導くことができず，確実にいえない。

5 × 本選択肢は，$\overline{第3問}$∧$\overline{第4問}$→第1問，および$\overline{第3問}$∧$\overline{第4問}$→第2問がいえれば正解となる。後半は条件イの対偶であるため正しいが，前半は3つの条件から導くことができず，確実にいえない。

【コメント】

A→BかつA→$\overline{B}$∨Cが条件で与えられているとき，前半の論理式からAを満たすものは必ずBを満たすため，後半の論理式はAを満たすものは必ずCを満たすことになる。したがって，A→Cをいうことができる。

正答 1

判断推理
SECTION 2 論理（ベン図・その他）

必修問題 セクションテーマを代表する問題に挑戦！

論理の問題はすべて論理式で解けるわけではありません。問題文の条件に合わせて適切な解法を採れるようにしましょう。

> **問** ある市の文化センターが主催する文化講座は，英会話，ジャズダンス，茶道，ワイン講座の4種類があり，これらの受講状況を調べたところ，次のことが分かっている。これらのことから，受講者について確実にいえるのはどれか。 　　（国Ⅱ2005）
> ○ 英会話とジャズダンスの両方を受講している者はいない。
> ○ ジャズダンスと茶道の両方を受講している者がいる。
> ○ 英会話を受講していない者はワイン講座も受講していない。
> ○ 茶道とワイン講座の両方を受講している者がいる。

1：3種類の講座を受講している者はジャズダンスを受講していない。
2：ジャズダンスとワイン講座の両方を受講している者がいる。
3：2種類以上の講座を受講している者は英会話を受講していない。
4：ワイン講座のみを受講している者がいる。
5：英会話を受講していない者は茶道を受講している。

必修問題の解説

〈ベン図〉

各条件をベン図で表す。
「英会話とジャズダンスの両方を受講している者はいない」

「ジャズダンスと茶道の両方を受講している者がいる」

「英会話を受講していない者はワイン講座も受講していない」
対偶をとって,「ワイン講座を受講している者は英会話を受講している」

「茶道とワイン講座の両方を受講している者がいる」

以上をまとめると,右のようになる。

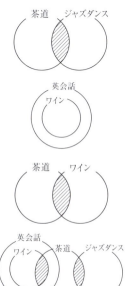

これをもとにして,各選択肢を検討する。
1 ◯ 3種類の講座を受講している者の組合せは,ワイン,英会話,茶道の1通りのみで,ジャズダンスは入らない。
2 ✕ ジャズダンスとワイン講座の両方を受講しているとすると英会話も受講していることになり,1番目の条件に反する。
3 ✕ 3種類の講座を受講している者の組合せは,ワイン,英会話,茶道であるから,英会話を受講している者もいる。
4 ✕ ワイン講座を受講している者は全員英会話を受講している。
5 ✕ 英会話を受講していない者で,ジャズダンスのみを受講している者がいる場合が考えられる。

正答 1

判断推理
論理（ベン図・その他）

1 集合

　一定の条件を満たし，他のものと明確に区別できるものの全体を1つの集合といい，集合に属している個々のものを集合の元（要素）という。また，集合のうち元を1つも持たない集合を空集合という。集合を表すときは下のようなベン図を使うと便利である。

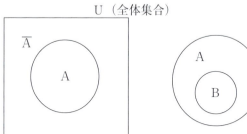

2 論理式とベン図

① 論理式は，以下のようなベン図で表すことができる。

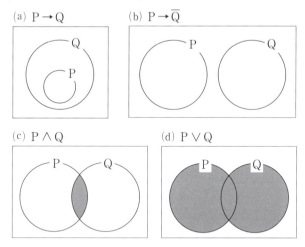

② 存在命題（特称命題）とベン図

　「あるPはQである」という命題を存在命題という。存在命題は「QとなるPが存在する」と解釈できるから，「PかつQである要素がある」と同様となり，「P∧Q」のベン図を描けばよい。

③ 注意点

　論理の問題は，原則として論理式を使って解くと考えてよい。論理式でもベン図

INPUT

でも解ける場合は，論理式で解くほうが速く解けることが圧倒的に多いからである。
　しかし，**問題文の中に存在命題が1つでもあれば論理式では解くことができない**（存在命題は論理式で表すことができない）。このような場合は，ベン図や全数調査法を使って解くことになる。

④　補足：論理式の分解

　前セクションで論理式の分解に関して学んできたが，「p∧q→r」は分解することができなかった。その理由をベン図を用いて証明していく。
　まず，「p→r」，「q→r」をベン図で表す。

　この場合，集合p，qは，集合rの中に含まれていなければならない。
　次に「p∧q→r」をベン図で表すと次のようになる。

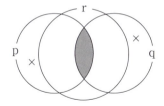

　この場合は，上図灰色部が集合rに含まれていればよいから，「×」の部分は含まれていなくてもかまわない。つまり，p→r，q→rということはできない。

3　全数調査法（しらみつぶし法）

　論理の問題の中には，考えうる場合をすべて書き出し，条件に反するものを消去して残った場合を用いて選択肢を検討する方法もある。以下のような設定であれば，すべて書き出したほうが速く解ける場合もある。
・論理式やベン図で条件を表しづらいとき
・列挙して考えられる状況が $2^4=16$（通り）までのとき

第1章 SECTION ② 判断推理
論理(ベン図・その他)

実践 問題 8 基本レベル

頻出度 地上★ 国家一般職★ 東京都★ 特別区★
　　　 裁判所職員★ 国税・財務・労基★★ 国家総合職★

[問] ある町でA，B，C，D4紙の新聞の購読状況について次のことが分かった。このとき確実にいえるのはどれか。 （地上2002）

・A紙を購読している家庭ではB紙も購読している。
・A紙を購読している家庭ではC紙も購読している。
・B紙とD紙の両方を購読している家庭がある。
・C紙とD紙の両方を購読している家庭はない。

1：A紙とD紙の両方を購読している家庭が必ずある。
2：B紙を購読しているがA紙を購読していない家庭が必ずある。
3：B紙を購読している家庭では必ずC紙を購読している。
4：C紙を購読しているがA紙を購読していない家庭が必ずある。
5：C紙の方がB紙より多くの家庭で購読されている。

OUTPUT

実践 問題 8 の解説

〈ベン図〉

各条件をベン図にまとめると，以下のようになる。

1番目の条件文

2番目の条件文

3番目の条件文

購読している家庭が必ず存在する

4番目の条件文

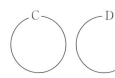

そして，これらのベン図をまとめると，次のようになる。

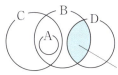

購読している家庭が必ず存在する

ここで，このベン図をもとに各肢を検討すると，以下のようになる。

1 × AとDは交わらないから，A紙とD紙の両方を購読している家庭はない。
2 ○ 上図の着色部分には購読している家庭が必ず存在し，この家庭はB紙を購読しているが，2番目と4番目の条件よりA紙を購読していないため，本肢は確実にいえる。
3 × 上図の着色部分の家庭は，B紙を購読しているがC紙を購読していない。このような家庭が必ず存在するのだから，本肢は確実にはいえない。
4 × C紙を購読しているすべての家庭がA紙も購読している可能性があり，本肢は確実にはいえない。
5 × 本問では購読数に関する情報がなく，本肢は確実にはいえない。

正答 2

SECTION 2 論理(ベン図・その他)

判断推理

実践 問題 9 応用レベル

問 ある公園の広場を観察したところ,次のア〜オのことがわかった。このとき,論理的に確実にいえるものはどれか。　　　　　　　　　　（裁判所職員2022）

ア:広場には,座っている人と立っている人がいる(そのどちらにも属さない人はいない)。
イ:話をしている人は,全員立っている。
ウ:立っている人の中に,何かを食べている人はいない。
エ:何かを食べている人は,全員帽子をかぶっている。
オ:帽子をかぶっている人の中には,立っている人もいる。

1:何かを食べている人の中に,話をしている人はいない。
2:帽子をかぶっていない人は,全員立っている。
3:帽子をかぶっている人の中に,話をしている人がいる。
4:話をしながら何かを食べている人がいる。
5:座っている人は,全員何かを食べている。

OUTPUT

実践 問題 9 の解説

〈ベン図〉

条件オが存在命題であるため，すべての条件をベン図で考える。ベン図の中で，「立」は立っている人，「座」は座っている人，「話」は話をしている人，「食」は何かを食べている人，「帽」は帽子をかぶっている人を表すことにする。色をつけた領域は，その領域に属する人が1人はいることを表す。

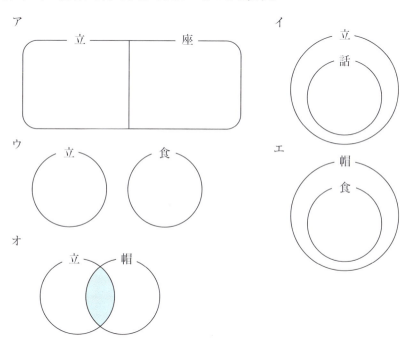

この5つのベン図をまとめると次のようになる。

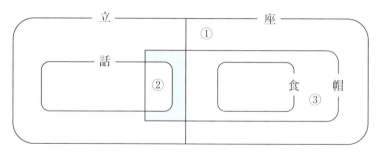

判断推理
論理(ベン図・その他)

1 ◯ 上のまとめたベン図を見ても，本肢が正解である。また，論理式で考えると，条件イと条件ウを合わせると，話→立→$\overline{食}$であり，この対偶をとると，食→$\overline{話}$である。これは，何かを食べている人は，全員話をしていないことになり，本肢は正しい。

2 ✕ ①の領域のように，帽子をかぶっていない人の中に，座っている人がいることも考えられるため，本肢は確実にはいうことはできない。

3 ✕ ②の領域がないことも考えられるので，本肢は確実にはいうことはできない。

4 ✕ 選択肢1から，確実にいうことはできない。

5 ✕ 上のベン図から，①や③の領域があることも考えられるため，本肢は確実にいうことはできない。

正答 **1**

memo

第1章　判断推理

第1章 SECTION 2 判断推理
論理（ベン図・その他）

実践 問題 10 応用レベル

問 A，B，C，D，Eの5人は家族で，次のことがわかっている。
ア　Aが風邪をひくならBは風邪をひかない。
イ　AとCの少なくともどちらかが風邪をひくならEも風邪をひく。
ウ　Bが風邪をひかないならDとEのうち片方だけが風邪をひく。
ある日，A～Eの5人のうち3人が風邪をひいた。確実に風邪をひいた者を全て挙げているのは次のどれか。　　　　　　　　　　　（裁判所職員2020）

1：AとC
2：BとC
3：BとD
4：DとE
5：E

OUTPUT

チェック欄		
1回目	2回目	3回目

実践 ▶ 問題 **10** の解説 ─────────────

第1章 判断推理

〈全数調査法〉

本問は全数調査法を利用する。5人のうちどの3人が風邪をひいたかについて，$_5C_3=10$通りが考えられる。○は風邪をひいた者，×は風邪をひいていない者として考えられる状況を次の表に表す。

	A	B	C	D	E
①	○	○	○	×	×
②	○	○	×	○	×
③	○	○	×	×	○
④	○	×	○	○	×
⑤	○	×	○	×	○
⑥	○	×	×	○	○
⑦	×	○	○	○	×
⑧	×	○	○	×	○
⑨	×	○	×	○	○
⑩	×	×	○	○	○

ここで，考えられる①～⑩の状況に対して，条件ア～ウに合わないものを消去していく。

まず，条件アより，AとBがともに風邪をひいた状況は考えられない。このことから，①～③は不適である。

次に，条件イより，Aが風邪をひいたときEは風邪をひかない状況と，Cが風邪をひいたときEは風邪をひかない状況は考えられない。加えて，④と⑦は不適となる。

最後に，条件ウより，B，D，Eの3人のうち，Bのみが風邪をひかない状況は考えられない。加えて，⑥と⑩は不適となる。

以上より，考えられる状況は，⑤，⑧，および⑨の3通りである。

	A	B	C	D	E
⑤	○	×	○	×	○
⑧	×	○	○	×	○
⑨	×	○	×	○	○

⑤，⑧，⑨の状況で共通していえることは，Eは確実に風邪をひいた者であるということである。

よって，正解は肢5である。

正答 5

2024-2025年合格目標 公務員試験 本気で合格！過去問解きまくり！
②判断推理・図形

第1章 SECTION 2 判断推理
論理（ベン図・その他）

実践 問題 11 応用レベル

頻出度	地上 ★	国家一般職 ★	東京都 ★	特別区 ★
	裁判所職員 ★	国税・財務・労基 ★★	国家総合職 ★	

問 ある中学校の新入生はみんな赤・青・白の体育着と上履きを1つずつそろえることになっている。この年，学校指定の店では赤・青・白の体育着と上履きがそれぞれ少なくとも1つは売れた。また，以下の状況もわかっている。
- 赤い体育着を買った人は全員，赤い上履きを買った。
- 青い上履きを買った人は全員，青い体育着を買った。
- 白い体育着，白い上履きを両方買った人はいない。

このとき，以下の文章中の空欄ア，イに入る語句の組合せとして最も妥当なのはどれか。 　　　　　　　　　　　　　　　　　　　　（地上2007）

- 青い体育着を買った人で，赤い上履きを買った人は　ア　。
- 白い体育着を買った人で，赤い上履きを買った人は　イ　。

	ア	イ
1：	確実にいる	いるかいないか不明
2：	いるかいないか不明	確実にいる
3：	確実にいる	確実にいる
4：	いるかいないか不明	いるかいないか不明
5：	確実にいない	いるかいないか不明

OUTPUT

チェック欄		
1回目	2回目	3回目

実践 問題 **11** の解説

〈全数調査法〉

第1章 判断推理

体育着と上履きの購入状況としてありうるものをすべて挙げる。

	体育着			上履き		
	赤	青	白	赤	青	白
①	○			○		
②	○				○	
③	○					○
④		○		○		
⑤		○			○	
⑥		○				○
⑦			○	○		
⑧			○		○	
⑨			○			○

1番目の条件より②，③が，2番目の条件より⑧が，3番目の条件より⑨がありえないことがわかる。また，⑥，⑦については，もし⑥，⑦がないとすると，白の体育着，上履きを買った人がいなくなり条件に反するため，⑥，⑦は確実に存在しなくてはならない。なお，④については，設問の条件からは確定しない。したがって，上の表は次のようになる。

	体育着			上履き			備考
	赤	青	白	赤	青	白	
①	○			○			確実にいる
④		○		○			不明
⑤		○			○		確実にいる
⑥		○				○	確実にいる
⑦			○	○			確実にいる

この表から，青い体育着を買って，赤い上履きを買った人はいるかいないか不明であり，白い体育着を買って，赤い上履きを買った人は確実にいることがわかる。

よって，正解は肢2である。

正答 **2**

第1章 SECTION 2 判断推理
論理(ベン図・その他)

実践 問題 12 応用レベル

問 次の推論のうち，論理的に正しいのはどれか。　　　　　　（国家総合職2017）

1：ある会社の商品のテレビCMの放映状況と売上額との関係を調べたところ，この商品のテレビCMが放映され，かつ，それが21～23時の間であった場合，翌日の1日間の売上額が前日の売上額と比べ3割増加することが分かった。このとき，1日間の売上額が前日の売上額と比べ3割増加していれば，前日にこの商品のテレビCMが放映されたことが論理的に推論できる。

2：ある会社の二つの支店A，Bの社員について，支店Aの社員のうち，1月生まれの者の人数は多くとも4人であり，2～12月生まれの者の人数はそれぞれ少なくとも2人であった。また，支店Bの社員のうち，1月生まれの者の人数は少なくとも4人，2月生まれの者の人数は多くとも3人，3～12月生まれの者の人数はそれぞれ多くとも2人であった。このとき，支店A，Bの社員数の合計は，少なくとも53人であることが論理的に推論できる。

3：ある人は，就寝前に洗濯をして，天気予報で翌日の天気を晴れ，かつ，降水確率を10％未満としているときに限り，洗濯物をバルコニーに干している。また，翌朝の起床時に，バルコニーに洗濯物が干してあり，かつ，雨が降っていれば，バルコニーから洗濯物を取り込んでいる。このとき，ある日の昼にこの人の家のバルコニーに洗濯物が干されていなければ，前日の天気予報でその日の降水確率を10％以上としていたことが論理的に推論できる。

4：ある会社では，四つの社内資格を設けており，このうち少なくとも一つを保有している社員についてみると，過去3年以内に海外勤務を経験していることが分かっている。また，現在，係長の役職に就いている社員は，過去5年以内に海外勤務を経験していないことも分かっている。このとき，現在，係長の役職に就いている社員は，四つの社内資格のうち，いずれも保有していないことが論理的に推論できる。

5：ある工場では，不良品の発生を防止するために作業手順を見直し，全ての作業を複数人で行い，かつ，始業時に作業手順を音読したところ，不良品の発生はなくなった。このことから，複数人で行わない作業があるか，又は，始業時に作業手順を音読しないと，不良品の発生を防止できないことが論理的に推論できる。

OUTPUT

チェック欄		
1回目	2回目	3回目

実践 ▶ 問題 **12** **の解説** ━━━━━━━━━━━━━━━━━━━━

第1章 判断推理

〈難しい論理式〉

1 ✕ テレビＣＭが放映され，かつ，21時～23時の間であった場合，売上額が3割増加することを論理式で表すと次のようになる。

テレビＣＭ∧21時～23時 → 売上額3割増 ……①

また，推論を論理式で表すと次のようになる。

売上額3割増 → テレビＣＭ

これは，①の命題の逆を分割したものであり論理的に正しい推論とはいえず，誤りである。

2 ✕ 支店Ａにおいて，条件に合うような最も少ない人数は，1月生まれは0人，2～12月生まれはそれぞれ2人であり，合わせて22人である。同様に支店Ｂの社員については，1月生まれ4人，2月生まれ0人，3～12月生まれ0人の合わせて4人である。条件に合う最も少ない人数が26人のため，少なくとも53人であるとはいえず，誤りである。

3 ✕ 推論は，前日の天気予報の降水確率が10％以上でなく，かつ晴れが予報されたため，洗濯物が干されたが翌日の朝に雨が降っていたために取り込まれた，という場合を見落としている。この場合，昼に洗濯物はないが，前日の天気予報の降水確率は10％以上ではないため，推論の反例となる。条件に矛盾せず，かつ推論に反例が存在するため，誤った推論である。

4 ○ 資格保有者と海外勤務経験を論理式で表すと，

少なくとも一つの資格 → 3年以内に海外勤務

⇔ $\overline{3年以内に海外勤務}$ → $\overline{少なくとも一つの資格}$(いずれの資格もない)

となる。また，

係長 → $\overline{5年以内に海外勤務}$

である。ここで，

$\overline{5年以内に海外勤務}$ → $\overline{3年以内に海外勤務}$

であることに注意すると，三段論法より，

係長 → $\overline{5年以内に海外勤務}$ → $\overline{3年以内に海外勤務}$ → いずれの資格もない

となるため，論理的に正しい推論である。

5 ✕ 不良品の発生が防止できた条件を①で，推論を②でそれぞれ論理式を用いて表すと，

複数人作業∧音読 → 不良品防止 ……①

$\overline{複数人作業}$∨$\overline{音読}$ → $\overline{不良品防止}$ ……②

SECTION ② 判断推理
論理（ベン図・その他）

となる。①の命題が論理的に正しいとすると、①の対偶をとった命題も論理的に正しい。①の論理式の対偶をとり、ド・モルガンの法則を用いて変形すると、

$\overline{不良品防止} \rightarrow \overline{複数人作業} \lor \overline{音読}$ ……③

となり、推論である②は③の逆の命題であるため、③が論理的に正しくても②の推論が論理的に正しい推論とはいえず、誤りである。

【コメント】

肢3は論理式を用いた解法も可能であるが、反例を見つけたほうが判断を速く行えるであろう。1つの解法だけでなく、いくつかの解法を知っているとよい。肢2や肢4のように数量関係を把握したうえで推論を行う、単純な形式論理学だけではない問題も出題されている。

正答 **4**

memo

第1章 SECTION 3 判断推理 真偽

セクションテーマを代表する問題に挑戦！

いわゆる「うそつき問題」について学習していきます。この分野は判断推理全体に必要な考え方「背理法」が頻出します。

問 ジュースの入った4本の黒いビンA〜Dがあり，それぞれラベルが貼られている。次のことが分かっているとき，AとCに入っているジュースの種類の組合せとして最も妥当なのはどれか。

（国税・労基2005）

○ ジュースの種類は，オレンジ，グレープ，パイナップル，マンゴーの四つであり，A〜Dには異なる種類のジュースが入っている。

○ ラベルには記述があり，
Aのラベル：「Bに入っているジュースの種類は，オレンジである」
Bのラベル：「Cに入っているジュースの種類は，オレンジではない」
Cのラベル：「Dに入っているジュースの種類は，パイナップルである」
となっている。

○ マンゴージュースが入っているビンに貼られたラベルの記述は事実と異なるが，それ以外のビンに貼られたラベルの記述は正しい。

	A	C
1：	マンゴー	グレープ
2：	グレープ	オレンジ
3：	パイナップル	マンゴー
4：	オレンジ	パイナップル
5：	オレンジ	マンゴー

直前復習

頻出度	地上★　　　　国家一般職★★　　　東京都★　　　　特別区★★
	裁判所職員★★　　国税・財務・労基★★　　国家総合職★★

必修問題の解説

チェック欄		
1回目	2回目	3回目

第1章 判断推理

〈真偽〉

A～Dのどれがマンゴージュースなのかで場合分けをして考える。

(1) Aにマンゴージュースが入っているとき

Aのラベルは間違っており，A，Bのラベルより，B，Cはオレンジジュースではないため，オレンジジュースはDに入っていることになる。しかし，それではCのラベルが間違いになってしまうため不適である。

(2) Bにマンゴージュースが入っているとき

Bのラベルが間違っている。しかし，このときAのラベルも間違っていることになり，A，B2本のビンが間違っていることになってしまうため不適である。

(3) Cにマンゴージュースが入っているとき

Aに書かれていることは本当であるから，Bがオレンジということになる。

ビン	種類	備考
A（本当）		
B（本当）	オレンジ	Aのビンから判明
C（間違い）	マンゴー	
D（本当）		

次に，Cのラベルに着目する。これは間違っているため，Dはパイナップルではないことがわかるが，上の表より，オレンジ，マンゴーでもないため，グレープが妥当ということになり，Aは残ったパイナップルということになる。

ビン	種類
A（本当）	パイナップル
B（本当）	オレンジ
C（間違い）	マンゴー
D（本当）	グレープ

これは条件に反していない。

(4) Dにマンゴージュースが入っているとき

(2)と同じ理由でCのラベルも間違った記述になってしまうため不適である。

したがって，(3)より，Aはパイナップル，Cはマンゴーとなる。

よって，正解は肢3である。

正答 3

第1章 SECTION 3 判断推理 真偽

1 背理法

命題が正しいことを証明するために，**命題が誤りであると仮定して**，他の条件と矛盾を導く論法。

(例) A〜Eの5人が待ち合わせた。到着した順序についてア〜エの発言があったが，発言のうち1つは誤りであった。どの発言が誤っているか。
　ア 「Aは，Dより先でEより後に到着した」
　イ 「Cは，Aより先でDより後に到着した」
　ウ 「Dは，Eより先でBより後に到着した」
　エ 「Eは，Aより先でCより後に到着した」

(解説)
　仮にアの発言が正しいと仮定する(E＞A＞D)。この発言はイ(D＞C＞A)とウ(B＞D＞E)の発言に反しているため，イとウの2つの発言が誤りとなる。しかし，これは条件「発言のうち1つは誤りであった」に反してしまう。つまり，アの発言が正しいと仮定したことが間違っていたことから，アの発言が誤っているとわかる。

2 真理表

1 の方法で考える場合，真理表を作る方法がある。発言者の欄と問題が求めるもの(犯人，当選者など)の欄からなる表を作り，問題が求めるものが正しいという仮定のもとに，各人の発言が真ならば○，偽ならば×を書き入れる。このとき，問題文の条件に合うものが正解である。

(例) ある事件の犯人として，A〜Eの5人の容疑者が取調べを受け，次のように供述した。
　A:「私は犯人ではない」
　B:「Dが犯人だ」
　C:「Bこそ犯人だ」
　D:「Aの言っていることは本当だ」
　E:「Bは嘘をついている」
　ところが，5人のうち1人だけが嘘をついていることが後でわかった。犯人はA〜Eの5人のうち誰か。ただし，犯人は1人だけであるとする。

(解説)
　次の図のように，縦のA〜Eを犯人，横のA〜Eを発言者とする真理表を作り，ある人を犯人と仮定したときの各人の発言の真偽を○(真)と×(偽)で表すことにする。

INPUT

		発　言　者					正直者
		A	B	C	D	E	の人数
犯	A	×	×	×	×	○	1人
	B	○	×	○	○	○	4人
	C	○	×	×	○	○	3人
人	D	○	○	×	×	×	3人
	E	○	×	×	○	○	3人

第1章　判断推理

　真理表から，Bが犯人である場合に限って本当のことを言っている人が4人(つまり嘘をついている人が1人)になることがわかる。したがって，犯人はBである。

他の真偽の問題の解法

⑴　2つの発言の内容が同じ場合

　　2つの発言の真偽は一致する。つまり，2つの発言とも真か，偽である。

　例)　A:「私の職業は医者である」

　　　　B:「Aの職業は医者である」

⑵　2つの発言の内容が矛盾する場合

　　2つの発言がともに真でないときにいう。

　・　一方が正直者，他方がうそつきの場合

　例)　A:「私の職業は医者である」

　　　　B:「Aの職業は医者でない」

　・　次の2つの発言は，AとBのどちらかが正直者あるいは両方ともうそつきの2パターンが考えられる。

　例)　A:「私の職業は医者である」

　　　　B:「Aの職業は教師である」

⑶　「あなたはうそつきだ」という発言があった場合

　　「あなたはうそつきだ」と言った発言者と，言われた相手はいずれかが正直者で，いずれかがうそつきということになる(2人とも正直者，2人ともうそつきということはない)。

⑷　「あなたは正直者だ」という発言があった場合

　　発言者と相手の2人とも正直者，あるいはうそつきのいずれかである。

LEC東京リーガルマインド　2024-2025年合格目標 公務員試験 本気で合格！過去問解きまくり！
②判断推理・図形　　45

第1章 判断推理 ③ 真偽

実践 問題 13 基本レベル

頻出度 地上★★ 国家一般職★★ 東京都★ 特別区★★
裁判所職員★★ 国税・財務・労基★ 国家総合職★

問 A～Eの5人が，ある競技の観戦チケットの抽選に申し込み，このうちの1人が当選した。5人に話を聞いたところ，次のような返事があった。このとき，5人のうち3人が本当のことを言い，2人がうそをついているとすると，確実にいえるのはどれか。 (特別区2020)

A：「当選したのはBかCのどちらかだ。」
B：「当選したのはAかCのどちらかだ。」
C：「当選したのはDかEである。」
D：「私とCは当選していない。」
E：「当選したのはBかDのどちらかだ。」

1：Aが当選した。
2：Bが当選した。
3：Cが当選した。
4：Dが当選した。
5：Eが当選した。

OUTPUT

実践 問題 **13** の解説

〈真偽〉

本問のように，本当のことを言った人数あるいはうそをついた人数がわかっているとき，そして，選択肢が犯人や，当選者などの候補者であるとき，左側に候補者（求めたいもの），上側に5人の発言者を載せた真理表を用いるのが有効である。A～Eの5人の1人が当選者であると仮定して，本当のことを言った人数が3人になるようなものを選べばよい。また，表には，本当のことを言った場合は○を，うそをついた場合は×で表す。Aが当選者と仮定すると，下の表を横に見て，A，C，Eの発言はうそであるが，BとDの発言は本当となる。これを，当選者Aを横に見て，

A：×，B：○，C：×，D：○，E：×

と太線で記す。残りB～Eについても，それぞれ当選者であると仮定して，残り4人の発言についてみると，以下のようになる。

		発言者の発言内容				
		A	B	C	D	E	本当のことを言った人
当選者	A	×	○	×	○	×	2人
	B	○	×	×	○	○	3人
	C	○	○	×	×	×	2人
	D	×	×	○	×	○	2人
	E	×	×	○	○	×	2人

B以外の4人が当選者であると仮定すると，発言者のうち本当のことを言った人は2人であり，不適である。しかし，Bが当選者の場合には，発言者のうち本当のことを言った人は3人であり，条件に合う。

以上より，Bが当選したことは確実にいうことができる。

よって，正解は肢2である。

正答 2

SECTION 3 真偽 判断推理

実践 問題 14 基本レベル

頻出度	地上★★	国家一般職★★	東京都★	特別区★★
	裁判所職員★★	国税・財務・労基★		国家総合職★

問 A～Dの4人はジョギング，水泳，テニス，柔道のうちいずれか1つが好きで，好きなスポーツは互いに異なる。4人に関する各人の発言は以下の通りであった。

A 「私が好きなのはジョギングである。」
  「Cが好きなのは水泳ではない。」
B 「私が好きなのはジョギングである。」
  「Aの発言は2つとも本当である。」
C 「Dが好きなのは柔道である。」
  「Bの発言は2つとも本当である。」
D 「Aが好きなのは水泳ではない。」
  「Cが好きなのはテニスではない。」

いま，各人の発言は少なくとも1つは本当のことを言っていたことがわかっている。このとき確実にいえるのは次のうちどれか。 (地上2005)

1：Aは1つだけ本当の発言をしている。
2：Cは2つとも本当の発言をしている。
3：Dは2つとも本当の発言をしている。
4：Aが好きなのはテニスである。
5：Bが好きなのは水泳である。

OUTPUT

チェック欄		
1回目	2回目	3回目

実践 問題 **14** の解説

〈真偽〉

BとCの後半の発言に着目をする。Cの後半の発言が本当であると仮定すると,

A発言の両方とBの発言の両方が本当である

となり,AとBの好きなスポーツが重複して,矛盾する。この結果,Cの後半の発言は嘘,前半の発言が本当ということになり,Dが好きなスポーツは柔道とわかる。

また,Bの前半の発言あるいは後半の発言の一方が嘘で,他方が本当であることもわかる。場合分けして考える。

(1) **Bの前半の発言が嘘,Bの後半の発言が本当のとき**

Aの2つの本当の発言から4人の好きなスポーツは,

A:ジョギング,B:水泳,C:テニス,D:柔道

と決まる。この場合は条件をすべて満たす。

(2) **Bの前半の発言が本当,Bの後半の発言が嘘のとき**

Aの前半の発言が嘘,Aの後半の発言が本当となって,4人の好きなスポーツは,

A:水泳,B:ジョギング,C:テニス,D:柔道

と決まる。しかし,Dの2つの発言がいずれも嘘となり,不適である。

以上より,Bが好きなスポーツは水泳であることは確実にいうことができる。

よって,正解は肢5である。

正答 5

第1章 判断推理

第1章 SECTION 3 判断推理 真偽

実践 問題 15 基本レベル

頻出度 地上★ 国家一般職★★ 東京都★ 特別区★★
　　　 裁判所職員★★ 国税・財務・労基★ 国家総合職★★

問 A〜Eの5人が次のように述べているとき，確実にいえるのはどれか。
ただし，5人はそれぞれ正直者又はうそつきのいずれかであり，うそつきは発言中の下線部分が虚偽であるものとする。　　（国税・財務・労基2015）

A：「Bはうそつきである。」
B：「Cはうそつきである。」
C：「Dはうそつきである。」
D：「Eはうそつきである。」
E：「AとBは2人ともうそつきである。」

1：Aは正直者である。
2：Dは正直者である。
3：Eは正直者である。
4：うそつきは2人である。
5：うそつきは4人である。

OUTPUT

チェック欄		
1回目	2回目	3回目

実践 問題 **15** の解説

〈真偽〉

　本問はA～Eの5人を正直者あるいはうそつきの2つの性格に分ける問題である。

　まず，AとEの発言に着目をする。Aの発言の中に，相手のBに対して「うそつき」と発言していることから，発言者Aと相手のBの性格は逆で，

　　（A，B）＝（正直者，うそつき），（うそつき，正直者）　……①

の2通りが考えられる。ここで，Eの発言を見ると，Eの発言が正しいとすれば，AとBは両方うそつきということになり，①に反する。このことから，Eはうそつきであるとわかる。

　次に，B，C，およびDの3人の発言を見ていく。Dは発言が正しく正直者，Cは発言にうそがあるためうそつき，Bは発言が正しく正直者と決まる。

　最後に，Aは，Bが正直者であるため，①よりうそつきであるとわかる。

　以上より，5人の性格は次のとおりに決まる。

A	B	C	D	E
うそつき	正直者	うそつき	正直者	うそつき

　以上より，Dが正直者であることは確実にいうことができる。

　よって，正解は肢2である。

正答 **2**

第1章 判断推理

第1章 判断推理 SECTION 3 真偽

実践 問題 16 応用レベル

頻出度	地上★	国家一般職★★	東京都★	特別区★★
	裁判所職員★★	国税・財務・労基★		国家総合職★★

問 A〜Eの5人がそれぞれ次のように発言している。うそつきは必ずうそを言い，うそつきでなければ必ず本当のことを言う。このとき，5人の中にいるうそつきの人数として確実に言えるものはどれか。 （裁判所職員2016）

A：「私はうそつきではありません。」
B：「5人の中にうそつきは1人以上います。」
C：「5人の中にうそつきは2人以上います。」
D：「5人の中にうそつきは3人以上います。」
E：「Cはうそつきです。」

1：0人
2：1人
3：2人
4：3人
5：4人

OUTPUT

チェック欄		
1回目	2回目	3回目

実践 問題 **16** の解説

〈真偽〉

第1章
判断推理

　まず，Bの発言に着目をする。Bがうそつきと仮定すると，

　　「5人の中にうそつきは1人もいません。」

となるが，この事実はBがうそつきであることに反する。このため，Bは本当のことを言っている人で，

　　5人の中にうそつきは1人以上いる　……①

とわかる。

　次に，Dの発言内容に着目する。うそつきが3人以上いるというDの発言が正しいと仮定すると，うそつきが2人以上いるというCの発言も正しい。しかし，うそつきが1人以上いるというBの発言も正しいことから，本当のことを言っている人が3人以上となってしまい，うそつきが3人以上いるという仮定に反する。

　以上より，Dはうそつきであるとわかる。このため，

　　5人の中のうそつきは2人以下である　……②

とわかる。

　最後に，Eの発言からEあるいはCのどちらかがうそつきであること，そしてDはうそつきであることと，さらに①と②を満たすためには，

　　5人の中のうそつきは2人である

とわかる。これより，AとCは本当のことを言っている人となり，Eはうそつきであるとわかる。

　よって，正解は肢3である。

正答 **3**

LEC東京リーガルマインド　2024-2025年合格目標 公務員試験 本気で合格！過去問解きまくり！
②判断推理・図形　　53

問 A，B，C，D，Eの5人がある競争をし，1位から5位の順位が付いた。
A 「私は1位ではありません」
B 「Cは2位ではありません」
C 「私は3位ではありません」
D 「私は4位でした」
E 「私は5位ではありません」
3位〜5位の3人はみなウソをついている。1位と2位の2人は本当のことを言っているのかウソをついているのか不明である。このとき，Dは何位であったか。　　　　　　　　　　　　　　　　　　　　（裁判所職員2020）

1：1位
2：2位
3：3位
4：4位
5：5位

OUTPUT

チェック欄		
1回目	2回目	3回目

実践 問題 **17** の解説

〈真偽〉

まず，Aの発言からAの順位を考える。Aの発言が本当であるとき，Aの順位は1位でなく，また3～5位ではないため，2位となる。また，Aの発言がウソのとき，Aの順位は1位となる。

Aの発言が本当：Aは2位　　Aの発言がウソ：Aは1位　……①

次に，BとCの発言に着目をする。本当の発言を○，ウソの発言を×で表すことにすると，BとCの発言は，

(B，C) = (○，○)，(○，×)，(×，○)，(×，×)

の4通りが考えられる。しかし，BとCの発言の両方がウソのとき，Cの順位を確定できないことから不適である。また，Aの順位が1位あるいは2位のいずれかであるため，BとCの発言の両方が本当であることはない。よって，

BとCのうち1人の発言が本当　……②

とわかる。このことから，残りのDとEは3位以下が確定し，発言内容がウソであるから，Eの順位が5位，Dの順位が3位となる。

このことから，Cの発言が本当となり，②よりBの発言がウソとなって，Cの順位が2位と決まる。

よって，①よりAの順位が1位，Bの順位は4位と決まる。

人物	A	B	C	D	E
順位	1位	4位	2位	3位	5位
発言内容	ウソ	ウソ	本当	ウソ	ウソ

以上より，Dの順位は3位であったと確定する。

よって，正解は肢3である。

正答 **3**

第1章 SECTION 3 判断推理 真偽

実践 問題 18 応用レベル

頻出度	地上★	国家一般職★★	東京都★	特別区★★
	裁判所職員★★	国税・財務・労基★		国家総合職★★

問 A～D4人の年齢は21歳～24歳でそれぞれ異なっている。この4人は他の3人の年齢について次のように言っている。

- A 「CはBよりも年上です。」
   「Dは22歳ではありません。」
- B 「DはAよりも年上です。」
   「Cは21歳ではありません。」
- C 「BはDよりも年上です。」
   「Aは24歳ではありません。」
- D 「AはCよりも年上です。」
   「Bは23歳ではありません。」

このうちDの言っていることは二つとも正しいが，他の3人の言っていることについてみると，一つは正しく一つはうそが1人，二つともうそが2人いる。このとき正しくいえるのはどれか。 (地上2002)

1：Aの言っていることは，一つは正しく一つはうそである。
2：Cの言っていることは，一つは正しく一つはうそである。
3：BはAより年上である。
4：Cは23歳である。
5：Dは22歳である。

OUTPUT

実践 問題 **18** の解説

〈真偽〉

Dの2つの発言は正しいことから,

　　・Aの年齢＞Cの年齢
　　・Bは21歳, 22歳, 24歳のいずれかである

が成り立つ。そこで, Bの年齢で場合分けをして,

　　A〜Cの6つの発言のうち正しい1つの発言　……①

を考えていくことにする。

(1)　**Bの年齢が21歳のとき**

　　Bの後半の発言が正しく, AとCの後半の発言はうそとなるため, Dは22歳, Aは24歳, 残りのCは23歳となる。しかし, Aの前半の発言が正しいことになり, ①を満たさないため, 不適である。

(2)　**Bの年齢が22歳のとき**

　　Aの後半の発言が正しく, BとCの後半の発言がうそとなるため, Aが24歳, Cが21歳となり, 残りのDは23歳となる。この4人の年齢は, A〜Cの前半の発言がすべてうそとなり, ①の条件を満たすため, 正しい。

(3)　**Bの年齢が24歳のとき**

　　Cの後半の発言が正しく, AとBの後半の発言はうそとなるため, Dが22歳, Cが21歳となり, 残りのAは23歳となる。しかし, Cの前半の発言も正しいことになり, ①を満たさないため, 不適である。

　　以上より, 4人の年齢は,

　　A：24歳, B：22歳, C：21歳, D 23歳

となるため, Aの言っていることは, 前半がうそで後半が正しいと決まり, 1つは正しく1つはうそであることは正しくいえる。

　　よって, 正解は肢1である。

正答 1

第1章 SECTION ③ 判断推理
真偽

実践 問題 19 応用レベル

問 体育館にいたA，B，C，図書館にいたD～Gの計7人が次のような発言をしたが，このうちの2人の発言は正しく，残りの5人の発言は誤っていた。正しい発言をした2人の組合せとして最も妥当なのはどれか。ただし，7人のうちテニスができる者は2人だけである。　　　（国家一般職2013）

A：「私はテニスができない。」
B：「テニスができる2人はいずれも図書館にいた。」
C：「A，Bの発言のうち少なくともいずれかは正しい。」
D：「Eはテニスができる。」
E：「Dの発言は誤りである。」
F：「D，Eの発言はいずれも誤りである。」
G：「図書館にいた4人はテニスができない。」

1：A，C
2：A，G
3：B，F
4：C，E
5：E，G

OUTPUT

実践 問題 **19** の解説

チェック欄

1回目	2回目	3回目

第1章 判断推理

〈真偽〉

　まず、Eの発言である「Dの発言は誤りである」から、DとEのうち1人は正しい発言をし、もう1人は誤った発言をしたことになる。このことから、「D、Eの発言はいずれも誤りである」とするFの発言は誤りとなる。

　次に、AとB、Cの発言に着目をする。Cの発言「A、Bの発言のうち少なくともいずれかは正しい」より、Cの発言が正しいとすると、AとBのうち少なくとも一方が正しい発言をしていることになる。すると、少なくともAかBのうちの1人とCの合わせて2人が正しい発言をしていることになるが、すでに、DかEの一方が正しい発言をしていることがわかっているので、正しい発言をしているのが3人となってしまい問題の条件と矛盾してしまう。

　したがって、Cの発言は誤りであることになり、AもBも誤った発言をしていることになる。

　ここまでで、A、B、C、Fは誤った発言をしていることがわかっているため、正しい発言をしているのは、DかEの一方とGの2人となる。

　Gの発言が正しいため、「図書館にいた4人はテニスができない」は正しいことから、「Eはテニスができる」とするDの発言は誤りであることがわかる。

　以上より、正しい発言をしているのはEとGとなる。

　よって、正解は肢5である。

　なお、テニスができる2人については、Aの発言よりAができることがわかり、もう1人はB、Gの発言から体育館にいるBかCのどちらかとなる。

正答 5

LEC東京リーガルマインド　2024-2025年合格目標 公務員試験 本気で合格！過去問解きまくり！　59
②判断推理・図形

第1章 SECTION 3 判断推理 真偽

実践 問題 20 応用レベル

<頻出度> 地上★ 国家一般職★★ 東京都★★ 特別区★★
裁判所職員★★ 国税・財務・労基★ 国家総合職★★

問 A～Eの兄弟5人が父親のFと一緒に正面を向いて横一列に座り、次のように発言している。5人のうち、Fの両隣に座った2人だけがウソをつき、残りの3人は本当のことを言っているとき、Fの1人おいて左隣に座った者として確実に言えるものはどれか。　　　　　　　　　　（裁判所職員2017）

A：「私の左隣はDです。」
B：「私はCの隣に座った。」
C：「Eの左隣はFです。」
D：「私の右隣はEです。」
E：「私の右隣はAです。」

1：A
2：B
3：C
4：D
5：E

OUTPUT

チェック欄		
1回目	2回目	3回目

実践 問題 **20** の解説

〈真偽〉

はじめに，A～Eの発言内容を次のように表す。ただし，紙面の上が正面とする。

A：DA　　　B：BC　または　CB
C：FE　　　D：DE　　　E：EA

次に，Cの発言に着目をする。Cの発言が本当であれば，Eはウソをついていることになる。ここで，本当のことを言っている者を○，ウソをついている者を×で表すとすると，CとEについて以下の3通りが考えられる。

(C，E)＝(○，×)，(×，○)，(×，×)

(1) Cの発言が本当で，Eの発言がウソのとき

Fの右隣にEが座ることになるため，Dもウソをついていることがわかる。よって，Fの左隣にDが座ることになる。しかし，Aは本当のことを言っているが，Dの右隣がFとAで重なってしまうため，不適である。

(2) Eの発言が本当で，Cの発言がウソのとき

このとき，Aがウソを言っていることになる。Eの発言が本当であるから，Aの左隣がEとなり，Aの右隣はFとなる。よって，Fの右隣はCとなる。

以上より，6人の並び順は左から，

DEAFCB　……①

と決まる。

(3) CとEの両方の発言がウソのとき

もし，CとEの両方がウソをついているのであれば，AとDの発言は正しいことになる。しかし，Dの右隣がAとEで重なることになるため，不適である。

以上より，(2)の場合のみすべての条件を満たし，Fの1人置いて左隣座った者はEである。

よって，正解は肢5である。

【コメント】

次の2人の発言は両方本当ではなく，少なくとも一方の発言はウソである。

・AとD　　・AとE　　・CとD　　・CとE

AとDの発言がウソであれば，CとEの一方の発言がウソであることに反する。逆も然りである。このことから，上の○，×を用いて2通り考えることができる。

(A，C，D，E)＝(○，○，×，×)，(×，×，○，○)

あとは位置関係から後者の場合に決まる。

正答 5

第1章 SECTION 4 判断推理
対応関係

対応関係について学習していきます。表を使った整理の仕方に慣れましょう。

問 A～Eの5人は、放課後にそれぞれ習い事をしている。5人は、生け花教室、茶道教室、書道教室、そろばん教室、バレエ教室、ピアノ教室の六つの習い事のうち、Eは二つ、それ以外の人は三つの教室に通っている。次のことが分かっているとき、確実にいえることとして最も妥当なのはどれか。　（国家一般職2021）

- 生け花教室に通っているのは4人、茶道教室は3人、書道教室は1人である。
- AとCが共に通っている教室はない。
- BとDが共に通っている教室は一つ、AとBが共に通っている教室は二つである。
- BとEが共に通っている教室は一つ、AとEが共に通っている教室は二つである。
- Cは、バレエ教室には通っていない。
- Dは、そろばん教室に通っているが、ピアノ教室には通っていない。

1：Aは、生け花教室とそろばん教室に通っている。
2：Bは、茶道教室と書道教室に通っている。
3：Cは、そろばん教室とピアノ教室に通っている。
4：Dは、茶道教室とバレエ教室に通っている。
5：Eは、生け花教室とバレエ教室に通っている。

頻出度	地上★★★　　国家一般職★★★　　東京都★　　　特別区★★★
	裁判所職員★★★　　国税・財務・労基★★★　　国家総合職★

チェック欄		
1回目	2回目	3回目

必修問題の解説 ────────────

第1章 判断推理

〈対応関係〉

　6つの条件を上からア〜カとする。まず，5人が通っている教室数に関する条件アと，条件オと条件カについて下の表に書き込む。次に，問題文の示されている条件は次のとおりである。

　　Eが通っている教室は2つ，それ以外の人が通っている教室は3つ

　　この条件と条件イから，

　　6つの習い事はすべて，AとCのどちらか1人が通っている　……①

ことがわかる。

　①と条件アより，B，D，Eの3人は生け花教室に通っており，書道教室に通っていないことになる。さらに，①と条件オより，Aはバレエ教室に通っているとわかり，また条件ウから，Bはそろばん教室に通っていないことがわかる。この時点で，条件ウと条件エの，

　　BとDが共に通っている教室，BとEが共に通っている教室は，両方生け花教室　……②

である。ここまでを表にすると次のようになる。

	生け花	茶道	書道	そろばん	バレエ	ピアノ	合計
A					○		3
B	○		×	×			3
C						×	3
D	○		×	○		×	3
E	○		×				2
合計	4	3	1				14

　続いて，茶道教室に通っている3人について考える。①より，B，D，Eの3人のうち2人が茶道教室に通っていることになるが，②より，その2人はDとEであるとわかる。

　この結果，Dはバレエ教室に通っていないことと，Eはそろばん教室，バレエ教室とピアノ教室に通ってないことがわかる。さらに，条件エのAとEについて，Aは生け花教室と茶道教室に通っていることになり，Cはこれらの2つの教室に通っていないこともわかる。ここまでを表にすると次のとおりである。

LEC東京リーガルマインド　　2024-2025年合格目標 公務員試験 本気で合格！過去問解きまくり！
②判断推理・図形

	生け花	茶道	書道	そろばん	バレエ	ピアノ	合計
A	○	○			○		3
B	○	×	×	×			3
C	×	×			×		3
D	○	○	×	○	×	×	3
E	○	○	×	×		×	2
合計	4	3	1				14

　最後に，Aは書道教室，そろばん教室とピアノ教室には通っていないこと，Bはバレエ教室とピアノ教室に通っていること，および，Cは書道教室，そろばん教室とピアノ教室に通っていることがわかる。この結果，条件ウのAとBに関する条件も満たす。

　以上をまとめると次のような結果になる。

	生け花	茶道	書道	そろばん	バレエ	ピアノ	合計
A	○	○	×	×	○	×	3
B	○	×	×	×	○	○	3
C	×	×	○	○	×	○	3
D	○	○	×	○	×	×	3
E	○	○	×	×	×	×	2
合計	4	3	1	2	2	2	14

　よって，正解は肢3である。

正答 3

memo

第1章

判断推理

65

第1章 SECTION 4 判断推理
対応関係

1　2種類の項目の対応

最も基本的であり，最もよく出題される。直接記入できる条件から対応表に記入し，その他の条件を使って対応表を完成する。解が1つに決まらないときは，場合分けをすることになる。

(例) A～Cの3人と職業(警察官，消防官，自衛官)の対応表とその空欄を埋める方法
　①Aは警察官である。
　②Bは自衛官ではない。
　③3人はいずれか1つの職業に就いており，また3人の職業はいずれも異なる。

(解説)
　①，②を表1のような対応表に整理する。
　ここで③より，B，Cは警察官ではなく，Aは消防官，自衛官ではないから対応表は表2のように埋まる。すると表2より，Cは自衛官となり，Bは消防官と決まり表3のようになる。

表1

	警官	消防	自衛
A	○		
B			×
C			

表2

	警官	消防	自衛
A	○	×	×
B	×		×
C	×		

表3

	警官	消防	自衛
A	○	×	×
B	×	○	×
C	×	×	○

2　3種類以上の項目の対応

このような場合は，単純な対応表では処理しづらいため，必要に応じて対応表を拡張して用いる。しかし，3項目以上の表の整理の仕方には一長一短があるうえ，マニュアル化されているわけではない。各人の主観によってだいぶ異なってくるだろう。そこでこういった問題には，条件によって柔軟な対応ができるような発想力が必要になってくる。

(例) A～Cの3人と職業(警察官，消防官，自衛官)と出身地(東京，大阪，福岡)の対応に関する表の整理の仕方

パターン1

	警官	消防	自衛	東京	大阪	福岡
A						
B						
C						

対応する箇所に○，×を記入する

パターン2

人			
職業			
出身			

空欄に語句を直接記入する

INPUT

　パターン1の対応表は2項目の対応表を拡張した形になるため，おそらくこの手の問題を見たときに真っ先に思いつく表かもしれない。しかし，この表は「人と職業」「人と出身地」の○，×は埋めやすいが，「職業と出身」の関係は表しづらい。また，4項目をこのような表で書こうとすると逆に複雑になってしまう。

　これに対し，パターン2の対応表はパターン1での短所は感じることはない。しかし，○，×を書き込めるものではないことから，情報の整理に複雑さを感じてしまうかもしれない。

　このように，情報量が多くなると表の整理の仕方にも一長一短が出てきてしまう。どのような表で整理するかの判断基準は条件や今までの自身の経験に頼ることになる。つまり，数多くの問題をこなし，経験を多く積むことが重要である。

3 物の貸し借り

　対応関係では，物の貸し借りや，メールのやり取りといった問題も出題される。このような問題では表で整理する以外にも，「有向グラフ」とよばれる矢印で情報を整理する方法もある。

（例）A～D 4人のメールのやり取り
　①4人とも誰か1人からメールをもらった。また，もらった人とは別の誰か1人にメールを送った。
　②AはBにメールを送っていない。
　③CはAにメールを送った。

（解説）
　①，③より，CからメールをもらったAは，Cにメールを送っていない。②と合わせて考えると，AはDにメールを送ったことがわかる。

$$C \longrightarrow A \longrightarrow D$$

　ここで，DがCにメールを送ったと仮定してしまうと，Bがメールを送れる人がいなくなってしまうため不適である。つまり，DはBにメールを送り，BがCにメールを送ったことがわかる。

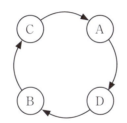

第1章 SECTION 4 判断推理
対応関係

実践 問題 21 〈基本レベル〉

問 ある書店には，A〜Gの7人が毎日2人ずつ交替で勤務している。ある週（日曜日〜土曜日）の勤務状況等について次のことが分かっているとき，確実にいえるのはどれか。 （国家一般職2015）

○ どの人も2日ずつ勤務したが，いずれの日も勤務した2人の組合せは異なっていた。
○ AとFの組合せの日があった。
○ 1日だけ女性どうしの組合せがあり，それ以外は男女の組合せであった。
○ Bは男性であり，D，E，Gは女性である。
○ Cは火曜日に，Dは木曜日に，Gは金曜日に勤務した。また，Fは土曜日に勤務しなかった。
○ A，Eは共に中4日おいて勤務した。また，F，Gは中2日おいて勤務した。
○ 2日続けて勤務したのはBのみだった。

1：Aは男性である。
2：Bは月曜日に勤務した。
3：CとDの組合せの日があった。
4：Eは日曜日に勤務した。
5：Fは男性である。

OUTPUT

実践 問題 **21** の解説 ———————————

〈対応関係〉

まず，5番目の条件よりC，D，Gの勤務日の1つがわかり，7番目の条件より，C，D，Gは2日続けて勤務していないことがわかる。そして，6番目の条件より，A，Eは共に中4日おいて勤務していたため，「日曜日，金曜日」または「月曜日，土曜日」の組合せとなることから，火曜日，水曜日，木曜日に勤務していることはない。また，F，Gは中2日おいて勤務しているから，Gはあと火曜日に勤務していることになるため，火曜日に勤務したのはC，Gと確定する。

名	性別	日	月	火	水	木	金	土	勤務日数
A				×	×	×			
B	男性			×					
C			×	○	×				1
D	女性			×	×	○	×		1
E	女性			×	×	×			
F				×				×	
G	女性	×	×	○	×	×	○	×	2
勤務人数				2		1	1		

水曜日は，残っているB，Fが勤務したことになる。7番目の条件より，Bは2日続けて勤務したことから，Bは水曜日，木曜日と勤務したこととなり，木曜日はB，Dが勤務したと確定する。6番目の条件より，Fは中2日おいて勤務している。水曜日に勤務し，5番目の条件より土曜日に勤務していないことから，あと1日は日曜日と確定する。

名	性別	日	月	火	水	木	金	土	勤務日数
A				×	×	×			
B	男性	×	×	×	○	○	×	×	2
C			×	○	×	×			1
D	女性			×	×	○	×		1
E	女性			×	×	×			
F		○	×	×	○	×	×	×	2
G	女性	×	×	○	×	×	○		2
勤務人数		1		2	2	2	1		

LEC東京リーガルマインド　2024-2025年合格目標 公務員試験 本気で合格！過去問解きまくり！
②判断推理・図形　69

2番目の条件より，AとFの組合せの日があるが，これは日曜日と確定し，6番目の条件から，Aのもう1日の勤務日は金曜日と確定する。ここで，月曜日はDとEが確定し，この2人が女性であることと，3番目の条件より，月曜日以外が男女の組合せとなる。ここで，金曜日もA，Gと確定しているため，土曜日は，まだ1日ずつしか勤務していないC，Eが勤務したと確定する。

名	性別	日	月	火	水	木	金	土	勤務日数
A		○	×	×	×	×	○	×	2
B	男性	×	×	×	○	○	×	×	2
C		×	×	○	×	×	×	○	2
D	女性	×	○	×	×	○	×	×	2
E	女性	×	○	×	×	×	×	○	2
F		○	×	×	○	×	×	×	2
G	女性	×	×	○	×	×	○	×	2
勤務人数		2	2	2	2	2	2	2	

最後に，性別を決定する。水曜日に男性Bと組合せとなったFが女性，同様にして考えると，金曜日，土曜日の条件から，A，Cは男性と確定する。

名	性別	日	月	火	水	木	金	土	勤務日数
A	男性	○	×	×	×	×	○	×	2
B	男性	×	×	×	○	○	×	×	2
C	男性	×	×	○	×	×	×	○	2
D	女性	×	○	×	×	○	×	×	2
E	女性	×	○	×	×	×	×	○	2
F	女性	○	×	×	○	×	×	×	2
G	女性	×	×	○	×	×	○	×	2
勤務人数		2	2	2	2	2	2	2	

よって，正解は肢1である。

正答 1

memo

第1章 SECTION 4 判断推理
対応関係

実践 問題 22 応用レベル

問 ある診療所で，ある週の月曜日から金曜日までに，A～Fの6人が3種類のワクチンX，Y，Zのいずれか1種類を1回接種した。この診療所では，月曜日にはXのみ，火曜日にはYのみ，水曜日と金曜日にはZのみ，木曜日にはXとYが接種できる。この週のワクチンの接種状況について，次のことが分かっているとき，確実にいえるのはどれか。

ただし，A～Fがワクチンを接種した週には，A～F以外にワクチンを接種した者はいなかったものとする。 （国税・財務・労基2017）

○ 同日に3人以上がワクチンを接種した日はなかった。
○ 誰もワクチンを接種しない日が1日だけあった。
○ ワクチンX，Y，Zを接種した者は，それぞれ2人であった。
○ AとBは，同日にワクチンを接種した。
○ CがYのワクチンを接種した日には，他にワクチンを接種した者はいなかった。
○ DとEは，異なる種類のワクチンを接種した。
○ Eは，木曜日にワクチンを接種した。

1：Aは，Zを接種した。
2：Eは，Xを接種した。
3：Fは，X又はZを接種した。
4：DとFは，同じ種類のワクチンを接種した。
5：金曜日には，誰もワクチンを接種しなかった。

OUTPUT

実践 問題 **22** の解説

〈対応関係〉

第1章 判断推理

5番目の条件から，CはワクチンYを接種しており，この日に他にワクチンを接種した者はいない。ワクチンYを接種できる日は火曜日か木曜日である。そして，7番目の条件を見ると，Eは木曜日にワクチンを接種しているため，CがワクチンYを接種したのは火曜日である。

4番目の条件より，AとBは同じ日にワクチンを接種しているが，1番目の条件より，同日に3人以上がワクチンを接種した日はなかったことから，AとBがワクチンを接種した日は月曜日，水曜日，金曜日のいずれかであるとわかる。

7番目の条件より，Eは木曜日にワクチンを接種しているため，Eが接種したワクチンはXかYのいずれかである。そのため，Eが接種したワクチンで場合分けを行う。

(1) **Eが接種したワクチンがXであるとき**

XがE，YがCとそれぞれ1人ずつ接種されているため，3番目の条件より，AとBが接種したワクチンはZとなる。また，6番目の条件より，DとEは異なるワクチンを接種しているため，Dが接種したワクチンはYかZであるが，ZはAとBの2人が接種しているため，Yを木曜日に接種していると決まる。残ったFはXを月曜日に接種していると決まる（表1）。

(2) **Eが接種したワクチンがYであるとき**

AとBは月曜日にXを接種する場合と，水曜日か金曜日のいずれかにZを接種する場合のどちらもありうる。AとBが月曜日にXを接種したときは，2番目の条件より，DとFが水曜日か金曜日の同日にZを接種している（表2）。また，AとBが水曜日か金曜日のいずれかにZを接種していれば，DとFは月曜日あるいは木曜日にXを接種していると決まる（表3）。

LEC東京リーガルマインド　　2024-2025年合格目標 公務員試験 本気で合格！過去問解きまくり！
②判断推理・図形　　73

表1

	月 X	火 Y	水 Z	木 X, Y	金 Z
接種結果	FがX	CがY	※	DがY / EがX	※

※は，AとBの2人が同日にZを接種した曜日がいずれか一方であることを表す。

表2

	月 X	火 Y	水 Z	木 X, Y	金 Z
接種結果	AがX / BがX	CがY	※	EがY	※

※は，DとFの2人が同日にZを接種した曜日がいずれか一方であることを表す。

表3

	月 X	火 Y	水 Z	木 X, Y	金 Z
接種結果	①がX / ②がX	CがY	※	EがY / ③がX	※

※は，AとBの2人が同日にZを接種した曜日がいずれか一方であることを表す。
DとFは，①〜③のうち異なる2つに該当する。

以上より，FはXまたはZを接種したことは確実にいうことができる。
よって，正解は肢3である。

正答 3

memo

第1章 判断推理

判断推理 対応関係

実践 問題 23 基本レベル

頻出度 地上★★★ 国家一般職★★★ 東京都★ 特別区★★★
裁判所職員★★★ 国税・財務・労基★★★ 国家総合職★★★

[問] 卓球サークルに所属するA〜Hの8人のうち，A〜Dの4人は紅チーム，E〜Hの4人は白チームに分かれて，チーム対抗の紅白戦を2回行った。各回の紅白戦では，シングルスの試合を4試合行い，各チームの全員が出場した。対戦相手について，1回目の紅白戦では，紅チームのA〜Dが，それぞれ白チームのE〜Hのいずれかと対戦し，2回目の紅白戦では，全員が1回目の相手とは異なる相手と対戦したことのほか，次のことが分かっているとき，確実にいえるのはどれか。 (国家一般職2013)

○ 1回目にBと，2回目にDと対戦した白チームの選手がいる。
○ 1回目にGと，2回目にHと対戦した紅チームの選手がいる。
○ Dが1回目に対戦した白チームの選手とは，2回目にはCが対戦した。
○ AはEと対戦した。
○ CはGとは対戦しなかった。

1：1回目にAはHと対戦した。
2：2回目にDはFと対戦した。
3：BともCとも対戦した選手がいる。
4：CはFとは対戦しなかった。
5：DはHと対戦した。

OUTPUT

チェック欄		
1回目	2回目	3回目

実践 問題 **23** の解説

〈対応関係〉

第1章 判断推理

1番目の条件から1回目にB，2回目にDと対戦した白チームを①とし，3番目の条件から1回目にDと，2回目にCと対戦した白チームを②とする。

残りの2つの白チームを③と④とすると，Aが③と④で1回ずつ対戦することから，1回目にA，2回目にBと戦うチームを③とし，1回目にC，2回目にAと戦うチームを④とする。白のE〜Hの4チームは①〜④のいずれかに該当し，それを下表に示す。

白チーム	1回目	2回目
①	B	D
②	D	C
③	A	B
④	C	A

次に，4番目の条件よりAとEが対戦したことから，Eは③あるいは④のいずれかになり，5番目の条件より，GはCとの対戦がない①あるいは③のいずれかとなる。また，2番目の条件がGに関するものであるため，Gが①のときと③のときとで場合分けをして条件を整理する。

(1) **①がGのとき**

2番目の条件より，2回目でBと対戦した③がHとなり，④がEとなり，②がFと決まる。

(2) **③がGのとき**

2番目の条件より，Aと2回目で対戦した④がHとなるが，4番目の条件からは④がEとなるため，不適である。

以上より，表にすると次のようになる。

白チーム	1回目	2回目
G	B	D
F	D	C
H	A	B
E	C	A

したがって，(1)の場合のみ条件を満たし，1回目にAはHと対戦したことは確実にいうことができる。

よって，正解は肢1である。

正答 1

LEC東京リーガルマインド　2024-2025年合格目標 公務員試験 本気で合格！過去問解きまくり！
②判断推理・図形　77

第1章 SECTION 4 判断推理
対応関係

実践 問題 24 基本レベル

[問] ある会社は，総務部，企画部，営業部，調査部の四つの部から成り，A～Hの8人が，四つの部のいずれかに配属されている。A～Hの8人の配属について次のことが分かっているとき，確実にいえるのはどれか。

(国家一般職2020)

○ 現在，総務部及び企画部にそれぞれ2人ずつ，営業部に3人，調査部に1人が配属されており，Cは総務部，D及びEは企画部，Hは調査部にそれぞれ配属されている。
○ 現在営業部に配属されている3人のうち，直近の人事異動で営業部に異動してきたのは，1人のみであった。
○ 直近の人事異動の前には，各部にそれぞれ2人ずつが配属されており，A及びCは，同じ部に配属されていた。
○ 直近の人事異動で異動したのは，A，C，F，Hの4人のみであった。

1：Aは，現在，営業部に配属されている。
2：Cは，直近の人事異動の前には，営業部に配属されていた。
3：Fは，直近の人事異動の前には，総務部に配属されていた。
4：Gは，現在，総務部に配属されている。
5：Hは，直近の人事異動の前には，営業部に配属されていた。

OUTPUT

実践 問題 **24** の解説

〈対応関係〉

4番目の条件より，B，D，E，Gの4人は，異動していないことがわかる。これと1番目の条件より，DとEは人事異動前後で企画部であったことがわかる。また，2番目の条件より，現在営業部に配属されている3人のうち2人は異動していないことがわかるが，その2人はBとGである。

ここまでの状況を，下の表にする。

	異動前				異動後			
	総務部	企画部	営業部	調査部	総務部	企画部	営業部	調査部
A		×	×			×		×
B	×	×	○	×	×	×	○	×
C		×	×		○	×	×	×
D	×	○	×	×	×	○	×	×
E	×	○	×	×	×	○	×	×
F		×	×			×		×
G	×	×	○	×	×	×	○	×
H		×	×		×	×	×	○
人数	2	2	2	2	2	2	3	1

人事異動の後のCが総務課に配属されたため，4番目の条件から異動したAとCは人事異動の前に調査部所属であったこと，そして，FとHが異動前に総務部であったことがわかる。さらに，Fが営業部，Aが総務部に異動したこともわかる。ここまでをまとめると，次の表になる。

SECTION 4 判断推理 対応関係

	異動前				異動後			
	総務部	企画部	営業部	調査部	総務部	企画部	営業部	調査部
A	×	×	×	○	○	×	×	×
B	×	×	○	×	×	×	○	×
C	×	×	×	○	○	×	×	×
D	×	○	×	×	×	○	×	×
E	×	○	×	×	×	○	×	×
F	○	×	×	×	×	×	○	×
G	×	×	○	×	×	×	○	×
H	○	×	×	×	×	×	×	○
人数	2	2	2	2	2	2	3	1

　以上より，Fは，直近の人事異動の前には，総務部に配属されていたことは確実にいうことができる。

　よって，正解は肢3である。

正答 3

memo

第1章　判断推理

81

SECTION 4 判断推理 対応関係

実践 問題 25 基本レベル

頻出度	地上★★★	国家一般職★★★	東京都★	特別区★★★
	裁判所職員★★★	国税・財務・労基★★★		国家総合職★★★

問 A，B，Cの3人は8月10日から22日まで，それぞれ連続で3日間の勤務を2回，6日間の勤務を行った。連続した3日間の勤務の間には少なくとも1日の間を空けており，また，それぞれの勤務について次のことが分かっているとき，確実にいえることはどれか。　　　　　　　　　　　　（地上2018）

- 8月15日は下図のように，A・Bがともに勤務をした。また，Aはこの日が3日連続勤務の2回目であり，この日の他にAとBがともに勤務した日はなかった。
- 8月10日は1人のみが勤務した。
- CはBと2日間だけ同じ日に勤務した。
- 誰も勤務していない日が2日だけあった。また，その日は連続していなかった。

	8月10日	8月11日	8月12日	8月13日	8月14日	8月15日	8月16日	8月17日	8月18日	8月19日	8月20日	8月21日	8月22日
A						○							
B						○							
C													

1：8月13日は1人のみが勤務した。
2：8月16日は1人のみが勤務した。
3：8月18日は1人のみが勤務した。
4：Bは1人で勤務した日が4日だけあった。
5：Cは1人で勤務した日が1日だけあった。

OUTPUT

チェック欄		
1回目	2回目	3回目

実践 問題 **25** の解説 ─────────────────

第1章 判断推理

〈対応関係〉

　1番目の条件より，AとBは8月15日のみがともに勤務した日であるため，15日を含む3日連続の勤務はそれぞれ13日，14日，15日か15日，16日，17日のどちらかである。もし，Aが13日，14日，15日に勤務していたとすると，Aがこの日程以前に3日連続勤務ができるのは10日，11日，12日のみであるが，3日連続勤務が1日も間を空けることなく連続するため不適である。したがって，Aは15日，16日，17日と勤務しており，Bは13日，14日，15日と勤務していたことになる。また，Bと15日以外にともに勤務しないようにAが勤務できるような日程は10日，11日，12日のみとなる。ここまでをまとめると次の表になる。

	8月10日	8月11日	8月12日	8月13日	8月14日	8月15日	8月16日	8月17日	8月18日	8月19日	8月20日	8月21日	8月22日
A	○	○	○	×	×	○	○	○	×	×	×	×	×
B	×	×	×	○	○	○	×	×					
C													

　4番目の条件を検討すると，8月10日から17日までは，AとBの少なくともどちらか一方が勤務しているため，誰も勤務していない日は18日から22日までのいずれか2日である。この2日が連続しないようなBの勤務の仕方は19日，20日，21日のみである。

　2番目の条件と3番目の条件を踏まえながらCの勤務した日を決めていくと次の表になる。

	8月10日	8月11日	8月12日	8月13日	8月14日	8月15日	8月16日	8月17日	8月18日	8月19日	8月20日	8月21日	8月22日
A	○	○	○	×	×	○	○	○	×	×	×	×	×
B	×	×	×	○	○	○	×	×	×	○	○	○	×
C	×	○	○	○	×	○	○	○	×	×	×	×	×

　以上より，Bが1人で勤務した日が4日だけあったことは確実にいえる。
　よって，正解は肢4である。

正答 4

LEC東京リーガルマインド　2024-2025年合格目標 公務員試験 本気で合格！過去問解きまくり！　83
②判断推理・図形

第1章 SECTION ④ 判断推理
対応関係

実践 問題 **26** 基本レベル

頻出度	地上★★★	国家一般職★★★	東京都★	特別区★★★
	裁判所職員★★★	国税・財務・労基★★★		国家総合職★★★

[問] 白色と茶色のお土産の饅頭が6個ずつ計12個あり，白色と茶色のいずれにも，あずき入り，クリーム入り，チョコ入りの餡が2個ずつあった。A～Eの5人が2個ずつ食べて次のような発言をしているとき，残った2個の饅頭について確実にいえるのはどれか。 (国Ⅱ2008)

A：「別々の色の饅頭を食べたところ，その一つはチョコ餡であった。」
B：「別々の色の饅頭を食べたところ，その一つはチョコ餡で，もう一つの中身はAとは違っていた。」
C：「白色の饅頭を二つ食べたところ，中身の組合せがAと一致しており，その一つはクリーム餡であった。」
D：「茶色の饅頭を二つ食べたところ，中身の組合せがBと一致していた。」
E：「別々の色の饅頭を食べたところ，中身も別々で，白色の饅頭はAが食べた茶色の饅頭と中身が一致していた。」

1：白色であずき餡と白色でクリーム餡
2：茶色でクリーム餡と茶色でチョコ餡
3：白色であずき餡と茶色でクリーム餡
4：白色でクリーム餡と茶色であずき餡
5：白色でチョコ餡と茶色であずき餡

直前復習

OUTPUT

実践 問題 **26** の解説 ————————————

〈対応関係〉

　AとCの発言より，2人が食べた饅頭の中身はチョコ餡とクリーム餡であることがわかる。また，これよりB，Dの2人が食べた饅頭の中身はチョコ餡とあずき餡であることがわかる。ここまででわかったことを表にまとめると以下のようになる。

	中身	色	中身	色
A	チョコ		クリーム	
B	チョコ		あずき	
C	チョコ	白	クリーム	白
D	チョコ	茶	あずき	茶
E		白		茶

　条件より，チョコ餡の饅頭は白色と茶色をあわせて4個しかないことから，表よりEがチョコ餡を食べることはありえない。これより，Eが食べた饅頭の中身はチョコ餡以外のあずき餡とクリーム餡であることがわかる。このとき，Eの発言より，Aと同じ中身の饅頭はクリーム餡となるため，AとEが食べた饅頭の中身と色は以下のようになる。

	中身	色	中身	色
A	チョコ	白	クリーム	茶
B	チョコ		あずき	
C	チョコ	白	クリーム	白
D	チョコ	茶	あずき	茶
E	クリーム	白	あずき	茶

　条件と表より，チョコ餡は各色2個ずつであったから，Bが食べたチョコ餡が入った饅頭の色は茶色となり，Bの発言より，あずき餡は白色となる。したがって，残った饅頭は白色であずき餡の饅頭と茶色でクリーム餡の饅頭である。

　よって，正解は肢3である。

正答 3

第1章
SECTION ④ 判断推理
対応関係

実践 問題 **27** ◁ 基本レベル ▷

頻出度	地上★★★　国家一般職★★★　東京都★　　特別区★★★ 裁判所職員★★★　国税・財務・労基★★★　国家総合職★★★

問 A〜Fの6グループが，それぞれ日本国内の別の場所にカップル又は家族で滞在中である。次のことが分かっているとき，確実にいえるのはどれか。

(国税・財務・労基2016)

○ 6グループの滞在先は，島が1か所，古都が2か所，高原が3か所である。

○ Bの滞在している場所から見て，東側には2グループがおり，北側には4グループがいる。

○ Dの滞在している場所から見て，西側には2グループがおり，南側には2グループがいる。

○ 6グループのうち，東側にいる3グループは高原に滞在しており，また，最も南側にいるグループは島に滞在している。

○ 6グループのうち，南側にいる3グループはカップルで滞在しており，残りの3グループは家族で滞在している。

○ Aはカップルで，Fは家族で滞在している。また，Cは古都に，Eは高原に滞在している。

1：高原にいるグループは全て家族で滞在している。

2：古都にいるグループは全て家族で滞在している。

3：6グループのうち，最も東側の場所に滞在しているグループはFである。

4：CはEよりも北側の場所に滞在している。

5：DはFよりも西側の場所に滞在している。

OUTPUT

実践 問題 **27** の解説 ────────────────────

〈対応関係〉

2番目の条件より，Bの東側に2グループいることから，Bは東から3番目，西から4番目にいることになる。また，北側に4グループいることから，Bは北から5番目，南から2番目にいることがわかる。

同様に3番目の条件から，Dの西側に2グループいて，南側に2グループいることから，Dは西側から3番目，東から4番目，南から3番目，北から4番目にいることがわかる。

4番目と5番目の条件から，東西および南北でそれぞれ3グループずつに分けて考えていく。

また，6番目の条件からわかることも表にまとめる。

	滞在先	グループ構成	東西	南北
A		カップル		
B			東3	南2
C	古都			
D			西3	南3
E	高原			
F		家族		

5番目の条件より，南側にいる3グループはカップルで滞在していることから，BおよびDはカップルで滞在し，カップルで滞在しているAは南側にいることがわかる。このとき，南から2番目と3番目はすでにわかっていることから，Aが一番南に滞在していることがわかる。また，CとEは家族で滞在していることもわかる。

次に，4番目の条件より，東側にいる3グループは高原に滞在していることから，Bは高原に滞在し，高原に滞在しているEは東側にいることがわかる。このとき，高原に滞在していないAとCは西側にいることになるため，Fは東側にいることになり，高原に滞在していることになる。

また，最も南側にいるグループは島に滞在していることから，Aは島に滞在していることになる。

	滞在先	グループ構成	東西	南北
A	島	カップル	西	南1
B	高原	カップル	東3	南2
C	古都	家族	西	
D		カップル	西3	南3
E	高原	家族	東	
F	高原	家族	東	

これより，空いているところを埋めると，次のように確定する。

	滞在先	グループ構成	東西	南北
A	島	カップル	西	南1
B	高原	カップル	東3	南2
C	古都	家族	西	北
D	古都	カップル	西3	南3
E	高原	家族	東	北
F	高原	家族	東	北

以上より，確実にいえるのは「DはFよりも西側の場所に滞在している」のみである。

よって，正解は肢5である。

正答 5

memo

第1章 SECTION ④ 判断推理
対応関係

実践 問題 28 基本レベル

問　高校の同窓会で6人の同級生と同じテーブルになったが，顔と名前が一致しない。会話には姓とニックネームが入り混じっており，次のア～クのことが分かった。このとき，遠藤のニックネームはどれか。ただし，ニックネームは1人に1つとする。　　　　　　　　　　　　　　　　　　（裁事2009）

ア：赤井と「あっちゃん」の2人は1年生のときAクラスだった。
イ：岡田と「イツキ」の2人は1年生のときBクラスだった。
ウ：宇野と「ウッチー」の2人は1年生のときCクラスだった。
エ：井上と遠藤はサッカー部に所属し3年生のときにインターハイに出場したが，「ウッチー」は2年生のときにサッカー部を退部している。
オ：「オメガ」はよく赤井に数学を教えてもらっていた。
カ：「カズさん」は宇野より英語の成績が良かった。
キ：井上と「あっちゃん」の2人は東京在住である。
ク：宇野と「オメガ」の2人は大阪在住である。

1：「あっちゃん」
2：「イツキ」
3：「エル」
4：「オメガ」
5：「カズさん」

OUTPUT

実践 問題 **28** の解説 ────────

〈対応関係〉

たとえば，条件アに注目すると，赤井と「あっちゃん」は別人であることがわかる。また，イ，ウより，赤井と「イツキ」，「ウッチー」はクラスが違うためやはり別人である。同様に考えていくと，以下の人物は別人であることがわかる。

ア：赤井≠あっちゃん，イツキ，ウッチー

イ：岡田≠あっちゃん，イツキ，ウッチー

ウ：宇野≠あっちゃん，イツキ，ウッチー

エ：井上，遠藤≠ウッチー

オ：赤井≠オメガ

カ：宇野≠カズさん

キ：井上≠あっちゃん，オメガ（キ，クより東京在住の井上と大阪在住のオメガは別人である）

ク：宇野≠あっちゃん，オメガ（キ，クより大阪在住の宇野と東京在住のあっちゃんは別人である）

これを表にすると次のようになる。

	赤井	井上	宇野	遠藤	岡田	?
あっちゃん	×	×	×		×	
イツキ	×		×		×	
ウッチー	×	×	×	×		
エル						
オメガ	×	×	×			
カズさん			×			

(注)6人の名前とニックネームのうち，選択肢から「エル」は判断がつくが，名前は判断がつかないため「?」で示している。

表より，宇野が「エル」で，?が「ウッチー」となる。

	赤井	井上	宇野	遠藤	岡田	?
あっちゃん	×	×	×		×	×
イツキ	×		×		×	×
ウッチー	×	×	×	×	×	○
エル	×	×	○	×	×	×
オメガ	×	×	×			×
カズさん			×			×

すると表より，赤井は「カズさん」，遠藤は「あっちゃん」となり，以降同様に表が完成していく。

	赤井	井上	宇野	遠藤	岡田	?
あっちゃん	×	×	×	○	×	×
イツキ	×	○	×	×	×	×
ウッチー	×	×	×	×	×	○
エル	×	×	○	×	×	×
オメガ	×	×	×	×	○	×
カズさん	○	×	×	×	×	×

よって，正解は肢1である。

正答 1

memo

第1章 判断推理

93

第1章 SECTION 4 判断推理
対応関係

実践 問題 29 基本レベル

問 A〜Eの5人は，それぞれ異なる種類の犬を1匹ずつ飼っている。犬の種類はチワワ，プードル，ダックスフント，ポメラニアン，柴犬である。ある日5人は自分の犬を連れて散歩に行った。この5人に関して次のことが分かっているとき，確実にいえるのはどれか。
なお，以下の登場人物には，A〜E以外の者は含まれていない。

(国税・財務・労基2014)

○ Aは，ダックスフントを連れた人とポメラニアンを連れた人に会ったが，Cには会わなかった。
○ Bは，柴犬を連れた人に会ったが，Aには会わなかった。
○ Cは，チワワを連れた人に会った。
○ Eは，チワワを連れた人に会ったが，Dには会わなかった。

1：Aは，チワワを飼っている。
2：Bは，プードルを連れた人に会った。
3：Cは，柴犬を飼っている。
4：Dは，ポメラニアンを連れた人に会った。
5：Eは，プードルを飼っている。

OUTPUT

実践 問題 **29** の解説

〈対応関係〉

第1章 判断推理

　まず，1番目の条件について考えると，Aはダックスフントとポメラニアンは飼っておらず，Cもダックスフントとポメラニアンは飼っていない。

　次に，2番目の条件より，Bは柴犬を飼っておらず，Aも柴犬を飼っていない。さらに，1番目の条件を合わせて考えると，Bはダックスフントとポメラニアンを飼っていない。

　また，3番目の条件より，Cはチワワを飼っていない。さらに，1番目の条件と合わせて考えると，Aもチワワを飼っていない。

　そして，4番目の条件より，Eはチワワを飼っておらず，Dもチワワを飼っていない。

　ここまででわかったことを表に整理すると，次のようになる。

	チワワ	プードル	ダックスフント	ポメラニアン	柴　犬
A	×		×	×	×
B			×	×	×
C	×		×	×	
D	×				
E	×				

　表より，Aが飼っているのはプードルであり，チワワを飼っているのはBである。すると，Cが飼っているのは柴犬となる。DとEはダックスフントとポメラニアンのいずれかを飼っていることになるが，条件からは確定しない。

	チワワ	プードル	ダックスフント	ポメラニアン	柴　犬
A	×	○	×	×	×
B	○	×	×	×	×
C	×	×	×	×	○
D	×	×	○／×	×／○	×
E	×	×	×／○	○／×	×

　したがって，「Cは，柴犬を飼っている」が確実にいえる。

　よって，正解は肢3である。

正答 **3**

第1章 判断推理 ④ 対応関係

実践 問題 30 基本レベル

頻出度 地上★★★ 国家一般職★★★ 東京都★ 特別区★★★
　　　 裁判所職員★★★ 国税・財務・労基★★★ 国家総合職★★★

問 A〜Fの6人が，それぞれプレゼントを1個持ち寄り，プレゼントを交換した。次のことが分かっているとき，正しくいえるのはどれか。　(地上2019)

・全員がプレゼントをほかの人から1個もらった。また，プレゼントをもらった人に自分のプレゼントを渡した人はいなかった。
・AはEにプレゼントを渡した。
・BはCにプレゼントを渡した。
・Cがプレゼントを渡した相手はDではなかった。
・Eがプレゼントを渡した相手はDでもFでもなかった。

1：CはAにプレゼントを渡した。
2：DはEにプレゼントを渡した。
3：Dがプレゼントを渡した相手は，Bにプレゼントを渡した。
4：Eがプレゼントを渡した相手は，Fにプレゼントを渡した。
5：Fがプレゼントを渡した相手は，Aにプレゼントを渡した。

直前復習

OUTPUT

チェック欄		
1回目	2回目	3回目

実践 問題 **30** の解説 ───────────

〈対応関係〉

第1章 判断推理

プレゼントを渡した人と，受け取った人に分けて下の表を完成させる。

2番目と3番目の条件から，AとBのプレゼントをそれぞれEとCが受け取っている。

4番目と5番目の条件から，Dが受け取ったのは，CとEのプレゼントではないため，Fのものと決まる。

渡した人	A	B	C	D	E	F
受け取った人	E	C				D

1番目の条件から，Dのプレゼントを受け取った人がAあるいはBの2通りあるため，場合分けをして整理していく。

⑴ **Dのプレゼントを受け取った人がAのとき**

5番目の条件から，EのプレゼントをBが，CのプレゼントをFが受け取ったことがわかる。ここまでをまとめると次の表になる。

渡した人	A	B	C	D	E	F
受け取った人	E	C	F	A	B	D

⑵ **Dのプレゼントを受け取った人がBのとき**

5番目の条件から，EのプレゼントをAが，CのプレゼントをFが受け取ったことがわかる。しかし，これはAとEのプレゼント交換が1番目の条件に反するため，不適である。

渡した人	A	B	C	D	E	F
受け取った人	E	C	F	B	A	D

⑴と⑵より，Fがプレゼントを渡した相手のDが，Aにプレゼントを渡したことは正しい。

よって，正解は肢5である。

正答 5

第1章 SECTION 4 判断推理
対応関係

実践　問題 31　基本レベル

[問] A～Eの5人のメールのやり取りについて，次のア～カのことが分かっているとき，確実にいえるのはどれか。　　　　　　　　　　　(特別区2006)

ア：Aは，Eからメールを受け取らなかった。
イ：Cは，AからもDからもメールを受け取らなかった。
ウ：Dは，AとBのどちらかからメールを受け取った。
エ：Eは，BからもDからもメールを受け取らなかった。
オ：5人が送ったメールと受け取ったメールは，それぞれ1通ずつであった。
カ：メールを送った相手から，メールを受け取った人はいなかった。

1：Aは，Dにメールを送った。
2：Bは，Aにメールを送った。
3：Cは，Eにメールを送った。
4：Dは，Bにメールを送った。
5：Eは，Cにメールを送った。

実践 問題 31 の解説

〈対応関係〉

条件イ〜エより，Cにメールを送る相手はBかE，Dにメールを送る相手はAかB，Eにメールを送る相手はAかCのいずれかであるから，Eにメールを送るのがAかCかで場合分けをして考えることにする。

(1) Eにメールを送るのがAの場合

このとき，Dにメールを送るのはB，Cにメールを送るのはEとなり，図1のように整理することができる。ここで，Bにメールを送る相手は，条件カよりDではないため，Cである。そうすると，Aにメールを送る相手はDとなり，これは条件アも満たす。以上をまとめると，図2のようになる。

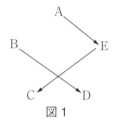
図1

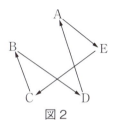
図2

(2) Eにメールを送るのがCの場合

このとき，Cにメールを送るのは，条件カよりBであり，Dにメールを送るのはAであるため，図3のようになる。ここで，Aにメールを送る相手は，条件アよりEではないためDとなるが，これは条件カに反する。よって，この場合は不適である。

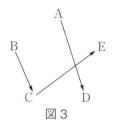
図3

以上より，条件をすべて満たすのは，(1)の場合のみであり，EがCにメールを送ったことは確実といえる。

よって，正解は肢5である。

正答 5

第1章 SECTION 4 判断推理 対応関係

実践 問題 32　応用レベル

頻出度	地上★★★　国家一般職★★★　東京都★　　　特別区★★★
	裁判所職員★★★　国税・財務・労基★★★　国家総合職★★★

問　A〜Eの5人に，いちご，すいか，バナナ，みかん及びりんごの5種類の農産物のうち，好きな農産物を1種類以上，それぞれ選んでもらったところ，次のア〜カのとおりであった。

ア　Aは，いちご及びバナナを選んだ。
イ　Bは，みかん及びりんごを含む3種類の農産物のみを選び，Cは，すいかを含む2種類の農産物のみを選んだ。
ウ　Dは，すいかとりんごの両方を選ばず，Eは，みかんを選ばなかった。
エ　いちご，すいか，バナナ，みかん，りんごを選んだ者は，それぞれ4人，3人，3人，2人，3人であった。
オ　いちごを選ばなかった者の全員が，みかんを選び，りんごを選んだ者の全員が，いちごも選んだ。
カ　バナナを選んだ者の全員が，みかんを選ばなかった。

以上から判断して，確実にいえるのはどれか。　　　　　　（東京都2006）

1：Aは，すいかを選ばなかった。
2：Bは，バナナを選んだ。
3：Cは，いちごを選んだ。
4：Dは，みかんを選ばなかった。
5：Eは，りんごを選ばなかった。

OUTPUT

実践 問題 **32** の解説 ────────────

〈対応関係〉

第1章 判断推理

条件ア～カまでを対応表に記入すると，以下のようになる。

	いちご	すいか	バナナ	みかん	りんご	計
A	○		○	×		
B	○			○	○	3
C		○				2
D		×			×	
E				×		
計	4	3	3	2	3	15

ここで，条件オ，カの対偶をとると次のようになる。

① みかんを選ばなかった者の全員が，いちごを選んだ。
② いちごを選ばなかった者の全員が，りんごも選ばなかった。
③ みかんを選んだ者の全員が，バナナを選ばなかった。

まず，上記①より，Eがいちごを選んだことになる。そして，いちごを選んだ人数が4人であることから，CかDのどちらかがいちごを選ばなかったことになる。もし，Dがいちごを選ばなかったとすると，Dはみかんを選び，バナナは選ばなかったことになる。そうすると，Dの選んだ農産物の種類は1種類となり，B，C，Dの3人が選んだ農産物の個数の合計が6個となる。この場合，5人が選んだ農産物の個数の合計数が15個であることより，AかEのどちらかが5種類とも選ぶ必要があるが，上の表より，このような選び方はできないことがわかる。したがって，いちごを選ばなかったのはCであるとわかる。

次に，条件オより，Cがいちごを選ばなかったことから，Cはみかんを選んだことがわかる。さらに，上記③より，Cは，バナナを選ばなかったことがわかる。

以上より，表を埋めると以下のようになる。

	いちご	すいか	バナナ	みかん	りんご	計
A	○	○	○	×	○	4
B	○	×	×	○	○	3
C	×	○	×	○	×	2
D	○	×	○	×	×	2
E	○	○	○	×	○	4
計	4	3	3	2	3	15

この表から，Dがみかんを選ばなかったことは確実にいえる。
よって，正解は肢4である。

正答 4

第1章 SECTION 4 判断推理
対応関係

実践 問題 33 応用レベル

問 あるコーヒーショップは，1週間のうち，月曜日，水曜日，金曜日の3日間営業しており，各営業日には，2種類以上のコーヒー豆を使用したブレンドコーヒーのみを販売している。コーヒー豆にはA〜Gの7種類があり，ある曜日に使用したコーヒー豆は，別の曜日には使用されていない。ブレンドコーヒーに使用するコーヒー豆と，3日間の営業日について，次のことが分かっており，各コーヒー豆の良さが打ち消されず，その良さが引き出されるように，この3日間でA〜Gの7種類全てのコーヒー豆を使用するとき，Aについて確実にいえることとして最も妥当なのはどれか。　　（国家一般職2022）

○ BとCは，一緒に使用されるとそれぞれの良さが引き出される。
○ DとEは，一緒に使用されるとそれぞれの良さが打ち消される。
○ Eは，金曜日に販売されるブレンドコーヒーに使用されている。
○ Fは，水曜日に販売されるブレンドコーヒーに使用されていない。
○ Gは，他の2種類以上と一緒に使用されると，その良さが引き出される。

1：Dと一緒に使用されている。
2：Fとは一緒に使用されていない。
3：水曜日に販売されるブレンドコーヒーに使用されている。
4：金曜日に販売されるブレンドコーヒーには使用されていない。
5：他の2種類と一緒に使用されている。

OUTPUT

チェック欄		
1回目	2回目	3回目

実践 問題 **33** の解説

〈対応関係〉

第1章 判断推理

2種類以上のコーヒー豆をブレンドして，月曜日，水曜日，金曜日に販売しているという条件から，月曜日，水曜日，金曜日のうち1日は3種類のブレンドコーヒーを，残り2日は2種類のブレンドコーヒーを販売していることがわかる。

5番目の条件より，Gは3種類のブレンドコーヒーに使用されることから，残りのA～Fについて，2種類からなる3つの組①～③に分ける。すると，1番目と2番目の条件から，分け方は(1)と(2)の2通りを考えることができる。

 (1) ①AとD，②BとC，③EとF
 (2) ①AとE，②BとC，③DとF

次に，上の分け方について，①～③の組合せが販売される曜日を考える。3番目と4番目の条件を用いて，次のようになる。ただし，(1)の場合は2通りあることから，(1)－アと(1)－イに分けることにする。

	①	②	③
(1)－ア	AとD	BとC	EとF
	月曜日	水曜日	金曜日
(1)－イ	AとD	BとC	EとF
	水曜日	月曜日	金曜日
(2)	AとE	BとC	DとF
	金曜日	水曜日	月曜日

最後に，5番目の条件のGは，①～③のどの組合せにも入るかは決定できない。

以上より，選択肢を検討することにする。

1 × (2)の場合，AとDは一緒に使用されていない。

2 ○ 3通りのすべての場合でAとFは一緒に使用されていない。

3 × Aは月曜日，水曜日，金曜日すべての場合で使用されている可能性がある。

4 × (2)の場合，AはEと金曜日のブレンドコーヒーとして使用されている。

5 × Aを含む3種類となることは，確実にはいえない。

正答 **2**

LEC東京リーガルマインド　2024-2025年合格目標 公務員試験 本気で合格！過去問解きまくり！　103
②判断推理・図形

第1章 SECTION 4 判断推理 対応関係

実践 問題 34 応用レベル

頻出度	地上★★★	国家一般職★★★	東京都★	特別区★★★
	裁判所職員★★★	国税・財務・労基★★★		国家総合職★★★

問 Aは、月～土曜日の6日間、毎日、近所のレストランで昼食をとった。メニュー及び価格は表のとおりであり、次のことが分かっているとき、確実にいえるのはどれか。 (国家一般職2018)

	メニュー	価格
主食・主菜	カレーライス	900円
	ハンバーグ（ライス付）	800円
副菜	サラダ	300円
	スープ	200円
デザート	ケーキ	200円
	ゼリー	100円

○ Aの毎日の昼食は、表に掲げられた主食・主菜、副菜、デザートの中から、それぞれ一つずつ、計三つのメニューの組合せであり、それらの組合せは6日間、互いに異なっていた。
○ 月、火、金曜日の副菜は同じであった。
○ 火曜日と水曜日のデザートは同じであり、また、木曜日と金曜日のデザートも同じであった。
○ 組み合わせたメニューの合計金額についてみると、木曜日と金曜日は同額であった。また、木曜日と金曜日よりも、月、火、水曜日の方が多く、土曜日の方が少なかった。

1：月曜日のデザートはケーキであった。
2：火曜日の副菜はスープであった。
3：火曜日のデザートはゼリーであった。
4：木曜日の主食・主菜はカレーライスであった。
5：木曜日の副菜はサラダであった。

OUTPUT

実践 問題 **34** の解説

〈対応関係〉

第1章 判断推理

それぞれのメニューの組合せと合計金額をまとめると次のようになる。

組合せ No.	カレー (900円)	ハンバーグ (800円)	サラダ (300円)	スープ (200円)	ケーキ (200円)	ゼリー (100円)	合計 (円)
①	○		○		○		1,400
②	○		○			○	1,300
③	○			○	○		1,300
④	○			○		○	1,200
⑤		○	○		○		1,300
⑥		○	○			○	1,200
⑦		○		○	○		1,200
⑧		○		○		○	1,100

合計金額が1,400円となる組合せは①の1通りのみであり，1,300円となる組合せは②，③，⑤の3通り，1,200円となる組合せは④，⑥，⑦の3通り，1,100円は⑧の1通りである。

4番目の条件より，木曜日と金曜日は同額であったことから，木曜日と金曜日は合計金額が1,200円か1,300円のどちらかである。また，木曜日と金曜日よりも，月，火，水曜日のほうが多かったことから，額が多くなる組合せが3通り以上あるのは1,200円であるため，木曜日と金曜日の合計金額は1,200円となる。さらに，土曜日は1,200円よりも少ないことから，1,100円，つまり⑧の組合せと決まる。

3番目の条件より，木曜日と金曜日のデザートは同じである。合計金額が1,200円となる組合せは④，⑥，⑦であるが，そのうちデザートが同じとなるのは④と⑥の組合せである。ここまでで，ゼリーがデザートとなった曜日は，木曜日と金曜日が④と⑥のいずれか，土曜日が⑧である。したがって，ゼリーを含む組合せは残りが②のみであるため，火曜日と水曜日に同じであったデザートはケーキとなる。ケーキを含む組合せは①，③，⑤，⑦の4種類であるが，⑦の合計金額は木・金曜日と同じ1,200円であるため，火曜日と水曜日の組合せとして不適である。したがって，火曜日と水曜日は①，③，⑤のいずれかとなる。

ここまでのことから，金曜日の副菜は，④のスープか⑥のサラダのいずれかである。2番目の条件より，月，火，金曜日の副菜は同じである。月，火曜日の合計金額は金曜日の1,200円よりも多いことから，金曜日の副菜は，1,300円以上となる組

LEC東京リーガルマインド 2024-2025年合格目標 公務員試験 本気で合格！過去問解きまくり！ ②判断推理・図形 105

合せが2つ以上なければならない。これより，金曜日の副菜はサラダであり，組合せは⑥と決まる。また，木曜日の組合せも④と決まる。

　これより，木曜日の主食・主菜はカレーライスであったことは確実にいえる。

　よって，正解は肢4である。

正答 4

memo

第1章

判断推理

第1章 SECTION 4 判断推理 対応関係

実践 問題 35 応用レベル

問 閉店後の洋菓子店で，売れ残った3種類の商品（シュークリーム，タルト，チーズケーキの各一つ）を店員A〜Dの4人が分けて持ち帰ることとなった。A〜Dは，それぞれ商品を一つだけ選んで希望を出し，その希望が他の誰とも重ならなかった場合に，その商品を持ち帰ることができる。
そこで，4人は，自分以外の3人の希望について次のように予測し，自分の希望がかなう可能性のある商品を選ぶこととした。
○　Aは，「他の3人はみなシュークリームを選ぶ」と予測した。
○　Bは，「Cはチーズケーキを選ぶ」と予測した。
○　Cは，「Dはタルトを選ぶ」と予測した。
○　Dは，「AかBのうち1人のみがチーズケーキを選ぶ」と予測した。
4人が同時に希望を出したところ，上記四つの予測はどれも外れていた。このとき，A〜Dが行った選択について，確実にいえるのはどれか。（国Ⅰ2009）

1：チーズケーキを選んだのは1人だった。
2：タルトを選んだのは2人だった。
3：Aが選んだ商品は確定できない。
4：BとCは同じ商品を選んだ。
5：CとDは異なる商品を選んだ。

OUTPUT

チェック欄		
1回目	2回目	3回目

実践 問題 **35** の解説

〈対応関係〉

第1章 判断推理

条件より，4人の予測はどれも外れ，かつ，4人は自分の希望がかなう可能性の高い商品を選んだため，4つの予測からいえることと4人が選んだ商品は次のようになる。

A：「B，C，Dのうち少なくとも1人はシュークリームを選ばなかった」
　　Aはシュークリームを選ばなかった。

B：「Cはチーズケーキを選ばなかった」
　　Bはチーズケーキを選ばなかった。

C：「Dはタルトを選ばなかった」
　　Cはタルトを選ばなかった。

D：「AとBは2人ともチーズケーキを選んだ」または「AとBは2人ともチーズケーキを選ばなかった」
　　Dはチーズケーキを選ばなかった。

これに基づいて対応表を作ると，次のようになる。

	シュークリーム	タルト	チーズケーキ
A	×		
B			×
C		×	×
D		×	×

ここで，Dの発言と上の表より，「AとBは2人ともチーズケーキを選ばなかった」ことがわかる。したがって，Aはタルトを選んだことになる。

次に，上の表より，CとDはシュークリームを選んだことがわかり，さらに，Aの発言より，Bはタルトを選んだことになる。

	シュークリーム	タルト	チーズケーキ
A	×	◯	×
B	×	◯	×
C	◯	×	×
D	◯	×	×

よって，正解は肢2である。

正答 2

LEC東京リーガルマインド　2024-2025年合格目標 公務員試験 本気で合格！過去問解きまくり！
②判断推理・図形　109

第1章 SECTION ④ 判断推理 対応関係

実践 問題 36 応用レベル

問 A～Dの4人が本を持ち寄って貸し借りをした。4人が持ってきたのは小説，詩集，漫画，写真集のいずれか1冊でそれぞれ異なっていた。4人は誰か1人から1冊借りたとすると，正しいのはどれか。 （市役所2010）

・A，Bは，小説，写真集を持ってきていない。
・小説を持ってきた人は，写真集を借りた。
・漫画を借りたのはCではなく，また，詩集を持ってきた人でもなかった。
・AはCから借りていない。

1：Bが持ってきたのは詩集である。
2：Bが借りたのは漫画である。
3：Cが借りたのは小説である。
4：Dが持ってきたのは詩集である。
5：Dが借りたのは詩集である。

実践 問題 36 の解説

〈対応関係〉

問題の条件を，上から順に条件1～4とする。

まず，条件2より，「小説を持ってきた人」は写真集を借りたことから，下図のようになる。ここで，四角の中は持ってきたもの，矢印は自分が持ってきたものを貸したことを表す。

また，条件1より，AとBは，詩集もしくは漫画を持ってきており，CとDは，小説もしくは写真集を持ってきていることがわかるため，図に書き加える。

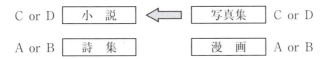

次に，条件3の「漫画を借りた人」について考える。

上図より，「小説を持ってきた人」はすでに写真集を借りているため，借りられない。また，条件3より，「詩集を持ってきた人」も借りられない。したがって，「写真集を持ってきた人」が漫画を借りたことになり，この人はCではないためDとなる。すると，「小説を持ってきた人」がCとわかる。

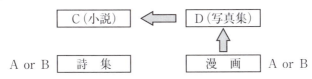

そして，Cが小説を誰に貸したかを考える。仮に「漫画を持ってきた人」に貸したとすると，「詩集を持ってきた人」が借りる相手と貸す相手がいなくなる。したがって，Cは「詩集を持ってきた人」に小説を貸し，「詩集を持ってきた人」は「漫画を持ってきた人」に貸したことになる。

最後に，条件4より，Cが小説を貸した「詩集を持ってきた人」はAでないためBとなる。残る「漫画を持ってきた人」がAとなる。

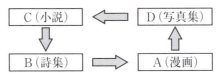

よって，正解は肢1である。

正答 **1**

第1章 SECTION 4 判断推理
対応関係

実践 問題 **37** 応用レベル

頻出度	地上★★★	国家一般職★★★	東京都★	特別区★
	裁判所職員★★★	国税・財務・労基★★★		国家総合職★★★

問 ある回転寿司店で，図のようにA～Cの3人がレーンの上流側からA，B，Cの順に座っている。マグロ3皿とサーモン3皿の計6皿を，5秒間隔で1皿ずつ，ある順番で流し，これらを3人が取っていく。3人は，自分の席の前に皿が来たときにだけ皿を取ることができ，取るときのルールは次のようである。

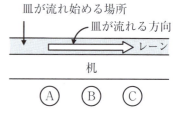

- 3人とも，皿を一つ取ったら，5秒後に来た次の皿は取ることができず，前の人が取らなかった皿は取ることができる。再び皿を取った場合も同様である。
- BとCは取ることができる皿は全て取る。
- Aは，サーモンの皿については，取ることができる皿は全て取り，マグロの皿については，取ることができる皿のうちの一つ目だけを取る。

このルールに従って皿を取っていったところ，6皿中5皿目を取ったのはBであり皿はマグロであった。このとき正しく言えるのはどれか。（地上2020）

1：6皿中2皿目はサーモンであった。
2：6皿中3皿目を取ったのはAであった。
3：6皿中4皿目はマグロであった。
4：Cは計2皿を取った。
5：1人だけマグロの皿を取らなかった。

実践 問題 37 の解説

〈対応関係〉

まず、3番目の条件から、Aはサーモンの皿、あるいはマグロの皿のどちらであっても、1皿目は取ったと考えることができる。すると、1番目の条件から、5秒後に来た次の皿は続けて取ることができないため、Aは2皿目を取らなかったことになる。

ここで、Aが3皿目を取ったとすると、4皿目は取っていなかったことになる。

ここで、2番目の条件から、Bは3皿目は取らず、Aが取らなかった2皿目と4皿目を取ったことになる。しかし、Bが4皿目を取ったとすると、5皿目が取れなくなるため、問題文中の条件に反する。

これより、Aは3皿目を取っていなかったことがわかる。すると、3皿目は、サーモンではなく二つ目のマグロで、1皿目は一つ目のマグロと決まる。つまり、1〜6皿目は、

1, 3, 5皿目：マグロ　　2, 4, 6皿目：サーモン

となる。

最後に、1皿目のマグロをAが取り、2皿目のサーモンをAではなくBが取り、3皿目のマグロはA、BではなくCが取り、4皿目のサーモンはAが取り、5皿目のマグロはAではなくBが取り、6皿目のサーモンはAが取ったとわかる。まとめたのが次の表である。

	1皿目	2皿目	3皿目	4皿目	5皿目	6皿目
具材	マグロ	サーモン	マグロ	サーモン	マグロ	サーモン
取った人	A	B	C	A	B	A

以上より、6皿中2皿目がサーモンであったことは正しくいえる。

よって、正解は肢1である。

正答 1

SECTION 4 判断推理 対応関係

実践 問題 38 応用レベル

問 A～Fの6人は友人どうしで，カイロ，デリー，バンコク，ブエノスアイレス，ベルリン，ロンドンの6か所の異なる都市にそれぞれ住んでいる。この6人の居住地や，ある期間におけるこの6人の間でのメールの送受信の状況について，次のことが分かっているとき，確実にいえるのはどれか。

(国家一般職2016)

○ AとBはヨーロッパに，DとEはアジアに住んでいる。
○ Aは，Aにメールを送信した友人以外の全員にメールを送信した。
○ Bは，カイロに住んでいる友人を含め計3人にメールを送信した。また，Bがメールを送信した友人のうち，Dのみからメールを受信した。
○ Cは，アジアに住んでいる友人1人にメールを送信した。また，ヨーロッパに住んでいる友人1人からメールを受信した。
○ Dは，ヨーロッパに住んでいる友人2人とアジアに住んでいる友人1人の計3人にメールを送信した。また，ベルリンに住んでいる友人を含め，計2人からメールを受信した。
○ Eは誰にもメールを送信しなかった。また，C以外の全員からメールを受信した。
○ Fは，ロンドンに住んでいる友人とバンコクに住んでいる友人の計2人にメールを送信した。また，ベルリンに住んでいる友人からメールを受信した。

1：Aはロンドンに住んでおり，Bからメールを受信した。
2：Bはベルリンに住んでおり，Fにメールを送信した。
3：Cはカイロに住んでおり，Bからメールを受信した。
4：Dはバンコクに住んでおり，Eにメールを送信した。
5：Fはブエノスアイレスに住んでおり，Aからメールを受信した。

OUTPUT

実践 問題 **38** の解説 ─────────

〈対応関係〉

第1章 判断推理

条件を表にまとめていく。

1番目の条件より，AとBはベルリンとロンドンのいずれか，DとEはデリーとバンコクのいずれかとなる。

また，5番目の条件より，DはA，B，Eにメールを送っていることがわかり，6番目の条件より，Eは誰にも送信しておらず，C以外の全員からメールを受信していることがわかる。

ここで，3番目の条件からBはDに送信していることもわかり，4番目の条件より，Cはアジアに住んでいる友人1人にメールしているが，Eには送っていないことから，Dに送ったことがわかる。

送った人		受け取った人						地域名
		A	B	C	D	E	F	
	A					○		ヨーロッパ
	B				○	○		ヨーロッパ
	C				○	×		
	D	○	○	×		○	×	アジア
	E	×	×	×	×		×	アジア
	F					○		

5番目の条件を再度見ると，Dはベルリンに住んでいる友人を含め2人からメールを受信しているため，ベルリンに住んでいるのはBとなり，Aはロンドンに住んでいることがわかる。

また，7番目の条件より，FがEに送信していることから，Eがバンコクに住んでいることがわかり，Dはデリーに住んでいるとわかる。さらに，Fはロンドンに住んでいるAにメールを送信し，ベルリンに住んでいるBからメールを受信しているため，3番目の条件より，カイロに住んでいることになるのはFとなる。

残ったCはブエノスアイレスに住んでいることになる。

SECTION 4 判断推理 対応関係

送った人	受け取った人 A	B	C	D	E	F	都市名
A	—			×	○		ロンドン
B	×	—	×	○		○	ベルリン
C			—	○	×		ブエノスアイレス
D	○		×		○	×	デリー
E	×	×	×	×	—	×	バンコク
F	○	×	×	×	○	—	カイロ

　4番目の条件より，Cはヨーロッパに住んでいる友人1人からメールを受信しているが，BはCに送信していないことから，AがCに送信したことになる。2番目の条件より，CはAに送信していないことがわかる。

　これ以上は，条件からは確定することができない。

送った人	受け取った人 A	B	C	D	E	F	都市名
A	—	○	○	×	○	×	ロンドン
B	×	—	×	○		○	ベルリン
C	×		—	○	×		ブエノスアイレス
D	○	○	×		○	×	デリー
E	×	×	×	×	—	×	バンコク
F	○	×	×	×	○	—	カイロ

　以上より，選択肢を検討すると，「Bはベルリンに住んでおり，Fにメールを送信した」ことは確実にいえる。
　よって，正解は肢2である。

正答 2

memo

第1章

判断推理

117

第1章 SECTION 4 判断推理 対応関係

問 一郎，次郎，三郎，四郎の兄弟が，A子，B子，C子，D子の姉妹と男女で組んでダンスをすることになった。次のことが分かっているとき，正しくいえるのはどれか。　　　　　　　　　　　　　　　　　　　　　　　　　　（地上2003）

・各人とも，それぞれ踊りたい相手が1人ずついるが，互いに踊りたいと思っている男女の組は1組もない。また，踊りたい相手は重複していない。
・一郎の踊りたい女性が踊りたいのは，D子と踊りたい男性である。
・次郎の踊りたい女性が踊りたいのは，C子と踊りたい男性である。
・三郎の踊りたい女性は，四郎と踊りたい。
・A子の踊りたい男性は，B子と踊りたい男性ではない。
・B子の踊りたい男性は次郎ではない。

1：一郎はA子と踊りたい。
2：三郎はB子と踊りたい。
3：四郎はC子と踊りたい。
4：C子は一郎と踊りたい。
5：D子は次郎と踊りたい。

実践 問題 39 の解説

〈対応関係〉

設問の条件を上からア，イ，……とすると，下図のように表すことができる。

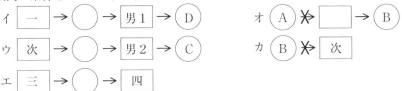

条件イとエから，男1は次郎か三郎の2通りが考えられる。

(1) 男1が三郎の場合，条件ア，イ，エより次のように決まる。

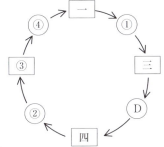

③は次郎で確定する。

条件ウより①はC子となる。

条件カより②はA子，④はB子と確定するが，条件オと矛盾する。

したがって，男1が三郎の場合は，不適である。

(2) 男1が次郎の場合，条件ア〜エより次のように決まる。

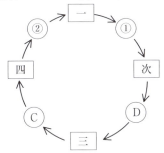

残る①，②はA子とB子だが，条件カから①はA子，②はB子と決定する。

よって，正解は肢1である。

正答 **1**

SECTION 5 判断推理 試合

必修問題 セクションテーマを代表する問題に挑戦！

試合について学習していきます。判断推理のエッセンスが詰まった良問が多いのが特徴です。出題頻度にかかわらず解いてみましょう。

問 A～Fの6人が，3人ずつ二つの組①，②に分かれてのリーグ戦と，その結果により下の図のような組合せとなるトーナメント戦とによる相撲の大会を行った。今，大会の結果について次のア～オのことがわかっているとき，準優勝したのはだれか。ただし，各試合とも引き分けはなかったものとする。　　　（特別区2008）

ア：優勝者は，3勝2敗だった。
イ：AとBとの対戦成績は，1勝1敗だった。
ウ：Cは，AとDに負けた。
エ：Eは，BとFに負けた。
オ：Fは，1勝3敗だった。

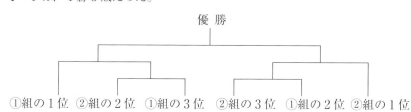

1：A
2：B
3：C
4：D
5：E

必修問題の解説

〈試合〉

　条件アより，優勝者は全部で5試合行い，トーナメント戦で3勝した（リーグ戦では2敗した）とわかる。各試合とも引き分けはなかったとの条件より，リーグ戦1位の者は2勝，2位の者は1勝1敗，3位の者は2敗であるから，優勝者はリーグ戦3位とわかる。

　条件オより，Fの結果がリーグ戦では2敗，トーナメント戦では1勝1敗とわかるため，Fはリーグ戦3位であり，また，優勝はしていないとわかる。

　ここまでのことから，優勝者を①組の3位の者とすると，トーナメント戦の勝ち名乗りは次のようになる。

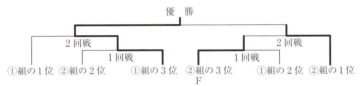

　次に，リーグ戦の組の内訳を考える。条件イより，A，Bは2回対戦しているとわかるため，この2人は同じ組とわかる（リーグ戦で1回，トーナメント戦で1回対戦している）。また，条件エのFがEに勝った試合は，トーナメント戦の1回戦しかありえないため（Fはリーグ戦で2敗している），トーナメント表より，Eは①組の2位であることがわかる。ここで，A，BがFと同じ②組だと，AとBが2回対戦できないため，A，B，Eは①組で，C，D，Fは②組であるとわかる。

　上記リーグ戦の内訳より，条件ウのCがDに負けた試合はリーグ戦の試合とわかるから，Cは2位，Dは1位とわかる。

　以上より，リーグ表は次のようになる。

	A	B	E	順位
A		×	×	3位
B	○		○	1位
E	○	×		2位

	C	D	F	順位
C		×	○	2位
D	○		○	1位
F	×	×		3位

　さらに，トーナメント表は次のようになる。

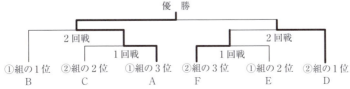

　上記トーナメント表より，準優勝したのは，Dである。
　よって，正解は肢4である。

正答 4

1 リーグ戦

(1) 解法

リーグ戦（総当たり戦）とは，各チーム（各個人）の総当たり方式の試合形式をいう。そのほとんどが勝敗表を作ることによって解くことができる。

勝敗表では，縦に各チーム（あるいは各個人），横に対戦相手をとり，勝ちを○，負けを×，引分けを△で記入する。また，自チーム（自分）どうしは対戦しないため，左上から右下に対角線を引いておく。この対角線に対しては，線対称に逆の結果（ただし，引分けに対しては引分け）が記入されるため，反対側も忘れずに記入する必要がある。勝敗表では，1試合の結果により2つの空欄が埋められる。

なお，順位や勝率がわかっているときは，具体的な勝敗の数が割り出せることが多いため，ここから着手するとよい。

(例)
　①AはCに勝った。
　②BはDに負けた。
　③CとDは引き分けた。

	A	B	C	D	勝	敗	分
A	\		○				
B		\		×			
C	×		\	△			
D		○	△	\			

表のように埋まる。**1試合につき，必ず空欄が2つ埋まることを忘れないこと。**

(2) 総試合数

リーグ戦の総試合数は，参加したのがnチーム（人）で，1回ずつ対戦したとすると，
$$\frac{n(n-1)}{2} (試合)$$
である。

これは，あるチーム（参加者）Aは，自分以外の$(n-1)$チーム（人）と対戦するので，各チーム（人）の対戦相手ののべ総数は$n(n-1)$となる。ところが，A対BとB対Aは同じ試合のことであるから，$n(n-1)$は同じ試合を2回数えていることになる。したがって，これを2で割れば，総試合数が出てくる。

2 トーナメント戦

(1) 解法

トーナメント戦(勝ち抜き戦)とは，勝ち抜き方式により，最後に残った2チーム(人)によって優勝チーム(者)を決定する方法である。トーナメント戦では，トーナメント表を作成して対処する。たとえば，A〜Hの8人によるトーナメント表を作ると，次のようになる(勝ち抜いた人を太線で示してある)。

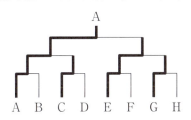

参加チーム数(人数)が 2^n のとき，左右対称のトーナメント表を作成でき，n 回戦まで行われる。また，参加チーム数(人数)が a のとき，

$$2^{n-1} < a \leq 2^n$$

であれば，最少で n 回戦のトーナメント表になる。

(2) 総試合数

トーナメント戦の総試合数は，参加したのが n チーム(人)のとき，$n-1$ である。これは，1チーム(人)が優勝するまでに，優勝チーム(者)以外の者は，1試合ごとに1チーム(人)ずつ消えていくからである。

SECTION 5 判断推理 試合

実践 問題 40 基本レベル

問 A～Dの4チームが，野球の試合を総当たり戦で2回行った。今，2回の総当たり戦の結果について，次のア～オのことが分かっているとき，確実にいえるのはどれか。 （特別区2021）

ア：AがCと対戦した結果は，2試合とも同じであった。
イ：Bが勝った試合はなかった。
ウ：Cが勝った試合は，4試合以上であった。
エ：DがAに勝った試合はなかった。
オ：各チームの引き分けた試合は，Aが2試合，Bが2試合，Cが1試合，Dが1試合であった。

1：Aが勝った試合は，1試合であった。
2：Bは，Cとの対戦で2試合とも負けた。
3：Cは，Dとの対戦で少なくとも1試合負けた。
4：Dが勝った試合は，3試合であった。
5：同じチームに2試合とも勝ったのは，2チーム以上であった。

OUTPUT

実践 問題 **40** の解説

〈試合〉

第1章 判断推理

まず，条件イとオより，Bは0勝4敗2分である。

また，条件ウとオより，Cは4勝1敗1分または5勝0敗1分のいずれかとなる。さらに，条件アを考えると，CがAに2敗や2分することはありえないため，CはAに2勝したことがわかる。

ここまでを表に書き入れると，次のようになる。

	A	B	C	D	勝	敗	分
A			× ×				2
B					0	4	2
C	○○						1
D							1

ここで，条件エについて考える。条件オからDは1分であるから，DはAとの対戦で，(1)2敗，または(2)1敗1分である。それぞれ場合分けをして表を埋めていく。

(1) **DがAに2敗のとき**

Aの2分は，2試合ともBとの対戦となる。したがって，Bは残るC，Dとの対戦で4敗となる。CとDの対戦は，1試合は引き分けであるが，残る1試合は，Cが勝った場合（表①）とDが勝った場合（表②）が考えられる。

①	A	B	C	D	勝	敗	分
A		△△	× ×	○○	2	2	2
B	△△		× ×	× ×	0	4	2
C	○○	○○		○△	5	0	1
D	× ×	○○	× △		2	3	1

②	A	B	C	D	勝	敗	分
A		△△	× ×	○○	2	2	2
B	△△		× ×	× ×	0	4	2
C	○○	○○		× △	4	1	1
D	× ×	○○	○△		3	2	1

LEC東京リーガルマインド　2024-2025年合格目標 公務員試験 本気で合格！過去問解きまくり！　125
②判断推理・図形

(2) DがAに1敗1分のとき

Aの残る1分は，Bとの対戦となる。Dの1分はAとの対戦であったから，Bの残る1分は，Cとの対戦となる。CとDの対戦は，Cが2勝の場合（表③）とCが1勝1敗の場合（表④）が考えられる。

③	A	B	C	D	勝	敗	分
A		○△	××	○△	2	2	2
B	×△		×△	××	0	4	2
C	○○	○△		○○	5	0	1
D	×△	○○	××		2	3	1

④	A	B	C	D	勝	敗	分
A		○△	××	○△	2	2	2
B	×△		×△	××	0	4	2
C	○○	○△		○×	4	1	1
D	×△	○○	×○		3	2	1

1× Aが勝った試合は，表①～④のいずれも2試合である。
2× 表①，②ではBの2敗であるが，表③，④ではBの1敗1分である。
3× 表②，④ではCが1敗しているが，表①，③ではCは負けていない。
4× 表②，④ではDが3勝しているが，表①，③ではDは2勝である。
5○ 記述のとおりである。表①，②では3チーム，表③，④では2チームが該当する。

正答 5

memo

第1章 判断推理

127

第1章 SECTION 5 判断推理 試合

実践 問題 41 基本レベル

頻出度 地上★ 国家一般職★★★ 東京都★ 特別区★★★
　　　 裁判所職員★★ 国税・財務・労基★ 国家総合職★★

問 A～Fの6チームが，総当たり戦でサッカーの試合を行った。勝ちを2点，引き分けを1点，負けを0点として勝ち点を計算し，総勝ち点の多いチームから順位を付け，総勝ち点で同点の場合は得失点差により順位を決めた。今，次のア～カのことが分かっているとき，3位になったのはどのチームか。ただし，同一チームとの対戦は1回のみとする。　　　（特別区2011）

ア：Aは，BとEに負けた。
イ：Bは，Dに負けなかった。
ウ：Cは，A，E，Fと引き分け，得失点差によりAの下位となった。
エ：Dには引き分けはなく，得失点差によりEの上位となった。
オ：Fは，AとDに勝った。
カ：引き分けは4試合あった。

1：A
2：B
3：D
4：E
5：F

直前復習

OUTPUT

実践 問題 **41** の解説 ───────

〈試合〉

第1章
判断推理

チェック欄
1回目	2回目	3回目

条件ア～オから判明している対戦結果を表に示す。また、条件イよりBはDに負けていないということで、勝ったか引き分けたかどちらかとなるが、条件エよりDには引き分けがないため、DはBに負けていることがわかる。

表1	A	B	C	D	E	F	勝ち点
A		×	△		×	×	
B	○			○			
C	△				△	△	
D		×				×	
E	○		△				
F	○			△	○		

次に、条件ウより、AとCが得失点差を考慮することになったため、勝ち点が同じであったことがわかる。すでにCの勝ち点が3点はあることから、同じ勝ち点になるためには、AはDに勝って勝ち点の合計が3でなくてはならず、また、CはB、Dに負けたことにならないといけない。

表2	A	B	C	D	E	F	勝ち点
A		×	△	○	×	×	3
B	○		○	○			
C	△	×		×	△	△	3
D	×	×	○			×	
E	○		△				
F	○			△	○		

そして、条件エより、DとEが得失点差を考慮することになったため、勝ち点が同じであったことがわかる。表2より、Eの勝ち点は3以上が確定しているから、DはEに引き分けるか勝ったことになる。しかし、条件エよりDに引き分けはないため、DはEに勝ち、勝ち点4でEに並んだことがわかる。すると、Eの勝ち点が4となるためには、EはBもしくはFと引き分けていることがわかる。Bに引き分けている場合とFと引き分けている場合で場合分けをすると、表3、表4が得られる。

表3	A	B	C	D	E	F	勝ち点
A		×	△	○	×	×	3
B	○			○	○	△	
C	△	×		×	△	△	3
D	×	×	○		○	×	4
E	○	△	△	×		×	4
F	○		△	○	○		

表4	A	B	C	D	E	F	勝ち点
A		×	△	○	×	×	3
B	○		○	○	○		
C	△	×		×	△	△	3
D	×	×	○		○	×	4
E	○	×	△	×		△	4
F	○		△	○	△		

　いずれにせよB，Fの順位が確定することはないが，この2チームよりD，Eのほうが下位であることは明らかである。条件エより，DはEの上位にあることから，3位はDであることがわかる。
　よって，正解は肢3である。

正答 3

memo

第1章

判断推理

131

第1章 SECTION 5 判断推理 試合

実践 問題 42 基本レベル

頻出度	地上★	国家一般職★★★	東京都★	特別区★★★
	裁判所職員★★	国税・財務・労基★★		国家総合職★★

問 A～Jの10人は，将棋のトーナメント戦を行った。トーナメントの形式は図のとおりであり，空欄にはG～Jのいずれかが入る。次のことが分かっているとき，確実にいえるのはどれか。　　　　　　　　　（国家一般職2020）

○ ちょうど2勝したのは3人であった。
○ BとIは準決勝で対戦し，その勝者は優勝した。
○ Fは，EともJとも対戦しなかった。
○ GとHはそれぞれ1試合目で負けたが，Hはその試合で勝っていたら次は準決勝であった。

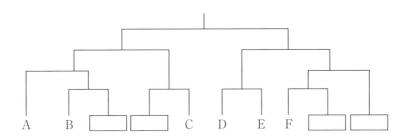

1：ちょうど1勝したのは1人であった。
2：GはCに負けた。
3：Fは準優勝であった。
4：IはDと対戦した。
5：Jは1試合目で勝った。

OUTPUT

実践 問題 42 の解説

〈試合〉

下のトーナメント図に対して，4つの空欄を左から①〜④とする。

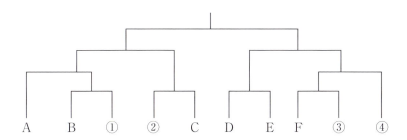

まず，2番目の条件より，準決勝でBと対戦したIは，第一回戦でCに勝ったことがわかり，Iは②と決まる。また，4番目の条件より，勝てば準決勝に進むことができたHは④，3番目の条件より，Jが①，Gが残りの③となる。

次に，4番目の条件より，GとHは1試合目で負けたことから，Fが準決勝に進出をし，さらに3番目の条件から，Dも準決勝に進出したことがわかる。

最後に，準決勝に勝って1勝したのが1人，準決勝と決勝に勝って2勝したのが1人いることから，1番目の条件を満たすのは，準決勝までに2勝している人が準決勝で負けて，1勝している人が決勝に進むことになり，IとDが決勝に進んだときである。

よって，2番目の条件から，準決勝でBと対戦して勝ったIは優勝したことになる。

以上より，IとDが決勝で対戦したことが確実にいえる。

よって，正解は肢4である。

正答 4

第1章 SECTION 5 判断推理 試合

実践 問題 43 基本レベル

問 図のようにA～Jの10チームによるサッカーのトーナメント戦が行われ，この結果について次のアとイが分かっているとき，決勝戦の勝敗としてありうるのはどれか。 (国税・労基2001)

ア：3勝したのは2チームであった。
イ：初戦で敗退したのは5チームであった。

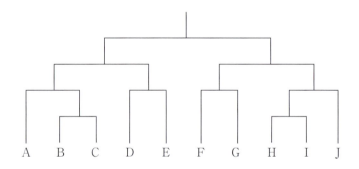

1：AがJに勝った。
2：CがIに勝った。
3：DがGに勝った。
4：FがBに勝った。
5：HがEに勝った。

OUTPUT

実践 問題 43 の解説

〈試合〉

A，D，E，F，G，Jの6チームが3勝すると優勝する。したがって，この6チームから同時に2チームが3勝することはない。すなわち，この6チームから3勝しうるのは1チームか0チームである。

B，C，H，Iの4チームが3勝すると決勝戦に進むことになる。したがって，この4チームから同時に2チームが3勝すると優勝チームがいなくなる。すなわち，この4チームから3勝しうるのは1チームか0チームである。

よって，3勝したのは，A，D，E，F，G，Jの6チームから1チーム，B，C，H，Iの4チームから1チームである。したがって，決勝では，前者の6チームの中の3勝した1チームが，後者の4チームの中の3勝した1チームに勝ったことになる。

選択肢の中でこの条件を満たすチームの組合せは，FがBに勝つ場合である。

よって，正解は肢4である。

正答 4

第1章 SECTION ⑤ 判断推理 試合

実践 問題 44 基本レベル

頻出度 地上★★ 国家一般職★★★ 東京都★ 特別区★★★
    裁判所職員★★ 国税・財務・労基★ 国家総合職★

問 A～Hの8チームが，次の図のようなトーナメント戦で野球の試合を行った。今，次のア～オのことが分かっているとき，確実にいえるのはどれか。ただし，引き分けた試合はなかった。 (特別区2022)

ア：1回戦でBチームに勝ったチームは，優勝した。
イ：1回戦でAチームに勝ったチームは，2回戦でCチームに勝った。
ウ：1回戦でGチームに勝ったチームは，2回戦でFチームに負けた。
エ：Dチームは，Fチームに負けた。
オ：Eチームは，全部で2回の試合を行った。

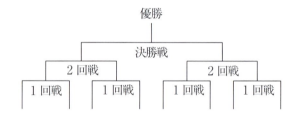

1：Aチームは，Dチームと対戦した。
2：Bチームは，Hチームと対戦した。
3：Cチームは，Gチームと対戦した。
4：Dチームは，Eチームと対戦した。
5：Fチームは，Hチームと対戦した。

実践 問題 44 の解説

〈試合〉

　問題のトーナメント図に①～⑧を配置する。条件に①～④の左ブロックと⑤～⑧の右ブロックに4つずつのチームがあること，そして5つの条件が試合数および試合の勝ち負けに関する条件であることから，下図のようにトーナメントの結果を表すことにする。この場合①が優勝者である。

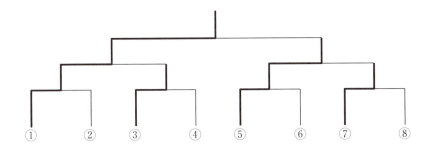

　条件アより，②がBチームとわかる。また，条件イより，1回戦でAチームに，2回戦でCチームに勝ったチームは決勝に進んでいるため，⑤と考えることができる。このことから，⑥がAチーム，⑦がCチームとわかる。
　次に，条件ウについて考える。条件ウに該当するチームは次の2通り考えられる。
・1回戦で⑧のGチームに勝ち，2回戦で⑤のFチームに負けた，⑦のCチーム
・1回戦で④のGチームに勝ち，2回戦で①のFチームに負けた，③のチーム
　前者は，DとEの両チームは①，③，④のいずれかに入るが，条件オより，③がEチームになる。そして，条件エのDチームがFチームと対戦するためには，①がDチームでなくてはならず，これは条件エに反する。
　この結果，後者のほうが正しいと推測でき，条件オより③がEチームになる。そして，条件エも満たすために⑤がDチーム，残りの⑧がHチームとわかる。ここまでをまとめると次のようになる。

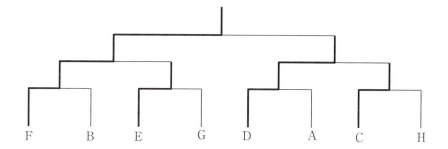

以上より，AチームはDチームと対戦したことは確実にいうことができる。
よって，正解は肢1である。

正答 1

memo

第1章　判断推理

第1章 SECTION 5 判断推理 試合

実践 問題 45 基本レベル

頻出度	地上★★	国家一般職★★★	東京都★	特別区★★★
	裁判所職員★★	国税・財務・労基★		国家総合職★★

問 A〜Fの6チームが、次の図のようなトーナメント戦で、サッカーの試合を行った。今、トーナメント戦の結果について、次のア〜エのことが分かっているとき、確実にいえるのはどれか。ただし、全ての試合は、1点以上の得点の差がついて勝敗が決まり、引き分けがなかった。　　　　（特別区2020）

ア：Aの全試合の得点の合計は3点で、Bの全試合の得点の合計は9点であった。
イ：Cの全試合の得点の合計は1点で、Cの全試合の失点の合計は2点であった。
ウ：Dの全試合の得点の合計は8点で、Dの全試合の失点の合計は4点であった。
エ：Eの全試合の失点の合計は1点で、Fの全試合の失点の合計は3点であった。

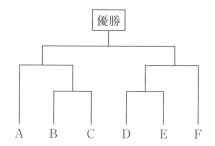

1：優勝はBチームで、決勝戦での得点は5点であった。
2：優勝はBチームで、決勝戦での失点は4点であった。
3：優勝はDチームで、決勝戦での得点は4点であった。
4：優勝はDチームで、決勝戦での失点は3点であった。
5：優勝はFチームで、決勝戦での得点は3点であった。

OUTPUT

チェック欄		
1回目	2回目	3回目

実践 問題 **45** の解説

〈試合〉

　まず，第一回戦のDとEの試合について考える。条件ウから，Dの得点の合計は失点の合計よりも大きいため，Dは第一回戦のEとの試合で勝つことになる。条件エから，この試合で，Dの得点はEの失点数に等しい1点，Eの得点は0点とわかる。

　さらに，第二回戦のDとFの試合についても考える。Dの残りの得点の合計が7点と失点の合計の4点より大きいため，第一回戦と同様に，Dは第二回戦でFに勝ったことになる。この試合で，Dの得点はFの失点数に等しい3点である。また，Dの失点数を x 点（ $0 \leqq x \leqq 2$ ）とする。

　Dは2試合を終えた時点で，得点の合計が4点，失点の合計が x 点である。

　このことから，Dは決勝戦で，$8 - 4 = 4$ 得点，$4 - x$ 失点したことになる。すべての試合は1点以上の得点の差がついて勝敗が決まったという問題の条件から，Dの決勝戦での失点が4点より少なく，Dが優勝したことが決まる。そのときの x の値として，1と2を考えることができる。つまり，

　　　決勝戦でDと対戦したチームの得点は2点，あるいは3点　……①

のいずれかになる。

　次に，条件イに着目する。第一回戦のBとCの対戦でCが勝ったと仮定すると，Cの得点は1点であるが，条件アから負けたBはこの試合で9得点したことになり，不適である。

　このことから，この試合でBはCに勝ったことになり，Cの得点は1点，Bの得点は，Cの失点数に等しい2点となる。

　次に，第二回戦のAとBの試合について考える。この試合でAが勝ったと仮定すると，この試合でAは多くても3得点しかしておらず，負けたBは条件イから $9 - 2 = 7$ 得点をしたことになる。よって，この仮定は不適である。

　このことから，Aの得点が3点，Bの得点が4点以上で，Bが勝ったことになる。さらに，①と条件アより，Bの第二回戦と決勝戦での得点は，

　　　第二回戦の得点は4点，決勝戦の得点が3点

　　　第二回戦の得点は5点，決勝戦の得点が2点

のいずれかになる。以上より選択肢を検討していく。

1 × 　Bチームは，決勝戦で2得点，あるいは3得点しており，優勝していない。

2 × 　Bチームは，決勝戦で4失点しているが，優勝していない。

3 ○ 　Dチームは，決勝戦で4得点して，優勝した。正しい。

第1章 判断推理

LEC東京リーガルマインド　2024-2025年合格目標 公務員試験 本気で合格！過去問解きまくり！　141
②判断推理・図形

4 × Dチームは優勝しているが，決勝戦で失点は2点，あるいは3失点であるため，確実にいうことはできない。

5 × Fチームは決勝に進んでいないため，誤りである。

【コメント】
　A，B，Cの3チームのどのチームが決勝に進出したのかが決まる前に，Dが決勝戦で4得点して優勝したことを導き出すことができる。

正答 3

memo

第1章 判断推理

143

SECTION 5 判断推理 試合

実践 問題 46 基本レベル

問 A，B，C，D，Eの5チームがラグビーのリーグ戦を行った。毎日5チームのうちの4チームが試合を行い，残る1チームは試合がないものとして，5日間で全ての試合を行った。
・Aは1日目にDと戦い，3日目は試合がなかった。
・Cは2日目にBに負け，3日目もあるチームに負けた。
・4日目にBとDはそれぞれ別のチームと対戦した。
・5日目，EはDに勝てば優勝が決まるところであったが，Dに負けて優勝を逃した。

その結果，どこのチームも引き分けはなく，同順位（同じ勝敗数）のチームもなかったとすると，正しくいえるのは次のどれか。　　　　（裁判所職員2020）

1：1日目，AはDに勝った。
2：2日目，Eは試合がなかった。
3：3日目，BはEに負けた。
4：4日目，Cは試合がなかった。
5：5日目，AはCと対戦した。

OUTPUT

チェック欄		
1回目	2回目	3回目

実践 問題 **46** の解説

〈試合〉

第1章 判断推理

　まず，5チームで全10試合のリーグ戦を5日間で行うことと，引き分けがなく同じ勝敗数のチームがなかったことから，A〜Eの5チームの勝敗はそれぞれ，

　　4勝0敗，3勝1敗，2勝2敗，1勝3敗，0勝4敗　……①

のいずれかに該当する。

　4つの条件から，わかるものを表にすると次のとおりになる。また，勝敗については，勝ちを○，負けを×で表すことにする。

日程	1日目	2日目	3日目	4日目	5日目
試合	A－D	C－B ×　○	C－ ×　○	B－	E－D ×　○
				D－	
無試合チーム			A		

　まず，4日目について考える。Aの4日目の相手は，AとDの試合が1日目であったため，Bとわかる。さらに，同日のDの相手は，CとEのいずれかであるが，E対Dが5日目であったことから，Cとわかる。さらに，Eは同日に試合がなかったことがわかる。

　このことから，5日目について考えると，AはCと対戦し，Bは試合がなかったことがわかる。さらに，3日目についてみると，Cの対戦相手はEとなり，Bの対戦相手はDとわかる。

　よって，1日目についてみると，Cは試合がなく，BはEと対戦したことがわかる。また，2日目についてみると，Dは試合がなく，AはEと対戦したことがわかる。

　ここまでを表にまとめると次のとおりになる。

日程	1日目	2日目	3日目	4日目	5日目
試合	A－D	C－B ×　○	C－E ×　○	B－A	E－D ×　○
	B－E	A－E	B－D	D－C	A－C
無試合チーム	C	D	A	E	B

　最後に，①と4番目の条件について考える。優勝チームは4勝0敗であるため，4日目終了時点でDとEが3勝0敗で並んでいたことになる。つまり，Dが4勝0

LEC東京リーガルマインド　2024-2025年合格目標 公務員試験 本気で合格！過去問解きまくり！　145
②判断推理・図形

敗で優勝し，Eは3勝1敗の2位であったとわかる。
　このことから，Dは他のチームに全勝し，EはD以外のチームには勝ったことがわかる。ここまでをまとめると次の表になる。

日程	1日目	2日目	3日目	4日目	5日目
試合	A－D ×　○	C－B ×　○	C－E ×　○	B－A	E－D ×　○
	B－E ×　○	A－E ×　○	B－D ×　○	D－C ○　×	A－C
無試合チーム	C	D	A	E	B

　4日目のAとBの試合，5日目のAとCの試合に関しての勝敗はわからないが，A，B，Cの3チームは多くても2勝しかしていないことになる。
　以上より，5日目にAがCと対戦したことは正しくいえる。
　よって，正解は肢5である。

【コメント】
　選択肢は，各チームの勝敗を聞いているわけではなく，何日目にどのチームが対戦したかと試合がないチームについて聞かれているため，2つ目の表から正解を導くことができた。

正答 5

memo

第1章

判断推理

SECTION 5 判断推理 試合

実践 問題 47 基本レベル

問 A～Eの5人が，卓球でダブルスの試合を次の対戦表に従って行い，個人ごとに順位をつけることにした。各人が加わった組の勝ち・負けを，それぞれその者の勝ち・負けとして各人の勝敗数をカウントし，勝利数の多い順に上位から順位を決める。ただし，引き分けはないものとする。

なお，勝利数が同じ者がいた場合には同順位とし，次の順位は，同順位とした人数分だけ繰り下がるものとする。

第1試合	A・B	―	C・D
第2試合	A・C	―	D・E
第3試合	A・D	―	B・E
第4試合	A・E	―	B・C
第5試合	B・D	―	C・E

第1試合を行ったところ，A・B組が勝ったので，AとBは，それぞれ1勝0敗となり，CとDは，それぞれ0勝1敗となった。すべての試合が終わった時点で次のことが分かっているとき，確実にいえるのはどれか。

（国家一般職2012）

○ 1位になった者は，AとEの2人だった。
○ Bは，2勝2敗だった。

1：Bは3位，Cは5位であった。
2：CとDの2人は，3位であった。
3：A・C組は，D・E組に勝った。
4：A・D組は，B・E組に勝った。
5：Eが加わった組は，Cが加わった組に対して2勝した。

OUTPUT

チェック欄		
1回目	2回目	3回目

実践 問題 **47** の解説 ―――――――――――――――――

〈試合〉

　問題文の条件から，Bは2勝2敗であるが，1位となった者はAとEの2人であるためBを上回り，3勝1敗または4勝0敗（全勝）となる。

　ここで第2試合と第3試合に着目すると，AとEがお互いに反対側の組に入って試合をしているため，どちらかは必ず負けている。したがって，AとEは全勝ではなく，3勝1敗であることがわかる。

　すなわち，第2試合でA（E）の組が負ければ，第3試合ではE（A）の組が負けるという関係となるため，第4試合と第5試合では，AとEが入っている組が勝っていることになる。

　ここまでを勝敗表に記すと次のようになる。

		A	B	C	D	E
第1試合	A・B－C・D	○	○	×	×	
第2試合	A・C－D・E					
第3試合	A・D－B・E					
第4試合	A・E－B・C	○	×	×		○
第5試合	B・D－C・E		×	○	×	○
	勝ち数	3	2			3
	負け数	1	2			1
	順位	1				1

　ここで，Bに着目すると，第2試合と第3試合以外で，すでに1勝2敗が決まっている。最終的に2勝2敗であったことから，試合をした第3試合においてBは勝つ必要がある。したがって，B・E組がA・D組に勝ったことがわかる。これより，第3試合でEが入っている組が勝ったため，逆に第2試合ではAが入っているA・C組がD・E組に勝ったことになる。

　以上をまとめると，A～Eの5人の勝敗と順位がすべて確定し，次の表のようになる。

	A	B	C	D	E
第1試合　A・B−C・D	○	○	×	×	
第2試合　A・C−D・E	○		○	×	×
第3試合　A・D−B・E	×	○		×	○
第4試合　A・E−B・C	○	×	×		○
第5試合　B・D−C・E		○	×	×	○
勝ち数	3	2	2	0	3
負け数	1	2	2	4	1
順位	1	3	3	5	1

　この勝敗表より，選択肢を検討すると，「A・C組は，D・E組に勝った」ことは確実にいえる。

　よって，正解は肢3である。

正答 3

memo

第1章

判断推理

151

試合

実践 問題 48 応用レベル

頻出度	地上★	国家一般職★★★	東京都★	特別区★★★
	裁判所職員★★	国税・財務・労基★		国家総合職★★

問 A～Iの9人が総当たりでバドミントン（シングルス）のリーグ戦を行った。このリーグ戦は9日間で行われ，各日とも試合がない者が1人いた。
表は，前回のリーグ戦の順位と，今回のリーグ戦の7回目までの各参加者の勝敗及び8日目と9日目の対戦相手を示したものである。今回のリーグ戦では勝ち数が多い順に順位を付け，勝ち数が同じ者の順位については，前回のリーグ戦の順位が高い者を上位とすることにしたところ，最終順位はAが1位，Bが2位，Cが5位，Dが最下位という結果となった。今回のリーグ戦の勝敗や順位について確実にいえるのはどれか。
ただし，引き分けの試合はなかった。

(国家一般職2014)

前回のリーグ戦の順位	参加者	今回のリーグ戦の状況		
		7日目までの勝敗	8日目の対戦相手	9日目の対戦相手
1位	A	4勝2敗	D	G
2位	B	4勝2敗	E	H
3位	C	2勝4敗	I	E
4位	D	2勝4敗	A	F
5位	E	3勝3敗	B	C
6位	F	2勝4敗	G	D
7位	G	1勝5敗	F	A
8位	H	5勝2敗	試合なし	B
9位	I	5勝2敗	C	試合なし

1：Aは6勝2敗であった。
2：BはHに敗れた。
3：Eは4勝4敗であった。
4：Gは8日目と9日目のどちらかに敗れた。
5：Iは3位であった。

OUTPUT

実践 問題 **48** の解説

〈試合〉

まず，Dが最下位になる勝敗の組合せについて考える。7日目までの勝敗は，Dが2勝4敗でありGが1勝5敗である。そして，前回のリーグ戦の順位はDが4位でGが7位であるから，DがGを下回って最下位になるためには，Dが2敗して2勝6敗となり，かつ，Gが2勝して3勝5敗とならなければならない。これより，Dは8日目にAに敗れ，9日目にFに敗れて，2勝6敗になったことがわかる。また，Gは8日目にFに勝ち，9日目にAに勝って，3勝5敗となったことがわかる。

したがって，Aは8日目にDに勝ち，9日目にGに敗れて5勝3敗で1位となり，また，Fは8日目にGに敗れ，9日目にDに勝って3勝5敗となったことがわかる。

ここまでを問題の表に書き加えて整理すると，次のようになる。

前回のリーグ戦の順位	参加者	今回のリーグ戦の状況				
		7日目までの勝敗	8日目の対戦相手	9日目の対戦相手	9日目までの勝敗	今回のリーグ戦の順位
1位	A	4勝2敗	D（○）	G（×）	5勝3敗	1位
2位	B	4勝2敗	E	H		2位
3位	C	2勝4敗	I	E		5位
4位	D	2勝4敗	A（×）	F（×）	2勝6敗	9位
5位	E	3勝3敗	B	C		
6位	F	2勝4敗	G（×）	D（○）	3勝5敗	
7位	G	1勝5敗	F（○）	A（○）	3勝5敗	
8位	H	5勝2敗	試合なし	B		
9位	I	5勝2敗	C	試合なし		

1位のAが5勝3敗であり，6勝以上の者はいないことから，7日目までの勝敗で5勝2敗のHとIは，それぞれ9日目にB，8日目にCに敗れ，ともに5勝3敗となり，条件から5位であるCが2連勝した場合の4勝4敗を上回るため，それぞれ3位と4位になったことがわかる。

すると，Bは9日目にHに勝って5勝目をあげたため，8日目のEには敗れていなければならず，5勝3敗であったとわかる。

残るCとEについて考えると，CがA，B，H，Iに次いで5位になるためには，9日目にEに勝ってともに4勝4敗になる必要がある。

LEC東京リーガルマインド　2024-2025年合格目標 公務員試験 本気で合格！過去問解きまくり！ 153
②判断推理・図形

以上より,勝敗と順位がすべて確定し,次の表のようになる。

前回のリーグ戦の順位	参加者	今回のリーグ戦の状況				今回のリーグ戦の順位
		7日目までの勝敗	8日目の対戦相手	9日目の対戦相手	9日目までの勝敗	
1位	A	4勝2敗	D(○)	G(×)	5勝3敗	1位
2位	B	4勝2敗	E(×)	H(○)	5勝3敗	2位
3位	C	2勝4敗	I(○)	E(○)	4勝4敗	5位
4位	D	2勝4敗	A(×)	F(×)	2勝6敗	9位
5位	E	3勝3敗	B(○)	C(×)	4勝4敗	6位
6位	F	2勝4敗	G(×)	D(○)	3勝5敗	7位
7位	G	1勝5敗	F(○)	A(○)	3勝5敗	8位
8位	H	5勝2敗	試合なし	B(×)	5勝3敗	3位
9位	I	5勝2敗	C(×)	試合なし	5勝3敗	4位

表より,Eは4勝4敗で6位であった。
よって,正解は肢3である。

正答 3

memo

第1章 判断推理

SECTION 5 判断推理 試合

実践 問題 49 応用レベル

| 頻出度 | 地上★ 国家一般職★★★ 東京都★ 特別区★★★ 裁判所職員★★ 国税・財務・労基★ 国家総合職★★ |

問 サッカーの地区大会がトーナメント方式で行われ、A〜Hの8チームが参加した。試合について次のことが分かっているとき、「優勝チーム」と「決勝戦での優勝チームの得点」の組合せとして正しいのはどれか。

(国家一般職2013)

○ トーナメントの組合せは図のとおりであった。
○ 全ての試合は1点以上の得点の差がついて勝敗が決まり、引き分けはなかった。
○ 各チームの得点の合計と失点の合計は表のとおりであったが、一部は未記入のままとなっている。

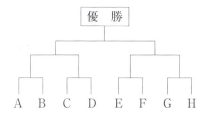

チーム	得点の合計	失点の合計
A	1	
B		6
C	0	2
D	4	
E	3	3
F	2	
G		1
H	5	4

	優勝チーム	決勝戦での優勝チームの得点
1:	B	3
2:	B	4
3:	D	1
4:	H	3
5:	H	4

OUTPUT

実践 問題 **49** の解説 ─────────────

〈試合〉

まず，トーナメント表から，1回戦の4試合について考えていく。

① A−B戦

「Aの得点の合計」＜「Bの失点の合計」に着目する。

ここで，特定の試合において(あるチームの得点)＝(対戦チームの失点)であることに注意すると，Bの失点6は，Aの得点1だけでは足りないから，BはA以外のチームからも失点していることになる。

すなわち，Bが1失点で準決勝に勝ち上がったことになる。

② C−D戦

「Cの得点の合計」が0であるから，Cは無得点のまま1回戦で敗れたことになる。このとき，Cの失点2は，Dの得点2となる。

したがって，「C−D戦」は，「C0−D2」であったことになる。

③ E−F戦

Eの得失点が「Eの得点の合計」＝「Eの失点の合計」となっていることに着目する。

条件より引き分けはなかったことと，Eは2試合以上の得点の合計と失点の合計が等しくなっていることから，Eは1回戦で敗れておらず，準決勝に勝ち上がったことになる。このとき，Fの得点2は，Eの失点2となる。すると，Eは3点以上でFに勝ったことになるが，Eの得点合計は3であるから，「E−F戦」は，「E3−F2」であったことになる。

④ G−H戦

「Gの失点の合計」＜「Hの得点の合計」に着目する。

ここで，特定の試合において(あるチームの得点)＝(対戦チームの失点)であることに注意すると，Hの得点5は，Gの失点1だけでは足りないから，HはG以外のチームからも得点していることになる。

すなわち，Hが「H1−G0」で準決勝に勝ち上がったことになる。

第1章 判断推理

LEC東京リーガルマインド　2024-2025年合格目標 公務員試験 本気で合格！過去問解きまくり！　157
②判断推理・図形

1回戦の結果をトーナメント表にまとめると次のようになる。

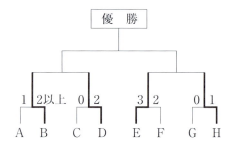

ここまでで、準決勝の2試合は「B−D戦」、「E−H戦」とわかった。

⑤ B−D戦

Bは1回戦で1失点したから「Bの準決勝以降の失点の合計」は5である。一方、Dは1回戦で2得点したから「Dの準決勝以降の得点の合計」は2である。したがって、「Bの準決勝以降の失点の合計」＞「Dの準決勝以降の得点の合計」であって、Bの準決勝以降の失点5は、Dの準決勝以降の得点の合計2だけでは足りないから、BはD以外のチームからも失点していることになる。

すなわち、Bが2失点で決勝に勝ち上がったことになる。

⑥ E−H戦

Eの得点合計は3、失点の合計も3であるが、Eは1回戦の「E−F戦」においてすでに3得点し、2失点している。したがって、Eの準決勝以降の得点の合計は0、失点の合計は1であるから、Eは無得点で1失点して準決勝で敗れたことになる。このとき、Hの得点は1点となる。

よって、「E−H戦」は、「E0−H1」で、Hが決勝に勝ち上がったことになる。以上より、決勝は「B−H戦」とわかった。

⑦ B−H戦

まず、Hの失点の合計4に着目する。

Hは1回戦および準決勝において無失点であるから、決勝戦でBに4失点していることになる。すなわち、Bは決勝で4得点したことになる。

一方、Bの失点の合計6に着目する。

Bは、1回戦でAに1失点しており、準決勝ではDに2失点しているから、決勝戦でHに3失点していることになる。すなわち、Hは決勝で3得点したことになる。

よって、Bが「B4−H3」で優勝したことになる。

ここまででわかった結果をまとめると次の図のようになる。

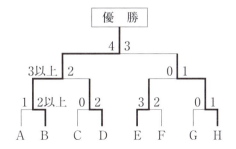

よって，正解は肢2である。

正答 2

SECTION 5 判断推理 試合

実践 問題 50 応用レベル

問 バレーボールの勝敗の決め方は，一般に，先に3セットを取った方が勝ちとするものであり，勝ち方には，1セットも落とさず3セット取得（セットカウントが「3－0」），1セット落として3セット取得（セットカウントが「3－1」），2セット落として3セット取得（セットカウントが「3－2」）の3パターンがある。

一方，複数のチームによるリーグ戦（総当たり戦）により順位を決める場合には，勝ち点による方法がある。この方法は次のとおりである。

セットカウントが「3－0」と「3－1」の試合は勝者に3点，敗者に0点，セットカウントが「3－2」の試合では勝者に2点，敗者に1点が与えられる。勝ち点を合計し，多い順に順位を決める。

いま，A～Eの5チームがリーグ戦（各チームとの対戦は1回）を行い，この勝ち点による方法で順位を決めることとなったところ，この5チームの力が拮抗しており，全てのチームが2勝2敗となったが，各チームの勝ち点は全て異なり，順位が決定した。

次のことが分かっているとき，確実にいえるのはどれか。（国家総合職2013）

○ Aの試合には，セットカウント「3－2」「2－3」のいずれもなかった。
○ BはCにセットカウント「3－2」で勝ったが，Dにセットカウント「0－3」で負けた。
○ CはDに勝った。
○ Eが4試合合計で取得したセット数は10であった。
○ セットカウント「3－2」の試合が三つあった。

1：AはBには勝ったがDには負けており，Bより順位が上位でDより下位であった。
2：BはEにセットカウント「3－1」または「3－0」で勝った。
3：CとDが4試合合計で取得したセット数はともに9であった。
4：Dは1位と5位のチームに勝ったが，順位は4位であった。
5：Eは勝ち点7で，順位は2位であった。

OUTPUT

チェック欄		
1回目	2回目	3回目

第1章 判断推理

実践 問題 **50** の解説

〈試合〉

　セットカウントが「３－０」と「３－１」で３点が与えられる勝ちを「◎」，０点が与えられる負けを「×」とし，セットカウントが「３－２」で２点が与えられる勝ちを「○」，１点が与えられる負けを「△」で表す。

　Ａ～Ｅのすべてのチームが２勝２敗であるから，１番目の条件より，Ａは，◎が２つ，×が２つとなり勝ち点は６である。

　２番目の条件より，ＢとＣの試合では，Ｂは○で勝ち点２，Ｃは△で勝ち点１を得ている。また，ＢとＤの試合では，Ｂは×で勝ち点０，Ｄは◎で勝ち点３を得ている。

　４番目の条件より，Ｅは４試合で10セットを取っているが，勝った２試合で６セットを取ることになるから，負けた２試合で４セットを取っていることになり，負けた試合は２つとも「２－３」の△であったことがわかる。すると，ＥがＡに負けていた場合，「２－３」の△となるが，１番目の条件よりそれはありえないため，ＡとＥの試合では，Ａは×で勝ち点０，Ｅは◎で勝ち点３を得ている。

　５番目の条件より，セットカウント「３－２」の試合は３つであるが，それは「ＢとＣの試合」と「Ｅが負けた２試合」だけであり，その他の７試合はすべて「◎－×」の試合である。したがって，３番目の条件より，ＣとＤの試合では，Ｃは◎で勝ち点３，Ｄは×で勝ち点０を得ている。また，Ｅは「３－２」の○で勝つことはありえなくなるため，勝った２試合とも◎で勝ち点３を得ている。

　ここまでを表にまとめると，以下のようになる。Ｂ，Ｃ，Ｄについては，勝ち負けの数と勝ち点をわかっている範囲でかっこ書きで記してある。

	A	B	C	D	E	勝 ち		負 け		勝点
						◎（3）	○（2）	△（1）	×（0）	
A					×	2	0	0	2	6
B			○	×			（1）		（1）	（2）
C		△		◎		（1）		（1）		（4）
D		◎	×			（1）			（1）	（3）
E	◎					2	0	2	0	8
						7	3	3	7	

　ここで，Ｂ，Ｃ，Ｄの勝敗に着目する。３チームともＡとＥとの対戦結果が不明であるが，どのチームも２勝２敗であるから，上の表を見ると，どちらかには勝ち，

もう一方には負けている。

Aに勝つ場合には◎で勝ち点3を得、このときEには×で負けて勝ち点0を得る。この場合の2試合の勝ち点の合計は3である。

また、Eに勝つ場合には○で勝ち点2を得、このときAには×で負けて勝ち点0を得る。この場合の2試合の勝ち点の合計は2である。

Cは、後者の場合には勝ち点6となり、Aと同じになるが、これは「各チームの勝ち点は全て異なる」という条件に反するから、前者の「Aに◎で勝ち、Eに×で負けた」場合でなければならない。

同様に、Dは、前者の場合には勝ち点6となり、Aと同じになるが、これも条件に反するから、後者の「Aに×で負け、Eに○で勝った」場合でなければならない。

すると、残ったBは、後者の「Aに×で負け、Eに○で勝った」ことになる。

以上より、表の空欄を埋めると、次のようになる。

	A	B	C	D	E	勝ち ◎(3)	勝ち ○(2)	負け △(1)	負け ×(0)	勝点
A		◎	×	◎	×	2	0	0	2	6（3位）
B	×		○	×	○	0	2	0	2	4（5位）
C	◎	△		◎	×	2	0	1	1	7（2位）
D	×	◎	×		○	1	1	0	2	5（4位）
E	◎	△	◎	△		2	0	2	0	8（1位）
						7	3	3	7	

完成した表より、選択肢を検討する。

1 × AはBにもDにも勝っており、BとDの両方より順位が上位であるから、誤りである。

2 × BはEにセットカウント「3－2」で勝ったから、誤りである。

3 × Cが4試合合計で取得したセット数は9または8セットであり、Dが4試合合計で取得したセット数は8、7または6セットであるから、誤りである。

4 ○ Dは1位のEと5位のBに勝ったが、順位は4位であったから、正しい。

5 × Eは勝ち点8で、順位は1位であったから、誤りである。

正答 4

memo

第1章 判断推理

163

第1章 SECTION 5 判断推理
試合

実践 問題 51 応用レベル

問 4組の夫婦と1人の独身者からなるA～Iの9人でテニスをした。次のことが分かっているとき、Aの配偶者が行った試合数はいくらか。なお、テニスの試合形式は、すべてシングルス（1対1の対戦）であったものとする。

(国Ⅰ2007)

・Aは2試合を行った。
・試合数0の人がいた。
・自分の配偶者と試合を行った人はいなかった。
・同じ相手と2度以上試合を行った人もいなかった。
・独身者以外の8人が行った試合数はすべて異なっていた。

1： 3
2： 4
3： 5
4： 6
5： 7

実践 問題 51 の解説

〈試合〉

　まず，4組の夫婦の行った試合数に着目する。3番目と4番目の条件より，彼らは最大で自分と配偶者を除く7人と1度ずつ試合を行うことができる。このことと，2番目と5番目の条件より，彼ら8人の行った試合数は，それぞれ0〜7のいずれかであるとわかる。

　次に，4組の夫婦の中で行った試合数が7の人に着目する。試合数が7になるためには，試合数0の人が1人であり，かつ，試合数0の人を除く全員と試合を行うことが必要である。ここで，3番目の条件より，この人は自分の配偶者と試合を行っていないことから，この人の配偶者が試合数0の人であるとわかる。つまり，7試合行った人と試合数0の人が夫婦とわかる。

　さらに，4組の夫婦の中で行った試合数が6の人に着目すると，この人は，試合数0の人と試合数1の人（この人は試合数7の人と試合をしている）を除く6人と試合を行ったことがわかる。3番目の条件より，この人の配偶者は試合数0の人か試合数1の人のいずれかであるが，試合数0の人と試合数7の人が夫婦と確定しているため，この人の配偶者が試合数1の人であるとわかる。つまり，試合数6の人と試合数1の人が夫婦とわかる。

　以上のように順に考えていくと，試合数5の人と試合数2の人，試合数4の人と試合数3の人がそれぞれ夫婦とわかる。そして，1番目の条件より，Aの行った試合数が2であることから，Aの配偶者の試合数は5ということになる。

　よって，正解は肢3である。

正答 3

第1章 判断推理
SECTION 6 数量推理

必修問題 セクションテーマを代表する問題に挑戦！

判断推理に数量の概念が混ざった問題について学習していきます。「合計」を上手く使っていくことがカギになります。

問 A～Cの3人が花屋で買ったチューリップの色と数について、次のア～カのことが分かっているとき、確実にいえるのはどれか。

（特別区2006）

ア：3人が買ったチューリップの合計数は、赤色が6本、白色が3本、黄色が5本であった。
イ：AとBがそれぞれ買ったチューリップの数は、同数であった。
ウ：AとCがそれぞれ買った黄色のチューリップの数は、同数であった。
エ：Bが買った白色と黄色のチューリップの数は、同数であった。
オ：Cが買ったチューリップの数は、3人の中で最も少なかった。
カ：3人のうち2人は赤色、白色、黄色の3種類のチューリップを買い、他の1人は2種類の色のチューリップだけを買った。

1：Aが買った赤色のチューリップの数は、1本であった。
2：Aが買った白色のチューリップの数は、1本であった。
3：Bが買った赤色のチューリップの数は、1本であった。
4：Cが買った赤色のチューリップの数は、1本であった。
5：Cが買った白色のチューリップの数は、1本であった。

直前復習

| 頻出度 | 地上★★★　国家一般職★★★　東京都★★　　特別区★★
裁判所職員★　　国税・財務・労基★★★　国家総合職★★★ |

チェック欄

1回目	2回目	3回目

第1章

判断推理

必修問題の解説

〈数量推理〉

　A，Bが買ったチューリップの合計をx（本），Cが買ったチューリップの合計をy（本）とすると，条件ア，イより次のような表を書くことができる。

	赤	白	黄	計
A				x
B				x
C				y
計	6	3	5	14

　3人の買ったチューリップの合計より$2x+y=14$が成り立ち，さらに，条件オより$y<x$であるため，$(x，y)=(5，4)，(6，2)$のいずれかである。そこで，$(x，y)$の組合せで場合分けをして考える。

⑴　$(x，y)=(5，4)$の場合

　条件ウ，エより，AとCが買った黄色の本数をz本，Bが買った白色と黄色の本数をw本とすると，次の表になる。

	赤	白	黄	計
A			z	5
B		w	w	5
C			z	4
計	6	3	5	14

　ここで$(z，w)$の組合せは，$(z，w)=(2，1)，(1，3)$のいずれかであるが，$w=3$とするとBの合計が5本を超えるため不適である。よって$(z，w)=(2，1)$であり，条件カより残り5カ所の空欄のうち，1カ所だけが0本であることに注意すると，次の表のように1通りに決まる。

	赤	白	黄	計
A	1	2	2	5
B	3	1	1	5
C	2	0	2	4
計	6	3	5	14

LEC東京リーガルマインド　　2024-2025年合格目標 公務員試験 本気で合格！過去問解きまくり！　167
②判断推理・図形

⑵ （x, y）＝（6, 2）の場合

　　Cが買ったチューリップの花が2本ということになる（2種類の色だけを買ったのもC）が，条件カより，Cは黄色のチューリップを1本買ったことになる（もし，Cが黄色のチューリップを買わなければ，条件ウより，Aも黄色のチューリップを買わないことになる）。すると，条件ウより，AとCが買った黄色のチューリップは同数であるから，Aも黄色を1本買い，Bは黄色のチューリップを3本買ったことになるため，条件エより，Bは赤色のチューリップを買わなかったことになり，条件カに反する。

	赤	白	黄	計
A			1	6
B	0	3	3	6
C			1	2
計	6	3	5	14

　　よって，このような場合はありえない。

　　以上より，条件をすべて満たすのは⑴の場合のみであり，このとき確実にいえるのは肢1である。

　　よって，正解は肢1である。

正答 1

memo

第1章

判断推理

169

数量推理

　数量推理の問題は，与えられた条件に数量の要素が含まれたものである。条件に数量の要素が含まれるため，数的推理に近い問題もあり，集合算など判断推理としても数的推理としても出題されるような分野もある。しかし，これらの問題も判断推理の1分野として出題される以上，計算力よりは推理力が求められているといえる。このような事情から，対応表や数直線などの考え方を十分に用い，さらに，整数の性質等に着目する必要がある。

(1) **対応表や数直線などを利用し，条件を見やすく整理する。**
　(例)ある会社の社員の住所について次のことがわかっている。このとき，県外在住の男性社員の人数を求めなさい。
　　①県内在住の社員は，男性が10人で女性が15人である。
　　②県外在住の社員は，全部で10人いる。
　　③男性社員の人数は女性社員の人数より3人多い。

(解説)
　男性社員全体の人数を x 人としたうえで，条件を次のような表に整理する。

	県内	県外	合計
男性	10		x
女性	15		$x-3$
合計	25	10	

　表より，全社員の人数は，県内＋県外＝35(人)である。また，全社員の人数は男性＋女性＝ $x+(x-3)=2x-3$ (人)とも表されるから，$2x-3=35$ が成り立つ。これを解くと $x=19$ (人)が得られる。
　したがって，県外の男性は19－10＝9(人)とわかる。

	県内	県外	合計
男性	10	9	19
女性	15	1	16
合計	25	10	35

(2) **合計に着目し，和・差などからわかる数字は，順次算出していく。また，和の組合せなどは，考えるよりも実際に書き出してしまったほうが速く解ける問題もある。**

INPUT

(例) 1〜15の奇数の書かれたカードが8枚ある。A，B，Cの3人がこれらのカードの中から任意に2枚ずつ，計6枚を取り出したところ，その2枚のカードの数の合計はAが16，Bが14，Cが10であった。残った2枚のカードの数の差として可能性のあるものをすべて挙げなさい。

(解説)

8枚のカードの数の和は，1＋3＋5＋7＋9＋11＋13＋15＝64である。A，B，Cが取り出したカードの合計は16，14，10だから，残った2枚のカードの和は，

$$64 - (16 + 14 + 10) = 24$$

である。1，3，5，7，9，11，13，15の中から2枚選んだとき和が24になるのは9＋15か，11＋13しかない。したがって，残った2枚のカードの数の差は，15－9＝6，13－11＝2の2通りが考えられる。

(3) 整数である事実を用いて解く場合もある。

(例) ある会社の社員の住所について次のことがわかっている。このとき，この会社の社員の人数を求めなさい。

①県内在住の社員数は，男性社員が50人，女性社員が46人である。

②県外在住の男性社員は，県内在住の男性社員より少ないが，県内在住の女性社員より多い。

③県外在住の女性社員は，県外在住の男性社員の半分の人数である。

(解説)

①，②より，人数は当然整数で表されるから，県外在住の男性社員の人数は，47，48，49人のいずれかが考えられる。

しかし，県外在住の男性社員の人数が47人や49人であったとすると，③より，県外在住の女性社員の人数は，その半分の47÷2＝23.5（人），49÷2＝24.5（人）といった整数値でなく，不適である。したがって，県外在住の男性社員は48人，女性社員は半分の24人となる。

よって，この会社の社員数は，50＋46＋48＋24＝168（人）となる。

	県内	県外	合計
男性	50	48	98
女性	46	24	70
合計	96	72	168

第1章 SECTION 6 判断推理
数量推理

実践 問題 52 基本レベル

頻出度 地上★★★ 国家一般職★★★ 東京都★★ 特別区★★
裁判所職員★ 国税・財務・労基★★★ 国家総合職★★★

問 兄弟が色折り紙を持っており，折り紙の枚数は兄弟の合計で7枚である。折り紙の色には白・黒・赤があり，折り紙に使われている紙の種類は洋紙と和紙がある。次のことがわかっているとき，確実にいえるのはどれか。

(地上2016)

・折り紙の色は白が3枚，赤が2枚，黒が2枚である。
・7枚のうち洋紙は5枚であり和紙は2枚である。
・折り紙のうちの1枚は黒い和紙である。
・弟は，色と種類の両方が同じ折り紙を持っていない。
・兄は，黒と他の1色の折り紙を同じ枚数だけ持ち，他の色の折り紙は一切持たない。

1：兄は洋紙と和紙を同じ枚数だけ持っている。
2：弟は白を2枚持っている。
3：弟は黒と赤を持っている。
4：弟が持っている枚数は兄よりも多い。
5：白3枚はすべて洋紙である。

OUTPUT

チェック欄		
1回目	2回目	3回目

実践 問題 **52** の解説

〈数量推理〉

2枚ある和紙のうち，1枚が黒であるため，残りの1枚が何色であるかを中心に検討する。

(1) 和紙の色が2枚とも黒のとき

折り紙の色と紙の種類の対応は次のようになる。

	白	白	白	黒	黒	赤	赤
和紙	×	×	×	○	○	×	×
洋紙	○	○	○	×	×	○	○

兄は黒の折り紙を1枚か2枚持っているため，他の色の折り紙を1枚か2枚持つことになる。このとき，兄が持っていない色の折り紙は少なくとも2枚が洋紙であり，そのどちらも弟が持つことになるが，弟は色と種類の両方が同じ折り紙を持っていないことに矛盾するため，不適である。

(2) もう1枚の和紙の色が白のとき

	白	白	白	黒	黒	赤	赤
和紙	○	×	×	○	×	×	×
洋紙	×	○	○	×	○	○	○

兄が持っている黒の折り紙が1枚か2枚かにかかわらず，(1)の場合と同様に兄が持っていない色には2枚以上の洋紙があるため，不適である。

(3) もう1枚の和紙の色が赤のとき

	白	白	白	黒	黒	赤	赤
和紙	×	×	×	○	×	○	×
洋紙	○	○	○	×	○	×	○

兄の持っている折り紙のもう1つの色が赤のとき，白の洋紙3枚を弟が持つことになるため，不適である。また，兄が黒1枚，白1枚のとき，残った白の洋紙2枚を弟が持つことになるため，不適である。しかし，兄が黒2枚，白2枚を持っていたとき，すべての条件を満たすことができる。したがって，兄弟の持っている折り紙の組合せは次のページのように決まる。

LEC東京リーガルマインド　2024-2025年合格目標 公務員試験 本気で合格！過去問解きまくり！　173
②判断推理・図形

SECTION 6 判断推理
数量推理

	白	白	白	黒	黒	赤	赤
和紙	×	×	×	兄	×	弟	×
洋紙	兄	兄	弟	×	兄	×	弟

　以上より，選択肢を検討すると「白3枚はすべて洋紙である」ことは確実にいえる。
　よって，正解は肢5である。

正答 5

memo

第1章

判断推理

175

第1章 6 判断推理
数量推理

実践 問題 53　基本レベル

頻出度	地上★★★	国家一般職★★★	東京都★★	特別区★★
	裁判所職員★	国税・財務・労基★★★		国家総合職★★★

問　箱の中に，赤玉が20個，青玉が15個，白玉が何個か入っていたが，これらのうちいくつかが箱からこぼれ落ちた。こぼれ落ちた玉の数を数えてみたところ，赤玉は白玉の2倍であり，3色合わせて11個あった。また，箱に残った玉の数を数えてみたところ，青玉は白玉の2倍であった。最初，白玉は箱に何個入っていたか。　　　　　　　　　　　　　　　　　　　　　（地上2010）

1 ： 6個
2 ： 7個
3 ： 8個
4 ： 9個
5 ： 10個

OUTPUT

チェック欄		
1回目	2回目	3回目

実践 問題 **53** の解説

〈数量推理〉

　まずは条件「こぼれ落ちた玉の数を数えてみたところ，赤玉は白玉の２倍であり，３色合わせて11個あった」に着目する。この条件より，こぼれ落ちた赤玉と白玉の個数の和が３の倍数となっていることがわかり，青玉も含めた個数が11個であるため，こぼれ落ちた赤玉と白玉の関係は次の３パターンしかないことがわかる。

ケース１	赤	青	白	計
箱の中				
こぼれた	2		1	11
合計	20	15		

ケース２	赤	青	白	計
箱の中				
こぼれた	4		2	11
合計	20	15		

ケース３	赤	青	白	計
箱の中				
こぼれた	6		3	11
合計	20	15		

　（赤，白）＝（８，４）では合計が12になってしまい11を超えるため，不適である。これより青玉の数などが判明する。

ケース１	赤	青	白	計
箱の中	18	7		
こぼれた	2	8	1	11
合計	20	15		

ケース２	赤	青	白	計
箱の中	16	10		
こぼれた	4	5	2	11
合計	20	15		

ケース３	赤	青	白	計
箱の中	14	13		
こぼれた	6	2	3	11
合計	20	15		

　ここで，もう１つの条件「箱に残った玉の数を数えてみたところ，青玉は白玉の２倍であった」に着目する。これより，「箱に残った白玉の数は青玉の数の半分である」ともいえる。このとき，ケース１，３の箱に残っている青玉の個数は奇数であるため，それぞれの「箱の中に残った白玉の数」が小数になってしまい，不適である。

　したがって，ケース２の場合のみ妥当であることがわかり，表を埋めると次のようになる。

ケース２	赤	青	白	計
箱の中	16	10	5	31
こぼれた	4	5	2	11
合計	20	15	7	42

　よって，正解は肢２である。

正答 2

第1章 判断推理

第1章 SECTION 6 判断推理
数量推理

実践 問題 54 基本レベル

問 ある楽団が表のように，毎日1回，1週間連続して演奏会を開いた。

曜日	時間帯	入場料金（日）	プログラム	作品数
日	昼	3,000	ポルカとワルツ	25
月	夜	5,000	後期ロマン派の交響曲	1
火	夜	4,000	弦楽及び木管の各アンサンブル	2
水	夜	5,000	バロックの合奏協奏曲	5
木	夜	4,000	室内楽	3
金	夜	8,000	地元合唱団との共演によるオラトリオ	1
土	昼	3,000	古典派の序曲，協奏曲	3

演奏会に行ったA～Eの5人について次のことが分かっているとき，確実にいえるのはどれか。なお，5人の中に演奏会の途中で入・退場した者はなく，いずれの演奏会でもアンコールはなかった。　　　　（国家一般職2015）

○ 5人が行った演奏会の回数は，それぞれ異なっていた。
○ 昼の演奏会に行ったのは，両日とも，A及びBの2人のみであった。
○ Cは3日連続して演奏会に行き，その他の日は行かなかった。
○ 火曜日と木曜日の演奏会に行ったのは同じ3人であり，そのうちの1人はEであった。
○ 5人が演奏会で聴いた作品の数は，多い者から順に，38, 34, 10, 5, 1であった。
○ 入場料金の合計額は，多い順に，19,000円，13,000円，8,000円であった。入場料金の合計額が同額であった者が2組あり，そのうちの1組はDとEであった。

1：Aは，合奏協奏曲を聴いた。
2：Bは，昼の演奏会のみに行った。
3：Cは，交響曲を聴いた。
4：Dは，室内楽を聴いた。
5：Eは，オラトリオを聴いた。

OUTPUT

チェック欄		
1回目	2回目	3回目

実践 問題 **54** の解説

〈数量推理〉

　2番目の条件より，日曜日と土曜日にあった昼の演奏会に行ったのは，両日とも，A及びBの2人のみであることから，C，D，Eは日曜日，土曜日には演奏会に行っていない。4番目の条件より，Eは火曜日と木曜日に演奏会に行っている。また，3番目の条件より，Cは3日連続して演奏会に行っているが，入場料金を考えると，月曜日から水曜日のときは14,000円，火曜日から木曜日のときは13,000円，水曜日から金曜日のときは17,000円となるが，6番目の条件より，13,000円となる火曜日から木曜日のときと確定する。

曜　　日	日	月	火	水	木	金	土	回数	入場料金(円)	作品数
時間帯	昼	夜	夜	夜	夜	夜	昼			
入場料金(円)	3,000	5,000	4,000	5,000	4,000	8,000	3,000			
作品数	25	1	2	5	3	1	3			
A	○						○			
B	○						○			
C	×	×	○	○	○	×	×	3	13,000	10
D	×						×			
E	×		○		○		×			

　ここで，5番目の条件より，聴いた作品の数の最小は1であるが，D以外は2回以上演奏会に行っているため，それはDであることになる。また，6番目の条件より，入場料金の合計額の最小は8,000円であるから，Dは金曜日の演奏会に行ったことが確定する。また，A，Bが演奏会に行った日曜日は25作品演じられているから，5番目の条件より，Eが5作品聴いたことが確定し，火曜日，木曜日以外は演奏会に行っていないことになり，合計入場料金が8,000円となる。

LEC東京リーガルマインド　2024-2025年合格目標 公務員試験 本気で合格！過去問解きまくり！　179
②判断推理・図形

第1章
判断推理

SECTION 6 判断推理
数量推理

曜日	日	月	火	水	木	金	土	回数	入場料金(円)	作品数
時間帯	昼	夜	夜	夜	夜	夜	昼			
入場料金(円)	3,000	5,000	4,000	5,000	4,000	8,000	3,000			
作品数	25	1	2	5	3	1	3			
A	○						○			
B	○						○			
C	×	×	○	○	○	×	×	3	13,000	10
D	×	×	×	×	×	○	×	1	8,000	1
E	×	×	○	×	○	×	×	2	8,000	5

　AとBについては、どちらとは確定できないから、AとBは入れ替わってよい。A、Bは日曜日、土曜日に演奏会に行っているため、この時点で入場料金を合計6,000円払い、28作品聴いている。5番目の条件より、最も多い人は38作品聴いているから、残り10作品を聴いていることになり、「火曜日、水曜日、木曜日」(合計13,000円)、「月曜日、水曜日、木曜日、金曜日」(合計22,000円)の組合せが考えられるが、6番目の条件より、入場料金の最大額が19,000円であることから、「火曜日、水曜日、木曜日」の組合せと確定する。

　また、34作品聴いた人は、残り6作品聴いていて、6番目の条件より、入場料金が13,000円、8,000円となる組合せはないため、19,000円と確定する。これに適する組合せは、「水曜日、金曜日」である。

曜日	日	月	火	水	木	金	土	回数	入場料金(円)	作品数
時間帯	昼	夜	夜	夜	夜	夜	昼			
入場料金(円)	3,000	5,000	4,000	5,000	4,000	8,000	3,000			
作品数	25	1	2	5	3	1	3			
A	○	×	○	○	○	×	○	5	19,000	38
B	○	×	×	○	×	○	○	4	19,000	34
C	×	×	○	○	○	×	×	3	13,000	10
D	×	×	×	×	×	○	×	1	8,000	1
E	×	×	○	×	○	×	×	2	8,000	5

　以上より、設問の選択肢の妥当性を検討すると次のとおりである。

OUTPUT

1○ AとBは，表において入れ替わってもよいが，2人とも水曜日の合奏協奏曲を聴いているため，本記載は正しい。

2× AもBも夜の演奏会に行っているため，本記載は誤りである。

3× Cは月曜日の演奏会に行っていないため，交響曲は聴いていない。

4× Dは金曜日の演奏会しか行っていないため，室内楽は聴いていない。

5× Eは金曜日の演奏会に行っていないため，オラトリオは聴いていない。

第1章

判断推理

正答 **1**

第1章 SECTION 6 判断推理
数量推理

実践 問題 55 基本レベル

問 ある家の地域では，消費電力(kW：キロワット)に応じた電気代は表のようになっている。この家には，四つの電化製品A～Dがあり，Aのみを使用した場合は1,000円/月，Bのみの場合には2,000円/月，Cのみの場合には3,000円/月の電気代がかかり，A～Dを同時に使用した場合は4,500円/月の電気代がかかる。

このとき，A～Dを使用した場合の電気代に関する記述として，最も妥当なのはどれか。

ただし，A～Dの消費電力は全て1kWの正の整数倍である。　　　　（国家一般職2021）

消費電力	電気代
1～3 kW	1,000円/月
4～6 kW	2,000円/月
7～10kW	2,500円/月
11～15kW	3,000円/月
16～20kW	4,000円/月
21～25kW	4,500円/月
26～31kW	5,000円/月

1：Aの消費電力が2kWであるとすると，AとBを使用した場合の電気代は2,500円/月となる。
2：Aの消費電力が3kWであるとすると，BとCとDを使用した場合の電気代は4,000円/月となる。
3：Bの消費電力が5kWであるとすると，AとCを使用した場合の電気代は4,000円/月となる。
4：Cの消費電力が15kWであるとすると，AとCを使用した場合の電気代は3,000円/月となる。
5：Dの消費電力が5kWであるとすると，AとBとCを使用した場合の電気代は4,000円/月となる。

OUTPUT

チェック欄		
1回目	2回目	3回目

実践 問題 **55** の解説 ————————————

〈数量推理〉

4つの電化製品の中で，Aのみを使用したときの電化製品の消費電力 a（kW），Bのみ使用したときの電化製品の消費電力を b（kW），Cのみを使用したときの消費電力を c（kW），Dのみを使用したときの消費電力を d（kW）とする。そこで，問題文にある条件を整理する。

$1 \leq a \leq 3$ ……①
$4 \leq b \leq 6$ ……②
$11 \leq c \leq 15$ ……③
$21 \leq a + b + c + d \leq 25$ ……④

①〜④をもとに選択肢を検討することにする。

1 ✕ AとBの2種類の電化製品を使用した場合で $a = 2$（kW）のとき，②より $6 \leq a + b \leq 8$ である。つまり，AとBを使用した場合の電気代は2000円/月，あるいは2500円/月のいずれも考えられるため，本肢は確実にはいえない。

2 ✕ 4種類のすべての電化製品を使用した場合で $a = 3$（kW）のとき，④より $18 \leq b + c + d \leq 22$ である。つまり，BとCとDを使用した場合の電気代の合計は4000円/月，あるいは4500円/月のいずれも考えられるため，確実にはいえない。

3 ✕ AとBとCの3種類の電化製品を使用した場合で $b = 5$（kW）のとき，①と③より，$12 \leq a + c \leq 18$ である。つまり，AとCを使用した場合の電気代の合計が3000円/月，4000円/月のいずれも考えられるため，確実にはいえない。

4 ✕ AとCの2種類の電化製品を使用した場合で $c = 15$(kW)のとき，①より，$16 \leq a + c \leq 18$ である。つまり，AとCを使用した場合の電気代の合計は4000円/月であるため，本肢は誤りである。

5 ○ 4種類の電化製品を使用した場合で $d = 5$（kW）のとき，④より，$16 \leq a + b + c \leq 20$ である。つまり，AとBとCを使用した場合の電気代の合計が4000円/月と表からわかる。

正答 5

数量推理

実践 問題 56 応用レベル

問 外見からは区別できない3つの箱A，B，Cがある。箱Aには赤い球が2個と白い球が18個，箱Bには赤い球が17個と白い球が3個，箱Cには赤い球が10個と白い球が10個入っている。3つある箱のうちどれか1つを選び，中から球を取り出して球の色を調べることによって，その箱がA，B，Cのいずれであるかを判断したい。A，B，Cいずれの箱であるか確実に判断するために，取り出さなければならない球の最少個数として，最も妥当なものはどれか。　　　　　　　　　　　　　　　　　　（東京消防庁2023）

1：13個
2：14個
3：15個
4：16個
5：17個

OUTPUT

実践 問題 **56** の解説

〈数量推理〉

第1章 判断推理

選択肢1が正解であると仮定する。すると，合計13個引いたときの赤と白の個数の組合せは次の①～⑭の14通りである。しかし，④の赤10個，白3個引く状況はBとCのいずれも考えられるため不適である。

	赤の個数	白の個数	箱の種類の判定
①	13	0	B
②	12	1	B
③	11	2	B
④	10	3	B, C
⑤	9	4	C
⑥	8	5	C
⑦	7	6	C
⑧	6	7	C
⑨	5	8	C
⑩	4	9	C
⑪	3	10	C
⑫	2	11	A
⑬	1	12	A
⑭	0	13	A

次に，選択肢2が正しいと仮定する。14個引いたときの赤と白の個数の組合せは次の①～⑮の15通りある。①～⑮は⑫を除き箱の種類の判定ができる。また，⑫については，A～Cのどの箱から引いても起こらない状況である。

LEC東京リーガルマインド　2024-2025年合格目標 公務員試験 本気で合格！過去問解きまくり！ 185
②判断推理・図形

第1章 SECTION 6 判断推理
数量推理

	赤の個数	白の個数	箱の種類の判定
①	14	0	B
②	13	1	B
③	12	2	B
④	11	3	B
⑤	10	4	C
⑥	9	5	C
⑦	8	6	C
⑧	7	7	C
⑨	6	8	C
⑩	5	9	C
⑪	4	10	C
⑫	3	11	―
⑬	2	12	A
⑭	1	13	A
⑮	0	14	A

この場合は条件を満たすことから、引く球の最小個数は14個とわかる。
よって、正解は肢2である。

正答 2

memo

第1章　判断推理

判断推理 数量推理

実践 問題 57 基本レベル

頻出度	地上★★★ 国家一般職★★★ 東京都★★ 特別区★★
	裁判所職員★ 国税・財務・労基★★★ 国家総合職★★★

[問] あるバスケットボールの試合において、選手A、B、Cが決めたシュートの数及び得点について次のことが分かっているとき、確実にいえるのはどれか。なお、シュートには3種類あり、「フリースロー」による得点は1点、「2点シュート」による得点は2点、「3点シュート」による得点は3点とする。

(国税・財務・労基2015)

○ A，B，Cの得点の合計は58点であった。
○ A，B，Cが決めたシュートの数の合計は29本であり，また，フリースローと3点シュートの本数は同じであった。
○ AとBが決めたシュートの数は同じであり，Aの得点はBの得点より4点多かった。
○ フリースローによる得点の合計は，Aが1点，Bが2点，Cが2点であった。
○ Aは2点シュートによる得点の合計と，3点シュートによる得点の合計が同じであった。
○ Cは3点シュートによる得点は無かった。

1：Aの合計得点は22点であった。
2：Bが決めた2点シュートの数は5本であった。
3：Cが決めたシュートの数は合計7本であった。
4：Cが決めた2点シュートの数は，Aが決めた2点シュートの数より多かった。
5：2点シュートによる得点は，A，B，Cの3人で合計34点であった。

OUTPUT

実践 問題 **57** の解説 ―――――――――――――

〈数量推理〉

第1章
判断推理

条件についてA，B，Cごとに整理すると次のとおりになる。

・　Aは，5番目の条件より2点シュートの得点と3点シュートの得点が同じであるため，2点シュートの数を$3x$，3点シュートの数を$2x$とすると，各得点は$6x$点となる。また，4番目の条件よりフリースローで1点とっているから，Aの合計シュート数は$5x+1$本，合計得点は$12x+1$点となる。

・　Bは，3番目の条件よりAとシュートの数が同じで，得点はAより4点少なかったため，シュートの数はAと同じく$5x+1$本，得点は$(12x+1)-4=12x-3$点となる。

・　Cは，4番目の条件よりフリースローで2点，また，6番目の条件より3点シュートがなかったため，2点シュートの数をyとすると，合計シュート数は$y+2$本，得点は$2y+2$点となる。

・　全体では，2番目の条件および4番目の条件からフリースローの得点が5点で，その数（5本）と3点シュートの数が同じである。また，1番目の条件と2番目の条件から合計シュート数は29本，合計得点は58点である。

ここまでを表にまとめると次のようになる。

	選手	フリースロー	2点シュート	3点シュート	計
A	シュート数	1	$3x$	$2x$	$5x+1$
	得　点	1	$6x$	$6x$	$12x+1$
B	シュート数	2			$5x+1$
	得　点	2			$12x-3$
C	シュート数	2	y	0	$y+2$
	得　点	2	$2y$	0	$2y+2$
計	シュート数	5		5	29
	得　点	5		15	58

合計シュート数で式をまとめると，

　$(5x+1)+(5x+1)+(y+2)=29 \Rightarrow 10x+y=25$　……①

となり，また，合計得点で式をまとめると，

　$(12x+1)+(12x-3)+(2y+2)=58$

　　$\Rightarrow 24x+2y=58 \Rightarrow 12x+y=29$　……②

となる。

LEC東京リーガルマインド　2024-2025年合格目標 公務員試験 本気で合格！過去問解きまくり！　189
②判断推理・図形

②-①より，
  $2x = 4$
  $x = 2$
①に代入して，
  $10 \times 2 + y = 25$
  $y = 5$

となる。

　xとyを前ページの表に代入し，また，空欄の値も上下左右の数字から算出して，表を完成させると次のとおりとなる。

選手		フリースロー	2点シュート	3点シュート	計
A	シュート数	1	6	4	11
	得　点	1	12	12	25
B	シュート数	2	8	1	11
	得　点	2	16	3	21
C	シュート数	2	5	0	7
	得　点	2	10	0	12
計	シュート数	5	19	5	29
	得　点	5	38	15	58

　この表をもとに，選択肢の記載内容を判断すると，「Cが決めたシュートの数は合計7本であった」ことは確実にいえる。

　よって，正解は肢3である。

正答 3

memo

第1章 判断推理

第1章 SECTION 6 判断推理 数量推理

実践 問題 58 基本レベル

問 83名の委員からなる委員会で，投票により委員長を選出した。A～Dの4人の候補者に対して，最も得票の少なかった者を除いて投票を繰り返すという方法により3回の投票で委員長を選出した。これについて以下のア～オが分かっているとき，確実にいえるのはどれか。
なお，各委員はそれぞれ1票を持っており，棄権はなかったものとする。

(国 I 2006)

ア：どの委員も4名の候補者に対する支持順位が決まっており，支持する順位が高い順に，その候補者が除かれるまで，同じ候補者に投票を続けた。
イ：1回目の投票結果は，Aが34票，Bが30票，Cが12票，Dが7票であった。
ウ：3回目の投票結果は，Aが41票，Bが42票であった。
エ：1回目にDに投票した者は，2回目の投票では5名がAに，2名がCに投票した。
オ：3回とも異なる候補者に投票した者が2名いるが，この2名は各回の投票では同じ候補者に投票した。

1：C→C→Aの順に投票した委員は，2名いた。
2：C→C→Bの順に投票した委員は，10名又は12名いた。
3：1回目にDに投票した委員は，3回目には全員がAに投票した。
4：2回目にCに投票した委員は，3回目には全員がBに投票した。
5：3回とも異なる候補者に投票した者は，D→C→Bの順に投票した。

OUTPUT

チェック欄		
1回目	2回目	3回目

実践 問題 **58** **の解説**

〈数量推理〉

条件イの1回目の投票結果は,

  A 34票   B 30票   C 12票   D 7票

および条件エから, 2回目の投票結果については,

  A 39票   B 30票   C 14票

となり, 2回目ではCが脱落していくため, 条件ウから3回目の投票ではこのときのCへの14票のうち2票がAへ, 12票がBへ流れて,

  A 41票   B 42票

となったことになる。また, 条件オの「3回とも異なる候補者に投票した者」は, 条件アより1, 2回目とも投票した候補者が脱落したことになるから, 1回目D, 2回目Cに投票した者であり, それは条件エより2人であるから, 条件オの記述はこの点で合致している。ただし, この2人ともが最後に投票したのがAなのかBなのかは不明である。

 以上より, 選択肢を検討する。

1✕ 2回目から3回目の時点でC→Aの鞍替えは2人であるが, それが条件オの示す2人である場合とそうでない場合とが考えられるから, C→C→Aの順に投票した者は0人または2人である。

2◯ 2回目から3回目の時点でC→Bの鞍替えは12人であるが, 条件オの示す2人がこの中に入っている場合と入っていない場合がありうるから, C→C→Bの順に投票した者は10人または12人である。

3✕ 条件オの示す人物について3回目が不明なため, 確実にいえない。

4✕ 条件オの示す人物について3回目が不明なため, 確実にいえない。

5✕ 条件オの示す人物について3回目が不明なため, 確実にいえない。

正答 2

実践 問題 59 応用レベル

頻出度　地上★★　国家一般職★★★　東京都★　特別区★
　　　　裁判所職員★★★　国税・財務・労基★★★　国家総合職★★★

問 図のように，A～F村とその間をつなぐ道路があり，これらを通ってA村からF村まで移動することを考える。また，道路の数字はその道路の両端にある村の間の移動時間を示している。

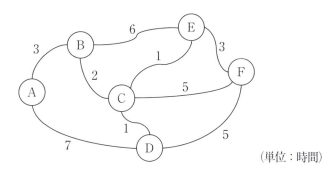

（単位：時間）

ここで，図にある9本の道路のうち1本に対して工事を行った結果，その道路の移動時間が短くなったため，A村からF村まで9時間以下で到着する経路が4通りとなった。工事は，全ての道路について，移動時間が0.5時間短くなるごとに同一の費用がかかり，これを単位に最小の費用で行われた。このとき，工事後における，最も所要時間が短い経路と最も所要時間が長い経路の所要時間の差はいくらか。

ただし，同じ村を2回以上通ることはできず，また費用をいくらかけたとしても，工事後の道路の移動時間を0.5時間未満にすることもできないものとする。さらに，途中まで同じ経路の場合であっても，その先で異なる村に向かう経路は，F村までの経路としては異なるものと数え，途中の村に滞在する時間は考えないものとする。　　　　　　　　　（国家総合職2022）

1 ： 6時間
2 ： 6.5時間
3 ： 7時間
4 ： 7.5時間
5 ： 8時間

実践 問題 59 の解説

〈数量推理〉

AからFの経路と「工事前の」所要時間は①〜⑩の10通りである。

①：ＡＢＥＦ[12時間]　②：ＡＢＥＣＦ[15時間]　③：ＡＢＥＣＤＦ[16時間]
④：ＡＢＣＦ[10時間]　⑤：ＡＢＣＥＦ[9時間]　⑥：ＡＢＣＤＦ[11時間]
⑦：ＡＤＦ[12時間]　⑧：ＡＤＣＦ[13時間]　⑨：ＡＤＣＥＦ[12時間]
⑩：ＡＤＣＢＥＦ[19時間]

このうち，工事前において所要時間が9時間以下となっているのは経路⑤のみである。よって，道路1本の工事の結果として⑤以外に新たに3本の経路が9時間以下になる状況を考えればよい。⑤以外の経路で，工事前の経路とその所要時間として，

　　最も短い：④[10時間], 2番目に短い：⑥[11時間],
　　3番目に短い：①と⑦と⑨[12時間]

であるから，

　　工事により少なくても3時間は所要時間を短くする

必要があることがわかる。

このため，問題の条件から，移動時間が3時間以下である，

　　ＡＢ間，ＢＣ間，ＣＤ間，ＣＥ間，ＥＦ間

については，工事ができないことがわかり，工事できるのは，残りの4本であるとわかる。よって，場合分けをして条件に合うものを考える。

(1)　ＡＤ間を工事するとき

このとき，4時間短縮する工事をすれば，⑦，⑧，⑨の3つの道路が9時間以内になるため，工事後の所要時間が9時間以内という条件を満たす。このとき，

　　最も所要時間が短い経路：⑦と⑨[8時間]
　　最も所要時間が長い経路：③[16時間]

となり，その差は8時間である。

(2)　ＢＥ間を工事するとき

このとき，7時間短縮する工事をすれば，①，②，③の3つの道路が9時間以内になる。しかし，ＢＥ間は最大5.5時間しか短縮できないため，不適である。

(3)　ＣＦ間を工事するとき

このとき，6時間短縮する工事をすれば，②，④，⑧の3つの道路が9時間以内になる。しかし，ＣＥ間は最大4.5時間しか短縮できないため，不適である。

(4) DF間を工事するとき

このとき、7時間短縮する工事をすれば、③、⑥、⑦の3つの道路が9時間以内になる。しかし、DF間は最大4.5時間しか短縮できないため、不適である。

以上より、(1)のみが該当し、最も所要時間が短い経路と長い経路の所要時間の差は、

16 − 8 = 8（時間）

である。

よって、正解は肢5である。

正答 5

memo

第1章 SECTION 6 判断推理 数量推理

実践 問題 60 応用レベル

問 ある学校の生徒を対象に，スマートウォッチ，パソコン，ＡＩスピーカー，携帯電話の４機器についての所有状況を調査した。次のことが分かっているとき，パソコンを所有しているがスマートウォッチを所有していない生徒の人数として最も妥当なのはどれか。　　　　　（国税・財務・労基2022）

○ スマートウォッチとＡＩスピーカーのどちらか１機器又は両方の機器を所有している生徒は，必ずパソコンを所有している。
○ パソコンを所有している生徒は必ず携帯電話を所有している。
○ １機器のみを所有している生徒の人数と，２機器のみを所有している生徒の人数と，３機器のみを所有している生徒の人数と，４機器全てを所有している生徒の人数は，全て同じであった。
○ 携帯電話を所有している生徒は100人であった。
○ 携帯電話を所有していない生徒は10人で，ＡＩスピーカーを所有していない生徒は80人であった。

1：15人
2：20人
3：25人
4：30人
5：35人

直前復習

OUTPUT

実践 問題 **60** の解説 ─────────────

チェック欄
1回目	2回目	3回目

第1章 判断推理

〈数量推理〉

まず，全数調査法により，4機器の使用状況について調べる。全部で$2^4 = 16$通りの状況を考えることができ，所有を○，所有していないのを×で表すことにする。

	スマートウォッチ	パソコン	AIスピーカー	携帯電話
①	○	○	○	○
②	○	○	○	×
③	○	○	×	○
④	○	×	○	○
⑤	×	○	○	○
⑥	○	○	×	×
⑦	○	×	○	×
⑧	○	×	×	○
⑨	×	○	○	×
⑩	×	○	×	○
⑪	×	×	○	○
⑫	○	×	×	×
⑬	×	○	×	×
⑭	×	×	○	×
⑮	×	×	×	○
⑯	×	×	×	×

2番目の条件より，「パソコン」を所有しているが，「携帯電話」を所有していない状況は考えられないので，②，⑥，⑨，⑬の状況は不適である。

残り12の状況のうち，1番目の条件より，「スマートウォッチとAIスピーカー」の少なくとも1機器を所有しているが，「パソコン」を所有していない状況は考えられないので，④，⑦，⑧，⑪，⑫，⑭の状況は不適である。よって，考えられる状況は下の6つである。

LEC東京リーガルマインド　2024-2025年合格目標 公務員試験 本気で合格！過去問解きまくり！　199
②判断推理・図形

SECTION ⑥ 判断推理
数量推理

	スマートウォッチ	パソコン	AIスピーカー	携帯電話	人数
①	○	○	○	○	x 人
③	○	○	×	○	x 人
⑤	×	○	○	○	
⑩	×	○	×	○	x 人
⑮	×	×	×	○	x 人
⑯	×	×	×	×	10人

　次に，5番目の条件から，携帯電話を持っていない状況は⑯のみであるから，⑯の生徒が10人である。また，3番目の条件から，1機器を所有している生徒の人数，2機器を所有している人数，3機器を所有している生徒の人数，4機器を所有している生徒の人数を x 人とおく。

　ここで，4番目の条件から，①，③，⑤，⑩，⑮の状況において携帯電話の所有があることから，
$$x + x + x + x = 100$$
を満たし，$x = 25$人とわかる。

　最後に，5番目の条件から，携帯電話を所有しているが，AIスピーカーを所有していない生徒は$80 - 10 = 70$人であり，③，⑩，⑮の3つの状況の生徒が該当する。また，③，⑤，⑩，⑮の4つの状況に該当する生徒の人数が75人であるから，⑤の状況の人数が5人，③の状況の人数が20人とわかる。

　以上より，パソコンを所有しているが，スマートウォッチを所有していない生徒の人数は，⑤と⑩の状況の人数の和であり，
$$5 + 25 = 30（人）$$
である。

　よって，正解は肢4である。

正答 4

memo

第1章

判断推理

第1章 SECTION 6 判断推理 数量推理

実践 問題 61 応用レベル

頻出度	地上★★★	国家一般職★★★	東京都★★	特別区★★
	裁判所職員★	国税・財務・労基★★★	国家総合職★★★	

問 図のようにA〜Fの6人が何枚かのカードを手に持って丸いテーブルに向かって座っている。いま，A，B，…，Fの順番で手持ちのカードの何枚かを左隣の人に渡していった。最後にFがAにカードを渡し終わったときは，各人がそれぞれ右隣の人からカードを1回だけ受け取り，左隣の人にカードを1回だけ渡したことになった。

最初の状態と最後の状態についてア〜エのことが分かっているとき，確実にいえるのは次のうちどれか。 (国税・労基2004)

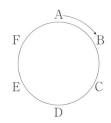

ア：最初の状態で各人が持っていたカードの枚数は10〜15枚のいずれかであり，枚数はそれぞれ異なっていた。また，Aは最初にカードを12枚持っていた。

イ：左隣の人に渡したカードの枚数は，各人とも1〜6枚のいずれかであり，枚数はそれぞれ異なっていた。

ウ：最初の状態と最後の状態を比べると，各人ともカードの枚数が2枚以上増減し，5枚増えた人が1人，3枚減った人が3人いた。

エ：最後の状態は最初の状態と同様に，各人が持っていたカードの枚数は10〜15枚のいずれかであり，枚数はそれぞれ異なっていた。

1：BがCに渡したカードの枚数は，4枚だった。
2：DがEに渡したカードの枚数は，5枚だった。
3：FがAに渡したカードの枚数は，6枚だった。
4：Cが最初に持っていたカードの枚数は，13枚以上だった。
5：Eが最初に持っていたカードの枚数は，11枚以下だった。

OUTPUT

実践 問題 **61** の解説 ————————————————

〈数量推理〉

条件ウより，カードが５枚増えた人がいるが，条件イより，渡したカードの枚数は１～６枚のいずれか異なる枚数であり，条件エより，最後の状態でカードの枚数が10～15枚でなければならないため，カードが５枚増加した人は６枚もらって１枚渡さなければならない。これを（＋６，－１）と表すことにする。

また，３枚減った人は，（＋３，－６），（＋２，－５），（＋１，－４）のいずれかのパターンである。すると，もらう枚数で残っているのは＋４と＋５，渡す枚数で残っているのは－２と－３である。これらの組合せとして，

① （＋４，－２）［２枚増加］と（＋５，－３）［２枚増加］
② （＋４，－３）［１枚増加］と（＋５，－２）［３枚増加］

という２通りが考えられるが，②は条件ウの「各人ともカードの枚数が２枚以上増減し」に反するため，ありうるのは①の場合のみである。よって，カードの増減のパターンは５枚増加，２枚増加，３枚減少の３種類しかないことがわかる。

条件アより，Ａは最初にカードを12枚持っていたため，Ａは＋２になったことがわかる。

ここで，Ａの受け渡しが，（＋４，－２）か（＋５，－３）で場合分けをする。

(1) **Ａが（＋４，－２）のとき**
　Ａ（＋４，－２）→Ｂ（＋２，－５）→Ｃ（＋５，－３）→Ｄ（＋３，－６）
→Ｅ（＋６，－１）→Ｆ（＋１，－４）

(2) **Ａが（＋５，－３）のとき**
　Ａ（＋５，－３）→Ｂ（＋３，－６）→Ｃ（＋６，－１）→Ｄ（＋１，－４）
→Ｅ（＋４，－２）→Ｆ（＋２，－５）

(1)のとき，Ｅは５枚増加していて，最初に持っていたカードは10枚である。また，(2)のとき，Ｅは２枚増加していて，最初に持っていたカードは12枚か11枚である。しかし，最初に12枚のカードを持っていたのはＡであるから，Ｅは11枚のカードを持っていたことになる。

よって，正解は肢５である。

正答 5

第1章 SECTION 7 判断推理 順序関係

必修問題 セクションテーマを代表する問題に挑戦！

順序関係について学習していきます。問題を図示する感覚を養いましょう。

問 A～Gの7つの中学校が出場した合唱コンクールの合唱の順番及び審査結果について，次のア～カのことが分かった。
ア　A校とD校の間に4つの中学校が合唱した。
イ　B校はE校の1つ前に合唱した。
ウ　C校とF校の間に2つの中学校が合唱した。
エ　D校はC校の次に合唱した。
オ　E校とG校の間に3つの中学校が合唱した。
カ　5番目に合唱した中学校が最優秀賞を受賞した。
以上から判断して，最優秀賞を受賞した中学校として，正しいのはどれか。
（東京都2013）

1：B校
2：C校
3：E校
4：F校
5：G校

頻出度	地上★★★　国家一般職★★★　東京都★★★　特別区★★
	裁判所職員★★★　国税・財務・労基★★★　国家総合職★

必修問題の解説 ——————————

チェック欄

1回目	2回目	3回目

〈順序関係〉

条件ア～オをそれぞれ次のように表す。左側が前であり，○にはいずれか1つの中学校が入る。

条件ア：A ○○○○ D　　or　　D ○○○○ A

条件イ：B E

条件ウ：C ○○ F　　or　　F ○○ C

条件エ：C D

条件オ：E ○○○ G　　or　　G ○○○ E

まず，条件ウと条件エを合わせると，次のようになる。

条件ウ＋エ：C D ○ F　　or　　F ○○ C D

さらに，全部で7校しかないことに注意して，条件アを合わせると，次のようになる。

条件ア＋ウ＋エ：①A F ○○ C D　　or　　②C D ○ F ○○ A

また，条件イと条件オを合わせると，次のようになる。

条件イ＋オ：③B E ○○○ G　　or　　④G ○○ B E

最後に，条件ア＋ウ＋エの①，②と条件イ＋オの③，④を合わせることを考える。

ここで，全部で7校しかないことに着目すると，条件ア＋ウ＋エの②には，条件イ＋オのどちらとも合わせることができない。

一方，条件ア＋ウ＋エの①のほうには，条件イ＋オの④のほうのみ合わせることができて，

G A F B E C D

となる。

したがって，条件カより，最優秀賞を受賞した5番目に合唱した中学校はE校である。

よって，正解は肢3である。

正答 3

1 具体的な数量関係を伴わない順序関係

与えられた条件を図示し，これらを組み合わせて全体の順序関係を明らかにする。その際，限定性の強いもの（順位を決めやすいもの，情報量の多いものなど）に着目し，それを中心に全体を組み立てるとよい。

(例) A〜E 5人のテストの順位について次のことがわかっているとき，5人の順位を確定させなさい。ただし，同順位の者はいなかったとする。

① AとBの順位差は3である。また，Aは1位ではない。
② DはCより低い順位だが，Eよりは高い順位である。また，Cは1位ではない。

(解説)

②の条件は……C……D……E……という順序関係は確定しているが，C，DやD，Eの間にいる人数に関しては不明である。つまり，その分，場合分けの数が多くなり，面倒な条件といえる。これに対して①の条件は，「順位差が3」と間隔が明確であるため，②に比べれば場合分けの数は少なくなる。このような「間隔がはっきりしている条件」が「限定性の強い条件」になりやすい。なお，①から次の3通りの場合が考えられる。

	1位	2位	3位	4位	5位
Ⅰ		A			B
Ⅱ	B			A	
Ⅲ		B			A

これに対して条件②をあてはめる。

	1位	2位	3位	4位	5位
Ⅰ	C	A	D	E	B
Ⅱ	B	C	D	A	E
Ⅲ	C	B	D	E	A

しかし，条件よりCは1位ではないため，考えられるのはⅡの場合のみとなる。

	1位	2位	3位	4位	5位
Ⅱ	B	C	D	A	E

2 具体的な数値差を伴う順序関係

具体的な数値差を伴う順序関係の問題では，数直線を使うのが有効である。その際，場合分けが多くなるため，注意が必要である。

(例) AとBの身長差は10cm，BとCの身長差は3cm，AとCの身長差は13cmであるとき，2番目に背が高い者は誰か。

(解説)

まず，AとBの身長差に着目して，次のような数直線を描けばよい。

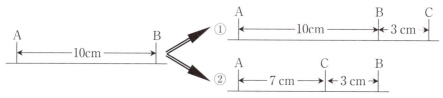

①，②の2通りの場合が考えられるが，AとCの身長差が13cmという条件を満たしているのは①の場合のみである。

よって，A＞B＞CとC＞B＞Aの2通りが考えられるが，いずれにせよ2番目に背が高いのはBである。

3 順序関係と「平均」

各人の値の平均値からの差を，すべて足し合わせたとき，その合計は必ず0になる。これを利用して場合分けの正誤の判定を行うことになる。

(例) 次のことがわかっているとき，Cの年齢を求めなさい。

①Aの年齢は14歳である。また，AとBの年齢差は5歳である。
②BとCの年齢差は2歳である。
③3人の平均年齢は10歳である。

(解説)

①，②から次の4通りが考えられる。(カッコ内は平均年齢からの差を示す)

	A	B	C
Ⅰ	14(＋4)	19(＋9)	21(＋11)
Ⅱ	14(＋4)	19(＋9)	17(＋7)
Ⅲ	14(＋4)	9(－1)	11(＋1)
Ⅳ	14(＋4)	9(－1)	7(－3)

各人の平均からの差の合計が0になるのは，Ⅳの場合のみである。したがって，Cの年齢は7歳となる。

第1章 SECTION 7 判断推理 順序関係

実践 問題 62 基本レベル

頻出度 地上★★★ 国家一般職★★★ 東京都★★★ 特別区★★★
裁判所職員★★★ 国税・財務・労基★★★ 国家総合職★

問 A～Fの6人が縦に一列に座っている。今，次のア～ウのことが分かっているとき，確実にいえるのはどれか。 （特別区2008）

ア：AとEとの間に座っているのは，3人である。
イ：EとFとの間に座っているのは，1人である。
ウ：Cは，Bより前に座っており，この2人の間に座っているのは，1人である。

1：Aは，前から5番目に座っていることはない。
2：Bは，前から3番目に座っていることはない。
3：Cは，前から1番目又は4番目に座っていることはない。
4：Dは，前から3番目又は4番目に座っていることはない。
5：Eは，前から2番目に座っていることはない。

OUTPUT

実践 問題 **62** の解説

〈順序関係〉

条件ア～ウを図示すると次のようになる。

ア　A○○○E　もしくは　E○○○A
イ　E○F　もしくは　F○E
ウ　C○B

条件ア，イを考えたとき，A，E，Fの3人の関係は以下の4通りが考えられる。

	1	2	3	4	5	6
①	A		F		E	
②		A		F		E
③	E		F		A	
④		E		F		A

次に，上の表に条件ウをあてはめたとき，各場合とも2つの状況が考えられる。

	1	2	3	4	5	6
①	A	C	F	B	E	D
	A	D	F	C	E	B
②	C	A	B	F	D	E
	D	A	C	F	B	E
③	E	C	F	B	A	D
	E	D	F	C	A	B
④	C	E	B	F	D	A
	D	E	C	F	B	A

　Dについて見てみると，Dの位置として考えられるのは前から1，2，5，6番目である。

　よって，正解は肢4である。

正答 4

第1章 SECTION 7 判断推理 順序関係

実践 問題 63 基本レベル

頻出度	地上★★★	国家一般職★★★	東京都★★★	特別区★★★
	裁判所職員★★★	国税・財務・労基★★★		国家総合職★

問 A〜Eの5人で，短距離走とハードル走から成るレースを行った。この一連のレースの短距離走の部分とハードル走の部分について，A〜Eが次の発言をしているとき，**Aの最終順位**とC**の短距離走を終えたときの順位**の和はいくらか。

ただし，レースは短距離走，ハードル走の順で連続して行うものとし，短距離走とハードル走を終えるとき，それぞれ同着はなく，途中で棄権することはないものとする。　　　　　　　　　　　　　　（国家一般職2021）

A：ハードル走の間，Bには1回だけ抜かれたが，1回抜き返した。
B：ハードル走の間，3人のランナーを抜いたが，2人のランナーに抜かれた。
C：ハードル走の間，1回だけ順位が変わったが，1位になることはなかった。
D：先頭で短距離走を終えたが，ハードル走で転んで一気に最下位になり，そのままゴールした。
E：ハードル走の間，常にAより前を走っていた。

1：3
2：4
3：5
4：6
5：7

OUTPUT

実践 問題 **63** の解説 ────────────────────

〈順序関係〉

　短距離走を終えた時点でDは自身の発言から1位，最終順位が5位である。また，Cの発言からCの順位が1回しか変わっていないのはDが順位を下げたことが原因であるから，

　　Cの順位はA，BおよびEの3人により変化はしなかった　……①

ことがわかる。

　次に，Bの発言に着目をする。Bがハードル走の途中で3人抜いたことと①から，Bが抜いた3人は，

　　A，D，Eの3人　……②

であったとわかる。さらに，3人を抜いた後でBが抜かれた2人はAとEであったとわかる。

　また，Bの順位は短距離走を終えた時点で4位，あるいは5位であると考えることができる。これより，2つの場合について条件を整理することにする。

(1)　短距離走を終えた時点でのBの順位が5位のとき

　　短距離走を終えた時点でCはBよりも上位であったとわかり，②よりBは3人を抜いて2位になったが，①よりCはBに抜かれることはなかったためCが1位になるときがある。しかし，これはCの発言に反する。

(2)　短距離走を終えた時点でのBの順位が4位のとき

　　Bがハードル走で抜いた②の3人は短距離走を終えた時点でBより上位でないといけない。また，AとEの発言を合わせると，短距離走を終えた時点での順位は，

　　　Eが2位，Aが3位，Cが5位

とわかる。また，最終順位については，AとEの発言から同様に，

　　　Eが1位，Aが2位，Bが3位，Cが4位

と決まる。

　　ここまでを表にすると次のようになる。

	1位	2位	3位	4位	5位
短距離走終了時点	D	E	A	B	C
最終順位	E	A	B	C	D

　以上より，Aの最終順位は2位，そしてCの短距離走を終えたときの順位は5位であったため，その合計は7である。

　よって，正解は肢5である。

正答 5

第1章 SECTION 7 判断推理 順序関係

実践 問題 64 基本レベル

頻出度 地上★★★ 国家一般職★★★ 東京都★★★ 特別区★★
裁判所職員★★★ 国税・財務・労基★★★ 国家総合職★

問 ある住宅展示場の販売員A～Eの5人の昨年の販売棟数について調べたところ、次のア～エのことが分かった。

ア A～Eの5人の販売棟数は、それぞれ異なっており、その合計は60棟であった。

イ Bの販売棟数は、Aの販売棟数より2棟多く、Eの販売棟数より6棟多かった。

ウ Cの販売棟数は、BとDの販売棟数の計から、Eの販売棟数を引いた棟数より1棟少なかった。

エ Dの販売棟数は、A～Eの5人のうち3番目に多かった。

以上から判断して、A～Eの5人のうち昨年の販売棟数が最も多かった販売員の販売棟数として、正しいのはどれか。 （東京都2012）

1：15棟
2：16棟
3：17棟
4：18棟
5：19棟

OUTPUT

実践 問題 **64** の解説

〈順序関係〉

条件イより，「Bの販売棟数は，Aの販売棟数より2棟多く，Eの販売棟数より6棟多かった」ことから，「Aの販売棟数は，Bの販売棟数より2棟少ない」，「Eの販売棟数は，Bの販売棟数より6棟少ない」ことがいえる。これより，Bの販売棟数をx棟とすると，次のようにまとめることができる。

	A	B	C	D	E	計
販売棟数（棟）	$x-2$	x			$x-6$	60

次に，条件ウより，Dの販売棟数をy棟とすると，

Cの販売棟数＝（Bの販売棟数＋Dの販売棟数）－Eの販売棟数－1

$$= (x+y) - (x-6) - 1$$
$$= y+5（棟）$$

	A	B	C	D	E	計
販売棟数（棟）	$x-2$	x	$y+5$	y	$x-6$	60

ここで，条件エの「Dの販売棟数は，5人のうち3番目に多かった」ことについて考える。Dの販売棟数はyで，Cよりも少ないことが明らかである。また，A，B，Eの販売棟数を見るとBが一番多いことが明らかで，続いてA，Eの順であることがわかる。

これより，Dの販売棟数が5人のうち3番目に多くなるためには，販売棟数がBよりも少なく，Aよりも多い必要がある。したがって，Dの販売棟数yは，**$x > y > x-2$** でなければならず，条件アより販売棟数がそれぞれ異なるため，Dの販売棟数は$x-1$となる。このとき，Cの販売棟数は$x+4$となる。すると，合計の販売棟数が60であることから，

$$(x-2) + x + (x+4) + (x-1) + (x-6) = 60$$
$$5x = 65$$
$$x = 13（棟）$$

となる。ここで，最も多かった販売員はCであり，その販売棟数は，

$$x+4 = 13+4$$
$$= 17（棟）$$

となる。

よって，正解は肢3である。

正答 3

LEC東京リーガルマインド 　2024-2025年合格目標 公務員試験 本気で合格！過去問解きまくり！ 　213
②判断推理・図形

SECTION 7 判断推理 順序関係

実践 問題 65 基本レベル

問 A〜Fの6人がマラソン競走をした。今，ゴールでのタイム差について，次のア〜カのことが分かっているとき，EとFの着順の組合せはどれか。ただし，Aのタイムは6人の平均タイムより速かったものとする。（特別区2020）

ア：AとCのタイム差は3分であった。
イ：BとDのタイム差は6分であった。
ウ：CとEのタイム差は18分であった。
エ：DとEのタイム差は27分であった。
オ：AとFのタイム差は6分であった。
カ：BとFのタイム差は12分であった。

	E	F
1	1位	2位
2	1位	3位
3	1位	4位
4	6位	2位
5	6位	3位

OUTPUT

実践 問題 65 の解説

〈順序関係〉

最初に，条件ア，ウ，エからAのタイムを基準として，条件のタイム差を考えて，C，D，EのAとのタイム差を樹形図にして表す。

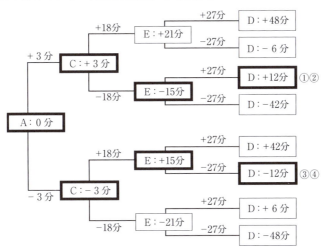

次に，条件イ，オ，カからAを基準にして，B，D，FのAとのタイム差を樹形図で表す。

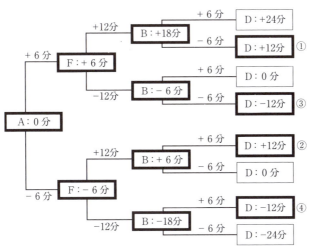

2つの樹形図で，AとDのタイム差は±12分と決まる。すると，2つの樹形図からAとDのタイム差が±12分に対応するA〜Fの順位は，①〜④の4通りあるとわかる。また，下の表はタイムが早いものから順位付けをしている。

	1位	2位	3位	4位	5位	6位	平均タイム－Aのタイム
①	E(−15)	A(0)	C(+3)	F(+6)	D(+12)	B(+18)	+4(分)
②	E(−15)	F(−6)	A(0)	C(+3)	B(+6)	D(+12)	0(分)
③	D(−12)	B(−6)	C(−3)	A(0)	F(+6)	E(+15)	0(分)
④	B(−18)	D(−12)	F(−6)	C(−3)	A(0)	E(+15)	−4(分)

最後に，平均タイムについて考える。①の場合，Aのマラソン競争のタイムをx分とすると，

$E: x-15$(分)，$C: x+3$(分)，$F: x+6$(分)，$D: x+12$(分)，$B: x+18$(分)

であり，①の6人の平均タイムは，

$$\frac{(x-15)+x+(x+3)+(x+6)+(x+12)+(x+18)}{6}$$

$$= x + \frac{-15+3+6+12+18}{6}$$

$$= x + 4 \text{(分)}$$

と求まる。Aはこの平均タイムより短く，Aは平均タイムより早くゴールしたことになる。また，Aと②〜④の平均タイムの大小は，上の式のように，Aからのタイム差の平均(上の表で，平均タイム－Aのタイムに対応)をとればよい。平均タイム－Aのタイムが正の値であれば，Aは平均タイムより早くゴールしたことになる。

②の場合：$\dfrac{-15-6+3+6+12}{6} = 0$

③の場合：$\dfrac{-12-6-3+6+15}{6} = 0$

④の場合：$\dfrac{-18-12-6-3+15}{6} = -4$

②と③ではAのタイムは平均タイムと等しく，④ではAのタイムは平均タイムより遅いことになり，これらの場合は不適である。

以上より，①の場合のみすべての条件を満たし，Eは1位，Fは4位である。
よって，正解は肢3である。

正答 3

memo

第1章 判断推理

判断推理 順序関係

実践 問題 66 基本レベル

問 100点満点のテストを，A，B，C，Dの4人の生徒に対して行ったところ，各人の点数について次のア～オの事実が判明した。
ア　AとCの点数の差は20点である。
イ　BとDの点数の差は5点である。
ウ　Bの点数の2倍とCの点数の和は，Aの点数とDの点数の和より少ない。
エ　4人のうち最低点は20点である。
オ　Cの点数は40点である。
このとき，生徒の点数を高い順に左から並べたものとして正しいのはどれか。

(裁事・家裁2006)

1：A—B—C—D
2：A—C—D—B
3：A—C—B—D
4：B—C—D—A
5：D—B—C—A

OUTPUT

実践 問題 66 の解説

〈順序関係〉

　与えられた条件から数直線を作って考える。まず条件オよりCの点数は40点、また条件エより最低点は20点である。さらに、条件アより、AとCとの得点差は20点であるから、Aの得点は20点または60点であることがわかり、以上を数直線に表すと次のようになる。

　これより、Aの得点が20点の場合と60点の場合で、場合分けをして考える。

(1) **Aの得点が20点の場合**

　条件ウより、Bの点数をb点、Dの点数をd点とすると、次のような不等式が成り立つ。

　　$2b + 40 < 20 + d$
　　∴ $20 < d - 2b$ ……①

　しかし、条件イより、BとDの得点差は5点であるため、①を満たすようなbとdは存在しない。

(2) **Aの得点が60点の場合**

　4人のうち誰かが最低点20点のはずであり、これは残るBかDのどちらかである。さらに、BとDの得点差は5点で、20点が最低点であるから、BとDの点数は20点と25点ということになる（順不同）。ここで条件ウより不等式を求めると次のようになる。

　　$2b + 40 < 60 + d$
　　∴ $2b - d < 20$ ……②

　$(b, d) = (20, 25)$の場合、$2b - d = 15$となり②を満たすが、$(b, d) = (25, 20)$の場合、$2b - d = 30$となり②を満たさない。

　以上より、A、B、C、Dの4人の点数は、60点、20点、40点、25点となる。よって、正解は肢2である。

正答 2

第1章 SECTION 7 判断推理 順序関係

実践 問題 67 〈基本レベル〉

頻出度	地上★★★ 国家一般職★★★ 東京都★★★ 特別区★★
	裁判所職員★★★ 国税・財務・労基★★★ 国家総合職★

問 A～Fの6人がマラソンをした。コースの中間にあるX地点とゴール地点での順位について、次のア～キのことが分かっているとき、最後にゴールしたのは誰か。 （特別区2012）

ア：Bは、X地点を4位で通過した。
イ：Fは、X地点を6位で通過した。
ウ：BとDとの間には、X地点でもゴール地点でも、誰も走っていなかった。
エ：EのX地点での順位とゴール地点での順位は、変わらなかった。
オ：Fのゴール地点での順位は、CとDとの間であった。
カ：X地点を1位で通過した者は、4位でゴールした。
キ：X地点を5位で通過した者は、2位でゴールした。

1：A
2：B
3：C
4：D
5：E

OUTPUT

実践 問題 **67** の解説

〈順序関係〉

条件ア，イ，カ，キより，次のようにまとめることができる。

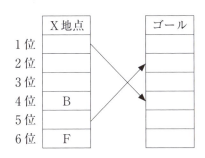

ここで，条件エのEに着目すると，X地点とゴールで順位が変わらなかったため，上の図から3位であることがわかる。また，条件ウより，X地点とゴールにおいて，BとDの間に誰も走っていなかったことから，Dの順位はX地点で5位，ゴールでは2位だったことがわかる。

このとき，Bのゴールでの順位は1位であることがわかり，次のようになる。

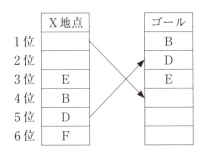

次に，条件オからゴールでのFの順位を考える。Fの順位はCとDの間で，Dは2位とわかっていることから，4位か5位のどちらかである。しかし，ゴールで4位の者はX地点では1位の者であるが，FはX地点で6位であったことから，あてはまらない。したがって，ゴールでのFの順位は5位となり，Cは6位，残ったAは4位であったことがわかり，次のページのように確定する。

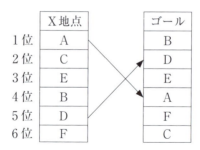

これより最後にゴールした者はCとわかる。
よって，正解は肢3である。

正答 3

memo

第1章 判断推理

第1章 SECTION 7 判断推理 順序関係

実践 問題 68 基本レベル

頻出度 地上★★★ 国家一般職★★★ 東京都★★★ 特別区★★
裁判所職員★★★ 国税・財務・労基★★★ 国家総合職★

問 A，B，C，D，E，Fの6人が折り返し地点で同じコースを引き返すマラソン競走をした。6人は異なる順で折り返し地点を折り返し，その後の順位変動はなかった。折り返しの状況について，次のア〜オのことがわかっているとき，確実にいえるものはどれか。 （裁判所職員2021）

ア：Aは4人目にFとすれ違った。
イ：Bは5人目にDとすれ違った。
ウ：Cは2人目にEとすれ違った。
エ：Eは2位ではなかった。
オ：BとCの順位は連続していなかった。

1：Aは1位であった。
2：Bは2位であった。
3：CはAより遅く，Bより早くゴールした。
4：Dは5位であった。
5：EはCより遅く，Bより早くゴールした。

OUTPUT

実践 問題 **68** の解説

〈順序関係〉

条件ア～ウより，折り返し地点での2人のすれ違いの状況からその2人の最終的な順位を考えていく。

まず，条件アについて，Aから見てFと4人目ですれ違ったことから，2人の順位の関係は次の①と②のいずれかとなる。

Fが4位のとき，Aは5位以下 ……①

Fが5位のとき，Aは4位以上 ……②

同様に，条件イとウについても，BとDの順位の関係は③と④のいずれか，およびCとEの順位の関係は⑤と⑥のいずれかになる。

・条件イのBとDについて

Dが5位のとき，Bは6位 ……③

Dが6位のとき，Bは5位以上 ……④

・条件ウのCとEについて

Eが2位のとき，Cは3位以下 ……⑤

Eが3位のとき，Cは2位以上 ……⑥

条件エより，⑤は不適であるため，⑥のEが3位，Cは2位以上と確定する。また，条件オからBは4位以下と確定する。

ここで，各選択肢を検討することにする。

1✕ Aの順位は5つの条件から決定はできないため，確実にいうことはできない。

2✕ Bの順位は5つの条件より4位以下と決まるため，誤りである。

3✕ CがBより早くゴールしたことは確実にいえるが，AとCの順位の関係は5つの条件からはわからない。

4✕ Dの順位は③と④から5位と6位のいずれかであるが，決定はできないため，確実にいうことはできない。

5〇 ⑥より3位のEはCより遅く，4位以下のBより早くゴールしたことは確実にいえる。

正答 5

第1章 SECTION 7 判断推理 順序関係

実践 問題 69 基本レベル

頻出度 地上★★★ 国家一般職★★★ 東京都★★★ 特別区★★
裁判所職員★★★ 国税・財務・労基★★★ 国家総合職★

問 あるクラスの生徒たちが、オリエンテーリングに出かけた。A～Dの4班に分かれて行動し、お昼は広場に集合してお弁当を食べることになっていたので、それぞれの班の班長が代表して時計を持って行った。次のア～オのことが分かっているとき、確実に言えるものはどれか。 (裁判所職員2016)

ア：A班が広場に到着したとき、広場の時計では12時ちょうどであった。
イ：B班が広場に到着したとき、B班の時計では12時8分、D班の時計では12時6分であった。
ウ：C班はA班より9分遅く広場に到着し、C班が到着したときC班の時計では12時4分、A班の時計では12時6分であった。
エ：D班が広場に到着したとき、広場の時計では12時4分であった。
オ：広場の時計は実際の時刻より1分遅れており、D班の時計は実際の時刻より2分遅れていた。

1：正確な時刻に合った時計を持っている班はない。
2：B班が到着したとき、A班の時計では12時5分であった。
3：C班の時計と広場の時計は、5分ずれている。
4：D班の時計は、C班の時計より4分遅れている。
5：A～D班のうち、広場に3番目に到着したのはC班である。

OUTPUT

実践 問題 **69** の解説 ────────────────────

〈順序関係〉

第1章 判断推理

条件ア〜エより到着時刻に関する情報を次の表に整理する。

	Aの時計	Bの時計	Cの時計	Dの時計	広場の時計	実際の時刻
Aが到着					12：00	
Bが到着		12：08		12：06		
Cが到着	12：06		12：04			
Dが到着					12：04	

条件ウより，C班はA班よりも9分遅く到着していることから，A班は9分早く到着していることになるため，A班が到着したのはA班の時計で11：57，C班の時計で11：55となる。

条件オより，広場の時計は実際の時刻より1分遅れていることから，A班が到着した実際の時刻は12：01，D班が到着した実際の時刻は12：05となる。また，D班の時計が実際の時刻より2分遅れていたことから，A班が到着したのはD班の時計で11：59，D班が到着したのはD班の時計で12：03となる。

	Aの時計	Bの時計	Cの時計	Dの時計	広場の時計	実際の時刻
Aが到着	11：57		11：55	11：59	12：00	12：01
Bが到着		12：08		12：06		
Cが到着	12：06		12：04			
Dが到着				12：03	12：04	12：05

これより，D班の時計に着目すると，B班が到着したのはA班の時計で12：04，C班の時計で12：02，広場の時計で12：07，実際の時刻は12：08となる。同様にD班が到着したのは，A班の時計で12：01，C班の時計で11：59となる。

	Aの時計	Bの時計	Cの時計	Dの時計	広場の時計	実際の時刻
Aが到着	11：57		11：55	11：59	12：00	12：01
Bが到着	12：04	12：08	12：02	12：06	12：07	12：08
Cが到着	12：06		12：04			
Dが到着	12：01		11：59	12：03	12：04	12：05

LEC東京リーガルマインド　2024-2025年合格目標 公務員試験 本気で合格！過去問解きまくり！　227
②判断推理・図形

表の空欄部分を埋めていくと，次のように時間が確定する。

	Aの時計	Bの時計	Cの時計	Dの時計	広場の時計	実際の時刻
Aが到着	11：57	12：01	11：55	11：59	12：00	12：01
Bが到着	12：04	12：08	12：02	12：06	12：07	12：08
Cが到着	12：06	12：10	12：04	12：08	12：09	12：10
Dが到着	12：01	12：05	11：59	12：03	12：04	12：05

以上より，選択肢を検討する。
1× B班の時計は，実際の時刻と合致しており，正確といえる。
2× B班が到着したとき，A班の時計では12時4分であった。
3○ C班の時計は，広場の時計より5分遅い。
4× D班の時計は，C班の時計より4分早い。
5× 広場に3番目に到着したのはB班である。

正答 3

memo

第1章 SECTION 7 判断推理 順序関係

実践 問題 70 基本レベル

| 頻出度 | 地上★★★ 国家一般職★★★ 東京都★★★ 特別区★★ 裁判所職員★★★ 国税・財務・労基★★★ 国家総合職★ |

問 ある会社のA〜Eの5つの支店について，それぞれの支店の社員数を調べたところ，次のア〜エのことがわかった。

ア 社員数が最も多いのはC支店であり，C支店の社員数は45人であった。
イ 社員数が2番目に多い支店とC支店との社員数の差は2人であった。
ウ A支店とD支店との社員数の差は2人，B支店とD支店との社員数の差は3人，D支店とE支店との社員数の差は4人であった。
エ A〜Eの5つの支店の社員数の平均は40人であった。

以上から判断して，社員数が3番目に多い支店と4番目に多い支店との組合せとして，正しいのはどれか。 (東京都2004)

```
       3番目    4番目
1 ：    A        B
2 ：    B        D
3 ：    B        E
4 ：    D        A
5 ：    D        E
```

OUTPUT

実践 問題 **70** の解説

〈順序関係〉

第1章 判断推理

本問では，平均値からの差分を用いる。平均値からの差分を，

平均値からの差分＝支店の社員数－平均社員数

と定義する。各支店について，その差分について考えていく。

条件エより，5つの支点の社員数の平均が40人であるため，条件アのC支店の平均値からの差分は，

$45 - 40 = + 5$

となる。支店の社員数は，その差分が正の値であれば平均値40人より多く，負の値であれば平均値より少ないことになる。また，A〜Eで求まる5つの差分に関して，

5支店の平均値からの差分の合計＝0　……①

という平均の性質を満たす。このことを用いて，条件を整理していく。

条件イより，2番目に多い支店の社員数は43人であり，差分は$43 - 40 = + 3$となる。2番目の多い支店はA，B，D，Eの4通りが考えられるため，場合分けをして条件を整理していく。

⑴　**2番目に社員数が多い支店がDのとき**

条件ウより，A支店，B支店およびE支店の社員数が，それぞれ41人，40人，39人となり，その平均値からの差分はそれぞれ，$+1$，0，-1である。したがって，5支店の差分の合計は，$5 + 3 + 1 + 0 - 1 = + 8$となって，①を満たさないため，不適である。

⑵　**2番目に社員数が多い支店がAのとき**

条件ウより，D支店の社員数が41人となり，その平均値からの差分は$+1$である。A，C，Dの3支店で差分の合計は，$5 + 3 + 1 = + 9$となる。①を満たすためには，残りのBとEの差分の合計が-9となればよい。

しかし，BとEの2支店の社員数が，Dよりも少ない場合を考えても，それぞれ38人と37人である。BとEの差分はそれぞれ，-2と-3となって，合計が-5となる。

つまり，BとEの2支店の差分の合計の最小値は-5であり，それより小さくならないことから，①を満たさないため，不適である。

⑶　**2番目に社員数が多い支店がBのとき**

条件ウより，D支店の社員数が40人となり，その平均値からの差分は0である。B，C，Dの3支店で差分の合計は，$5 + 3 + 0 = + 8$となる。①を満たすためには，残りのAとEの差分の合計が-8となればよい。

LEC東京リーガルマインド　2024-2025年合格目標 公務員試験 本気で合格！過去問解きまくり！　231
②判断推理・図形

しかし、AとEの2支店の社員数が、Dのそれよりも少ない場合を考えても、それぞれ38人と36人である。AとEの差分はそれぞれ、-2と-4となって、合計が-6となる。

つまり、AとEの2支店の差分の合計の最小値は-6であり、それより小さくならないことから、①を満たさないため、不適である。

(4) 2番目に社員数が多い支店がEのとき

条件ウより、D支店の社員数が39人とわかり、平均値からの差分は-1である。C、D、Eの3支店で差分の合計は5+3-1=+7となる。①を満たすためには、残りのAとBの差分の合計が-7となればよい。

ここで、AとBの2支店の社員数が、Dのそれよりも少ない場合を考える。すると、条件ウよりAとBの2支店の社員数は、それぞれ37人と36人となる。そのときのAとBの差分がそれぞれ-3と-4となり、2支店の差分の合計は-7となる。これは①を満たす。

以上より、(4)の場合のみ正しく、支店の社員数が多い順番に、
　C (45人) ＞ E (43人) ＞ D (39人) ＞ A (37人) ＞ B (36人)
と決まる。

よって、正解は肢4である。

正答 4

memo

第1章 判断推理

第1章 SECTION 7 判断推理 順序関係

実践 問題 71 応用レベル

頻出度 地上★★★ 国家一般職★★★ 東京都★★★ 特別区★★
裁判所職員★★★ 国税・財務・労基★★★ 国家総合職★

問 A〜Eの5人が登山に行き，登りと下りのそれぞれについて要した時間を競い，時間が短い者から順に1位〜5位の順位付けを行った。5人はA〜Eの順に間隔を空けて順次出発し，全員が同じルートを出発地点から山頂まで登り，そこからすぐに折り返して再び出発地点まで下山した。5人が次のように発言しているとき，確実にいえるのはどれか。なお，山頂に同時に到着した者，出発地点に同時に戻ってきた者，同順位の者はいなかった。

(国税・財務・労基2016)

A：「登りに要した時間の順位は最下位だった。下りではD以外の3人とすれ違った。」
B：「山頂に到着した時点で2人に追い越されていた。Dより後に出発地点に戻ってきた。」
C：「登りでは2人とすれ違った。登りに要した時間の順位も，下りに要した時間の順位も3位だったが，最後に出発地点に戻ってきた。」
D：「山頂に到着した時点で3人を追い越していたが，下りでは出発地点に戻ってきた時点で2人に追い越されていた。」
E：「登りでは誰も追い越さなかった。最初に出発地点に戻ってきた。」

1：Aが下りに要した時間の順位は5位だった。
2：Bが下りに要した時間の順位は2位だった。
3：Dが登りに要した時間の順位は1位だった。
4：出発の順番と山頂に到着した順番が一致した人は1人だけいた。
5：山頂に到着した順番と出発地点に戻ってきた順番が一致した人は1人だけいた。

OUTPUT

実践 問題 71 の解説

〈順序関係〉

　折り返しの前後ですれ違った人数は，その人の順位を表している。折り返し前にすれ違う人はその人よりも前の順位の人となり，折り返し後にすれ違う人はその人よりも後の順位となることから，その人の順位がわかる。

　Aの発言より，Aは山頂で折り返した後に3人とすれ違っていることから，山頂を通過した順位は下から4番目，すなわち2番目であることがわかる。下りでDとはすれ違っていないことから，Dは登りですれ違ったことになり，山頂を通過した順位はDが1番目であることもわかる。

　次に，Cの発言より，Cは登りで2人とすれ違っていることから，山頂を通過した順位は3番目であったことがわかり，出発地点に戻ってきたときには5番目であったことがわかる。

　また，Dの発言より，Dが出発地点に戻ってきたとき，2人に追い越されていることから，3番目に戻ってきたことがわかる。

　A～Eの順に出発したことに注意して整理すると次のようになる。なお，図の中の③，⑤は要した時間の順位を表している。

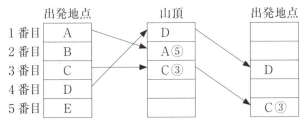

　ここで，Bの発言から，Bは2人に追い越されているが，それは，CとDであるから，山頂での順位は4番目であることがわかる。また，Dより後に出発地点に戻ってきているから，4番目に戻ってきたこともわかる。

最後に，Eの発言から，Eは山頂では5番目，出発地点には1番目に戻ってきたことがわかり，2番目に戻ってきたのがAであることがわかる。

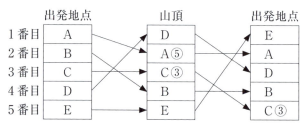

次に，要した時間について検討する。

出発地点から山頂にかけての登りでは，Bは要した時間が3位であるCに追い越されているため，4位か5位であるが，5位はAとわかっているから，Bは4位となる。

DはA，B，Cを追い越していることから，1位か2位であるが，Eの要した時間との関係がわからないため，Eより要した時間が短いかどうかはわからない。

したがって，Eが1位の可能性もあることから，Dの要した時間の順位が1位と2位のどちらであるかは確定できない。

山頂から出発地点にかけての下りでは，EはA～Dの4人を追い越していることから，明らかに1位となる。

また，Bの下りに要した時間の順位は，2位，4位，5位の可能性があるが，下りでBはCを抜いているので，Bのそれは2位であるとわかる。

残ったAとDの関係を見ると，AはDを追い越しているため，Aの順位のほうが高いことがわかり，Aが4位，Dが5位と確定する。

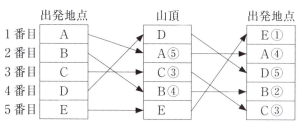

よって，正解は肢2である。

正答 2

memo

第1章

判断推理

237

第1章 SECTION 7 判断推理 順序関係

実践 問題 72 応用レベル

頻出度	地上★★★ 国家一般職★★★ 東京都★★★ 特別区★★
	裁判所職員★★★ 国税・財務・労基★★★ 国家総合職★

問 A〜Fの6人がある日の午前に集合した後、一旦解散し、午後に再び集合した。次のことが分かっているとき、確実にいえるのはどれか。
ただし、「待ち時間」とはその者が到着してから全員がそろうまでの時間とする。 （国家総合職2017）

○ 集合の際、午前、午後とも1人ずつ5分間隔で到着した。
○ Aは午前、午後ともFより後に到着した。
○ Bは午前、午後ともDより4人後に到着した。
○ Cは午前、午後のどちらかで4番目に到着した。
○ Dは午前、午後とも3番目以内に到着した。
○ Eの午後の待ち時間は、午前に比べ15分短かった。
○ Fは午前、午後とも到着の順番が同じであったが、ほかにこのような者はいなかった。

1：午前と午後の待ち時間の合計が最も長かったのはDである。
2：Bの午前と午後の待ち時間の合計は3番目に短い。
3：Fの午前と午後の待ち時間の合計は2番目に短い。
4：午前の待ち時間が最も長かったのはEである。
5：午後の待ち時間が最も長かったのはCである。

OUTPUT

実践 問題 **72** の解説

〈順序関係〉

3番目の条件より，BはDより午前，午後とも4人後に到着しているため，Dが1位のとき，Bは5位である。また，Dが2位ならばBが6位となる。7番目の条件より，午前，午後とも同じ順位の者はF以外にいなかったことから，Dは午前，午後で1位か2位のそれぞれいずれかである。このため，Dの順位による場合分けをし，順位の検討を行う。

(1) **Dが午前に1位，午後に2位だったとき**

この状態を図示すると下のようになる。ただし，○の中の数字は順位を表す。

午前：D②③④B⑥　　→　　午後：①D③④⑤B

ここで，6番目の条件より，Eの午後の待ち時間は午前に比べ15分短かったことから，午後の順位は午前より3つ後となる。確定していない順位で，午前と午後の順位の差が3であるものは午前に2位，午後に5位のみであるため，Eの順位はここに決まる。

午前：DE③④B⑥　　→　　午後：①D③④EB

4番目の条件より，Cの順位は午前か午後のいずれかが4位である。すると，午前，午後とも同じ順位であることができるのは3位のみであるため，Fが3位であると決まる。

午前：DEF④B⑥　　→　　午後：①DF④EB

2番目の条件より，Aは午前，午後ともFより後に到着しているため，Aの順位は午前が6位，午後が4位である。また，Cの順位は午前が4位，午後が1位となる。

午前：DEFCBA　　→　　午後：CDFAEB

(2) **Dが午前に2位，午後に1位だったとき**

この状態を図示すると下のようになる。ただし，○の中の数字は順位を表す。

午前：①D③④⑤B　　→　　午後：D②③④B⑥

(1)で検討したように，午前と午後で変わらない順位となることができるのは3位のみであるため，Fの順位は3位である。また，Eの順位は，午後に6位のときは午前は3位となり，Fと競合してしまい不適であるため，午後に4位，午前に1位であると決まる。

午前：EDF④⑤B　　→　　午後：D②FEB⑥

第1章
判断推理

2024-2025年合格目標 公務員試験 本気で合格！過去問解きまくり！ 239
②判断推理・図形

また，Aの順位は午前，午後ともFより後であることに注意してA，Cを埋めると次のようになる。

午前：ＥＤＦＣＡＢ　　→　　午後：ＤＣＦＥＢＡ

(1)および(2)の場合について，午前，午後，合計のそれぞれの待ち時間は次の表のようになる。

	(1)午前	(1)午後	(1)合計	(2)午前	(2)午後	(2)合計
A	0	10	10	5	0	5
B	5	0	5	0	5	5
C	10	25	35	10	20	30
D	25	20	45	20	25	45
E	20	5	25	25	10	35
F	15	15	30	15	15	30

これを踏まえて，肢の検討を行う。

1 ○ (1)，(2)いずれの場合もDの待ち時間が最も長い。
2 × Bの待ち時間の合計は，いずれの場合も6人の中で最も短い。
3 × (2)の場合，Fの待ち時間の合計はA，Bの5分に次いで3番目に短く，(1)の場合は4番目に短くなるため，誤りである。
4 × (1)の場合，午前の待ち時間が最も長いのはDであるため，午前の待ち時間が最も長いのはEであるとはいえず，誤りである。
5 × (2)の場合，午後の待ち時間が最も長いのはDであるため，午後の待ち時間が最も長いのはCであるとはいえず，誤りである。

【別解】
3番目の条件より，BはDより午前，午後とも4人後に到着しているため，Dが1位のとき，Bは5位である。また，Dが2位ならばBが6位となる。7番目の条件より，午前，午後とも同じ順位の者はF以外にいなかったことから，Dは午前，午後で1位か2位のそれぞれいずれかである。

このため，Dの午前，午後の合計の待ち時間は45分であり，もしDと同じように順位が午前と午後で1位，2位の組合せの者がいなければ，肢1が正解であるとわかり，他の肢は何らかの誤りの可能性が存在しているものと推測できる。これをもとに各々の順位を検討する。

OUTPUT

Aは午前，午後ともFより後に到着しているため，1位になることはない。

Bは5位，6位の組合せである。

Cは4位を午前，午後のどちらかで取っているため，1位と2位という組合せにならない。

Eは午後の待ち時間が午前に比べ，15分短いことから順位を3つ下げている。

Fは午前，午後ともに同じ順位であったために1位になることはない。

したがって，Dの待ち時間の合計が最も長いことがわかる。

よって，正解は肢1である。

正答 1

第1章 SECTION 7 判断推理
順序関係

実践 問題 73 応用レベル

問 A，B，C，D，Eの5人のテストの結果について次のア～キのことがわかっている。このときのBの得点として正しいものはどれか。ただし，テストは100点満点だったとする。　　　　　　　　　　　　　　　　（裁判所職員2021）

ア：AとBは4点差だった。
イ：AとCは5点差だった。
ウ：BとEは3点差だった。
エ：CとDは7点差だった。
オ：DとEは3点差だった。
カ：AはEよりも得点が高かった。
キ：5人の平均点は71.4点だった。

1：67点
2：68点
3：69点
4：70点
5：71点

実践 問題 73 の解説

〈順序関係〉

A，B，C，D，Eの5人のテストの得点をそれぞれa，b，c，d，eとおく。

まず、条件ア、ウ、およびカからA，BおよびEの3人の得点の大小関係について検討する。条件カの$a > e$となるように、数直線上にa，b，eを並べると、条件アから$b > a$になることはなく、eはaから1点少ないe_1と7点少ないe_2の2通りを考えることができる。つまり、次の式を満たす。

$a - e_1 = 1$ または $a - e_2 = 7$ ……①

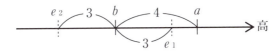

次に、条件イ、エ、オおよびカからA，C，D，Eの4人の得点の大小関係について検討すると、次の数直線になる。このとき、①のeはe_1が条件を満たし、e_2が条件を満たさず、$a - e = 1$となる。

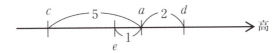

上の2つの図をまとめると次の数直線になる。

$a \sim e$のうち最も得点が少ないのがcであり、c以外の残りの4文字をcの式で表すと、

$a = c + 5$，$b = c + 1$，$d = c + 7$，$e = c + 4$

となる。また、条件キから5人の得点の合計が$71.4 \times 5 = 357$点より、方程式を立ててcについて解くと、

$a + b + c + d + e = 357$
$5c + 17 = 357$
$c = 68$

である。

以上より、Bはテストで$68 + 1 = 69$点取ったことがわかる。
よって、正解は肢3である。

正答 3

SECTION 7 判断推理 順序関係

実践 問題 74 応用レベル

問 図Ⅰのような，内部が仕切りによって分けられている容器がある。また，赤色，白色，黄色2個ずつの計6個の同じ大きさの玉があり，A～Fの6人がこの中から玉を1個ずつ選び容器に入れていった。

いま，全員が玉を入れ終えた後の容器の内部は図Ⅱのようになっており，かつ，玉を入れた順番等について次のことが分かっている。

・Dが最初に玉を入れ，Fが最後に玉を入れた。
・Aの次にCが玉を入れ，両者が入れた玉の色は同じであった。
・2番目と最後に入れた玉の色は同じであった。

これに関する次の記述のア及びイに入るものの組合せとして最も妥当なのはどれか。

「 ア を入れたことが分かれば，Eは イ を入れたことが分かる。」

（国Ⅰ2008）

	ア	イ
1	Aが3番目に玉	黄色の玉
2	Bが赤色の玉	5番目に玉
3	BとDが同じ色の玉	2番目に玉
4	BとFが異なる色の玉	3番目に玉
5	Fが赤色の玉	黄色の玉

OUTPUT

実践 問題 **74** の解説 ────────────────

〈順序関係〉

3つ目の条件と図Ⅱを考える。2番目と6番目が同じ色の玉を入れたため，入れた玉の順番は次の2通りが考えられる。

〈パターン1〉

赤⑤	白⑥
黄④	白②
赤③	黄①

〈パターン2〉

赤⑥	白
黄	白
赤②	黄①

数字は入れた順番を示す。
パターン2に関してははじめは確定できない。

⑴ **パターン1のとき**

2つ目の条件を考える。A，Cが玉を入れた順番は3，4番目か4，5番目が考えられるが（2，3番目では3つ目の条件を満たせない），いずれの場合も同じ色の玉を入れることができないため不適である。

⑵ **パターン2のとき**

同様に2つ目の条件を考える。図より，2つ目の条件を満たせるのは白であり，順番は次の2通りが考えられる。

〈パターン2-ⅰ〉

赤⑥	白④
黄⑤	白③
赤②	黄①

〈パターン2-ⅱ〉

赤⑥	白⑤
黄③	白④
赤②	黄①

これより，入れた順番，色は以下のところまでわかる。

〈パターン2-ⅰ〉

順番	1	2	3	4	5	6
色	黄	赤	白	白	黄	赤
人	D		A	C		F

〈パターン2-ⅱ〉

順番	1	2	3	4	5	6
色	黄	赤	黄	白	白	赤
人	D			A	C	F

いずれの場合も「BとDが同じ色の玉」を入れたことがわかれば，Eは「2番目」に赤い玉を入れたことがわかる。

よって，正解は肢3である。

正答 3

第1章 判断推理
SECTION 8 位置関係

必修問題 セクションテーマを代表する問題に挑戦！

位置関係について学習していきます。条件に何度も登場する人物をつなげて推理することに慣れましょう。

問 図のような16の部屋からなる4階建てのワンルームマンションがある。ここにA～Hの8人がいずれかの部屋に1人ずつ住んでおり、A～Hの8人が住んでいる以外の部屋は空き部屋となっている。また、各階とも東側から西側に向かって1号室、2号室、3号室、4号室の部屋番号となっている。このワンルームマンションについて次のア～オが分かっているとき、これらから確実にいえるのはどれか。　　　　　　　　　　　(国Ⅱ2004)

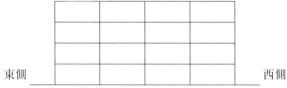

ア：1階には3人が住んでおり、3階と4階には2人ずつが住んでいる。
イ：Aは1階の1号室に住んでいる。また、他の階の1号室に住んでいる者は2人いる。
ウ：Eの両隣の部屋は空き部屋となっている。また、BはEのすぐ下の部屋に住んでおり、かつDよりも下の階に住んでいる。
エ：Fは4号室に住んでいる。また、2号室に住んでいるのはDだけである。
オ：CとEは同じ階に住んでいる。また、GはDよりも下の階に住んでいる。

1：AとHは同じ階に住んでいる。
2：BとCは同じ階に住んでいる。
3：Cは4階に住んでいる。
4：GはEのすぐ下の階に住んでいる。
5：Hは1号室に住んでいる。

必修問題の解説

〈位置関係〉

条件ア〜オより以下に断片図を作り，各断片を a 〜 h とする。

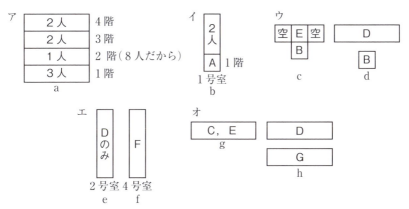

まず，断片 c より，E は，2 号室か 3 号室に住んでいることがわかる。さらに，断片 e より，2 号室には D しか住んでいないことから，E は，3 号室に住んでいるとわかる。また，断片 a, g より，E は，2 階には住んでいないことがわかる。さらに，断片 c, d より，E は，3 階に住んでいることがわかる。したがって，D は 4 階の 2 号室，E は 3 階の 3 号室，B は 2 階の 3 号室と決まる（図 1）。

次に，断片 b, g より，A が 1 階 1 号室で，C が 3 階 1 号室だとわかる。また，断片 a より，4 階には 2 人しか住んでいないが，断片 b より，1 号室にあと 1 人住んでいることがわかるため，4 階の 3，4 号室は空き部屋だとわかる（図 2）。

最後に，断片 f より，F は 1 階の 4 号室だとわかる。さらに，断片 h より 1 階の 3 号室は G だとわかる。

以上より，何も条件がなかった H は，4 階の 1 号室であることがわかる。

したがって，マンションの住人の配置は図 3 のようになる。

よって，正解は肢 5 である。

正答 5

SECTION 8 判断推理 位置関係

1 配置の問題

部屋や座席の配置に関する位置関係の問題は，順序関係の問題と同様に限定性の強い条件から検討していくことになる。その際，頻繁に登場する人物および語句に着目して複数の条件をつなげていくとよい。

(例) 図のような①～⑨の番号がついているコインロッカーをA～Hの8人が1つずつ利用している。ア～エのことがわかっているとき，Hが利用しているロッカーの場所を求めなさい。

①	②	③
④	⑤	⑥
⑦	⑧	⑨

ア　Aが利用している真下は空きロッカーとなっている。また，空きロッカーの右隣はBが利用している。
イ　Cの真下はDが利用している。
ウ　Eの隣は空きロッカーとなっている。
エ　Fの右隣はGが利用している。また，Gは②を利用していない。

(解説)

A～Hの8人が利用しているため空きロッカーは1つのみである。つまり，ア，ウに出てくる「空きロッカー」は同一のものであることがわかる。そこで，ア，ウをつなげると右のようになる。

これをロッカーにあてはめようとすると次の2通りが考えられる。

図1
	A	
E	空	B

図2
	A	
E	空	B

しかし，図1ではイの条件を埋めることができないため，不適であることがわかる。したがって，図2の場合となり，これにイ，エをあてはめると次のようになる。

C	F	G
D	A	⑥
E	空	B

あとは，残った⑥にHをあてはめればよい。

2 円卓の位置関係の問題

　円卓を囲んだ人々の位置関係の問題は，位置関係を「誰がどこに座っているか」で判断するのではなく，「誰か1人を基準としてみたとき，どのような順番で並んでいるか」で判断することになる。たとえば，下図の座り方は3つとも同じである。

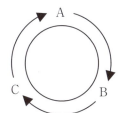 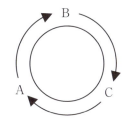 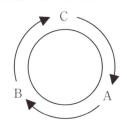

　このように相対的な位置関係しか決まらない問題では，はじめに誰か1人の位置を固定して考えるとよい。その1人を基準に他の人の位置が決まるため，情報量の多いもの，つまり，条件に頻繁に登場する人物の位置を固定するとよい。

3 方位に関する位置関係

　方位に関する問題では，方位と距離が条件として考えられるが，距離が条件に与えられていないことが多い。そのため，位置が確定しないことが多く，図示するときに注意を払わなければならない。
　図示する際には，最初に中心となるものを定め，北を紙面の上方に一致させ，条件に従って図示していく。方位を表すには，8方位や30°，60°などの角度が使用される。
　問題によっては，数的推理とほとんど区別のつかない数値計算を必要とするものがある。そのような問題では，平面図形の基本的性質を知っておく必要がある。

第1章 SECTION 8 判断推理 位置関係

実践 問題 75 基本レベル

頻出度 地上★★★ 国家一般職★★★ 東京都★★ 特別区★★★
裁判所職員★★ 国税・財務・労基★★★ 国家総合職★★

問 左の図のような，各住戸に3桁の住戸番号が付いた地上3階建てで各階に5住戸ずつあるマンションに，A～Gの7人がいずれかの住戸にそれぞれ1人ずつ住んでおり，A～Gの7人が住んでいる住戸以外は空き住戸であるとき，次のことが分かった。

301	302	303	304	305
201	202	203	204	205
101	102	103	104	105

西　　　　　　　　　　東

ア　Aは1階の住戸に住んでいる。
イ　BとEは同じ階の住戸に住んでおり，BはEが住んでいる住戸より西側の住戸に住んでいる。
ウ　CとDは同じ階の住戸に住んでおり，CはDが住んでいる住戸より西側の住戸に住んでいる。
エ　CはEが住んでいる住戸の直下の住戸に住んでおり，Cが住んでいる住戸の両隣の住戸は空き住戸である。
オ　GはFが住んでいる住戸の直下の住戸に住んでおり，Gが住んでいる住戸の住戸番号の下一桁の数字は5である。
カ　1階と3階にはそれぞれ2人が住んでおり，住戸番号の下一桁の数字が1の住戸には2人が住んでいる。

以上から判断して，確実にいえるのはどれか。ただし，全ての住戸は，同じ面積で，同じ形状をしているものとする。　　　（東京都2018）

1：Aが住んでいる住戸の住戸番号は102である。
2：Bが住んでいる住戸の住戸番号は301である。
3：Cが住んでいる住戸の住戸番号は203である。
4：Dが住んでいる住戸の住戸番号は205である。
5：Eが住んでいる住戸の住戸番号は303である。

OUTPUT

実践 問題 75 の解説

〈位置関係〉

条件アより，Aは1階に住んでいる。条件イ，条件ウより，BとE，CとDはそれぞれ同じ階に住んでいる。条件エより，CとDが住んでいる階は，BとEが住んでいる階の直下である。

ここで，条件カより，1階と3階には2人が住んでいることから，2階には3人が住んでいる。もし，BとEが住んでいる階が2階であるとすると，1階にはA，C，Dの3人が住んでいることになり，条件カに反するため不適である。したがって，BとEが住んでいる階は3階と決まる。また，条件オより，GはFが住んでいる住戸の直下に住んでいることから，Fが2階，Gが1階に住んでいることになる。

ここまでをまとめると，次のようになる。

3階：BとE
2階：CとDとF
1階：AとG

これと条件エ，オより，2階に住んでいる3人の住戸は次のように決まる。

201	202	203	204	205
空き住戸	C	空き住戸	D	F

次に，条件カより，下一桁の数字が1の住戸には2人住んでいることから，101にはAが，301にはBが住んでいることがわかる。

したがって，7人の住戸は次のように確定する。

301	302	303	304	305
B	E	空き住戸	空き住戸	空き住戸
201	202	203	204	205
空き住戸	C	空き住戸	D	F
101	102	103	104	105
A	空き住戸	空き住戸	空き住戸	G

よって，正解は肢2である。

正答 2

第1章 SECTION 8 判断推理 位置関係

実践 問題 76 基本レベル

問 図のように，共に1階〜10階まである本館と別館から成るホテルがある。ホテルの各階は階段でつながっており，本館と別館の3階どうし，9階どうしをつなぐ連絡通路があるが，現在，別館の4階と5階をつなぐ階段が閉鎖されている。

本館の互いに異なる階にいるA〜Eの5人の従業員は，階段と連絡通路のみを使って，最短経路で別館の互いに異なる階に移動した。次のことが分かっているとき，確実にいえるのはどれか。

ただし，階段の数は，1階と2階のように，上下の階をつなぐものを1階段と数えるものとする。

（国家一般職2020）

○ Aが使った階段の数の合計は，ホテルの本館から別館への移動としてあり得る中で最も多いものであった。
○ Bが使った階段の数は，上りも下りも共に3階段分であった。
○ Cは上り階段も下り階段も使ったが，上り階段の数は下り階段の数の3倍であった。
○ Dが移動前にいた階とCが移動後にいた階は同じ階であったが，DはCよりも使った下り階段の数が3階段分多かった。
○ Eが使った階段は本館も別館も下りで，その数は合計で3階段分であった。

1：Aは，本館の10階から移動した。
2：Bは，別館の5階に移動した。
3：Cは，本館の4階から移動した。
4：Dは，別館の8階に移動した。
5：Eは，別館の1階に移動した。

OUTPUT

実践 問題 **76** の解説 ─────────────

〈位置関係〉

まず，1番目の条件より，Aは本館1階から出発し，9階を結ぶ連絡通路を通り，別館5階へ移動したと考えられる。また，2番目の条件と別館の4階と5階をつなぐ階段が閉鎖されていることから，Bは本館6階から出発し，9階を結ぶ連絡通路を通り，別館6階へ移動したことがわかる。

次に，3番目の条件より，Cの移動経路は以下の2通りが考えられる。

(1)上りの階段の数が6，下りの階段の数が2のとき

本館3階から，9階の連絡通路を通り，別館7階へ移動したことになる。

(2)上りの階段の数が3，下りの階段の数が1のとき

本館6階から，9階の連絡通路を通り，別館8階へ移動したことになる。

(2)は，BとCが同じ6階から移動したことになるため，問題文中の条件に反する。これより，Cは本館の3階から，9階の連絡通路を通り，別館7階に移動したことになる。

次に，Dの移動について考える。4番目の条件から，Dは本館の7階にいたことになる。さらに，Dの下りの階段数は，Cのそれよりも3階段分多い，5階段となる。これより，Dは本館で3階へ行き，3階の連絡通路を通って，別館の2階に移動したことがわかる。

最後に，5番目の条件よりEの移動経路は以下の2通りが考えられる。

(3)本館10階から，9階を結ぶ連絡通路を通り，別館7階へ移動

(4)本館4階から，3階を結ぶ連絡通路を通り，別館1階へ移動

しかし，(3)のときはCと同じ移動先になるため，問題文中の条件に反することから，Eは，(4)より，本館の4階から，3階の連絡通路を通り，別館の1階へ移動したことになる。

5人の移動前と移動後をまとめると次の表になる。

	移動前	利用した連絡通路	移動後
A	1階	9階	5階
B	6階	9階	6階
C	3階	9階	7階
D	7階	3階	2階
E	4階	3階	1階

よって，正解は肢5である。

正答 5

第1章 判断推理

2024-2025年合格目標 公務員試験 本気で合格！過去問解きまくり！ 253
②判断推理・図形

第1章 SECTION 8 判断推理
位置関係

実践 問題 77 基本レベル

頻出度 地上★★★ 国家一般職★★★ 東京都★★ 特別区★★★
裁判所職員★★ 国税・財務・労基★★★ 国家総合職★★

[問] 図のように，縦3列，横4段に仕切られた12の区画からなる棚がある。この棚には，花瓶，茶碗，人形，時計，ランプの五つの物がそれぞれ異なる区画に置かれている。また，この棚は，前後どちらからでもそれぞれの区画に置かれた物を見ることができる。

A～Eの5人が前又は後ろからこの棚を見て，五つの物の位置関係について以下のとおり発言した。このうち後ろからこの棚を見ている者が1人だけいることが分かっているとき，その者は誰か。　　　　（国税・財務・労基2014）

A:「茶碗の一つ右斜め下の区画に人形がある。」
B:「人形よりも右側の列の区画にランプがあるが，隣り合ってはいない。」
C:「時計の右隣の区画に花瓶がある。」
D:「人形の一つ左斜め下の区画に時計がある。」
E:「ランプと同じ列の二つ上の区画に茶碗がある。」

1：A
2：B
3：C
4：D
5：E

OUTPUT

実践 問題 77 の解説

〈位置関係〉

仮に，A〜Eの5人がすべて前から見て発言したとして，図に表すと次のようになる。

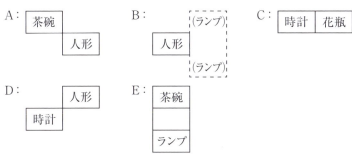

ここで，Eの発言に着目すると，ランプと茶碗が同じ列にあることは，前から見ても後ろから見ても変わらない。これより，Aは人形の左に茶碗があるとしているのに対して，Bは人形の右に茶碗があるとしていることになるため，互いに矛盾するから，どちらかが後ろから棚を見ていることがわかる。

(1) **Aが前から，Bが後ろから見ている場合**

このとき，A，C，Dの発言どおりに組み合わせると図のようになり，時計の位置とEの発言でのランプの位置が重なってしまう。したがって，不適である。

(2) **Aが後ろから，Bが前から見ている場合**

Aの発言を左右反対にし，C，D，Eの発言どおりに組み合わせると図のようになり，Bの発言とも矛盾しない。

		茶碗	
	人形		
時計	花瓶	ランプ	

以上より，(2)の場合が適するため，後ろから棚を見ているのはAである。
よって，正解は肢1である。

正答 1

SECTION 8 判断推理 位置関係

実践 問題 78 基本レベル

頻出度 地上★★★　国家一般職★★★　東京都★★　特別区★★★
　　　　裁判所職員★★　国税・財務・労基★★★　国家総合職★★

[問] A〜Fの6人が図Ⅰのような2階建てのマンションの掃除をすることにした。マンションは図Ⅱのように①〜⑫の部屋に分かれており、6人はそれぞれ面で接する2部屋を担当することにした。ただし、面で接するとは、たとえば①の場合、②、④、⑦のことである。

次のことがわかっているとき、Fが担当した2部屋として正しいのはどれか。

（地上2009）

・Aは⑧、⑨を担当したが、いずれの部屋もB、Cが担当した部屋とは面で接していなかった。
・Dは1階と2階を担当した。
・Eが担当した1部屋とDが担当した1部屋は面で接していた。

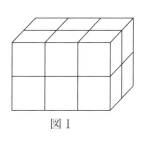

図Ⅰ　　　　図Ⅱ

1： ① ⑦
2： ② ③
3： ③ ⑥
4： ⑦ ⑩
5： ⑪ ⑫

OUTPUT

実践 問題 **78** の解説 ────

チェック欄		
1回目	2回目	3回目

第1章 判断推理

〈位置関係〉

　最初の条件より，Aが担当した部屋とB，Cが担当した部屋は右の2通りが考えられる。

　この条件ではB，Cが担当した部屋を特定できないために，×と△で表した組合せのどちらかとなる。

⑩	⑪	⑫
⑦	A	A

2 階

×	△	△
×	②	③

1 階

パターンⅠ

×	⑪	⑫
⑦	A	A

2 階

×	△	△
①	②	③

1 階

パターンⅡ

　ここで，次の条件よりDが1階と2階を担当していることから，あてはめるとパターンⅠの場合は条件に合う部屋がないために不適となり，パターンⅡの場合にはDが担当した部屋は①－⑦となる。

×	⑪	⑫
D	A	A

2 階

×	△	△
D	②	③

1 階

　最後に，「Eが担当した1部屋とDが担当した1部屋は面で接していた」という条件をあてはめると，Eが担当した部屋は②－③で確定する。

×	⑪	⑫
D	A	A

2 階

×	△	△
D	E	E

1 階

　これより，Fが担当した部屋は残っている⑪－⑫となる。

　よって，正解は肢5である。

正答 5

LEC東京リーガルマインド　2024-2025年合格目標 公務員試験 本気で合格！過去問解きまくり！　257
②判断推理・図形

SECTION 8 判断推理 位置関係

実践 問題 79 基本レベル

問 ある喫茶店で，図のようなテーブルの①～⑥の六つの席にそれぞれ座ったA～Fの6人が，ケーキを一つずつ注文した。ケーキは，ショートケーキ，ロールケーキ又はチョコレートケーキのいずれかであった。次のことが分かっているとき，確実にいえるのはどれか。　　　　　　（国税・財務・労基2015）

○ A～Fの6人で，ショートケーキを一つ，ロールケーキを二つ，チョコレートケーキを三つ注文した。
○ Aは③に座り，ショートケーキ又はチョコレートケーキのいずれかを注文した。
○ Bの真向かいの者は，ショートケーキを注文した。
○ Cは端に座り，隣の者と同じケーキを注文した。
○ 両隣がAとFであるDは，Bと同じケーキを注文した。
○ Eはチョコレートケーキを注文した。
○ Fの真向かいの者は，ロールケーキを注文した。

1：AはBの真向かいに座り，ショートケーキを注文した。
2：Cは④に座り，ロールケーキを注文した。
3：Dは②に座り，チョコレートケーキを注文した。
4：Eは⑥に座り，Dと異なるケーキを注文した。
5：Fは①に座り，ショートケーキを注文した。

OUTPUT

実践 問題 **79** の解説

〈位置関係〉

2番目の条件から，Aは③に座っている。そして，5番目の条件よりDの両隣がAとFであるから，①にF，②にDが座っていることになる。また，4番目の条件からCは端であるため，④または⑥に座っている。

ここで，3番目の条件よりBの真向かいの者はショートケーキを注文しているが，5番目の条件からDはBと同じケーキを注文しているため，Bの真向かいの者がDであると仮定すると，BもDもショートケーキを注文したことになり，A～Fの6人でショートケーキを一つ注文したという条件と矛盾する。したがって，DはBの真向かいには座っていない。これより，Bは端の席である④または⑥に座っていることになり，Dの向かいの席にはEが座っていることになる。

上記より，BとCの座っている席について，(B，C) = (④，⑥)，(⑥，④)の2パターンについて場合分けをしていく。

⑴ **Bが④，Cが⑥に座った場合**

Bの真向かいのFはショートケーキ，Fの真向かいのBはロールケーキ，DはBと同じロールケーキを注文した。また，Cは隣のEと同じチョコレートケーキを注文した。そして，A～Fの6人がケーキを注文した個数を考慮すると，Aはチョコレートケーキを注文したことになる。

この場合は，すべての条件を矛盾なく満たすことができる。

① F	② D	③ A
ショート	ロール	チョコ
ロール	チョコ	チョコ
④ B	⑤ E	⑥ C

2024-2025年合格目標 公務員試験 本気で合格！過去問解きまくり！
②判断推理・図形

第1章 SECTION 8 判断推理 位置関係

(2) Bが⑥，Cが④に座った場合

Cは隣の者（E）と同じケーキを注文したため，チョコレートケーキを注文したことになる。しかし，一方では，CはFの真向かいであり，ロールケーキを注文したことにもなり，矛盾する。したがって，Cの席が④であることはありえない。

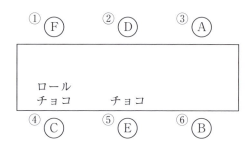

上記の(1)を踏まえて，各肢を検討すると「Fは①に座り，ショートケーキを注文した」ことは確実にいえる。

よって，正解は肢5である。

正答 5

memo

第1章

判断推理

第1章 SECTION 8 判断推理 位置関係

実践 問題 80 基本レベル

頻出度	地上★★★ 国家一般職★★★ 東京都★★ 特別区★★★
	裁判所職員★★ 国税・財務・労基★★★ 国家総合職★★

問 下の図のように，A～Dの四つの広場があり，それぞれにキリン，クマ，パンダ，ライオンのいずれかの異なる名称がついている。これらの広場を結んでいる6本の遊歩道の全てを1回ずつ通る順序として，次のことが分かっている。ただし，同じ遊歩道を2回通ることはない。

ア：最初にキリン広場から出発する。
イ：最後にライオン広場から遊歩道を通ってクマ広場へ到着する。
ウ：パンダ広場から遊歩道を通ってクマ広場へ到着する。
エ：ライオン広場から遊歩道を通ってパンダ広場へ到着する。

以上から判断して，3本目の遊歩道を通って到着する広場として，確実にいえるのはどれか。

（東京都2021）

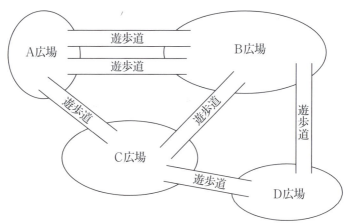

	到着する広場	広場の名称
1：	A広場	キリン広場
2：	A広場	ライオン広場
3：	B広場	キリン広場
4：	C広場	クマ広場
5：	C広場	パンダ広場

OUTPUT

実践 問題 80 の解説

〈位置関係〉

A～Dの各広場について，つながっている遊歩道の本数は以下のとおりである。
　A：3本，B：4本，C：3本，D：2本
条件アとイに着目をして，6本の遊歩道を一筆書きするには，
　(1)　Aのキリン広場から出発して6本の遊歩道を通ってCのクマ広場で終了する
　(2)　Cのキリン広場から出発して6本の遊歩道を通ってAのクマ広場で終了する
が考えられる。また，条件イとエより，ライオン広場から2回出発しているから，ライオン広場がB，パンダ広場が残りのDと確定する。

一方，(2)はAのクマ広場とDのパンダ広場をつなぐ遊歩道が問題の図に与えられておらず，条件ウに反する。このため，(1)のみを考えればよく，4つの条件に合うように通った道順を矢印でつなぐと次のようになる。なお，①～⑥は通った道順とする。

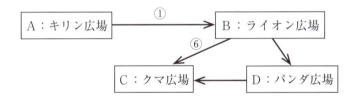

問題の遊歩道の図から，6本の遊歩道を以下のように通ったことになる。

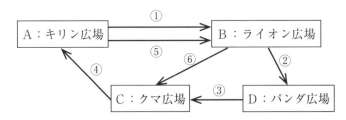

以上より，Cがクマ広場であることは確実にいうことができる。
よって，正解は肢4である。

【コメント】
一筆書きについては，第2章 図形 SECTION⑨ 位相 INPUT「**3** 一筆書き」を参照。

正答 **4**

第1章 SECTION 8 判断推理 位置関係

実践　問題 81　基本レベル

頻出度	地上★★★	国家一般職★★★	東京都★★	特別区★★★
	裁判所職員★★	国税・財務・労基★★★	国家総合職★★	

問 図のように、1階に西口、3階に東口を有する地下1階、地上7階のオフィスビルがある。A～Gの7人は、このオフィスビルの異なる階にそれぞれ勤務しており、出勤時、退勤時には、東口、西口のいずれかを利用する。次のことが分かっているとき、確実にいえるのはどれか。　（国家一般職2016）

○ A～Gは、3階分以上昇るとき、又は、4階分以上降りるときはエレベーターを使い、それ以外の昇降には階段を使う。また、出勤時に東口を利用する人は3人、退勤時に東口を利用する人は4人いる。

○ Aは、出勤時、退勤時共に西口を利用し、いずれもエレベーターを使う。また、Aは、Cより下の階で勤務している。

○ Bは、出勤時、退勤時共に同じ出入口を利用し、いずれもエレベーターは使わない。

○ Cは、退勤時に東口を利用し、出勤時にはエレベーター、退勤時には階段を使う。

○ Dは、出勤時、退勤時に異なる出入口を利用し、出勤時には階段、退勤時にはエレベーターを使う。

○ Eは、出勤時、退勤時共に西口を利用し、出勤時にはエレベーター、退勤時には階段を使う。

○ Fは、出勤時、退勤時共に東口を利用し、いずれも階段、エレベーターは使わない。

○ Gは、出勤時に東口を利用し、出勤時には階段を使うが、退勤時には階段もエレベーターも使わない。

1：Aは6階で勤務している。
2：BはFより上の階で勤務している。
3：CはEの一つ上の階で勤務している。
4：Dは地下1階で勤務している。
5：2階には、A～Gのいずれも勤務していない。

OUTPUT

チェック欄		
1回目	2回目	3回目

実践 問題 **81** の解説

〈位置関係〉

まず，2番目の条件より，Aは出勤時，退勤時共に西口を利用し，いずれもエレベーターを使用していることから，Aが勤務しているのは5階以上の階である。また，AはCより下の階で勤務していることから，Cは6階または7階で勤務している。

また，4番目の条件より，Cは退勤時に東口を利用し，出勤時にはエレベーター，退勤時には階段を使っていることから，6階で勤務していることがわかる。これより，Aは5階で勤務している。

次に，5番目の条件より，Dは出勤時と退勤時に異なる出入口を利用し，出勤時には階段，退勤時にはエレベーターを使っていることから，東口から出勤し2階分上がって5階で勤務して，4階分下がって西口から退勤する場合と，西口から出勤し1階分下がって地下1階で勤務して，3階分上がって東口から退勤する場合が考えられるが，5階はすでにAが勤務していることがわかっているから，Dは地下1階で勤務していることになる。

7階		
6階	C	
5階	A	
4階		
3階		東口
2階		
西口　1階		
地下1階	D	

ここで，6番目の条件よりEは出勤時，退勤時共に西口を利用し，出勤時にはエレベーター，退勤時には階段を使っていることから，4階で勤務していることがわかる。

また，7番目の条件より，Fは3階で勤務していることがわかり，8番目の条件から，Gは東口から出勤し1階で勤務して，西口から退勤していることがわかる。

最後に，3番目の条件より，Bは2階で勤務していることになる。

第1章 判断推理

LEC東京リーガルマインド　2024-2025年合格目標 公務員試験 本気で合格！過去問解きまくり！ 265
②判断推理・図形

7階	
6階	C
5階	A
4階	E
3階	F	東口
2階	B
1階	G
地下1階	D

西口 (1階)

よって，正解は肢4である。

正答 4

memo

第1章　判断推理

267

第1章 SECTION⑧ 判断推理 位置関係

実践 問題 82 基本レベル

問 A〜Fの6個の玉と糸を使って，輪を作る。初め図Ⅰのように2個の玉に糸を通したパーツを二つ，1個の玉だけに糸を通したパーツを二つ作った。このとき，2個の玉に糸を通したパーツのうち一つにAの玉を使った。これらのパーツを使って次の3通りのつなぎ方で輪を作った。
- 四つのパーツを全てつないで，図Ⅱのような輪を作った。
- 四つのパーツを全てつないで，図Ⅲのような輪を作った。
- 2個の玉に糸を通したパーツ二つと，1個の玉だけに糸を通したパーツ一つをつないで，図Ⅳのような輪を作った。

図では一部の玉の配置のみが示されている。このとき，図中のア，イの玉の組合せとして正しいのはどれか。 （地上2018）

図Ⅰ

図Ⅱ　　　図Ⅲ　　　図Ⅳ

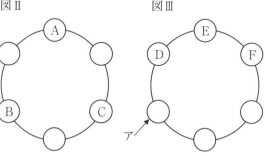 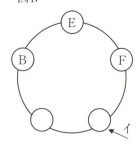

	ア	イ
1	A	C
2	A	D
3	B	A
4	B	C
5	C	A

OUTPUT

実践 問題 82 の解説

〈位置関係〉

　図Ⅱより，A，B，C以外の玉の位置にはD，E，Fのそれぞれいずれかが入る（図Ⅱ′）。D，E，Fの3つは間にA，B，Cどれかを挟んでいるため，この3つはそれぞれ異なるパーツでなければならない。したがって，図Ⅲの並び方では，DとEの間，および，EとFの間は，同じパーツが並んだ部分ではなく，異なるパーツをつないだ部分である（図Ⅲ′，以下つなぎ目を●で示す）。

　図Ⅲ′より，Eの玉は1つの玉だけを糸に通したパーツである。これを踏まえて図Ⅳのパーツのつなぎ目を考えると，図Ⅳのパーツのつなぎ目は図Ⅳ′のようになる。

図Ⅱ′　　　　　図Ⅲ′　　　　　図Ⅳ′

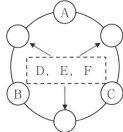 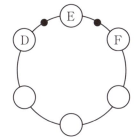 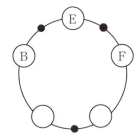

　図Ⅳ′より，BとFはそれぞれ玉を2つ通したパーツの一部である。Bと同じパーツの玉はA，C，E，Fのいずれでもないため D と決まる。また，Fと同じパーツの玉はAとなる。

　以上より，図Ⅲおよび図Ⅳにおいて，パーツのつなぎ目と玉の種類を補うと図Ⅲ″および図Ⅳ″のようになる。

図Ⅲ″　　　　　　　　図Ⅳ″

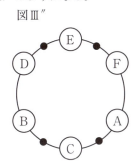 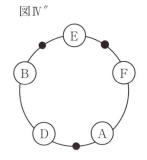

よって，正解は肢3である。

正答 3

第1章 SECTION 8 判断推理
位置関係

実践 問題 83 基本レベル

頻出度 地上★★★ 国家一般職★★★ 東京都★★ 特別区★★★
　　　 裁判所職員★★ 国税・財務・労基★★★ 国家総合職★★

問 図のように，円卓を囲んでA～Fの6人が座っている。全員，お互いに他の者が座っている位置を知っている。現在，6人のうち4人は円卓のほうを向いて座っているが，他の2人は，円卓を背にして座っている。A～Eの5人は，自分からみた場合の他の者の座り方に関して次のように発言した。このとき，円卓を背にして座っている者の組合せとして最も妥当なのはどれか。　　　　　　　（国家一般職2012）

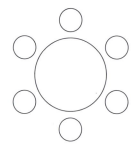

A：「右隣にC，さらにその隣にFが座っている。」
B：「右隣にE，左隣にDが座っている。」
C：「左隣にF，さらにその隣にDが座っている。」
D：「右隣にB，左隣にFが座っている。」
E：「右隣にB，左隣にAが座っている。」

1：A，B
2：A，D
3：B，F
4：C，E
5：D，F

OUTPUT

実践 問題 83 の解説

〈位置関係〉

A～Eの5人の発言を，紙面上方が正面であるとして，下のように表す。

- A： A C F
- B： D B E
- C： D F C
- D： F D B
- E： A E B

円卓のほうを向いて座っている者と円卓を背にして座っている者とでは，他の者の座り方に関する発言が左右逆となるから，A～Eの5人の発言について，並び順が一致しているか逆になるかによって，2つのグループに分けることができる。

まず，BとDの発言に着目すると，「D　B」の並び順が一致しているため，同じグループとなる。これを(B，D)と表す。

次に，CとDの発言に着目すると，Cは「D　F」と発言し，Dは「F　D」と発言し，それぞれ左右が逆になっているため，別のグループとなる。これを(B，D)⇔(C)と表す。

さらに，BとEの発言に着目すると，Bは「B　E」と発言し，Eは「E　B」と発言し，それぞれ左右が逆になっているため，別のグループとなる。したがって，(B，D)⇔(C，E)となる。

最後に，AとCの発言に着目すると，Aは「C　F」と発言し，Cは「F　C」と発言し，それぞれ左右が逆になっているため，別のグループとなる。したがって，(A，B，D)⇔(C，E)となる。

問題文から，6人のうち4人は円卓のほうを向いて座り，他の2人が円卓を背にして座っているのであるから，(A，B，D)のグループが円卓を背にして座っていることはありえず，(C，E)の2人が円卓を背にして座っていることになる。

よって，正解は肢4である。

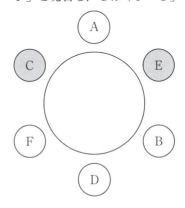

このとき，A～Fの6人は右図のように座っていることになる。灰色になっているのは，円卓を背にして座っている者である。

正答 4

SECTION 8 判断推理 位置関係

実践 問題 84 基本レベル

[問] ある区にはA～Fの6か所の施設がある。今，A～Fの位置関係について，次のア～エのことが分かっているとき，確実にいえるのはどれか。

（特別区2011）

ア：Aは，Bの南東，Cの東に位置している。
イ：Dは，Cの北，Eの西に位置している。
ウ：Eは，Aの北，Fの南東に位置している。
エ：Fは，Bの北，Dの北東に位置している。

1：Aは，Dの南東に位置している。
2：Bは，Cの北東に位置している。
3：Cは，Eの南西に位置している。
4：Dは，Bの西に位置している。
5：Fは，Aの北西に位置している。

実践 問題 84 の解説

〈位置関係〉

条件をそれぞれ図示する（紙面上方を北とする）。

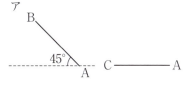

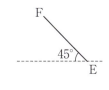

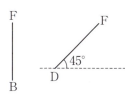

条件イ，ウ，エを用いてD，E，Fをつなげると次の図のように直角二等辺三角形になる。

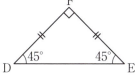

次に，上の図に対してア，イ，ウを用いてA，Cをつなげると次の図のようになる。なお，CD＝AEとなるが，その長さは確定できない。

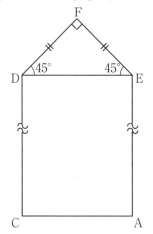

第1章 SECTION 8 判断推理 位置関係

そして、前ページの図に対してア、エをつなげる。すると、2つの線が重なるところがあるが、そこがBとなる。

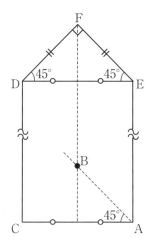

ここで図より、BからACに下ろした垂線がACを2等分していることがわかる。つまり、△ABCはACを底辺とする二等辺三角形だとわかる。

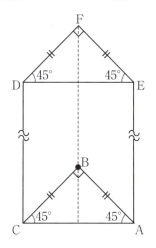

CD、AEの長さに関しては不明だが、「Bは、Cの北東に位置している」ことは確実にいえる。

よって、正解は肢2である。

正答 2

memo

判断推理
位置関係

実践 問題 85 基本レベル

頻出度 地上★★★ 国家一般職★★★ 東京都★★ 特別区★★★
　　　 裁判所職員★★ 国税・財務・労基★★★ 国家総合職★★

[問] ある地域の地点A～Eの位置関係について次のア～エのことが分かっているとき，確実に言えるのはどれか。 （裁判所職員2013）

ア：CはAの北東にある。
イ：BはCから4km西にある。
ウ：DはBからもCからも4km離れている。
エ：EはAとCを結ぶ線分を1：2に内分する点であり，Bの南にある。

1：Aから最も遠い点はCである。
2：AからEまでの距離は2kmである。
3：Eから最も遠い点はDである。
4：Dはこの5地点の中で最も北にある。
5：B，E，Dを頂点とする三角形の面積は4km²である。

実践 問題 85 の解説

〈位置関係〉

まず、条件イより、BはCから4km西にある。

次に、条件ウより、DはBからもCからも4km離れているから、BとCをそれぞれ中心として半径BC分の円を描き交点を求める。

すると、下の図のようになってDとしては2点ありうるから、これを北からD₁とD₂とする。

そして、条件アより、AはCの南西にあることになる。さらに、条件エより、Eは線分AC上にあるからCの南西にあって、さらにBの南にあるから、下図の位置にEがあることになる。

したがって、△BCEは、BC＝BE＝4kmで、∠CBE＝90°の直角二等辺三角形となる。

以上より、選択肢を検討する。

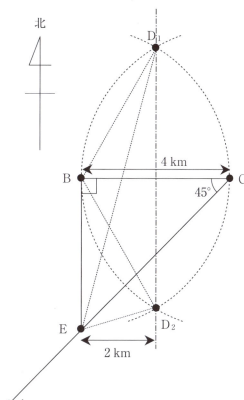

第1章 SECTION 8 判断推理 位置関係

1 ✗ Aから最も遠い点は，CのときとD₁のときの2つの可能性があるため，不確実である。

2 ✗ △BCEは，BC＝BE＝4（km）で，∠CBE＝90°の直角二等辺三角形であるから，EC＝$4\sqrt{2}$（km）となる。そして，条件エより，AE：EC＝1：2であるから，AE＝$\frac{1}{2}$EC＝$2\sqrt{2}$（km）となるため，誤りである。

3 ✗ Eから最も遠い点は，CのときとD₁のときの2つの可能性があるため，不確実である。

4 ✗ この5地点の中で最も北にあるのは，D₁のときと（B，C）の2点のときがあるため，不確実である。

5 ◯ B，E，Dを頂点とする三角形は，△BED₁と△BED₂の2つの可能性がある。ここで，2つの三角形に共通する辺BEを底辺とすると，その長さは4kmである。すると，前ページの図より，D₁D₂はBCの垂直二等分線であるから，底辺BEから頂点D₁またはD₂までの高さは，$\frac{1}{2}$BC＝2（km）である。したがって，△BED₁＝△BED₂＝$\frac{1}{2}$×4×2＝4（km²）である。よって，正しい。

正答 5

memo

SECTION 8 判断推理 位置関係

実践 問題 86 応用レベル

問 図のように、列車のボックスシートにA～Hの各4人ずつの男女、合わせて8人が向かい合わせに座っている。8人は、車内販売でコーヒー、オレンジジュース、野菜ジュース、緑茶の4種類の飲み物から一つずつ購入した。ア～キのことが分かっているとき、確実にいえるのはどれか。 (国Ⅱ2010)

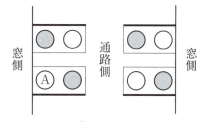

ア：男性4人が購入したものは互いに異なっており、女性4人が購入したものも互いに異なっていた。
イ：図において、右側のボックスシートの4人、左側のボックスシートの4人、通路側の席の4人が購入した飲み物は、それぞれ互いに異なっていた。
ウ：Aは図に示す席に座っており、Aからみて右隣の人はコーヒーを購入した。
エ：Bは通路側であり、通路を挟んでBの隣はCである。Cの向かいは女性で、その女性はオレンジジュースを購入した。
オ：Cが購入したものはコーヒーではなかった。
カ：DとEは女性である。
キ：Dはコーヒーを購入し、Hは野菜ジュースを購入した。

1：Aの向かいはFである。
2：Eの向かいの人は野菜ジュースを購入した。
3：GとHは窓側である。
4：オレンジジュースを購入した人の向かいの人は緑茶を購入した。
5：野菜ジュースを購入した人からみて左隣の人はコーヒーを購入した。

OUTPUT

実践 問題 **86** **の解説**

〈位置関係〉

図のようにシートに①〜⑧の番号をつける。また，飲み物の種類を便宜上 x，y，z，w としたとき，条件ア，イより，x，y，z，w の並びは次のようになる。

③ 男性 z	④ 女性 w	通 路	⑦ 男性 x	⑧ 女性 y
① A 女性 x	② 男性 y		⑤ 女性 z	⑥ 男性 w

条件ウより，Aの隣である②はコーヒーを購入しているため，y＝コーヒーとなる。

条件エよりCは②か⑦だが，条件オより，②ではないから⑦となる。したがって，④はBで，Cの向かいの⑤はオレンジジュースを購入しているため，z＝オレンジジュースとなる。

また，条件カ，キより，⑧の女性はDであるから，⑤の女性はEとなる。

③ 男性 オレンジ	④ B 女性 w	通 路	⑦ C 男性 x	⑧ D 女性 コーヒー
① A 女性 x	② 男性 コーヒー		⑤ E 女性 オレンジ	⑥ 男性 w

次に，Hについて考える。上図より，女性は確定しているため，Hは男性であることがわかる。また，条件キ「Hは野菜ジュースを購入した」とあるが，男性で飲み物の種類が不明な⑥と⑦のうち，Hとなりうるのは⑥しかない。したがって，⑥はHとなり，w＝野菜ジュースとなるため，x＝緑茶であることもわかる。

③ 男性 オレンジ	④ B 女性 野菜	通 路	⑦ C 男性 緑茶	⑧ D 女性 コーヒー
① A 女性 緑茶	② 男性 コーヒー		⑤ E 女性 オレンジ	⑥ H 男性 野菜

F，Gが②か③になるが，条件ではこれ以上はわからない。しかし，肢4「オレンジジュースを購入した人の向かいの人は緑茶を購入した」は確実にいえる。

よって，正解は肢4である。

正答 4

SECTION 8 判断推理 位置関係

実践 問題 87 〈応用レベル〉

問 図のように，正六角形の人工池の周囲にA～Fの六つの花壇があり，Bのみ位置が明らかにされている。六つの花壇には異なる色のバラがそれぞれ植えられており，色は赤，オレンジ，黄，白，ピンク，紫である。また，バラが咲く時期は色によって異なっており，さらに，バラの咲き方は色によって一重咲き又は八重咲きのいずれか一方となっている。次のことが分かっているとき，確実にいえるのはどれか。　　　　　　　　　　　　（国家一般職2017）

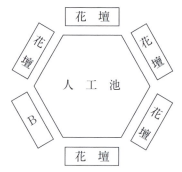

- Bは黄のバラ，人工池に向かってBの右隣の花壇は紫のバラ，更にその右隣の花壇は白のバラであった。
- 人工池に向かってDの右隣の花壇は，オレンジのバラであった。
- 人工池に向かって紫のバラの花壇の対岸にある花壇は，赤のバラであった。
- 最初にバラが咲いた花壇はA，4番目はD，5番目はEであり，また，最後に咲いたバラの色は赤であった。
- 黄のバラの直後に紫のバラが，更にその直後に白のバラが咲いた。
- オレンジのバラは，白のバラより後に咲いた。
- いずれの花壇も両隣の花壇と咲き方が異なっており，また，Bは一重咲きであった。

1：最初に，Aにピンクの一重咲きのバラが咲いた。
2：3番目に，Cにオレンジの八重咲きのバラが咲いた。
3：4番目に，Dに白の一重咲きのバラが咲いた。
4：5番目に，Eにピンクの八重咲きのバラが咲いた。
5：最後に，Fに赤の八重咲きのバラが咲いた。

OUTPUT

実践 問題 **87** **の解説** ―――――――――――――

〈位置関係〉

Bの位置を①とし，人工池に向かって右側を②，以降③④…とする（右図）。

1番目の条件より，②が紫，③が白である。また，3番目の条件より紫の対岸が赤であるため，⑤が赤である。ここまでで，色が決まっていないのは④と⑥であるため，④と⑥がオレンジとピンクのいずれかである。

4番目の条件より，咲いた順番をまとめると，

A→□→□→D→E→赤

と表すことができる。また，5番目の条件より，咲いた順番と色の関係は，

…→黄→紫→白→…

である。

ここで，Bが黄であるためBが咲いた順番は2番目か3番目かどちらかであるが，6番目の条件より，白の後にオレンジのバラが咲いていることから，2番目に黄色（B），4番目に白（D），5番目にオレンジ（E），6番目に赤となる。これより1番目に咲いたAはピンクであるとわかる。

白（D）の位置は③であるため，2番目の条件より③の右隣の④がオレンジ（E）である。

咲き方については，7番目の条件より，①，③，⑤が一重咲き，②，④，⑥が八重咲きである。

以上をまとめると，次の表のようになる。なお，②と⑤のどちらがCでどちらがFであるかは，問題の条件からは決めることはできない。

位置	①	②	③	④	⑤	⑥
名前	B		D	E		A
色	黄	紫	白	オレンジ	赤	ピンク
順番	2	3	4	5	6	1
咲き方	一重	八重	一重	八重	一重	八重

よって，正解は肢3である。

正答 **3**

SECTION 9 判断推理 暗号

必修問題 セクションテーマを代表する問題に挑戦！

暗号について学習していきます。出題されている試験種が限られていますので，効率よく学習しましょう。

問 ある規則に従うと，
「ＱＵＩＺ」は「34, 44, 14, 50」
「ＪＵＭＰ」は「10, 44, 24, 33」
「ＡＶＥＮＵＥ」は「00, 40, 04, 20, 44, 04」
「ＦＲＡＮＫ」は「11, 30, 00, 20, 22」
とそれぞれ表される。この規則に従うと「ＳＣＨＯＯＬ」を表すものはどれか。
（裁判所職員2013）

1 : 31, 02, 12, 21, 21, 13
2 : 31, 02, 13, 21, 21, 23
3 : 32, 01, 13, 21, 21, 12
4 : 32, 03, 12, 21, 21, 13
5 : 42, 02, 13, 21, 21, 23

頻出度	地上★	国家一般職★	東京都★	特別区★★★
	裁判所職員★★	国税・財務・労基★		国家総合職★

チェック欄

1回目	2回目	3回目

必修問題 の解説

第1章 判断推理

〈暗号〉

与えられた文字と数字を見ると，文字数と数字の塊の数が一致しているため，この規則は1文字を2桁の数字に置き換えたものだと推測できる。

次のような表をつくり，文字に対応した数字をあてはめる。

A	00	F	11	K	22	P	33	U	44	Z	50
B		G		L		Q	34	V	40		
C		H		M	24	R	30	W			
D		I	14	N	20	S		X			
E	04	J	10	O		T		Y			

ここで，下1桁が4の数と文字に着目すると，左下から右上に向かって並んでいることがわかる。

これと他の数字との関係から，この規則に従うとき，これらの文字と数字は次のように対応していると考えられる。

A	00	F	11	K	22	P	33	U	44	Z	50
B	01	G	12	L	23	Q	34	V	40		
C	02	H	13	M	24	R	30	W	41		
D	03	I	14	N	20	S	31	X	42		
E	04	J	10	O	21	T	32	Y	43		

これより，「ＳＣＨＯＯＬ」を規則にあてはめると，「31，02，13，21，21，23」となる。

よって，正解は肢2である。

正答 2

第1章 SECTION 9 判断推理 暗号

1 暗号

公務員試験に出題される暗号は，換字式暗号（文字を一定の規則で他の文字や記号に置き換えた暗号）が圧倒的に多い。その中でも，カナに暗号を対応させるパターンとアルファベットに暗号を対応させるパターンが多い。その他に，転置式暗号（文字の配列を変えることによって作られる暗号）や分置式暗号（文字と文字の間に不要な文字を入れることによって作られる暗号）などがある。

2 暗号の基本的な解法の流れ

例として，「花」は「３４２１１３５３２４２５」，「鳥」は「３２４２２５２３」と表せる暗号の解読をしてみよう。

(1) 暗号と原文の対応を調べる

多くの場合は，カナと対応するかアルファベットと対応するかのいずれかである。まず，文字数の対応関係を見るといいだろう。

この場合「花」を「ＦＬＯＷＥＲ（6文字）」，「鳥」を「ＢＩＲＤ（4文字）」としてみる。すると「花」を表す暗号は12文字，「鳥」を表す暗号は8文字であるため，暗号2文字でアルファベット1文字を表しているのではないかと推測することができる。

F	L	O	W	E	R
3 4	2 1	1 3	5 3	2 4	2 5

B	I	R	D
3 2	4 2	2 5	2 3

特に2つの語句にある「Ｒ」がともに「25」で一致していて，この推測で問題ないと考えられる。

(2) 規則性を発見する

問題によっては表を作成してみてもいいだろう。たとえばこの問題では，暗号に用いられている記号が１～５の５種類しかないことに着目し，次のような表に判明していることを整理する。

	1	2	3	4	5
1			O		
2	L		D	E	R
3		B	F		
4		I			
5			W		

INPUT

ここで，表の太字部分に着目すると，このアルファベットの配列が下図のように渦を巻いているのではと推測できる。実際空欄を埋めてみるとこの考えで妥当であることに気づく。

	1	2	3	4	5
1			O		
2	L		D	E	R
3		B		F	
4					
5			W		

	1	2	3	4	5
1	M	N	O	P	Q
2	L	C	D	E	R
3	K	B	A	F	S
4	J	I	H	G	T
5	Y	X	W	V	U

このように
　①判明している箇所から規則性を推理する
　②判明していないところに対して，推理した規則性をあてはめてみる
という流れで考えていくのが一般的である。

3　暗号の種類

(1) カナ

カナと暗号が対応するもののほとんどは，五十音表を利用するタイプの暗号である。その場合，2つの記号のうち1つは「行」を，他の1つは「段」を表している。行は10，段は5あるから，行を表す記号は10種類必要であるが，段を表す記号は5種類で足りる。これにより，暗号の記号のどちらが「行」を表し，どちらが「段」を表すのかを見抜くことができる。つまり，種類の多い記号が「行」を表し，種類の少ない記号が「段」を表すのである。

	A	B	C	D	E	F	G	H	I	J	K
1	あ	か	さ	た	な	は	ま	や	ら	わ	ん
2	い	き	し	ち	に	ひ	み		り		
3	う	く	す	つ	ぬ	ふ	む	ゆ	る		
4	え	け	せ	て	ね	へ	め		れ		
5	お	こ	そ	と	の	ほ	も	よ	ろ	を	

(2) アルファベット

アルファベット26文字を，1列に並べ暗号と対応させたり，5×5の表の中に並べてみたりすることによって，解読の糸口を得ることができる。なお，表の中にアルファベットを並べるパターンでは，アルファベットの配置の仕方に注意する必要がある。

第1章 SECTION 9 判断推理 暗号

実践 問題 88 基本レベル

頻出度	地上★	国家一般職★	東京都★	特別区★★★
	裁判所職員★★	国税・財務・労基★		国家総合職★

問 A～Jのアルファベットを二つ組み合わせて，ある法則に従って0～99までの数字を表したとき，ＡＤが3，ＡＪが5，ＣＨが27，ＧＥが84となった。この法則に従って，ＦＢとＩＧの差を表したものとして，妥当なのはどれか。

(特別区2007)

1：ＢＧ
2：ＣＤ
3：ＤＨ
4：ＥＪ
5：ＦＦ

OUTPUT

チェック欄		
1回目	2回目	3回目

実践 問題 **88** の解説

〈暗号〉

0～99の数字を表すことから十進法を利用していると推測できる。ＣＨが27より，Ｃ＝2，Ｈ＝7，ＧＥが84より，Ｇ＝8，Ｅ＝4とする。また，ＡＤの3は03，ＡＪの5は05として，Ａ＝0，Ｄ＝3，Ｊ＝5とする。すると，次の表のようになる。

A	B	C	D	E	F	G	H	I	J
0		2	3	4		8	7		5

さらに，表を埋めると，次のような表が完成する。

A	B	C	D	E	F	G	H	I	J
0	1	2	3	4	9	8	7	6	5

これより，

ＦＢ－ＩＧ＝91－68＝23＝ＣＤ

となる。

よって，正解は肢2である。

正答 **2**

第1章 SECTION 9 判断推理 暗号

実践 問題 89 基本レベル

問 ある暗号で「えちご」が「4・1・5, 7・2・10, (5・2・5)」,「こうずけ」が「10・1・10, 3・1・5, (3・3・5), 9・1・10」で表されるとき,同じ暗号の法則で「1・2・5, (3・2・10), 1・2・10」と表されるのはどれか。　　　　　　　　　　　　　　　　　　　　　（特別区2023）

1:「むさし」
2:「かずさ」
3:「さがみ」
4:「いずも」
5:「さつま」

OUTPUT

実践 問題 **89** の解説

〈暗号〉

与えられた平文と暗号文の関係を見ると，平仮名1文字に対して読点で区切られた3つの数字が対応しているのがわかる。「えちご」と「こうずけ」について，平仮名と暗号文字の対応は次のとおりである。

え：4・1・5，　　ち：7・2・10，　　ご：(5・2・5)

こ：10・1・10，　う：3・1・5，　ず：(3・3・5)，　　け：9・1・10

まず，平仮名の濁音文字を暗号文字にしたものは括弧に入ったものであるとわかる。そして，暗号の3つの数字に対し，右にある数字は5と10のみが使われていることに着目する。そこで，右にある数字である5と10に分けて，平文文字と暗号文字の関係を調べていく。

(1) 暗号文字の右にある数字が5のとき

上の「う」，「え」，濁点を抜いた「こ」と濁点を抜いた「す」に着目すると，左にある数字は平仮名の段，真ん中の数字は平仮名の行に対応していると推測できる。そのため，この4文字について次の暗号対応表に入れてみる。着色部分は条件に該当する文字である。

真ん中の数字	左の数字	1	2	3	4	5
		あ段	い段	う段	え段	お段
1	あ行			う	え	
2	か行					こ
3	さ行			す		
4	た行					

(2) 暗号文字の右にある数字が10のとき

上の「ち」，「け」，「こ」に着目すると，次の表のように10文字ずつ1列に並べたときの配列になると推測ができる。着色部分は条件に該当する文字である。

真ん中の数字		左側の数字									
		1	2	3	4	5	6	7	8	9	10
	1行目	あ	い	う	え	お	か	き	く	け	こ
	2行目	さ	し	す	せ	そ	た	ち	つ	て	と
	3行目	な	に	ぬ	ね	の	は	ひ	ふ	へ	ほ

この推測をもとに，右側の数字に応じて使用する暗号表を使い分けて暗号を解読

すると,
　　1・2・5：か,　　(3・2・10)：ず,　　1・2・10：さ
つまり「かずさ」と読むことができる。
よって，正解は肢2である。

【コメント】
　1つの文字に対し，1つの暗号表が対応するとは限らないことに注意しよう。

正答 2

memo

第1章
判断推理

第1章 SECTION 9 判断推理
暗号

実践 問題 90 基本レベル

頻出度	地上★	国家一般職★	東京都★	特別区★★★
	裁判所職員★★	国税・財務・労基★		国家総合職★

問 ある暗号で「CLUB」が「上上下，中上下，下上下，上上中」、「DAWN」が「上中上，上上上，下中中，中中中」で表されるとき、同じ暗号の法則で「下上上，上下中，中中下，中下上」と表されるのはどれか。 （特別区2019）

1：「SORT」
2：「SHOP」
3：「SHIP」
4：「PORT」
5：「MIST」

OUTPUT

チェック欄		
1回目	2回目	3回目

実践 問題 **90** の解説 ——————————

第1章 判断推理

〈暗号〉

　暗号で表されている「上中下」の記号の塊の数が，アルファベットの文字数と一致しているため，記号の一塊がアルファベット1文字に対応していると推測できる。そして，暗号に「上，中，下」と3つの文字が使われていることから，3進法で表されているとして考えてみる。

　最初に，「CLUB」を考えてみる。問題文より，平文と暗号文の関係は，

　　　C＝上上下，　L＝中上下，　U＝下上下，　B＝上上中　……①

であると推測できる。同様に，「DAWN」は，

　　　D＝上中上，　A＝上上上，　W＝下中中，　N＝中中中　……②

であると推測できる。

　上，中，下を3進法の数字0，1，2を用いて，

　　　上＝0，中＝1，下＝2　……③

と仮定する。①と②のアルファベットを3進数で表すと，Aの暗号が上上上と3文字同じことに注意して，

　　　A＝000，B＝001，C＝002，D＝010，L＝102，N＝111，U＝202，W＝211　……④

となる。

　④から，アルファベットと文字列と3進数の対応を下表のように並べる。

A	B	C	D	E	F	G	H	I
上上上	上上中	上上下	上中上	上中中	上中下	上下上	上下中	上下下
000	001	002	010	011	012	020	021	022
J	K	L	M	N	O	P	Q	R
中上上	中上中	中上下	中中上	中中中	中中下	中下上	中下中	中下下
100	101	102	110	111	112	120	121	122
S	T	U	V	W	X	Y	Z	
下上上	下上中	下上下	下中上	下中中	下中下	下下上	下下中	
200	201	202	210	211	212	220	221	

　表から，3進数が順番に並んでいることがわかるため，③であると考えることができる。

　このことから，

　　　下上上＝200＝S，上下中＝021＝H，中中下＝112＝O，中下上＝120＝P

と読むことができる。

　よって，正解は肢2である。

正答 2

LEC東京リーガルマインド　2024-2025年合格目標 公務員試験 本気で合格！過去問解きまくり！　295
②判断推理・図形

SECTION 9 判断推理 暗号

実践 問題 91 応用レベル

頻出度	地上★★	国家一般職★	東京都★	特別区★
	裁判所職員★	国税・財務・労基★		国家総合職★★

問 ある暗号で「oboe」が「Cドミ Dソソ Cレファ Gララ」、「flute」が「Aララ Gドレ Bレファ Aファラ Gシシ」、「harp」が「Cミファ Cファファ Fミソ Dラド」で表されるとき、同じ暗号の法則で「AラドDドレAミファDソシCララBドレDミファ」と表されるのはどれか。　　　　　　　　　（特別区2022）

1 :「piccolo」
2 :「bassoon」
3 :「trumpet」
4 :「timpani」
5 :「cymbals」

OUTPUT

実践 問題91 の解説

〈暗号〉

　最初に，問題文から，平文の文字が小文字，暗号文の文字は大文字と音階からなり，1つの小文字が1つの大文字と2つの音階からなる組合せであるとわかる。
　ここで，「oboe」の2つのoに着目をする。暗号文字のうち大文字は同じCであるが，2音の音階が異なっている。そこで，2音の音階の差について考えると，

　　　Cドミ →「C，2」　　　Cレファ→「C，2」

と同じになる。そこで，2音の音階については，その差について考えればよいと推測ができる。3つの平文の単語「oboe」，「flute」，「harp」から，各小文字について，大文字と音階の差の数の組合せに置き換えると次のようになる。

　o：「C，2」, b：「D，0」, e：「G，0」
　f：「A，0」, l：「G，1」, u：「B，2」, t：「A，2」, e：「G，0」
　h：「C，1」, a：「C，0」, r：「F，2」, p：「D，2」

　aが「C，0」，hが「C，1」より大文字はC〜GとA，Bの7種類が用いられ，小文字の1文字目のaは「C，0」，小文字の8文字目のhは「C，1」と新しい段の最初の文字と推測をすれば，小文字との対応関係を表に入れると次のようになる。

		大文字						
		C	D	E	F	G	A	B
2音の音階の差	0	a	b			e	f	
	1	h				*l*		
	2	o	p		r		t	u

　これより，次の暗号対応表が，正しいものと推測できる。

		大文字						
		C	D	E	F	G	A	B
2音の音階の差	0	a	b	c	d	e	f	g
	1	h	i	j	k	*l*	m	n
	2	o	p	q	r	s	t	u

　上の暗号表から，暗号文を平文に書き換えると次のようになる。
　AラドはAと2つの音階の差であるからt，DドレはDと1つの音階の差であるからi，AミファはAと1つの音階の差であるからm，DソシはDと2つの音階の

差であるから p, Cララは C と 0 の音階の差であるから a, Bドレは B と 1 つの音階の差であるから n, そして Dミファは D と 1 つの音階の差であるから i になる。

以上より,平文は「timpani」である。

よって,正解は肢 4 である。

【コメント】

音階の差のほうがわからなくても,並べて書けば頭の C〜B と英小文字の関係はつかめる。暗号の 1,3 文字目が A であるから,f,m,t のいずれかであるはずである。あてはまらないものを消去すると肢 4 の timpani のみとなる。

正答 4

memo

第1章

判断推理

SECTION 9 判断推理 暗号

実践 問題 92 応用レベル

問 ある暗号で「福島」が「$8\frac{4}{4}, 10\frac{8}{1}, 8\frac{4}{2}, 10\frac{1}{4}$」,「滋賀」が「$6\frac{12}{1}, \left(16\frac{6}{1}\right)$」で表されるとき, 同じ暗号の法則で「$10\frac{2}{4}, 16\frac{4}{3}, \left(8\frac{3}{2}\right), 8\frac{7}{1}$」と表わされるのはどれか。 (特別区2017)

1:「茨城」
2:「沖縄」
3:「徳島」
4:「宮崎」
5:「山形」

OUTPUT

チェック欄		
1回目	2回目	3回目

実践 問題 **92** の解説 ————————————————

〈暗号〉

与えられた暗号と平文のひらがなの文字数が等しいことから，平文1文字に対して，帯分数が1つ対応していると推測できる。

まず，福島と滋賀の共通文字である「し」に着目をする。ひらがなの「し」については，

①：$8\frac{4}{2}$，②：$6\frac{12}{1}$

と2通りの表記をしている。上の2つを仮分数表記すると，

①：$8\frac{4}{2}=\frac{20}{2}$，②：$6\frac{12}{1}=\frac{18}{1}$

である。ここで，「し」はひらがなの12番目の文字なので，①の20−8，②の18−6はいずれも12であることから，暗号文字である分数の，

仮分数の分子−帯分数の整数部分

が平文の文字の順番に対応すると推測できる。他の暗号文字に適用すると，

$8\frac{4}{4}=\frac{36}{4}$ ⇒ 36−8＝28：28番目のひらがなは「ふ」

$10\frac{8}{1}=\frac{18}{1}$ ⇒ 18−10＝8：8番目のひらがなは「く」

$10\frac{1}{4}=\frac{41}{4}$ ⇒ 41−10＝31：31番目のひらがなは「ま」

$16\frac{6}{1}=\frac{22}{1}$ ⇒ 22−16＝6：6番目のひらがなは「か」

また，暗号文字の括弧は濁点に対応すると考えてよい。

以上より，

$10\frac{2}{4}=\frac{42}{4}$ ⇒ 42−10＝32：32番目のひらがなは「み」

$16\frac{4}{3}=\frac{52}{3}$ ⇒ 52−16＝36：36番目のひらがなは「や」

$\left(8\frac{3}{2}\right)=\left(\frac{19}{2}\right)$ ⇒ 19−8＝11：11番目のひらがなで濁音付きは「ざ」

$8\frac{7}{1}=\frac{15}{1}$ ⇒ 15−8＝7：7番目のひらがなは「き」

以上より,「$10\frac{2}{4}$, $16\frac{4}{3}$, ($8\frac{3}{2}$), $8\frac{7}{1}$」を平文に変換すると,「みやざき」となる。

よって,正解は肢4である。

五十音表とひらがなの順番の関係を表す数字は以下のようになる。

	あ	か	さ	た	な	は	ま	や
あ	1	6	11	16	21	26	31	36
い	2	7	12	17	22	27	32	
う	3	8	13	18	23	28	33	
え	4	9	14	19	24	29	34	
お	5	10	15	20	25	30	35	

正答 4

memo

第1章 判断推理

第1章	**10**	判断推理
SECTION		**操作手順**

必修問題 セクションテーマを代表する問題に挑戦！

操作手順について学習していきます。まずは古典的なパターン問題の解法を覚えるところから始めましょう。

問 次のような６×６のマス目があり，このゲームのプレイヤーは●を，現在の位置から右方向，上方向にそれぞれ最大２マス分の範囲で動かすことができる一方，左方向，下方向及びマス目の外に動かすことはできず，また，現在の位置にとどまることもできない。例えば，Ｃ５の位置に●があったとすると，次はＣ３，Ｃ４，Ｄ３，Ｄ４，Ｄ５，Ｅ３，Ｅ４，Ｅ５のいずれかに動かすことが可能である。

このゲームを二人で行うこととし，二人は一つの●を交互に動かす。●をＡ６から動かし始めて，Ｆ１に先に到達させた方が勝ちとなる。このゲームの必勝法に関する記述として最も妥当なのはどれか。

なお，最初に●を動かす人を先手といい，次に動かす人を後手という。 （国Ⅰ2010）

	A	B	C	D	E	F
1						
2						
3						
4						
5						
6	●					

1：最初にＡ５又はＢ６に動かせば先手必勝である。

2：最初にＢ４又はＣ５に動かせば先手必勝である。

3：最初にＢ５に動かせば先手必勝である。

4：最初にＣ４に動かせば先手必勝である。

5：最初に先手がどこに動かしても後手必勝である。

頻出度	地上 ★★	国家一般職 ★	東京都 ★	特別区 ★★
	裁判所職員 ★★★	国税・財務・労基 ★		国家総合職 ★★★

必修問題の解説

〈操作手順〉

題意より，勝者となるためには，相手が前の手で●を図1の灰色の部分へ動かしていればよい。

相手に●を図1の灰色の部分へ確実に移動させるには，勝者となる者が前の手で●を移動させた場所から図1の灰色のゾーン以外へ移動させることができない状況を作ればよい。勝者となる者が図2のC1またはF4へ●を移動させれば，相手は右または上へしか●を移動させることができないことから，図1の灰色のゾーン以外へ移動させることができない。したがって，勝者となる者はC1またはF4へ●を移動させればよいことになる。

次に，勝者となる者がC1またはF4へ●を移動させるための条件を考える。勝者となる者が●をC1またはF4へ移動させるためには，その前の手で相手が図2の灰色の部分へ●を移動させていればよい。相手が●を灰色の部分へ確実に移動させるようにするためには，勝者となる者が前の手で●を移動させた場所から図2の灰色のゾーン以外へ移動させることができない状況を作ればよい。勝者となる者がC4へ●を移動させれば，相手は右または上へ2マスしか●を移動させることができないことから，図1の灰色のゾーンを除くと図2の灰色のゾーン以外へ移動させることができない。したがって，勝者となる者はC4へ●を移動させればよいことになる。

以上のことをまとめると，相手が図3の灰色のゾーンへ●を移動させざるをえない場所（C4，C1，F4）へ●を移動させた者が勝者となることがわかる。

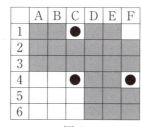

図2　　　　　図3

そして，最初の一手で●をC4へ動かすことができるため，先手は最初の一手で●をC4へ移動させることで必ず勝つことができる。つまり，先手必勝となる。

よって，正解は肢4である。

正答 4

#

文字どおり操作や手順を問うものである。出題形式を大別すると，
　①昔から知られている「数学パズル」から題材を得て作られた問題
　②出題者が自身で考えたオリジナル性の高い問題
に分けられる。①に関しては解法が確立されたものが多く，そういったものは覚えてしまうとよいだろう。

1 物の選別問題（ニセガネの問題）

天びんばかりを用いて，外見では区別できないいくつかの物の中から1個だけ重い（軽い）物を見つけさせる問題が基本パターンである。

天びんの使用回数をできるだけ少なくするためには，原則として，全体を3つのグループに分け，そのうちの2つを天びんの左右にのせて重さを比べていくことになる。のせた2つのグループがつりあったのであれば，のせなかった1つのグループの中に本物（偽物）があることがわかり，天びんがつりあわなかったのであれば，のせたグループのどちらかに本物（偽物）があることがわかる。

つまり，1回の操作で3つのグループから1つのグループに絞ることができることになる。

(例) 見分けのつかない9枚の金貨の中に1枚だけ本物がある。偽物の重さは8枚とも同じで本物が偽物より重いとき，本物を選び出す。

(解説)
　9枚の金貨をA，B，Cと3枚ずつの3グループに分け，A，Bを天びんにのせる。すると，AとBは，
　　①つりあう
　　②つりあわない
の2つの場合が考えられる。①，②のどちらでも，3つのグループから1つのグループに絞ることができる。同様に2回目も1個ずつの3グループに分けて考えれば本物を特定することができる。

①A，Bがつりあったとき　　　　②A，Bがつりあわなかったとき

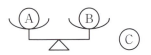　　

A，Bがつりあっているということは，A，Bには偽物しかなく，Cに本物があるということになる。

本物は重いので，傾いているBに本物が入っていることがわかる。

一般に1個だけ他のものと重さが異なる場合，その1個が他より重いか軽いかわ

INPUT

かっているならば，全体の個数をNとすると $3^{n-1} < N \leqq 3^n$ を満たす n に対して，n 回の操作で異なる１個を選び出すことができる。

2 油分け算

　目盛りがついていない３つの容器を使って，液体を指定された容量に分けていく問題である。公務員試験では，操作の過程ではなく，条件を満たすための操作の回数を聞いてくる。回数を求めるだけなら，１回ずつ表を書いていく解法が有効である。

(例) ８Ｌの油が入った樽がある。５Ｌの容器と３Ｌの容器を用いて，８Ｌの油を４Ｌずつに分けたい。どのような方法で分ければよいか。

(解説)

　樽，５Ｌの容器，３Ｌの容器をそれぞれ「大」，「中」，「小」とする。油分け算は次のように問題を解いていくとよい。

　　①：大から中，中から小，小から大，大から中，中から小，……の順番で繰り返し移し替えを行う。

　　②：途中，過去の状態と同じになってしまう操作がある場合，その操作を飛ばして次の操作を行う。

　以上のことをもとにして，油の移動の流れを以下の表に示す。

操作回数	1	2	3	4	5	6	7
大（８Ｌ）	3	3	6	6	1	1	4
中（５Ｌ）	5	2	2	0	5	4	4
小（３Ｌ）	0	3	0	2	2	3	0
操　作	大↓中	中↓小	小↓大	中↓小	大↓中	中↓小	小↓大

　上の場合，作業完了に７回要していることになる。

　　③：①に変えて大から小，小から中，中から大，大から小，小から中，……の順番で，②を考慮しながら繰り返し移し替えを行う。

SECTION 10 判断推理
操作手順

操作回数	1	2	3	4	5	6	7	8
大（8L）	5	5	2	2	7	7	4	4
中（5L）	0	3	3	5	0	1	1	4
小（3L）	3	0	3	1	1	0	3	0
操作	大↓小	小↓中	大↓小	小↓中	中↓大	小↓中	大↓小	小↓中

この場合，作業の完了に8回要している。以上より，作業の最少回数は7回である。

memo

第1章

判断推理

SECTION 10 判断推理 操作手順

実践 問題 93 基本レベル

問 同じ形・大きさの硬貨が200枚ある。この中に1枚だけ他と比べて重量の軽い偽物が混じっているとき、正確に重量を比較することができる上皿天秤1台を使って、確実に偽物を見つけ出すためには、最少で何回この天秤を使えばよいか。ただし、偶然見つかった場合は最低回数にしないものとする。

(裁事2007)

1：5回
2：6回
3：7回
4：8回
5：9回

OUTPUT

チェック欄		
1回目	2回目	3回目

実践 問題 **93** の解説

第1章 判断推理

〈ニセガネの問題〉

200枚の硬貨の中から，重量の軽い偽物1枚を最少回数で見つけるためには，それぞれの段階でまだ偽物かもしれない硬貨を3つに分け，そのうちの2つを上皿天びんを使用して比べて判別していけばよい。

まず，200枚を67枚，67枚，66枚に分け，67枚と67枚を比べる（1回）。

ここで，67枚のいずれかが軽かった場合はその中に偽物があるため，また22枚，22枚，23枚に分けて，22枚ずつを比べる（2回）。67枚が同じ重量だった場合は，偽物は残りの66枚の中にあることがわかり，22枚，22枚，22枚に分けて，22枚ずつを比べる（2回）。

次に，偽物が入っているまとまりが22枚か23枚になるから，22枚の場合は7枚，7枚，8枚に分けてさらに比べ，23枚の場合は8枚，8枚，7枚に分けてさらに比べる（3回）。

これで偽物が入っているまとまりは7枚か8枚になり，さらにそれらを2枚，2枚，3枚か3枚，3枚，2枚に分けて比べる（4回）。

そうすると，偽物の可能性がある硬貨は2枚か3枚に絞られる。2枚の場合はその2枚を比べて軽いほうが偽物と確定する（5回）。また，3枚の場合はそのうちの2枚を比べてつりあわなければ軽いほうが，つりあえば残り1枚が偽物と確定する（5回）。

以上より，200枚の中から確実に偽物を見つけ出すためには，最少で5回天びんを使えばよい。

よって，正解は肢1である。

【補足】

偽物が軽いか重いかわかっている場合のニセガネ問題は，天びんを使う最少回数について次のような公式がある。

3^n枚までのニセガネ問題は天秤の最少回数はn回

3^1枚まで（1〜3枚）なら1回

3^2枚まで（4〜9枚）なら2回

3^3枚まで（10〜27枚）なら3回

3^4枚まで（28〜81枚）なら4回

3^5枚まで（82〜243枚）なら5回

正答 1

2024-2025年合格目標 公務員試験 本気で合格！過去問解きまくり！ ②判断推理・図形 311

SECTION 10 判断推理
操作手順

実践 問題 94 基本レベル

頻出度	地上★★	国家一般職★	東京都★	特別区★★
	裁判所職員★★★	国税・財務・労基★		国家総合職★★★

問 7Lと9Lの空の容器と水の入った大きな水槽がある。これらの容器を使って水をくんだり移し替えたりする操作を繰り返し，9Lの容器に8Lの水を入れるためには，最低何回の操作が必要か。ただし，1回の操作とは，次のア〜ウのうちいずれか一つだけであるものとする。 (特別区2015)

ア：どちらか一方の容器で，大きな水槽から水をくむ。
イ：どちらか一方の容器から，他方の容器に水を移し替える。
ウ：どちらか一方の容器から，大きな水槽に水を移し替える。

1：14回
2：15回
3：16回
4：17回
5：18回

OUTPUT

実践 問題 **94** の解説

〈油分け算〉

第1章 判断推理

水槽，9Lの容器，7Lの容器をそれぞれ，「大」，「中」，「小」とする。

(1) 大→中→小→大の順に操作するとき

第1章 判断推理 SECTION⑩ 操作手順 INPUT「**2** 油分け算」の①と②を参考に操作をすると，中容器に8Lの水が入るのは14回目である。

操作回数	1	2	3	4	5	6	7	8	9	10	11	12	13	14
中（9L）	9	2	2	0	9	4	4	0	9	6	6	0	9	8
小（7L）	0	7	0	2	2	7	0	4	4	7	0	6	6	7
操作	大↓中	中↓小	小↓大	中↓小	大↓中	中↓小	小↓大	中↓小	大↓中	中↓小	小↓大	中↓小	大↓中	中↓小

(2) 大→小→中→大の順に操作するとき

第1章 判断推理 SECTION⑩ 操作手順 INPUT「**2** 油分け算」の②と③を参考に操作をすると，中容器に8Lの水が入るのは16回目である。

操作回数	1	2	3	4	5	6	7	8	9	10	11	12	13	14	15	16
中（9L）	0	7	7	9	0	5	5	9	0	3	3	9	0	1	1	8
小（7L）	7	0	7	5	5	0	7	3	3	0	7	1	1	0	7	0
操作	大↓小	小↓中	大↓小	小↓中	中↓大	小↓中	大↓小	小↓中	中↓大	小↓中	大↓小	小↓中	中↓大	小↓中	大↓小	小↓中

以上より，最低14回の操作で，9Lの容器に8Lの水を入れることができる。

よって，正解は肢1である。

【グラフで考える場合】

グラフで考える場合は，次のとおりにするとよい。上の(1)の場合，次のように描く。

1）横軸に中容器の9L，縦軸に小容器の7Lの目盛りをつけた1L目盛り毎のグラフを描く。

2）原点から，真横 → 左45°斜め上方 → 真下 → 左45°斜め上方→…という規則性に従って矢印を引く。

LEC東京リーガルマインド　2024-2025年合格目標 公務員試験 本気で合格！過去問解きまくり！
②判断推理・図形　　313

3）矢印が縦軸のところに来たら，再び矢印を真横に引く。

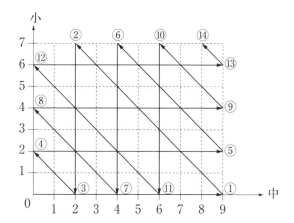

【コメント】
　グラフで描く場合は本番において実践的ではない。そのため，グラフによる解法は，表を用いる解法の裏付けで利用するとよい。

正答 1

memo

第1章 判断推理

SECTION 10 判断推理
操作手順

✓ **実践** 問題 **95** 基本レベル

頻出度 地上★★　国家一般職★　東京都★　特別区★★
　　　 裁判所職員★★★　国税・財務・労基★　国家総合職★★★

問 次の図のようにA～Cの3本の容器がある。Aの容器には，Ⅰ～Ⅳの数字が書かれた4個のボールが下から数字の大きい順に入っており，BとCの容器は空である。Aの容器の4個のボールをCの容器に図のように移すには，最低何回の移動が必要か。ただし，ボールは1回の移動につき1個ずつ他の容器に動かし，小さい数字のボールの上に大きい数字のボールをのせないものとする。

(特別区2005)

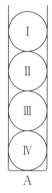  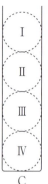

　　A　　　　　B　　　　　C

1：7回
2：9回
3：11回
4：13回
5：15回

OUTPUT

チェック欄		
1回目	2回目	3回目

実践 問題 **95** の解説

〈ハノイの塔〉

　小さい数字の上に大きい数字をのせることができない条件の処理が難しく，地道に手順を考えていく。

	A	B	C
最初	Ⅰ，Ⅱ，Ⅲ，Ⅳ		
1回目	Ⅱ，Ⅲ，Ⅳ	Ⅰ	
2回目	Ⅲ，Ⅳ	Ⅰ	Ⅱ
3回目	Ⅲ，Ⅳ		Ⅰ，Ⅱ
4回目	Ⅳ	Ⅲ	Ⅰ，Ⅱ
5回目	Ⅰ，Ⅳ	Ⅲ	Ⅱ
6回目	Ⅰ，Ⅳ	Ⅱ，Ⅲ	
7回目	Ⅳ	Ⅰ，Ⅱ，Ⅲ	
8回目		Ⅰ，Ⅱ，Ⅲ	Ⅳ
9回目		Ⅱ，Ⅲ	Ⅰ，Ⅳ
10回目	Ⅱ	Ⅲ	Ⅰ，Ⅳ
11回目	Ⅰ，Ⅱ	Ⅲ	Ⅳ
12回目	Ⅰ，Ⅱ		Ⅲ，Ⅳ
13回目	Ⅱ	Ⅰ	Ⅲ，Ⅳ
14回目		Ⅰ	Ⅱ，Ⅲ，Ⅳ
15回目			Ⅰ，Ⅱ，Ⅲ，Ⅳ

　上表より，15回である。

　よって，正解は肢5である。

【参考】

　この問題はハノイの塔とよばれる問題で，操作回数は移動するものの数をnとすると，$2^n - 1$（回）と求めることができる。この問題では$n = 4$であるから，回数は$2^4 - 1 = 15$（回）となる。

正答 5

第1章　判断推理

東京リーガルマインド　2024-2025年合格目標 公務員試験 本気で合格！過去問解きまくり！　317
②判断推理・図形

第1章 SECTION 10 判断推理
操作手順

✓ **実践** 問題 **96** 基本レベル

頻出度	地上★★	国家一般職★★	東京都★	特別区★
	裁判所職員★	国税・財務・労基★★	国家総合職★	

問 図のフローチャートにおいて、A＝52、B＝39のとき、Rの値はいくつか。ただし、X←Aは変数XにAの値を代入することを表し、Y％Xは変数Yを変数Xで割った余りを表している。　　　　　　　　（国税・財務・労基2023）

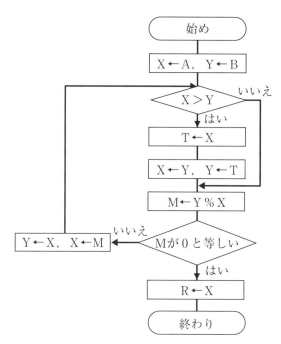

1 ： 13
2 ： 15
3 ： 17
4 ： 19
5 ： 21

OUTPUT

実践 問題 **96** の解説

〈フローチャート〉

第1章 判断推理

　最初の過程で，X＝52，Y＝39である。

　X＞Yより，T＝52，X＝39，Y＝52となり，

　　52÷39の商は1，余りは13

より，M＝13である。M≠0より，Y＝39，X＝13となる。

　X＜Yより，

　　39÷13の商は3，余りは0

より，M＝0である。このとき，X＝13の値をRに代入すると，R＝13である。

　よって，正解は肢1である。

【コメント】

　このフローチャートは，2数の最大公約数を求めるものの一例である。

正答 **1**

LEC東京リーガルマインド　2024-2025年合格目標 公務員試験 本気で合格！過去問解きまくり！　319
②判断推理・図形

第1章 SECTION 10 判断推理
操作手順

実践 問題 97 　基本レベル

問　赤，青，白，黒のグラスと，赤，青，白，黒のコースターが１つずつある。今，コースターの上に色を気にせずにグラスをおき，以下の①～③の順でグラスを入れ替えたところ，次のことがわかった。

①　赤のグラスと青のグラスを入れ替えたところ，一方のグラスとコースターの色が一致し，もう一方は一致しなかった。

②　赤のグラスと白のグラスを入れ替えたところ，一方のグラスとコースターの色が一致し，もう一方は一致しなかった。

③　赤のグラスと黒のグラスを入れ替えたところ，どちらのグラスもコースターの色と一致しなかった。

上記入れ替えの後，最終的に青と白のコースターに乗っているグラスの色として正しいのはどれか。　　　　　　　　　　　　　　　　　（地上2011）

　　　青　　白
1：青　　赤
2：青　　黒
3：白　　赤
4：黒　　赤
5：黒　　白

直前復習

OUTPUT

実践 ▶ 問題 **97** **の解説**

〈操作手順〉

①の後の組合せは，下記のAかBのいずれかである。

A

グラス	赤			
コースター	赤	青	白	黒

B

グラス		青		
コースター	赤	青	白	黒

　Aのとき②で赤と白のグラスを入れ替えると，赤のグラスは赤以外のコースターに乗り，白のグラスは赤のコースターに乗るため，どちらのグラスとコースターの色も一致させることはできない。したがって，①の後の組合せはBである。

　②の後の組合せは，青のグラスとコースターの組合せはそのままであり，赤のグラスとコースターか，白のグラスとコースターか，どちらか一方の組合せのみが一致しているため，CかDのいずれかとなる。

C

グラス	赤	青	黒	白
コースター	赤	青	白	黒

D

グラス	黒	青	白	赤
コースター	赤	青	白	黒

　Dのとき③で赤と黒のグラスを入れ替えると両方のグラスとコースターの色が一致するため，どちらのグラスもコースターの色と一致しなかったことに反する。したがって，②の後の組合せはCである。

　③の後の組合せは，Cの赤と黒のグラスを入れ替えることにより，Eのようになる。

E

グラス	黒	青	赤	白
コースター	赤	青	白	黒

　これより，青と白のコースターに乗っているグラスは青と赤となる。

　よって，正解は肢1である。

正答 **1**

SECTION 10 判断推理 操作手順

実践 問題 98 応用レベル

問 ある企業の職員Aは，表計算ソフトを用い，60種類の商品の管理を行っている。下表はそのリストであり，三つの属性（商品番号，単価，個数）がそれぞれ入力されている。また，表については，次のことが分かっている。

- 商品番号の列には，上から順に1～60の値がそれぞれ入力されている。
- 単価の列には，上から順に900, 300, 600の値が繰り返し入力されている。
- 個数の列には，上から順に50, 20, 40, 20, 30, 20の値が繰り返し入力されている。

表

	商品番号	単価	個数
1行目	1	900	50
2行目	2	300	20
3行目	3	600	40
⋮	⋮	⋮	⋮
60行目	60	600	20

Aは，ある日，個数の列を昇順（数の小から大に進む順序）に並べ替えた後，商品番号が3の倍数の行を上から1行ずつ削除した。次に，単価の列を昇順で並べ替えた。このとき，最終的なリストについて確実にいえるのはどれか。ただし，この表計算ソフトで並べ替えを行う場合，三つの属性（商品番号，単価，個数）のうち一つを指定し，その属性の値に基づき，表全体を並べ替えるものであり，属性の値が一致するものについては，その並べ替えを行う前の順序が保たれるものとする。また，表から行を1行削除した場合，それ以降の行は，それぞれ一つ上の行に移動するものとする。 （国税・財務・労基2017）

1：10行目の商品番号は，5である。
2：15行目の単価は，900である。
3：25行目の個数は，40である。
4：30行目の単価は，600である。
5：40行目の商品番号は，55である。

OUTPUT

チェック欄		
1回目	2回目	3回目

実践 ▶ 問題 **98** **の解説** ―――――――――――――――――――

〈操作手順〉

第1章 判断推理

　はじめに，条件を見ると，単価の列は900，300，600の値が繰り返し入力されているため，3の倍数で1つの周期となっている。また，個数の列は50，20，40，20，30，20の6つの数字が繰り返されているため，6の倍数で1つの周期となっている。

　次に，並べ替えや削除などの手順を見ると，商品番号が3の倍数の行を削除している。上記の6の倍数で1つの周期であったことと合わせて，商品番号の数を6で割って余った数に着目して整理する。

　商品番号を6で割ったときの余りの数の部分に着目して表の初め6行を書き出すと，表1のようになる。この表1を，個数の列を昇順に並べ替えると20→30→40→50の順になる（表2）。

表1

行番号	商品番号	単価	個数
1	余り1	900	50
2	余り2	300	20
3	余り3	600	40
4	余り4	900	20
5	余り5	300	30
6	余り0	600	20

表2

行番号	商品番号	単価	個数
	余り2	300	20
1～30	余り4	900	20
	余り0	600	20
31～40	余り5	300	30
41～50	余り3	600	40
51～60	余り1	900	50

　表2では，個数20の内部ではこれまでの順番が維持されるため，行番号が1から30までは商品番号が「余り2」→「余り4」→「余り0」→「余り2」→…のように繰り返される。また，行番号が31から40まではすべて「余り5」となり，以下41行目から50行目は「余り3」，51行目から60行目までが「余り1」となる。

　さらに，表2から余り0と余り3を削除すると表3が得られる。そして，単価を昇順に並べ替えると表4が得られる。

　表3では商品番号が「余り2」のものが，「余り5」のものよりも常に上にあったため，最終的には1行目から10行目までの商品番号は6で割って2余る数のみとなり，以下11行目から20行目は6で割って5余る数，21行目から30行目までは6で割って4余る数，31行目から40行目までは6で割って1余る数となる。

LEC東京リーガルマインド　2024-2025年合格目標 公務員試験 本気で合格！過去問解きまくり！　323
②判断推理・図形

表3

行番号	商品番号	単価	個数
1〜20	余り2	300	20
	余り4	900	20
21〜30	余り5	300	30
31〜40	余り1	900	50

表4

行番号	商品番号	単価	個数
1〜10	余り2	300	20
11〜20	余り5	300	30
21〜30	余り4	900	20
31〜40	余り1	900	50

これより，選択肢を検討すると次のようになる。

1 ✕ 10行目の商品番号は，1から60までの6で割って2余る数のうちの最大数であるため，56である。

2 ✕ 15行目の単価は，商品番号が6で割って5余る数の範囲であるため300である。

3 ✕ 25行目の個数は20である。

4 ✕ 30行目の単価は900である。

5 ◯ 40行目の商品番号は，1から60までの6で割って1余る数の最大数であるため55となり，正しい。

【コメント】

　表計算ソフトを日常的に使用していない場合は問題の意図をつかむことすら難しいだろう。また，問題の意図をつかんでも，循環する部分や連続する部分の構造を把握することがかなり難しい。しかし，「表計算ソフトを用いたデータ処理は現代人には基礎能力といえる力である」という意図が出題から感じられるため，「昇順」「降順」などをしたときのデータの挙動は押さえておきたい。

正答 5

memo

SECTION 10 判断推理 操作手順

実践 問題 **99** 応用レベル

問 片側の端に火をつけると4分で燃えつきるロープが3本ある。これらのロープを使って時間を計るとき，計ることができない時間の長さとして，妥当なのはどれか。ただし，火をつけるのはロープの端に限り，ロープの両端や複数のロープの端に同時に火をつけることもできるが，途中で火を消したり，ロープを切ったり，折ったり，印をつけたりすることはできない。

(東京都2020)

1：3分
2：5分
3：7分
4：9分
5：10分

OUTPUT

実践 問題 99 の解説

〈操作手順〉

1分は3本のロープを用いて計ることができない。2分, 3分, 4分は次のように計ることができる。下図のロープは, 4分で燃えつきることから4分割で表す。また, ロープの燃える前を実線, 燃えた後を点線で表すことにする。

(1) 1本のロープを用いてロープの両端に同時に火をつけることで2分を計ることができる。

(2) 3分を計るには2本のロープを用いる。1本目のロープには両端に, 2本目のロープには片端のみに同時に火をつける。1本目のロープが燃えつきた直後, 2本目のロープのもう一方の片端に火をつけることで3分を計ることができる。

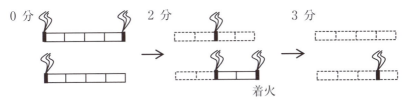

(3) 1本のロープを用いてロープの片端一方のみに火をつけることで4分を計ることができる。

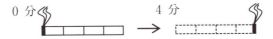

これら(1)から(3)を合わせて選択肢の時間を計れるかをみていくことにする。

1 × 3分は2本のロープを用いて(2)を行えば計ることができる。本肢は誤りである。

2 × まず, 2本のロープを用いて(2)を行う。2本のロープが燃えつきた直後に(1)を行えば, 合計3 + 2 = 5分を計ることができる。本肢は誤りである。

3 × まず, 2本のロープを用いて(2)を行う。2本のロープが燃えつきた直後に(3)を行えば, 合計3 + 4 = 7分を計ることができる。本肢は誤りである。

4 ○ 3本のロープを用いて9分を計ることができない。途中の過程で3分を計るとすると, ロープは2本必要になり, 多くても7分しか計ることができ

SECTION 10 判断推理 操作手順

ない。また，2本のロープを1本ずつ用いて4分を2回計っても，残り1分を計ることができない。本肢は正しい。

5 ✕ まず，1本のロープを用いて(3)を計る。1本目のロープが燃えつきた直後に，2本目の片端に火をつけて(3)を行う。2本目のロープが燃えつきた直後に，3本目のロープの両端に火をつけて(1)を行う。すると，4＋4＋2＝10分を計ることができる。本肢は誤りである。

正答 4

memo

第1章　判断推理

第1章 判断推理
SECTION 11 推理

必修問題　セクションテーマを代表する問題に挑戦！

どの分野にもカテゴライズできない，その他の判断推理について学習していきます。パターン化されていない問題が多いですが，本問は有名な問題です。

問 A～Cの3人で，カードの色を当てる推理ゲームをしている。3人に1枚ずつカードを配り，A，B，Cの順に自分のカードの色について聞いたところ，Aは「分からない」，BとCは「分かった」と答えた。今，次のア～オのことが分かっているとき，A～Cのカードの色の組合せとして，妥当なのはどれか。　（特別区2007）

ア：カードの色は赤か黒で，3枚のうち少なくとも1枚は赤である。
イ：3人とも自分のカードの色は見えないが，他の2人のカードの色は見える。
ウ：Aは，見えるカードだけを根拠に推理する。
エ：Bは，見えるカードとAの発言を根拠に推理する。
オ：Cは，見えるカードと，AとBの発言を根拠に推理する。

	A	B	C
1	赤	赤	赤
2	赤	赤	黒
3	赤	黒	黒
4	黒	赤	赤
5	黒	黒	赤

必修問題の解説

〈推理〉

　まず，Aの持っているカードの色について考える。Aは自分のカードの色については「分からない」と答えていることから，その逆の場合の「分かった」状態を求め，その否定を求めていけばよい。

　条件アより，赤色のカードは少なくとも1枚はあるため，BとCの持っているカードの色が黒色であれば，Aは自分の持っているカードの色は確実に赤色とわかるはずである。ところが，Aは「分からない」と答えているため，BとCの少なくとも1人は赤色のカードを持っていることになる。

　次に，Bの持っているカードの色について考える。条件エより，BはAの発言を根拠に推理しているから，Bは「自分とCのうち少なくとも1人は赤色のカードを持っている」と推理できることになる。また，BはCの持っているカードの色も見ることができるため，Cの持っているカードの色が黒色であれば，Bは自分の持っているカードの色は赤色とわかる。

　さらに，CはAとBの発言から自分の持っているカードの色は黒色とわかる。

　ここで，Aの持っているカードの色はわからないが，Bの持っているカードの色が赤色，Cの持っているカードの色が黒色とあるのは，肢2だけである。

　よって，正解は肢2である。

正答 2

SECTION 11 推理

第1章 判断推理

1 「わからない」という発言からの推理

　何人かの人物が，ある事柄について「わかる」「わからない」と発言し，その発言内容から状況を推測していく問題がある。解法としては，
　①「わからない」という発言に対して逆の「わかる」状況を挙げる
　②その「わかる」状況を排除していく
という流れが一般的である。

（例）A，Bの2人が1～5の数字が1枚ずつ書かれたカードを使って次のようなゲームをした。
- 2人は1枚ずつカードを取る。カードは，自分は見ずに相手に見えるようにする。
- Aに，Bのカードに書かれた数字から，自分に書かれた数字がBの数より大きいか小さいかを推理させる。
- Bに，Aのカードに書かれた数字，および先ほどのAの発言から，自分に書かれた数字がAの数より大きいか小さいかを推理させる。

すると，Aは「Bのカードを見ただけでは自分のカードがそれより大きいか小さいかはわからない」と発言し，これを聞いたBは「Aのカードの数字と発言だけでは自分のカードがそれより大きいか小さいかはわからない」と発言をした。
　このことからAのカードに書かれた数字を求めなさい。

（解説）
　まず，Aが「Bとの大小関係がわかる」場合を考える。仮にBの数字が1であればAは「自分の数字はBより大きいとわかる」といえるし，また，Bのカードが5であれば，「自分の数字はBより小さいとわかる」といえる。つまり，実際にAはわかっていないわけだから，Bのカードは2，3，4のいずれかと絞ることができる。

Bのカード	Aの推理	結論
1	AはBより大きいと「わかる」	Bは2，3，4のいずれかのカードを持っている。
2	「わからない」	
3	「わからない」	
4	「わからない」	
5	AはBより小さいと「わかる」	

INPUT

　次に，Bが自身のカードは2，3，4のいずれかであることを踏まえて推理する。実際にはわかっていないが，逆に「わかる」場合を考えてみる。

　Aのカードが1か2であると仮定する。Bは2，3，4のいずれかを持っているため，BはAより大きいと「わかる」はずである。

　また，Aのカードが4か5であると仮定する。Bは2，3，4のいずれかを持っているため，BはAより小さいと「わかる」はずである。

　実際にはBはわかっていないから，Aのカードが1，2，4，5であることはない。したがって，Aのカードに書かれている数字は3と判明する。

Aのカード	Bの推理 （Bは自身が2，3，4だと知っている）	結論
1	BはAより大きいと「わかる」	
2	BはAより大きいと「わかる」	Aのカードには3と書 かれている。
3	「わからない」	
4	BはAより小さいと「わかる」	
5	BはAより小さいと「わかる」	

第1章　判断推理

第1章 SECTION 11 判断推理 推理

実践 問題 100 基本レベル

| 頻出度 | 地上★★★　国家一般職★★★　東京都★　　特別区★
裁判所職員★★★　国税・財務・労基★★★　国家総合職★★★ |

問 6つの商業施設A～Fについて，所在地と業態分類を調べたところ，以下のことが分かった。

ア　A，B，C，Dのうち，東京にあるものは2つであり，百貨店は2つである。

イ　B，C，D，Eのうち，東京にあるものは1つであり，百貨店は2つである。

ウ　C，D，E，Fのうち，東京にあるものは2つであり，百貨店は1つである。

以上から判断して，確実にいえるのはどれか。　　　　　（東京都2014）

1：Aは，東京にあるが，百貨店ではない。
2：Cは，東京にはないが，百貨店である。
3：Dは，東京にあるが，百貨店ではない。
4：Eは，東京にはないが，百貨店である。
5：Fは，東京にあるが，百貨店ではない。

OUTPUT

チェック欄		
1回目	2回目	3回目

実践 問題 **100** の解説

〈推理〉

　まず，条件アとイを比較する。商業施設については，B，C，Dが共通で，アにはAが，イにはEがある。また，百貨店の数は同じであるが，東京にあるものの数がイのほうが1少ない。

　ここで，アでAが東京にはないとすると，B，C，Dのうち東京にあるものが2つあることになるため，イでも東京にあるものが2つとなり矛盾する。したがって，Aは東京にあり，B，C，Dのうちの1つが東京にあることになる。このとき，Eが東京にあるとすると，イで東京にあるものが1つとはならないため，矛盾することから，Eは東京にはないことがわかる。

　同様に考えると，アでAが百貨店であるとすると，B，C，Dのうち1つが百貨店であるから，イよりEも百貨店となり，一方，Aが百貨店でないとすると，B，C，Dのうち2つが百貨店であるから，Eも百貨店ではないことがわかる。

　次に，イとウを比較する。商業施設については，C，D，Eが共通で，イにはBが，ウにはFがある。また，東京にあるものの数はウのほうが1多く，百貨店の数はイのほうが1多い。

　同様に考えると，Bが百貨店であり，Fが東京にあることになる。また，Bが東京にあるとすると，C，D，Eは東京にないことになり，ウに矛盾するため，Bは東京にない。そして，Fが百貨店であるとすると，C，D，Eは共通であり，Bが百貨店であることから，イとウの百貨店の数は変わらないことになり，矛盾することから，Fは百貨店でないことがわかる。

　ここまでをまとめると次のようになる。C，Dについては条件から確定することができない。

	A	B	C	D	E	F
東京	○	×	※	※	×	○
百貨店	○／×	○	×／※	×／※	○／×	×

C，Dの※印の部分は，2つのうち片方が該当し，もう片方は該当しないことを表す。

　以上より，選択肢を検討すると，「Fは，東京にあるが，百貨店ではない」ことは確実にいえる。

　よって，正解は肢5である。

正答 5

第1章 判断推理

推理

実践 問題 101 基本レベル

問 A，B，C，D，E，Fの6人は小学校1年生から6年生で，6人の年齢は異なるが，6人とも誕生日は10月31日である。
次のア～オのことがわかっているとき，Cは何年生か。ただし，うるう年は4年に一度あるものとする。 （裁判所職員2022）

ア：6人の誕生した年の10月31日の曜日はすべて異なっていたが，火曜日はなかった。
イ：Aは6年生で，Aの誕生した年の10月31日は日曜日であった。
ウ：BはFより学年が2つ下である。
エ：Dの誕生した年は，元日と大みそかの曜日と異なっていた。
オ：Eの誕生した年の10月31日は土曜日であった。

1：1年生
2：2年生
3：3年生
4：4年生
5：5年生

OUTPUT

実践 ▶ 問題 **101** の解説 ─────────────

〈暦の問題〉

条件イを次の表に入れることにする。高学年になるにつれ出生が早いため，表の左側から高学年順に書いていくことにする。

学年	6年生	5年生	4年生	3年生	2年生	1年生
人	A					
曜日	日曜日					

まず，5年生について考える。5年生が生まれた曜日は次の2通りを考えることができる。

・5年生が生まれた年がうるう年：5年生が生まれた10月31日は火曜日
・5年生が生まれた年が平年：5年生が生まれた10月31日は月曜日

これより，条件アから5年生が生まれたのは，平年の10月31日の月曜日とわかる。また，条件アから4年生が生まれたのは，閏年の10月31日の水曜日であるとわかる。この考察から，6人の生まれた曜日を書くと次のようになる。

学年	6年生	5年生	4年生	3年生	2年生	1年生
人	A					
曜日	日曜日	月曜日	水曜日	木曜日	金曜日	土曜日
年	平年	平年	閏年	平年	平年	平年

次に，条件エから，Dの誕生した年は，元日と大みそかの曜日が異なることから，閏年とわかる(元旦と大みそかが同じ曜日になるのは，平年のときである)。このため，Dは4年生とわかる。

最後に，条件オよりEは1年生とわかり，条件ウよりFが5年生でBが3年生とわかり，Cが残りの2年生とわかる。

学年	6年生	5年生	4年生	3年生	2年生	1年生
人	A	F	D	B	C	E
曜日	日曜日	月曜日	水曜日	木曜日	金曜日	土曜日
年	平年	平年	閏年	平年	平年	平年

以上より，Cは2年生である。

よって，正解は肢2である。

正答 2

SECTION 11 推理

判断推理

実践 問題 102 基本レベル

問 あるデパートは1階から8階まであり、エレベーターが設置されている。ある日、太郎はこのデパートの1階から入り、他の階へ行き、最後に1階に移動して帰った。他の階への移動は全てエレベーターが利用され、これに関して次のア～オのことがわかっているとき、正しくいえるのはどれか。 (地上2015)

ア：2～8階のうち、異なる4つの階で降りた。エレベーターに乗った回数は、最後に1階に移動した1回を含めて、全部で5回であった。
イ：2回目に乗ったエレベーターは、上の階へ移動した。
ウ：5階で降りることはなかったが、5階をエレベーターで4回通過した。
エ：エレベーターで2つ下の階に移動することはあった。
オ：エレベーターで3つ上の階に移動することはなかった。

1：最初に乗ったエレベーターは2階に移動した。
2：2回目に乗ったエレベーターは8階に移動した。
3：3回目に乗ったエレベーターは3階に移動した。
4：4回目に乗ったエレベーターは7階に移動した。
5：4階でエレベーターから降りることはなかった。

OUTPUT

チェック欄		
1回目	2回目	3回目

実践 問題 **102** の解説 ————————————————

〈推理〉

　デパートには，1階から入り，異なる4つの階で降り，最後に1階から帰ったということから，各条件を考慮すると，次のようになる。

1. 条件イより，1回目も2回目も上の階へ上昇した。
2. 条件ウより，5階を4回通過しているため，1回目または2回目のどちらか一方は通過しなかったことになる。したがって，1～5回目の移動の方向は，下記の表のとおりである。
3. 条件エより，2つ下の階に移動したが，下の階に移動した5回目は5階を通過して1階まで下がることになって，2つ下の階に移動したのは3回目である。つまり，3回目は6階で乗り，5階を通過して4階で降りたことになる。したがって，2回目は6階で降り，また，4回目は4階で乗ったことになる。
4. 条件オより，3つ上の階に移動したことはないから，1回目は2階で降りたことになる。したがって，2回目は，2階で乗り，5階を通過して6階で降りたことになる。また，4回目は，3つ上の階に移動していないことを考慮すると，8階で降りたことになる。

　以上のことを表にまとめると，次のとおりになる（ただし，○は乗った階，●は降りた階）。

回目		1回目	2回目	3回目	4回目	5回目
移動	方向	上	上	下	上	下
	階数			2階下		
乗降	8階				●	○
	7階					
	6階		●	○		
	5階		（通　過）	（通　過）	（通　過）	（通　過）
	4階			●	○	
	3階					
	2階	●	○			
	1階	○				●

よって，正解は肢1である。

正答 1

LEC東京リーガルマインド　2024-2025年合格目標 公務員試験 本気で合格！過去問解きまくり！　339
②判断推理・図形

第1章 SECTION 11 判断推理 推理

実践 問題 103 基本レベル

頻出度　地上★★★　国家一般職★★★　東京都★　　特別区★
　　　　裁判所職員★★★　国税・財務・労基★★★　国家総合職★★★

問　AがBとCの2人にコインを配った。BとCはどちらも自分に配られたコインの枚数はわかるが，相手に配られたコインの枚数についてはわからない。コインの枚数について，A，B，Cの順で3人が次のように発言した。

A　一方のコインの枚数は，もう一方のちょうど2倍であり，B，Cどちらも100枚以上ある。

B　Aの発言を聞いたが，私とCのどちらのコインの枚数が多いのかわからない。

C　Aの発言を聞いた時はB同様わからなかったが，Bの発言を聞いて，Bのコインの枚数がわかった。

BとCの2人のコインの枚数の範囲の推理について，次の文中のア・イの(　)から正しく選んでいるものはどれか。　　　　　　　　　　　　　　　（地上2013）

Aの発言の「一方のコインの枚数は，もう一方の2倍」より，BとCはそれぞれもう一方に配られたコインの枚数について2通り推測できる。

Bの「わからなかった」という発言より，Bの推理したCに配られた2通りのコインの枚数は，Aの発言と矛盾しないものであり，そこから，Bに配られたコインの枚数は　ア $\begin{bmatrix} 200枚以上 \\ 400枚未満 \end{bmatrix}$ ということがわかる。

次のCの「わかった」という発言より，Cの推理したBに配られた2通りのコインの枚数のうちどちらかがあり得ないということになり，Cに配られたコインの枚数は

イ $\begin{bmatrix} 100枚以上200枚未満 \\ 200枚以上400枚未満 \\ 400枚以上 \end{bmatrix}$ ということがわかる。

　　　　ア　　　　　　　イ
1：200枚以上　　　100枚以上200枚未満
2：200枚以上　　　200枚以上400枚未満
3：200枚以上　　　400枚以上
4：400枚未満　　　200枚以上400枚未満
5：400枚未満　　　400枚以上

OUTPUT

実践 問題 **103** の解説 ————————————————

〈推理〉

Aの発言の前半「一方のコインの枚数は，もう一方の2倍」より，BとCの2人に配られたコインの枚数は，

① Bのコインの枚数は，Cの2倍であった

② Cのコインの枚数は，Bの2倍であった

の2通りあると推測できる。

したがって，BとCともに「相手のコインの枚数は，自分のコインの枚数の半分または2倍であった」とわかる。

ここで，Aの発言の後半「B，Cどちらも100枚以上ある」に着目する。

仮に，BとCどちらかのコインの枚数が100枚以上200枚未満であったとすると，その半分は50枚以上100枚未満となってAの発言と矛盾するから，相手のコインの枚数は自分のコインの枚数の2倍であったとわかる。

ところが，Aの発言を聞いた時点では，BとCともに相手のコインの枚数はわからなかったのであるから，BとCともに配られたコインの枚数が200枚以上(…ア)であったことがわかる。

そしてCは，Aの発言に加えてBの「わからなかった」という発言を聞いて「わかった」のであるから，どのような場合にCがわかったのかを考える。

仮に，Cのコインの枚数が200枚以上400枚未満であったとすると，その半分は100枚以上200枚未満となり，アと矛盾するから，Bのコインの枚数はCのコインの枚数の2倍であったとわかる。

一方，Cのコインの枚数が400枚以上であったとすると，その半分は200枚以上となり，その2倍は800枚以上であるから，どちらとも考えられるため，Cは，Bのコインの枚数を確定することができない。

したがって，Cのコインの枚数は200枚以上400枚未満(…イ)であったとわかる。

以上より，ア…200枚以上，イ…200枚以上400枚未満，となる。

よって，正解は肢2である。

正答 2

第1章 SECTION 11 判断推理
推理

実践　問題 104　基本レベル

問　A～Dの4人の園児が，ひらがな1文字の書かれたカードを3枚ずつ持っており，それは，Aは「た」，「ぬ」，「き」，Bは「ね」，「ず」，「み」，Cは「き」，「つ」，「ね」，Dは「こ」，「あ」，「ら」であった。この状態から，以下のルールでゲームを行った。

[ルール]
- 4人は2組のペアを作ってじゃんけんをする。
- じゃんけんで勝った園児が負けた園児からカードを1枚受け取る。
- じゃんけんであいこの場合は，勝負が決まるまでじゃんけんを繰り返す。
- 両方のペアの勝負が決まったら，1回戦終了とする。
- 2回戦以降は，連続して同じ相手とならないようにペアを変えて行う。
- 手持ちのカードが0枚の状況でじゃんけんに負けた園児が出たらゲームを終了する。

これを4回戦まで終えたときの状況が次のとおりであるとき，確実にいえることとして最も妥当なのはどれか。　　　　　　　　（国税・財務・労基2022）

○　Aは3勝1敗で，現在5枚のカードを持っている。そのうち1枚は「ら」である。
○　Bは3勝1敗で，現在5枚のカードを持っている。そのうち1枚は「こ」である。
○　Cは1勝3敗で，現在1枚のカードを持っている。2回戦で負けて「つ」のカードを渡し，4回戦で勝って「た」のカードを受け取った。
○　「た」のカードを持っている園児は，A→D→B→Cの順番にかわった。

1：Aが「ら」のカードを受け取ったのは，3回戦である。
2：Bが「こ」のカードを受け取ったのは，1回戦である。
3：Cは，4回戦を終えるまでに，他の3人に1回ずつ負けた。
4：Dが「た」のカードを受け取ったのは，1回戦である。
5：4回戦を終えたときに文字が同じカードを2枚所有しているのは，2人である。

OUTPUT

チェック欄		
1回目	2回目	3回目

実践 問題 **104** の解説

〈推理〉

　まず，3番目と4番目の条件から，Cは4回戦でBに勝ち，Bから「た」のカードを受け取ったことがわかる。また，1回戦から3回戦までの3試合でCは負け，Bは勝ったこともわかる。下の表は対戦状況を表すものであり，CがBに勝ったことを，B＜Cと表すことにする。

　Aについて，1番目と4番目の条件および上記から，

・1〜3回戦の間に，Dとじゃんけんをして負け，「た」のカードを渡した。

・4回戦で再びDとじゃんけんをして，勝った。

ことになる。さらに5番目のルールより，AがDとじゃんけんをして負けたのは，1〜2回戦の間に絞られることがわかる。

1回戦	1回戦から3回戦の3試合で，Bはすべて勝ち，Cはすべて負けている。 1〜2回戦の間に，A＜Dが1試合ある。	
2回戦		
3回戦		
4回戦	D＜A	B＜C（CはBから「た」をもらう）

　この時点で，AとBともに1敗が確定している。仮にAとBがじゃんけんをした場合，3番目のルールからどちらかに1敗が追加されるが，これは1番目および2番目の条件に反する。したがって，

　　　AとB，CとDの対戦相手の組合せは4回戦の中でなかった　……①

ことがわかる。これに加えて5番目のルールから，3回戦はA対C（Aの勝利）とB対D（Bの勝利）が，2回戦でA対D（Dの勝利）とB対C（Bの勝利），1回戦でA対C（Aの勝利）とB対D（Bの勝利）が実施されたと判断できる。

　ここまでをまとめると下の表になる。また，Dは2回戦でAから，Bは3回戦でDから「た」のカードを受け取ったことがわかる。

1回戦	D＜B	C＜A
2回戦	A＜D（DはAから「た」をもらう）	C＜B
3回戦	D＜B（BはDから「た」をもらう）	C＜A
4回戦	D＜A	B＜C（CはBから「た」をもらう）

　最後に，1番目の条件であるゲーム終了後のAのカードの1枚に「ら」が含まれていることについて考える。上の表からゲーム前に「ら」のカードを持っていたDが異なる人にカードを渡したのは，1回戦のBと4回戦のAのいずれかである。もし，Dが1回戦でBに負けて「ら」のカードを渡したとすると，①と1試合しか負

LEC東京リーガルマインド　　2024-2025年合格目標 公務員試験 本気で合格！過去問解きまくり！　343
②判断推理・図形

けていないBが相手に渡したのは「た」のカードのみという条件から，BからAに「ら」のカードが渡ることはない。

このため，Dは4回戦でAに「ら」のカードを，2番目の条件からDは1回戦でBに「こ」のカードを渡したことがわかる。また，下の表の＊1～＊3は，Cがゲーム前に持っていた「き」，「つ」，「ね」の3枚の異なるカードのいずれかである。

1回戦	D＜B（BはDから「こ」をもらう）	C＜A（AはCから＊1をもらう）
2回戦	A＜D（DはAから「た」をもらう）	C＜B（BはCから＊2をもらう）
3回戦	D＜B（BはDから「た」をもらう）	C＜A（AはCから＊3をもらう）
4回戦	D＜A（AはDから「ら」をもらう）	B＜C（CはBから「た」をもらう）

以上より，Bが「こ」のカードを受け取ったのは，1回戦であることは確実にいうことができる。

よって，正解は肢2である。

【コメント】
　肢5について，
　　＊1＝「き」，＊2＝「つ」，＊3＝「ね」
の場合があり，確実にはいうことはできない。

正答 2

memo

第1章　判断推理

SECTION 11 推理

判断推理

実践 問題 105 基本レベル

頻出度	地上★★★	国家一般職★★★	東京都★	特別区★
	裁判所職員★★★	国税・財務・労基★★★		国家総合職★★★

問 あるアイドルグループのコンサートが，札幌，東京，名古屋，大阪，福岡の五つの都市でそれぞれ１回ずつ行われ，そのチケットは，ファンクラブ会員向けに行われた開催都市ごとの抽選により，当選者に限って販売される。チケットの申込みは，１会場につき１人１枚までで，複数の会場に申込みができる。各都市のチケットの一般当選確率は表のとおりとなっており，また，五つの都市に居住する者は，自分の居住する都市で開催されるコンサートに限り，一般当選確率の２倍の確率で当選する。

	札幌	東京	名古屋	大阪	福岡
一般当選確率	40%	5%	30%	20%	45%

いま，五つの都市にそれぞれ１人ずつ住んでいるＡ〜Ｅの５人の会員が，チケットの申込み，抽選結果等について次のように述べているとき，確実にいえるのはどれか。

なお，抽選により当選する以外にチケットを入手する方法はないものとする。

（国家一般職2015）

Ａ：「私は，自分が住んでいる都市と札幌の二つの都市のチケットを申し込み，当選確率が低い方の都市のチケットを入手した。」
Ｂ：「私は，当選確率が高い順に三つの都市のチケットを申し込み，自分が住んでいる都市のチケットを入手した。」
Ｃ：「私は，名古屋に住んでいる。」
Ｄ：「私は，札幌，名古屋，大阪のチケットを入手したので，その三つの都市いずれのチケットも入手できなかったＡとＥから大変にうらやましがられた。しかし，残念ながら，最も当選確率が高い都市のチケットは入手できなかった。」
Ｅ：「私は，全ての都市のチケットを申し込み，自分が住んでいる都市を含む二つの都市のチケットのみ入手した。なお，その二つの都市は，当選確率が最も高い都市と最も低い都市であった。」

1：Ａは福岡のチケットを入手した。
2：Ｂは名古屋のチケットを申し込んだ。
3：Ｃは札幌と大阪のチケットを入手した。
4：Ｄは住んでいる都市のチケットを入手できなかった。
5：Ｅは東京に住んでいる。

OUTPUT

実践 ▶ 問題 **105** の解説

〈推理〉

A～Eの発言およびその他の条件を表にまとめると次のとおりになる。

名前, 居住地	会場, 当選確率 枚数	会場, 一般当選確率					申込枚数	当選枚数
		札幌 40%	東京 5%	名古屋 30%	大阪 20%	福岡 45%		
A		×		×	×		2	1
B							3	(居住地)
C	名古屋							
D		○		○	○	×	4～5	3
E		×	○	×	×	○	5	2

Dの発言から, Dは最も当選確率が高い都市のチケットは入手できなかったから, 福岡のチケットは入手していない。

また, Aが入手したチケットは東京または福岡のいずれかとなるが, Aの発言より当選確率が低いほうのチケットを入手しているため, 東京のチケットを入手したことになる。これより, Aは東京に住んでいることがわかる。

Eは, 自分の発言からチケットが入手できた東京または福岡に住んでいることになるが, 東京にはAが住んでいることがわかっているため, 福岡に住んでいることが確定する。

名前, 居住地	会場, 当選確率 枚数	会場, 一般当選確率					申込枚数	当選枚数
		札幌 40%	東京 5%	名古屋 30%	大阪 20%	福岡 45%		
A	東京	×	○	×	×		2	1
B							3	(居住地)
C	名古屋							
D		○		○	○	×	4～5	3
E	福岡	×	○	×	×	○	5	2

次に, Dは札幌または大阪に住んでいることになるが, 札幌に住んでいるとすると, Dにとって最も当選確率が高い都市は札幌(80% = 一般当選確率40%の2倍)となり, 自分の発言の最も当選確率が高い都市のチケットが入手できなかったことに反する。したがって, Dは大阪に住んでいることが確定する。

Bは，残りの札幌に住んでいることが確定するが，自分にとって当選確率の高い札幌(80%)，福岡(45%)，名古屋(30%)を申し込み，住んでいる札幌のチケットを入手したことになる。

名前，居住地	会場，当選確率 枚数	会場，一般当選確率					申込枚数	当選枚数
		札幌	東京	名古屋	大阪	福岡		
		40%	5%	30%	20%	45%		
A	東京	×	○	×	×		2	1
B	札幌	○		×		×	3	(居住地)
C	名古屋							
D	大阪	○		○	○	×	4〜5	3
E	福岡	×	○	×	×	○	5	2

以上より，各選択肢の妥当性を検討すると次のとおりである。

1 × Aは東京のチケットを入手したが，福岡のチケットは入手していない。
2 ○ Bは札幌，名古屋，福岡のチケットを申し込んだ。
3 × Cについては，住んでいる場所以外の情報は不明である。
4 × Dは住んでいる都市である大阪のチケットを入手できた。
5 × Eは福岡に住んでおり，東京に住んでいるのはAである。

正答 2

memo

SECTION 11 推理

判断推理

実践 問題 106 基本レベル

頻出度	地上★★★	国家一般職★★★	東京都★	特別区★
	裁判所職員★★★	国税・財務・労基★★★		国家総合職★★★

問 A，Bの2人が下のような5×5のマス目の図が書かれた紙を1枚ずつ持ち，次のようなゲームを行う。

> ① Aは，自分の図の中の任意の二つのマス目に丸印を付ける。
> ② Bは，相手の図を見ずに任意の一つのマス目を指定する。
> ③ Aは，Bが指定したマス目及びその周囲のマス目にある丸印の個数を回答する。
>   なお，Bが指定したマス目に対する「周囲のマス目」とは，例えばBが「イ2」を指定した場合にはア1，ア2，ア3，イ1，イ3，ウ1，ウ2，ウ3を指し，「ア4」を指定した場合にはア3，ア5，イ3，イ4，イ5を指す。
> ④ Aがどのマス目に丸印を付けたかをBが当てるまで②，③を繰り返す。

Bが指定したマス目及びそれに対するAの回答が表のとおりであったとき，確実にいえるのはどれか。

（国家一般職2013）

Bが指定したマス目	Aの回答
「イ2」	「1個」
「エ4」	「1個」
「イ4」	「2個」

1：Bが「ウ3」を指定しAの回答が「2個」であれば，丸印が付いた二つのマス目は特定される。
2：Bが「ウ3」を指定しAの回答が「1個」であれば，ア3に丸印がある可能性はない。
3：Bが「イ5」を指定した場合，Aの回答は必ず「1個」である。
4：Bが「ウ2」を指定した場合，Aの回答は必ず「1個」である。
5：Bが「エ2」を指定した場合，Aの回答は必ず「0個」である。

実践 問題 106 の解説

〈推理〉

丸印は全部で2個であるから,「イ4」を指定したときの回答「2個」に着目する。このとき,図1で色をつけたように,

(ア3, ア4, ア5, イ3, イ4, イ5, ウ3, ウ4, ウ5)

のマス目のいずれかに「2個」ある。逆にいえば,これらのマス目以外には丸印はない。

「イ2」を指定したとき,回答は「1個」であるから,

(ア1, ア2, ア3, イ1, イ2, イ3, ウ1, ウ2, ウ3)

のマス目のいずれかに「1個」あるが,図1の色がついたマス目以外には丸印はないのであるから,図2で色をつけたように,

(ア3, イ3, ウ3)

のマス目のいずれかに「1個」ある。

「エ4」を指定したとき,回答は「1個」であるから,

(ウ3, ウ4, ウ5, エ3, エ4, エ5, オ3, オ4, オ5)

のマス目のいずれかに「1個」あるが,図1の色がついたマス目以外には丸印はないのであるから,図3で色をつけたように,

(ウ3, ウ4, ウ5)

のマス目のいずれかに「1個」ある。

ここで,図2と図3において色をつけて重なっているのが「ウ3」であるから,「ウ3」に丸印があるときとないときで場合分けをする。

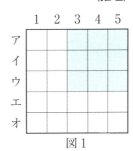

図1

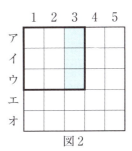

図2

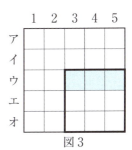

図3

(1) 「ウ3」に丸印がある場合

このとき,図2の色がついた残りのマス目(ア3, イ3)と,図3の色がついた残りのマス目(ウ4, ウ5)に丸印はないから,もう1個の丸印はこれらを図1の色をつけた領域から除いた(ア4, ア5, イ4, イ5)のマス目のいずれかに1個ある(図4)。

SECTION 11 推理

判断推理

(2) 「ウ3」に丸印がない場合

このとき，図2の色がついた残りのマス目（ア3，イ3）に1個丸印がある。また，図3の色がついた残りのマス目（ウ4，ウ5）に1個丸印がある（図5）。

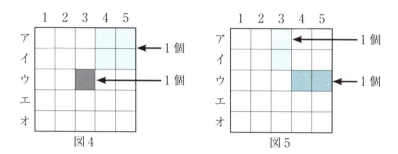

以上より，選択肢を検討する。

1 × 「ウ3」を指定したとき，回答が「2個」である場合には，図4において（ウ3，イ4）のマス目に丸印がある場合と，図5において（イ3，ウ4）のマス目に丸印がある場合の2パターンがある。したがって，丸印が付いた2つのマス目は特定されないため誤りである。

2 × たとえば，図5において（ア3，ウ4）のマス目に丸印があれば，「ウ3」を指定したときに回答が「1個」となるため，誤りである。

3 ○ 「イ5」を指定した場合，（ア4，ア5，イ4，イ5，ウ4，ウ5）のマス目にある丸印の数を回答する。図4においては（ア4，ア5，イ4，イ5）のマス目のいずれかに1個あり，（ウ4，ウ5）のマス目に丸印はない。また，図5においては（ウ4，ウ5）のマス目のいずれかに1個あり，（ア4，ア5，イ4，イ5）のマス目に丸印はない。したがって，「イ5」を指定した場合，回答は必ず「1個」であるから，正しい。

4 × たとえば，図5において（ア3，ウ4）のマス目に丸印があれば，「ウ2」を指定したときに回答が「0個」となるため，誤りである。

5 × たとえば，図4の場合であれば，「エ2」を指定したときに回答が「1個」となるため，誤りである。

正答 **3**

memo

第1章

判断推理

SECTION 11 推理

判断推理

実践 問題 107 基本レベル

問 A～Gの7人が8kmのハイキングコースを歩いた。このコースには，スタート地点から1kmごとに1番目から7番目までの休憩の取れる地点が設置されていた。各人の休憩を取った状況について，次のことが分かっているとき，確実にいえるのはどれか。
ただし，A～Gはコースを戻ることはなかったものとする。

(国家一般職2016)

○ 各人はちょうど三つの地点で休憩を取った。7人のうち，いずれの2人をみても，休憩を取った三つの地点のうち，一つの地点だけが一致した。
○ 休憩を取った地点が三つ連続したのはAのみであった。
○ AとBが最初に休憩を取った地点は1番目であった。また，Bが最後に休憩を取った地点は5番目であった。
○ Cが休憩を取った地点は一つ置きであった。また，Cが最後に休憩を取った地点は6番目で，Fもその地点で休憩を取った。
○ Dが最初に休憩を取った地点と次に休憩を取った地点とは連続していた。
○ Eが休憩を取った地点は，いずれも連続していなかった。

1：Cは3番目の地点で休憩を取った。
2：Dは5番目の地点で休憩を取った。
3：Eは4番目の地点で休憩を取った。
4：Fは1番目の地点で休憩を取った。
5：Gは6番目の地点で休憩を取った。

OUTPUT

実践 問題 **107** の解説 ────────────────

〈推理〉

第1章 判断推理

2番目と3番目，および4番目の条件を表に整理する。

	1	2	3	4	5	6	7
A	○	○	○	×	×	×	×
B	○				○	×	×
C	×	○	×	○	×	○	×
D							
E							
F						○	
G							

1番目の条件より，いずれの2人も休憩を取った地点は1つの地点だけが一致していて，1番目の休憩地点で一致しているAとBは他の地点では一緒になることはないため，Bの2番目，3番目に×を入れる。Bのもう1カ所の休憩地点は4番目となる。

また，5番目の条件のDが最初に休憩を取った地点が1や2であるとすると，Aと2カ所で休憩地点が一致することになるから，不適であり，同様に最初の休憩地点が4番目以降であるとすると，Aと一致する地点がなくなってしまうことから，Dが最初に休憩を取ったのは3番目の地点となる。他と一致するのが1つとなるように×を記入していくと，7番目の地点で休憩をしていたことがわかる。

	1	2	3	4	5	6	7
A	○	○	○	×	×	×	×
B	○	×	×	○	○	×	×
C	×	○	×	○	×	○	×
D	×	×	○	○	×	×	○
E							
F		×		×		○	
G							

次に6番目の条件のEについて検討する。Eが1番目の地点で休憩を取ったとすると，A，Bと一致していることから，2～5番目の地点では休憩していないことになり，6，7番目の地点で休憩したことになる。しかし，6番目の条件よりEはいずれの地点も連続していないから，不適である。

LEC東京リーガルマインド　2024-2025年合格目標 公務員試験 本気で合格！過去問解きまくり！　355
②判断推理・図形

Eが2番目の地点で休憩を取ったとすると、A、Cと一致していることから、Eは1、3、4、6番目の地点を利用していないことになり、2、5、7番目の地点で休憩していることになる。

Eが3番目で休憩を取ったとすると、A、Dと一致していることから、1、2、4、7番目の地点を利用していないことになり、3、5、6番目の地点で休憩していることになる。しかし、5、6番目と連続していることから、条件に合わず不適である。

これより、Eが休憩を取ったのは、2、5、7番目であることがわかる。

	1	2	3	4	5	6	7
A	○	○	○	×	×	×	×
B	○	×	×	○	○	×	×
C	×	○	×	○	×	○	×
D	×	×	○	○	×	×	○
E	×	○	×	×	○	×	○
F		×		×		○	
G							

ここで、Fについて6番目の地点以外の休憩を取った場所の組合せを考えると、1番目と7番目に休憩を取った場合と、3番目と5番目に休憩を取った場合が考えられる。

それぞれについて、Gが1〜3番目のどこで休憩を取ったかを考えていくと、次の2通りに確定する。

	1	2	3	4	5	6	7
A	○	○	○	×	×	×	×
B	○	×	×	○	○	×	×
C	×	○	×	○	×	○	×
D	×	×	○	○	×	×	○
E	×	○	×	×	○	×	○
F	○/×	×	×/○	×	×/○	○	○/×
G	×/○	×	○/×	×	○/×	○/×	×/○

以上より、選択肢を検討すると、「Gは6番目の地点で休憩を取った」ことは確実にいえる。

よって、正解は肢5である。

正答 5

memo

SECTION 11 推理

判断推理

実践 問題 108 応用レベル

問 ある課にはW〜Zの四つのプロジェクトがあり、それぞれのプロジェクトにはA〜Gの7人のうちの何人かが所属している。次のことが分かっているとき、確実にいえるのはどれか。

ただし、A〜Gは、所属しているプロジェクトの会議が同時に行われた場合、そのうちの一つにのみ出席したものとし、また、所属している別のプロジェクトの会議が同時に行われる以外の理由で会議を欠席した者はいないものとする。
(国家一般職2020)

○ A〜Gのうち、1人は全てのプロジェクトに所属しており、他の6人は二つのプロジェクトに所属している。
○ ある日の午前にW、Xプロジェクトの会議が同時に行われたとき、Wのプロジェクトの会議の出席者はA、B、Gであり、Xのプロジェクトの会議の出席者はC、Dであった。
○ 同日の午後にY、Zプロジェクトの会議が同時に行われたとき、Yのプロジェクトの会議の出席者はE、F、Gであり、Zのプロジェクトの会議の出席者はB、Cであった。
○ この日、所属する全員が会議に出席したプロジェクトは一つのみであった。

1：Bは、全てのプロジェクトに所属している。
2：Dは、全てのプロジェクトに所属している。
3：Gは、全てのプロジェクトに所属している。
4：Wのプロジェクトに所属しているのは、A、B、C、Gの4人である。
5：Yのプロジェクトに所属しているのは、D、E、F、Gの4人である。

OUTPUT

実践 問題 **108** の解説

〈推理〉

問題文中の条件である,

- ・所属しているプロジェクトの会議が同時に行われた場合, そのうちの一つにのみ出席した
- ・所属している別のプロジェクトの会議が同時に行われる以外での理由で会議を欠席しない

に着目すると, ある時間帯に行われたプロジェクト会議のどこにも出席しなかった人は, その時間に行われたプロジェクトに所属していないことがわかる。

このことと2番目の条件より, ある日の午前に行われたW, Xの会議に参加しなかったEとFは, WとXのプロジェクトに所属していないこと, また, 1番目の条件よりEとFは残りのYとZのプロジェクトに所属していることがわかる。

同様に, 3番目の条件から, 午後に行われたYとZの会議に出席しなかったAとDは, YとZのプロジェクトには所属せず, WとXのプロジェクトに所属していることがわかる。さらに,

　　A, D, E, Fの4人は, すべてのプロジェクトに所属していることはない
　　……①

とわかる。ここまでをまとめると下の表になる。

プロジェクト名	W	X	Y	Z
出席者 (欠席者)	A, B, G (D)	C, D (A)	E, F, G	B, C (E, F)
所属していない者	E, F		A, D	

①より, 4つすべてのプロジェクトに所属しているのは, B, CおよびGの3人のうちのいずれか1人となる。

最後に, 4番目の条件より, W, X, Zのプロジェクトには欠席者がいるため, 所属する全員が出席したプロジェクトはYとわかる。

ここで, BとCのうち1人がすべてのプロジェクトに所属していると仮定すると, その1人は, Yのプロジェクトを欠席したことになり, 4番目の条件に反する。よって, Gがすべてのプロジェクトに所属していることがわかる。

よって, 正解は肢3である。

【コメント】

本問の解説では, 一方のプロジェクトに出席したため, 他方のプロジェクトに出席しなかったことを「欠席」, ある時間帯の両方のプロジェクトに出席しなかったことを「出席しなかった」とすることにした。

正答 3

第1章 判断推理

第1章 SECTION 11 判断推理 推理

実践 問題 109 応用レベル

問 AとBは同じ工場で，Aは3日連続して働くごとに1日休むシフト，Bは2日連続して働くごとに3日連続して休むシフトでの勤務を繰り返す予定である。2024年1月1日の月曜日からAとBがこれらのシフトでの勤務を開始するとき，2025年以降で初めて1月1日が月曜日となる年の12月31日までに，AとBが同じ日に働く日数の合計として最も妥当なのはどれか。
ただし，AとBのシフトは変わらないものとする。なお，西暦の数字が4で割り切れる年はうるう年である。　　　　　　　　　　　　　（国家総合職2022）

1：438日
2：439日
3：550日
4：654日
5：659日

OUTPUT

実践 問題 **109** の解説

〈暦の問題〉

第1章 判断推理

	チェック欄		
	1回目	2回目	3回目

ある日の1年後の曜日に関して，

その日の年にうるう日を含まないとき，1年後の曜日はその曜日から1つ

その日の年にうるう日を含むとき，1年後の曜日はその日の曜日から2つ

進むことになる。このため，2025年以降で1月1日が月曜日になるような年暦を調べると，

年	2024	2025	2026	2027	2028	2029
曜日	月曜日	水曜日	木曜日	金曜日	土曜日	月曜日

であるから，2029年とわかる。

次に，AとBのシフトについて考える。Aは4日，Bは5日周期であるから，AとB2人では，$4 \times 5 = 20$日周期であり，下の表のように21日目には2人は元の1日目と同じシフトになる。下の表より，AとBの2人が同じ日に働いているのは，20日の間に，1日目，2日目，6日目，7日目，11日目，17日目の計6回あることになる。

日目	1	2	3	4	5	6	7	8	9	10
A	○	○	○	×	○	○	○	×	○	○
B	○	○	×	×	×	○	○	×	×	×
日目	11	12	13	14	15	16	17	18	19	20
A	○	×	○	○	○	×	○	○	○	×
B	○	○	×	×	×	○	○	×	×	×

2024年1月1日から2029年12月31日までの日数は，

$$366 + 365 + 365 + 365 + 366 + 365 = 2192（日）$$

ある。また，

$$2192 = 109 \times 20 + 12$$

より，この期間は20日周期109回と，残り12日である。その12日のうち，1日目，2日目，6日目，7日目，11日目の計5日は2人が同じ日に働くことから，求めたい日数の合計は，

$$109 \times 6 + 5 = 659（日）$$

である。

よって，正解は肢5である。

正答 5

第1章 SECTION 11 判断推理 推理

実践 問題 110 応用レベル

問 A〜Eの5人が，キャンプの班分けで自分がX班になるかY班になるかを知りたいと思い，担当の顧問に聞きに行った。すると顧問は，各人に対して個別に，本人と他の1人を除く3人についてのみ，X班かY班かを教えた。A〜Eの各人が得た情報は次のとおりである。

Aが得た情報	Bが得た情報	Cが得た情報	Dが得た情報	Eが得た情報
−	−	AはX班	AはX班	AはX班
BはY班	−	−	BはY班	BはY班
CはY班	CはY班	−	−	CはY班
DはX班	DはX班	DはX班	−	−
−	EはY班	EはY班	EはY班	−

その後，顧問は，A〜Eが一堂に会した場で，
○ 各人にどの3人の班を教えたかということ
○ Y班は多くとも3人であること
の2点を伝えた。
その時点で，A〜Eの誰も自分の班を特定できなかったが，そこで誰も自分の班を特定できないと分かると，まず1人だけが自分の班を特定することができた。それは誰か。
(国Ⅰ2011)

1：A
2：B
3：C
4：D
5：E

OUTPUT

チェック欄		
1回目	2回目	3回目

実践 問題 **110** の解説 ————————————

第1章 判断推理

〈推理〉

　AからEの5人が顧問から「自分以外の3人に関する班について」の情報を得てもAからEの5人は自分の班を特定できず，顧問がさらに2つの条件を開示しても5人はいずれも自分の班を特定できなかったことが問題文からわかる。このことから，顧問から伝えられた2番目の条件である，

　　　Y班は多くとも3人であること

について考える。Y班の人数が2人であればC以外の4人が自分の班を特定できることから，

　　　・Y班の人数は5人中3人　……①

となり，顧問から伝えられた3人に関する班がいずれY班であることはなく，

　　　・各人に教えられた自分以外の3人に関する情報のうちX班の人は少なくとも
　　　　1人いる　……②

とわかる（5人とも①と②のことは理解している）。

　そして，AとEがともに知っている「BとCがともにY班」である情報に着目すると，

　　　②から，Aは「自分はX班である」

ということを特定できる。

　AとE以外の他の2人の知っている情報を合わせても，

　　　X班の人多くても1人，Y班の人多くても1人

に関することしかわからない。このことと②を合わせても，確実なことはいえない。

　よって，正解は肢1である。

正答 **1**

memo

第2章

図形

SECTION

① 正多面体　⑥ 円の回転数
② 立体の切断　⑦ 平面図形の分割・構成
③ 投影図　⑧ 立体図形の分割・構成
④ 展開図　⑨ 位相
⑤ 軌跡　⑩ 図形の計量

第2章　図形

出題傾向の分析と対策

試験名	地上			国家一般職（旧国Ⅱ）			東京都			特別区			裁判所職員			国税・財務・労基			国家総合職（旧国Ⅰ）		
年度	15〜17	18〜20	21〜23	15〜17	18〜20	21〜23	15〜17	18〜20	21〜23	15〜17	18〜20	21〜23	15〜17	18〜20	21〜23	15〜17	18〜20	21〜23	15〜17	18〜20	21〜23
出題数（セクション）	13	14	14	8	6	7	20	17	15	14	15	15	14	18	11	6	7	8	10	9	11
正多面体				★	★		★						★								
立体の切断	★	★	★			★	★★★			★	★	★		★		★	★		★★		
投影図				★★	★	★															
展開図	★	★★					★	★	★	★	★	★	★★★						★	★	★
軌跡	★★	★	★			★	★★	★★	★×4	★	★★	★	★			★★			★★		
円の回転数		★★						★	★★				★			★					
平面図形の分割・構成	★★	★	★	★★★	★	★	★★	★×4	★★	★★	★×4	★★	★★	★	★★	★	★	★★	★★	★	★★
立体図形の分割・構成	★★	★	★				★★					★	★★	★	★★		★		★		★★
位相	★★	★	★				★★	★	★★	★	★★	★	★★	★★	★		★				
図形の計量	★★×5	★★	★	★★	★	★★	★★×4	★★×6	★★×5	★★×4	★★	★	★★×8	★★×6	★★	★★	★★	★	★★	★★×4	★★★

（注）1つの問題において複数の分野が出題されることがあるため，星の数の合計と出題数とが一致しないことがあります。

　図形の問題は，図形に関する知識から考える空間把握の問題と，図形に与えられた条件から面積や線の長さを求める図形の計量の問題とに分けられる。

　本書で取り上げている試験種では，「図形の計量」，「平面図形の分割・構成」，「立体図形の分割・構成」，「軌跡」，「展開図」からの出題が多い。

　図形の問題を解くためにはある程度のイメージができるほうがよいが，イメージするためには図形の性質についての知識が必要である。

　まずは基本的な図形の性質についての知識を覚え，次に問題にその知識をどう

あてはめるのかを学習していこう。

地方上級

　例年4題程度出題されている。地方上級の図形の問題は難易度に幅があることと，図形の計量の問題も展開図や軌跡などの空間把握の単元と一緒に出題されることが多い。このため，近年では難しい問題を含んでいることが地方上級の特徴である。学習方法としては，本書の基本レベルだけではなく，できれば応用レベルの問題も演習しておきたい。

国家一般職（旧国家Ⅱ種）

　例年3題程度出題されている。近年では，「図形の計量」，「平面図形の分割・構成」からの出題が多い。その他に「立体の切断」や「位相」，「立体図形の分割・構成」からの出題が見られる。また，1題は見慣れない問題が出題される傾向にあるので，基本レベルの問題を解けるようにしておきたい。

東京都

　通常の方式で例年6題程度出題されている。近年では，「図形の計量」，「平面図形の分割・構成」，「軌跡」の長さを求める問題，「展開図」からの出題が多い。「円の回転数」や「投影図」のように他の職種ではあまり出題のない分野からの出題もある。

　過去問と同様の問題が出題されることもあるので，各分野の基本レベルの問題は解けるようにしておきたい。

特別区

　2015年までは4題の出題であったが，2016年から5題の出題となった。近年では，「図形の計量」，「軌跡」「平面図形の分割・構成」からの出題が多い。「投影図」から出題されることもある。

　過去問と同様の問題が出題されることもあるので，各分野の基本レベルの問題は解けるようにしておきたい。

裁判所職員

　年によって出題数が違うが例年3題〜5題程度の出題である。近年では，「図形の計量」の出題は，高校1年生で習う「角の二等分線」「内心」に関するテーマのものが毎年1題含まれている。次いで「立体図形の分割・構成」，「位相」からの出題が多い。他の分野では，「軌跡」，「円の回転数」からもよく出題されている。

　過去には問題文のみが与えられており，図を自作しながら解く問題が多く出題されたが，2016年以降は図が提示されている問題が増加した。易化傾向が続いていたが，2020年は難化したため，各分野の基本レベルの問題は解けるようにしたい。

国税専門官・財務専門官・労働基準監督官

例年2，3題の出題である。最近では，「図形の計量」，「平面図形の分割・構成」，「軌跡」からの出題が多い。

他には「位相」，「立体の切断」からもよく出題されている。比較的難しめの問題と基本レベルの問題を組み合わせて出題されることが多いため，基本レベルの問題をきっちり解けるようにしておきたい。

国家総合職（旧国家Ⅰ種）

例年3題程度の出題である。以前は「図形の計量」の出題が多かったが，近年は多くの分野から出題されている。複雑な問題ではあるが，基本の積み重ねで解くことができるため，基本知識の確認および解答の糸口をどのように見つけるのかを意識して学習したい。また，「図形の計量」は，2次関数の最大・最小に関する知識も必要である。

Advice アドバイス 学習と対策

空間把握に関する問題は苦手な受験生が多い。その理由は「イメージができないから解けない」が大半を占めている。確かに空間把握の問題を解くにあたり「イメージする力」はあるに越したことはない。しかし，イメージで解くのは限界がある。紙の上で立体を完全に表現するのは不可能だからである。そこで空間把握の問題を解く際には，イメージではない，別の観点，方法を用いて問題を検討していく柔軟な発想力が重要となってくる。解法としてよく使われるのが「消去法」である。また，パターン化された問題に関しては解法を暗記してしまうとよいだろう。

図形の計量に関しては公式，知識・性質をいかに使いこなしていくかが重要となってくる。そのためには図形を見ただけでそれに適した知識が思い浮かぶくらいになるまで繰り返し問題を解き，慣れてしまうことが大切である。

memo

第2章　図形

第2章 SECTION 1 図形
正多面体

必修問題 セクションテーマを代表する問題に挑戦！

正多面体について学習していきます。正多面体を描かずに，論理的に解いていくことがポイントになります。

> **問** 正八面体Aの各辺の3等分点をとり，それらを結んで正八面体のすべての頂点の部分を切り取ると，正六角形と正方形の面を持つ図のような立体B（切頂八面体）ができる。この立体Bについて正しくいえるのは次のうちどれか。 　　　　　（裁判所職員2023）

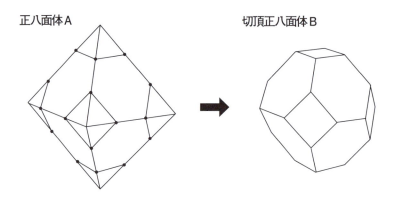

1：平行な面は8組である。
2：頂点の数は36である。
3：辺の数は48である。
4：（面の数）＋（頂点の数）－（辺の数） ＝ 1 が成り立つ。
5：AとBの体積の比は9：8である。

Guidance ガイダンス　立体図形の演習をするためには，必ず5種類の正多面体の頂点数，面の数，辺の本数は覚えておこう。また，正四面体や正六面体，正八面体の見取図は描けるようにしておこう。本問では，正八面体の6つすべての頂点が4本の辺と1つの面に置き換わっていることがわかれば，選択肢を検討できる。

必修問題の解説

〈正多面体〉

正八面体Aのうち、着色部分で示している取り除いた立体をXとする。

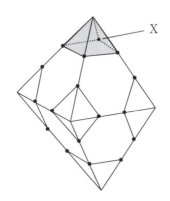

1 × 6個のXを取り除いた後は6つの面ができる。できた6つの面は、$6 \div 2 = 3$組の平行な面の組合せがある。したがって、Bの平行な面は、Aの平行な面$8 \div 2 = 4$組に3組を加えた合計7組である。

2 × Xを1個取り除くことにより、Aの頂点は1個なくなるが、新しく4個の頂点ができる。このため、Bの頂点の数は、
　　$4 \times 6 = 24$(個)
である。

3 × Xを6個除いた後も、正八面体Aの辺はもとの$\frac{1}{3}$の長さで12本残っている。さらに、Xを1個取り除くことにより新しく4本の辺が生まれる。このため、Bの辺の数は、
　　$12 + 6 \times 4 = 36$(本)
である。

4 × Xを6個取り除いても、Aの8面は部分的に残っている。さらに、Xを1個取り除くことにより新しく面が生まれる。このため、Bの面の数は、
　　$8 + 6 = 14$(面)
である。よって、
　　(面の数) + (頂点の数) − (辺の数) = 2
である。この式はオイラーの多面体の公式とよばれている。

5 ○ Xの体積を 1 とする。Aの上側半分の四面体とXは相似であるから,

Xの一辺の長さ：Aの一辺の長さ = 1 : 3

より,

Xの体積：Aの上側半分の体積 = 1 : 27

となる。よって,

Xの体積：Aの体積 = 1 : (27 × 2) = 1 : 54

となり,

Aの体積：Bの体積 = 54 : (54 − 1 × 6) = 54 : 48 = 9 : 8

となる。

正答 **5**

memo

第2章 図形

SECTION 1 図形 正多面体

1 正多面体の定義

正多面体とは，「すべての面が合同な正多角形で構成されていて，各頂点に集まる面の数が等しい多面体」のことで，次の項目に示す5種類がある。

2 正多面体の種類

表に示す数値は知識として覚えよう。正多面体に限ったことではないが，立体図形の問題は一般的にイメージに頼って解くことに限界がある。そこで別の視点から考えていくことになるのだが，その際知識は必要不可欠なものとなる。

名称	正四面体	正六面体	正八面体	正十二面体	正二十面体
見取図					
面の形	正三角形	正方形	正三角形	正五角形	正三角形
1頂点に集まる辺の数	3	3	4	3	5
面の数	4	6	8	12	20
頂点の数	4	8	6	20	12
辺の数	6	12	12	30	30

(例) 正二十面体において，同じ面ではない頂点どうしを結んだ線分を対角線というとき，各頂点から何本の対角線が引けるか。

(解説)
対角線は隣り合う頂点に引くことはできない。正二十面体の場合，頂点の数は12，1つの頂点に対し隣り合っている頂点は5つあるため，1つの頂点から引くことができる対角線の数は，

12 − (1 + 5) = 6 (本)

(隣り合っている頂点5つと，自分自身には対角線を引くことはできない)

となる。

上記のことが12の頂点に対して成り立つため，12 × 6 = 72 (本) が得られる。

しかし，対角線は2つの頂点で1本引くことができることから，この考え方だと二重に数えていることになる。したがって，72本を2で割った36本が対角線の本数になる。

INPUT

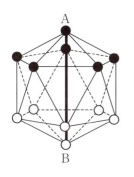

- 頂点Aからは隣り合っていない○の頂点6つへ対角線が6本引ける。
- Bからも同様に6本引けるが，そのうちの1本は先ほどAからBへ引いたものも含まれているため，二重に数えてしまっている。そこで2で割る必要がある。

3 正多面体の双対性

正多面体の隣り合う面の中心を線分で結ぶことによって，新たに正多面体を作ることができる。このような正多面体どうしの関係を，正多面体の双対性という。

正四面体 ── 正四面体
正六面体 ── 正八面体
正十二面体 ── 正二十面体

4 準正多面体

正多面体の各辺の中点を結んで，各頂点にできる立体をすべて取ると，2種類の多角形からなる立体ができる。この立体を準正多面体という。準正多面体は，元の正多面体の頂点の周りと，面の内部にできることから，準正多面体の面数は元の正多面体の面数と頂点数を加えたものに等しくなる。すなわち，正四面体の場合は，正八面体ができる。

SECTION 1 図形 正多面体

実践 問題 111 応用レベル

頻出度	地上★	国家一般職★	東京都★	特別区★
	裁判所職員★	国税・財務・労基★	国家総合職★	

問 図Ⅰに示すように，正八面体と立方体は，正八面体の隣り合う面（一辺で接する面）の中心を結んでできる立体は立方体に，また，立方体の隣り合う面の中心を結んでできる立体は正八面体になるという関係にある。
このとき，図Ⅱのような切頂二十面体（いわゆるサッカーボール型の立体）の隣り合う面の中心を結んでできる立体として最も妥当なのはどれか。

(国家一般職2018)

図Ⅰ

図Ⅱ

1 :

2 :
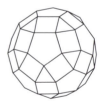

3 :

4 :

5 :

実践 問題 111 の解説

〈正多面体〉

切頂二十面体における，正五角形の面，および，正六角形の面がそれぞれ隣り合っている面を見ると，次のようになっている。

  正五角形：正六角形の面が 5 つ
  正六角形：正五角形の面が 3 つ，正六角形の面が 3 つ

したがって，正五角形の面の中心となる点からは 5 本，正六角形の面の中心となる点からは 6 本の辺が出ていることになる。このため，正解となる立体は，5 本の辺が出ている頂点と，6 本の辺が出ている頂点を持つ。これをもとに肢の立体の検討を行う。

1 ×　3 本の辺が出ている頂点があるため，誤りである（図 1）。
2 ×　すべての頂点において，4 本の辺が出ているため，誤りである（図 2）。
3 ×　すべての頂点において，5 本の辺が出ているため，誤りである（図 3）。
4 ×　4 本の辺が出ている頂点や，3 本の辺が出ている頂点があるため，誤りである（図 4）。
5 ○　5 本の辺が出ている頂点と，6 本の辺が出ている頂点のみで構成されており，正しい（図 5）。

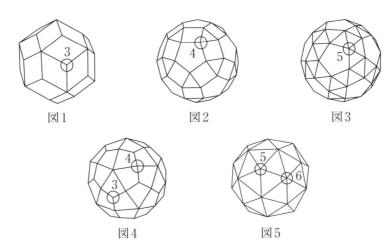

正答 5

SECTION 1 図形 正多面体

実践 問題 112 応用レベル

問 次の図のような一辺の長さが1cmの正十二面体において，任意の頂点から出発して辺の上を進み，すべての頂点を通り出発点に戻るとき，最短経路の長さはどれか。 （特別区2003）

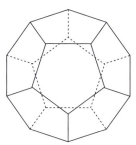

1：20cm
2：21cm
3：22cm
4：23cm
5：24cm

実践 問題 112 の解説

〈正多面体とハミルトン閉路〉

1つの頂点から隣の頂点に移動するまで，必ず辺を1つ通る。したがって，任意の頂点からすべての頂点を通り，出発点まで戻るには，頂点と同じ数だけ辺を通ることになる。頂点数は，

$5 \times 12 \div 3 = 20$（個）

あるため，最短経路は20辺分，すなわち20cmである。

よって，正解は肢1である。

1つの例を下に示しておく。

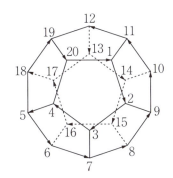

【参考】

ある頂点から出発して立体の辺を伝って，すべての頂点を1回だけ通過して再び出発点に戻る経路を「ハミルトン閉路」という。ハミルトン閉路はオイラー回路（一筆書きができる回路）と異なり，書ける書けないの見分けはすぐにはできない。なお，5種類の正多面体にはハミルトン閉路がある。

正答 1

第2章 SECTION 2 図形
立体の切断

必修問題 セクションテーマを代表する問題に挑戦！

切断について学習していきます。まずは切断線の記入の仕方を完璧に理解しましょう。

問 下の図のように，立方体6個を積み重ねた立体を3点A，B，Cを通る平面で切断した。このときの状況として，正しくいえるものはどれか。　　　　　　　　　　　（裁判所職員2022）

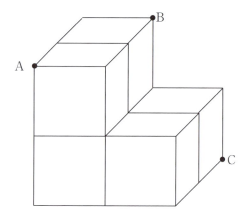

1：6個の立方体がすべて切断される。
2：切断される立方体は4個である。
3：切り口がひし形になる立方体は2個である。
4：切り口が正三角形になる立方体は2個である。
5：切り口が二等辺三角形になる立方体は2個である。

必修問題の解説

〈立体の切断〉

問題の立体を，A，B，Cの3点を通るように切断すると，次のようになる。

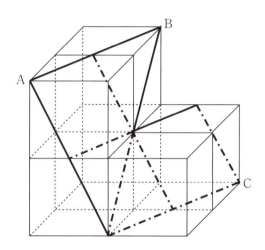

上の図から選択肢を検討していく。

1 ✕ 最も奥にある左下の立方体は切断されていない。
2 ✕ 切断される立方体の個数は，最も奥にある左下の立方体以外の5個である。
3 ◯ 切り口がひし形になるのは，点Aを含む立方体と，点Cを含む立方体の2個である。
4 ✕ 切り口が正三角形になるのは，0個である。
5 ✕ 切り口が二等辺三角形になるのは，3個である。

正答 3

SECTION 2 図形 立体の切断

1 切断線に関する基本的性質

立体図形を平面で切断する場合，切断面は，図形によっても切断面の方向によってもさまざまな形になりうる。また，切断線については基本的な性質が2つある。

① 同一面上の点どうしは直線で結ばれる。
② 平行に向かい合う面に現れる切断線どうしは平行である。

この2つの性質を利用して，切断面の形を考えることになる。

2 代表的な切断面

(1) 円すいの切断面

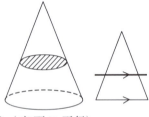

円（底面に平行）

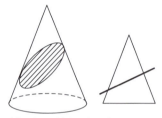

楕円（底面に平行でない）

放物線（母線に平行）

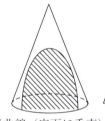

双曲線（底面に垂直）

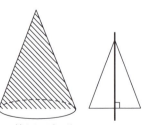

二等辺三角形
（頂点から底面に垂直に切断）

(2) 立方体の切断面

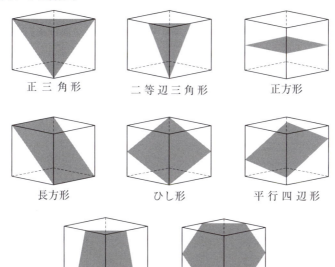

〈他にできる面〉
・正五角形以外の五角形
・六角形

〈できない面〉
・正五角形　　・直角三角形
・鈍角三角形　・七角形以上
・上記以外の四角形

(3) 正八面体の切断面

正方形

ひし形

台形

五角形

正六角形

第2章 SECTION 2 図形
立体の切断

実践 問題 113 〈基本レベル〉

問 次の図のような，1辺の長さが10cmの立方体がある。辺ＡＢの中点をＰ，辺ＤＥの中点をＱとして，この立方体を点Ｃ，Ｐ，Ｑを通る平面で切断したとき，その断面の面積はどれか。　　　　　　　　　　　　　　　（特別区2016）

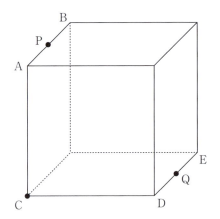

1：$25\sqrt{2}$ cm^2
2：$25\sqrt{6}$ cm^2
3：$50\sqrt{2}$ cm^2
4：$50\sqrt{6}$ cm^2
5：125cm^2

実践 問題 113 の解説

〈立体の切断〉

最初に、切断面について考える。

点C, P, Qを通る平面で切断するため、同一平面上にあるCPとCQを結んだ線が切断線となる。

また、平行な面に表れる切断線どうしが平行であるから、点Pを通りCQに平行な切断線と点Qを通りCPに平行な切断線を描き入れると次のようになる。図のように、切断面の頂点の1つをRとする。

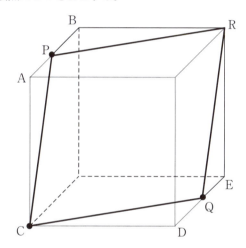

次に、切断面の形について考える。

切断面は四角形であり、平行四辺形ではあるが、正方形や長方形ではない。また、辺の長さを考えると、CPは、三角形APCにおける三平方の定理より、

$CP^2 = AP^2 + AC^2$
$= 5^2 + 10^2$
$= 125$

CP＞0より、

$CP = 5\sqrt{5}$ (cm)

となる。同様に他の辺についても考えると、三角形APC、三角形BPR、三角形EQR、三角形DQCはすべて同じ三角形であり合同となるから、辺PR、QR、QCの長さは、

$PC = PR = QR = QC = 5\sqrt{5}$ (cm)

SECTION 2 図形
立体の切断

と4辺が等しいことがわかる。

したがって、この切断面はひし形である。ひし形の面積は「2つの対角線の積÷2」で求められることから、対角線PQとCRの長さを求める。

直線PQはこの立方体の1面の対角線と等しく、長さは$10\sqrt{2}$(cm)となる。

直線CRはこの立方体の対角線と等しいため、三角形CREについて三平方の定理より、

$$CR^2 = CE^2 + ER^2$$
$$= (10\sqrt{2})^2 + 10^2$$
$$= 300$$

CR>0より、

$$CR = 10\sqrt{3} \text{(cm)}$$

となる。

以上より、求める面積は、

$$10\sqrt{2} \times 10\sqrt{3} \div 2 = 50\sqrt{6} \text{(cm}^2)$$

となる。

よって、正解は肢4である。

正答 4

memo

第2章 図形

SECTION 2 図形 立体の切断

実践 問題 114 基本レベル

問 図のような辺の長さがAB=4，AD=3，AE=2の直方体ABCD－EFGHがある。点Pは辺DHの中点，点Qは辺BF上（点B，Fを含む）の点となっている。いま，3点E，P，Qを通る平面でこの直方体を切断してできる切断面を考える。次のア～カのうち，切断面の形状となり得るもののみを含んでいるものとして最も妥当なのはどれか。　　　　　　　　　　（国家一般職2022）

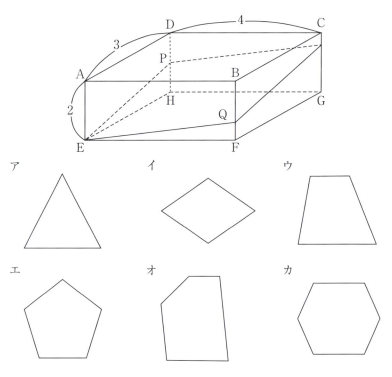

1：ア，ウ
2：ア，エ，カ
3：イ，エ
4：イ，オ，カ
5：ウ，オ

OUTPUT

実践 問題 **114** の解説

〈立体の切断〉

3点E, P, Qを通る平面で問題図の直方体を切断したときの切断面として考えられるのはイ, ウ, オの3つである。

ア× 本問題の切断面の頂点として, E, P, Qの3点は少なくとも存在する。しかし, PとQの2点が直方体の1つの面上で存在することはないため, 切断面が三角形になることはない。

イ× 図1のように, 点QがBFの中点, または中点よりF側にあるとき, 切断面は, 平行四辺形EPQRになる。図1のEPの長さは$\sqrt{10}$である。PRの長さは, CDの長さである4よりも長いため, $\sqrt{10}$になることはない。よって, 平行四辺形EPRQがひし形になることはない。

ウ○ 図2は, 点Qが頂点Bと一致するときの切断面である。PS//EQであるが, EPとSQは平行ではなく, 四角形EQSPは図ウのような台形である。

エ× 図3は, 点QがBFの中点より上側にあるときの切断面である。EP//QT, およびEQ//PUと平行な2本の辺が2組ある。したがって, どの2辺も平行でない正五角形は切断面に表れない。

オ○ 肢エの検討どおりで, 5本の辺のうち, 2組の平行な辺が存在する図オのような五角形の切断面になる。

カ× Eなどの直方体の頂点を含む平面で切断するとき, 切断面として六角形はできない。

以上より, 切断面の形状となり得るもののみ含んでいる選択肢は5のみである。
よって, 正解は肢5である。

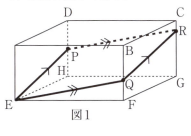

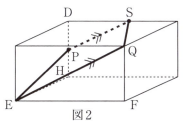

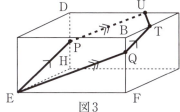

正答 **5**

SECTION ② 図形
立体の切断

実践 問題 115 基本レベル

頻出度	地上★★	国家一般職★	東京都★★	特別区★
	裁判所職員★	国税・財務・労基★		国家総合職★

問 下図のような立方体において，A，G，Qの3点を通る平面と，F，P，Rの3点を通る平面とが，それぞれ平面ABCD上につくる交線を表す図として，妥当なのはどれか。ただし，P，Q，Rはそれぞれ，線分AB，EF，GHの中点とする。

（東京都2015）

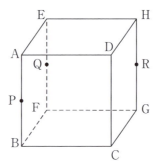

1:
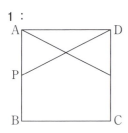

2:
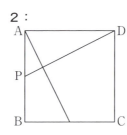

3:
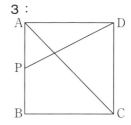

4:
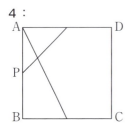

5:
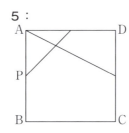

実践 問題 115 の解説

〈立体の切断〉

ある立体を平面で切ったとき，立体の互いに平行な表面上にできる切断線どうしも平行になる。したがって，A，G，Qを通る平面が面ＡＢＣＤ上につくる切断線は線分ＧＱと平行になる。また，同様に，Ｆ，Ｐ，Ｒを通る平面が面ＡＢＣＤ上につくる切断線は線分ＦＲと平行になる。

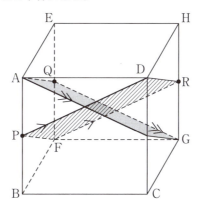

よって，正解は肢１である。

正答 1

第2章 SECTION ② 図形
立体の切断

実践 問題 116 基本レベル

問 立方体ＡＢＣＤ－ＥＦＧＨをＡ，Ｄ，Ｆ，Ｇを通る平面で切断し，その切断面を図のように張り合わせる。次にこの立体をＡ，Ｂ，Ｈ，Ｇを通る平面で切断したとき，できる立体はどれか。 （地上2008）

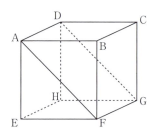

1：2個の三角すいと2個の四角すい
2：2個の三角すいと2個の四角すいと1個の三角柱
3：1個の三角すいと1個の四角すいと1個の三角柱
4：4個の三角すい
5：4個の四角すい

OUTPUT

実践 問題 116 の解説

〈立体の切断〉

　まず，A，D，F，Gを通る平面で切断した後の2つの立体図形は，直角二等辺三角形を底面とする三角柱であるとわかる。

　次に，A，B，H，Gを通る平面で切断したとき，表れる切断辺を太線で示す。

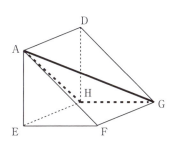 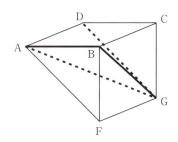

以上より，できる立体は，
　　四角すい：A−EFGH，G−CDABの2個
　　三角すい：A−DHG，G−ABFの2個
の合計4個である。
　よって，正解は肢1である。

正答 1

SECTION 2 図形 立体の切断

実践 問題 117 基本レベル

問 8本の辺の長さがすべて等しく，底面が正方形の四角すいがあり，A～Hを各辺の中点とする。頂点を含んだ五つの部分を各辺の中点を通る平面で切り取ると，A～Hを頂点とする立体ができた。この立体の形と各面の形をすべて挙げたものとして最も妥当なのはどれか。　　　　　　　　　　　　（国税・労基2004）

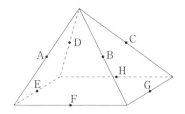

　　　　立体の形　　　　　　各面の形
1：正八面体　　　　直角二等辺三角形
2：十面体　　　　　正三角形，直角二等辺三角形，正方形
3：十面体　　　　　正三角形，正方形
4：正十二面体　　　正三角形
5：十二面体　　　　正三角形，正方形，長方形，正八角形

実践 問題 117 の解説

〈立体の切断〉

四角すいの5つの頂点をI〜Mとおく。

点A〜Hを結び、頂点を含んだ5つの部分を各辺の中点を通る平面で切り取ると、図1のようになり、これは**十面体**である。

四角すいの8本の辺の長さはすべて等しいため、1辺の長さをaとすると、辺EF、辺FG、辺GH、辺HE以外の辺はすべて、$\frac{1}{2}a$となる。

よって、△ABF、△BCG、△CDH、△DAEは正三角形であり、四角形ABCDは正方形である。

また、四角すいの底面JKLMは正方形であるので、△EJFは図3のような直角二等辺三角形であり、辺EF = $\frac{\sqrt{2}}{2}a$となる。

同様に、辺FG = 辺GH = 辺HE = $\frac{\sqrt{2}}{2}a$となるため、四角形EFGHも正方形である。

△AEFは図4のようになり、辺の長さから直角二等辺三角形であることがわかる。同様に、△BFG、△CGH、△DHEも直角二等辺三角形である。

したがって、この十面体の面には正三角形、直角二等辺三角形、正方形が使われている。

よって、正解は肢2である。

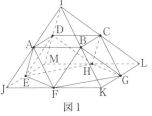
図1

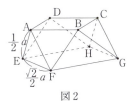
図2

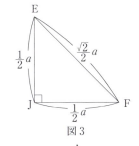
図3

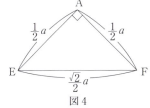
図4

正答 2

第2章 SECTION 2 図形
立体の切断

実践 問題 118 基本レベル

問 立方体の2つ以上の頂点を含む平面で立方体を切り，2つの立体に分ける。このときにできる立方体の切り口としてあり得ない図形はどれか。　（裁事2006）

1：五角形
2：長方形
3：ひし形
4：台形
5：二等辺三角形

実践 問題 118 の解説

〈立体の切断〉

選択肢で与えられた各図形を，切断面として立方体の図中に描き込む。

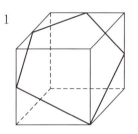

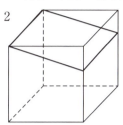

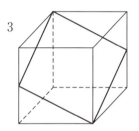

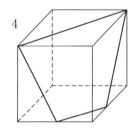

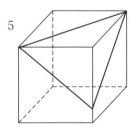

以上のように，選択肢中のすべての図形が切断面としてはありうるが，条件より，切断する平面上に立方体の頂点が2つ以上含まれていないため，肢1の五角形はありえない。

よって，正解は肢1である。

正答 1

SECTION 2 図形
立体の切断

実践 問題 119 基本レベル

頻出度	地上★★	国家一般職★	東京都★★	特別区★
	裁判所職員★	国税・財務・労基★		国家総合職★

[問] 図のように，立方体から底面の直径と高さが立方体の一辺の長さと等しい円すいをくりぬいた立体がある。下図ア〜オのうち，この立体を平面で切ったときの切断面の形状の組合せとして，妥当なのはどれか。　　　　（東京都2003）

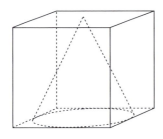

ア　　　イ　　　ウ　　　エ　　　オ

1：ア，イ
2：ア，エ
3：イ，ウ
4：ウ，オ
5：エ，オ

OUTPUT

実践 問題 119 の解説

〈立体の切断〉

下の図のように平面で切ったときの切断面を考えると，図ウとオが条件にあてはまる。

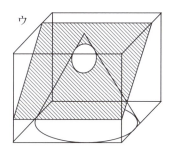
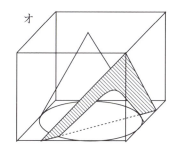

よって，正解は肢4である。

【コメント】

円すいの切断面は，二等辺三角形と2次曲線（放物線，円，楕円，双曲線）以外にない。

正答 4

第2章 SECTION 2 図形
立体の切断

実践 問題 120 応用レベル

[問] 同じ大きさの五つの直角二等辺三角形を合わせて図のような五角形ＡＢＣＤＥを作り，辺ＡＥ上に，ＣＰとＤＥが平行になるように点Ｐをとった。次に，この五角形を，ＡＥを軸として回転させた立体を作った。母線ＡＢ上に，図のように点Ｑをとり，この立体を，点Ｑを通り母線ＡＢに垂直な平面で切断したところ，切断面は点Ｐを通った。この切断面の形として妥当なのはどれか。

(地上2005)

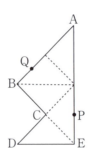

1：

2：

3：

4：
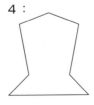

5：
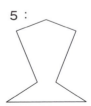

実践 問題120 の解説

〈立体の切断〉

五角形ＡＢＣＤＥにおいて，ＡＥを軸に回転させると図1のような図形になる。

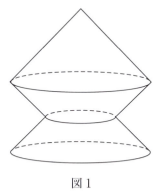

図1

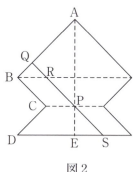

図2

　これは円すいを1つと，円すい台を2つ重ね合わせたものである。円すいを切断したときに切断面が直線になるのは，円すいの頂点を通るように切ったときのみである。よって，肢4や5のように直線になることはない。
　また，2つの円すい台は点Ｐを中心に対称な立体となるため，ＰＲとＰＳに対応する切断線は，それぞれ上下に対称に並んだ2つの放物線となる。
　このとき，肢3の図形は曲線のふくらみが逆向きであるから誤りであり，肢1の図形はＰＲとＰＳに対応する部分が上下に対称になっておらず，誤りである。
　よって，正解は肢2である。

正答 2

第2章 SECTION 3 図形
投影図

セクションテーマを代表する問題に挑戦！

投影図について学習していきます。イメージよりも柔軟な発想が大事な図形の問題ですが，この投影図に関しては多少イメージする力が求められます。

> **問** 次の図は，ある立体について正面から見た図及び真上から見た図を示したものである。この立体を正面に向かって左の側面から見た図として，有り得るのはどれか。 （特別区2015）

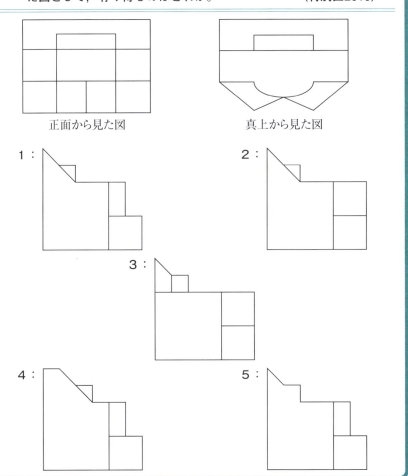

頻出度
地上★　国家一般職★　東京都★　特別区★
裁判所職員★　国税・財務・労基★　国家総合職★

必修問題の解説

〈投影図〉

与えられた正面から見た図（正面図）と真上から見た図（平面図）より，この立体のおおよその形は図1のような3段からなる直方体のような形状になっているとわかる。

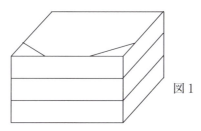
図1

ここで図2，3において，正面図の斜線の面と平面図の太線部分が，また正面図の格子の面と平面図の点線部分が対応していることがわかる。さらに，平面図に現れる三角形のような形状の各頂点（○印部分）と，正面図の上から数えて3段目にある3本の縦線（○印部分）が対応していることがわかる。

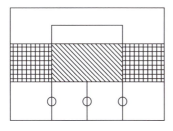
図2：正面図

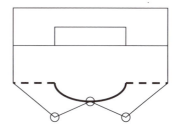
図3：平面図

以上より，上から数えて2段目と3段目については図4のようになっているということがわかる。

これより左から見た側面図を考えると，2段目の前面が引っ込んでいないため，選択肢中，肢2，3はありえないことがわかる。続いて1段目について，選択肢，1，4，5のうちありうるものを考える。

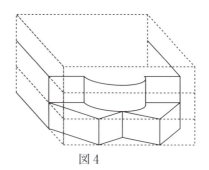
図4

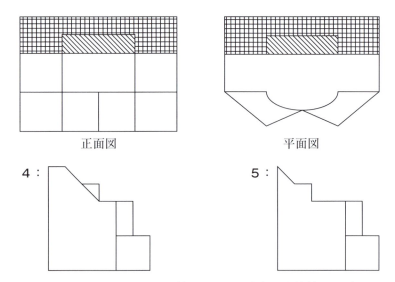

　肢4の場合には，平面図において，格子部の中にもう一本横線が必要となるため，不適である。

　肢5の場合には，正面図と平面図における斜線部と格子部が与えられた図のようにはならないため，不適である。

　以上より，ありうるのは肢1の場合のみで，このとき立体は図5のようになる。

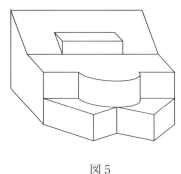

図5

よって，正解は肢1である。

正答 1

memo

SECTION 3 投影図

1 投影図の意味

投影図とは，立体を平面に正射影（その視点から見える辺を，平面上に遠近感を無視して描いた図形のこと）したものであり，正面図（立面図），平面図，側面図の3種類がある。下図を参照して，これらの言葉の意味を理解しておく必要がある。

　　正面図：図形を正面から見た投影図
　　平面図：図形を上から見た投影図
　　側面図：図形を側面から見た投影図。左から見た左側面図と，右から見た右側面図がある。

投影図では，実際に見える線は「実線」で描き，見えなくとも裏に存在している線は「破線」で描く（描いていない問題もあるため，注意が必要である）。

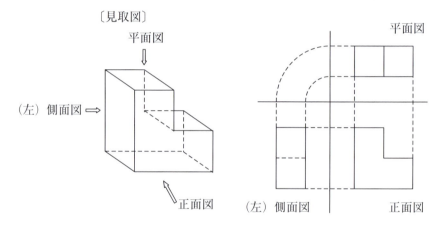

2 投影図の相互関係

正面図，平面図，側面図には，以下の関係がある。
　① 正面図における左右の関係は，平面図においても左右の関係である。
　② 正面図における上下の関係は，側面図においても上下の関係である。
　③ 平面図における前後の関係は，側面図においては左右の関係である。

投影図にすることによって，情報が1つ失われる（たとえば，正面図では奥行きに関する情報が失われる）。これを他の視点を同時に見ながら補っていくことになる。それゆえに投影図の問題では，他の問題以上に空間を把握するイメージ力が必要となることが多い。

3 影が作る図形

　ある光源が物体を照らし，その物体が作る影の形，影が作る面積，長さを求めさせる問題が出題される。

(例) 図のような1辺の長さが2cmの立方体がある。頂点Aの真上に2cmのところに光源がある。このとき立方体が作る影の面積はいくらか。

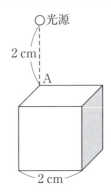

(解説)

　まず影を作る。影は光源と立体の頂点を結んだ延長上にでき，図のようになる。なお，立方体の上面と，底面を含む影の部分は相似な形となる。

　ここで，立体を正面から見たとき，△OAB∽△OCDとなる（下図参照）。相似比は1：2であるから，CDの長さはABの2倍の4cmである。

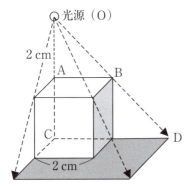 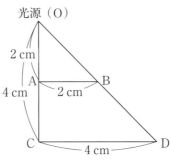

立体を正面から見た図

　したがって，底面を含む影の部分は $4 \times 4 = 16 (cm^2)$ となるから，底面部分の $2 \times 2 = 4 (cm^2)$ を除いた $16 - 4 = 12 (cm^2)$ となる。

第2章 SECTION 3 図形
投影図

実践 問題 121 基本レベル

頻出度：地上★　国家一般職★　東京都★　特別区★　裁判所職員★　国税・財務・労基★　国家総合職★

[問] 図のような平面図と正面図を持つ立体がある。次のア～ウのうち，左からの側面図として考えられるものをすべて挙げてあるのはどれか。　　（地上1998）

正面図

　　　　　ア　　　　イ　　　　ウ

平面図

1：アのみ
2：イのみ
3：ウのみ
4：ア，イ
5：イ，ウ

実践 問題 121 の解説

〈投影図〉

アの場合，次の図1のような立体が考えられ，イの場合，図2のような立体が考えられる。

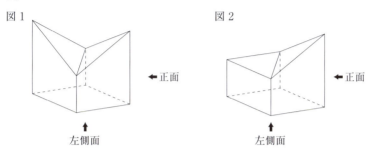

ウの場合，正面からは上下方向に異なる2つの面を見ることができる。しかし，このことは正面から見て上下方向に異なる2面を持たない正面図に反する。

よって，正解は肢4である。

【コメント】
ウの場合，正面図として図3のようなものがある。

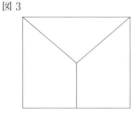

正答 4

SECTION 3 図形
投影図

実践 問題122 基本レベル

頻出度	地上★	国家一般職★	東京都★★	特別区★★
	裁判所職員★	国税・財務・労基★	国家総合職★	

[問] 同じ大きさの立方体の積み木を重ねたものを，正面から見ると図1，右側から見ると図2のようになる。このとき，使っている積み木の数として**考えられる最大の数と最小の数の差**として，妥当なのはどれか。　　　　（東京都2021）

正面　　　　　　右側

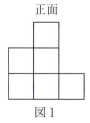　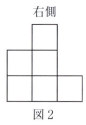

図1　　　　　　図2

1 : 0
2 : 2
3 : 4
4 : 6
5 : 8

実践 問題 122 の解説

〈投影図〉

まず，投影図から立方体の積み木の個数が最大になる重ね方について考える。それを図Aで表す。

最下段では，図1の正面図も図2の右側面図も3個の積み木が並んでいるため，最大で，

　　$3 \times 3 = 9$（個）

の積み木が並んでいると考えることができる。

中段も同様に，図1と図2で2個並んでいることから，最大で，

　　$2 \times 2 = 4$（個）

の積み木が並んでいると考えることができる。

最上段については，$1 \times 1 = 1$（個）の積み木のみがある。

よって，最大になるように重ねた場合の積み木の個数は14個である。

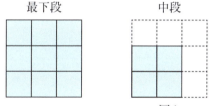

図A

次に，投影図から積み木の個数が最小になる重ね方について考える。それを図Bで表す。

最上段については，図Bのように1個の積み木が正面から見ても右側面から見ても真ん中の位置にある。

このことから，積み木はその真ん中の位置には中段，最下段　……①
にもあることになる。

中段については，最も前の列の最も左側に積み木があれば，図1や図2の投影図と一致する。

このことから，積み木はその位置の最下段　……②
にもあることになる。

最下段については，①と②に加えて，最も右側の，最も後ろの列に1個あれば図1や図2の投影図と一致する。よって，最小になるように重ねた場合の積み木の個数は6個である。

SECTION 3 図形
投影図

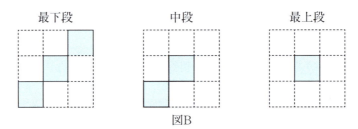

以上より，積み木の置き方の最大の数と最小の数の差は14 − 6 = 8である。
よって，正解は肢5である。

正答 5

memo

第2章 図形

SECTION 3 図形 投影図

実践 問題 123 基本レベル

問 次の図Ⅰのように透明な立方体の中に，1本の針金が二ヵ所で折り曲げられており，その一端が頂点Aで固定されている。この立方体を正面から見た図と右面から見た図がそれぞれ図Ⅱ，図Ⅲである。このとき，この立方体を真上から見たときの図として妥当なのはどれか。 （地上2022）

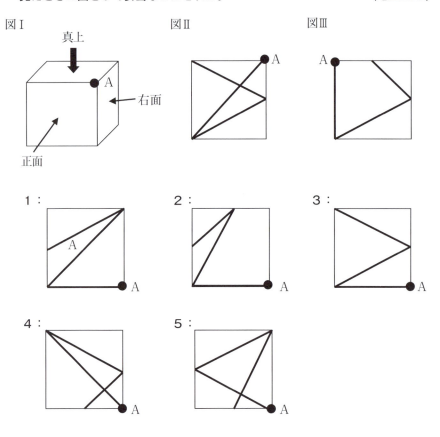

実践 問題 123 の解説

〈投影図〉

正面図から上下と左右の関係を，右側面図からは前後と上下の関係を見ることができる。

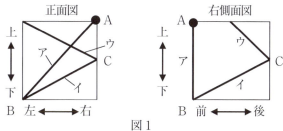

図1

Aとつながっている辺から，針金の曲がっていない部分に対応する線分を順にア，イ，ウとする。

まず，Aとつながっている図1のアの線分に着目する。右側面図から，アは立方体の前面上を結んでいることがわかる。そのため，正面から見たときの前面の右上の頂点Aから左下の頂点Bを結んでいることがわかる（次のページの図2）。

次に，Bとつながっている図1のイの線分の行き着く点Cに着目する。正面図より，

　Cは正面から見たときの前面の右の辺の中点あるいは背面の右の辺の中点の
　いずれか

であると推測できる。一方の右側面図からは，

　Cは正面から見たときの背面の左の辺の中点あるいは背面の右の辺の中点の
　いずれか

であると推測できる。これらを合わせて，

　Cは正面から見たときの背面の右の辺の中点

に位置することがわかる（次のページの図3）。

最後に，Cとつながっている図1のウの線分の行き着く先Dに着目する。正面図より，

　Dは正面から見たときの上面の左の辺上

に位置することがわかる。また，右側面図からは，

　Dは正面から見たときの上面の左の辺の中点あるいは上面の右の辺の中点の
　いずれか

SECTION 3 図形
投影図

であると推測できる。これらを合わせると、点Dは図4に示したように、正面から見たときの上面の左の辺の中点に位置することがわかる。

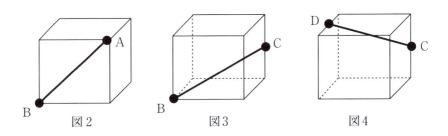

以上3つの図より、上面から見た図として、最も妥当なのは肢1である。
よって、正解は肢1である。

正答 1

memo

第2章 SECTION 3 図形
投影図

実践 問題 124 基本レベル

頻出度
地上★　国家一般職★　東京都★　特別区★
裁判所職員★　国税・財務・労基★　国家総合職★

問 平らな床の上に置かれた一辺の長さが1である立方体の，床に接していない頂点Aから真上方向に距離が1の点Oにある点光源が，周囲を一様に照らし，床の上にはこの立方体の影が映っている。このとき床の上に見えている影の面積と，点光源の位置を頂点Aから真上方向に距離が2の点O′に移したときに，床の上に見えている影の面積の比はいくらか。　　　　　（国家総合職2014）

点光源の位置
　　　　点Oの場合　　点O′の場合
1 ：　　　 3　　　：　　2
2 ：　　　 9　　　：　　4
3 ：　　　12　　　：　　5
4 ：　　 $2\sqrt{2}$　　：　　1
5 ：　　 $2\sqrt{3}$　　：　　1

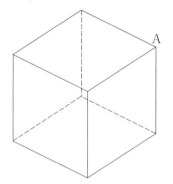

実践 問題 124 の解説

〈投影図〉

点光源O，O'によってできる影について考える。
図1，2は横方向から点光源と立方体を見たものである。

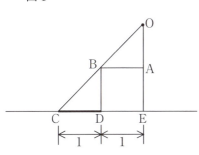
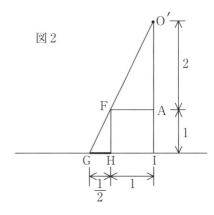

図のように点B～Iをとる。

図1において，△OBAと△OCEは，辺BAと辺CEが平行であるから，3つの角が等しく，相似となる。その相似比は，辺OAとOEの比となり，OA：OE＝1：2である。これより，BA：CE＝1：2となり，立方体の1辺であるBAの長さが1であるから，CE＝2となる。

同様に図2において，△O'FAと△O'GIも相似であり，その相似比はO'A：O'I＝2：3となる。これより，FA：GI＝2：3となり，立方体の1辺であるFAの長さが1であるから，GIの長さは，

$$FA：GI=2：3 \Leftrightarrow 1：GI=2：3 \Leftrightarrow GI=\frac{3}{2}$$

となる。

以上より，点光源Oのときにできる影は図3のようになり，点光源O′のときにできる影は図4のようになる。

図3

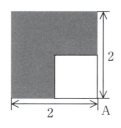

図4

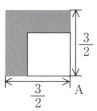

これより，それぞれの場合の影の面積は，

点光源Oの場合：$2 \times 2 - 1 \times 1 = 3$

点光源O′の場合：$\dfrac{3}{2} \times \dfrac{3}{2} - 1 \times 1 = \dfrac{5}{4}$

となり，求める面積の比は，

点光源Oの場合：点光源O′の場合 $= 3 : \dfrac{5}{4} = 12 : 5$

となる。

よって，正解は肢3である。

正答 3

memo

SECTION 3 図形
投影図

実践 問題 125 応用レベル

頻出度	地上★	国家一般職★	東京都★★	特別区★
	裁判所職員★	国税・財務・労基★	国家総合職★	

問 下の図のように，平面図，正面図，側面図及び背面図で表される立体の辺の数として，妥当なのはどれか。ただし，辺とは二つの面の交線をいい，構成する面が変わるごとに別の辺として数えるものとし，この立体の底面は平面である。
（東京都2020）

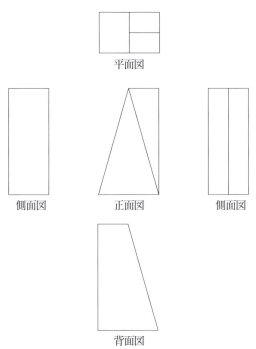

1 : 16
2 : 17
3 : 18
4 : 19
5 : 20

実践 問題 125 の解説

〈投影図〉

投影図から，この立体の見取図は次のとおりである。また，便宜上，3本以上の辺と接続している頂点に下図のようにA〜Jをつける。

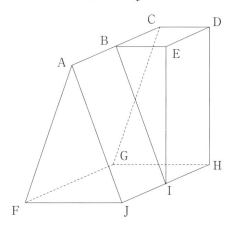

構成する面が変わるごとに別の辺として数えるという条件をもとに辺を見つけていくと，

・辺AB，辺BC，辺CD，辺BE，辺DE
・辺AF，辺AJ，辺BI，辺EI，辺CG，辺DH
・辺FG，辺GH，辺HI，辺IJ，辺FJ

の合計16本ある。

よって，正解は肢1である。

正答 1

第2章 SECTION 3 図形
投影図

実践 問題 126 応用レベル

頻出度	地上★	国家一般職★	東京都★	特別区★
	裁判所職員★	国税・財務・労基★		国家総合職★

問 図は底面の円の直径が4の直円すいを平面で2回切断してできる立体の投影図である。この立体の側面（斜線部）を平面に展開した形として最も妥当なのはどれか。
(国Ⅰ2003)

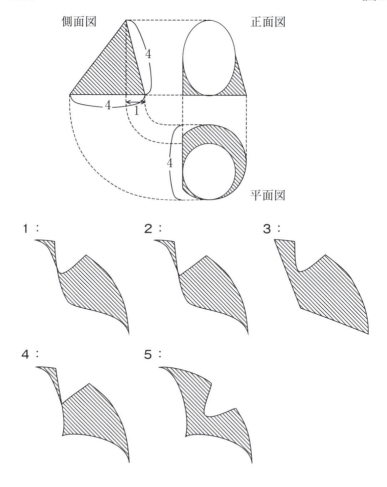

実践 問題 126 の解説

〈投影図〉

下図のように，平面図の円の中心を通る直線Lを引く。この直線Lは，円すいの頂点を通り，かつ底面に垂直となる。

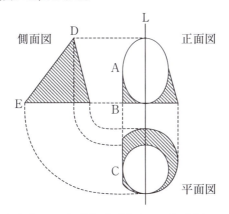

この図から明らかなように，正面図の切断面ＡＢは，円すいの頂点を通ってなく，かつ，底面に垂直であるとわかる。したがって，切断面ＡＢによってできる切り口は，双曲線となる。このことから，切り口が直線になっている肢２，４はありえないとわかる。

次に，点Ｃに着目する。側面図と平面図から，切断面ＡＢと切断面ＤＥによる切り口が点Ｃで接していることがわかる。このことから，２つの切り口が離れている肢３，５はありえないとわかる。

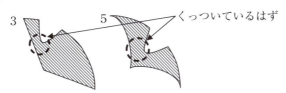

よって，正解は肢１である。

正答 1

第2章 SECTION 3 図形
投影図

実践　問題 127　応用レベル

頻出度	地上★	国家一般職★	東京都★	特別区★
	裁判所職員★	国税・財務・労基★	国家総合職★	

問　図Ⅰのように，一辺80cmの立方体からなる箱の上面に，図Ⅱのような直角二等辺三角形の穴が空いている。上面の中心Oの真上40cmにある点光源から光を照らすと，箱の中の底面と側面に光が当たった。光が直接当たっている<u>底面部分</u>の面積はいくらか。　　　　　　　　　　　　　　　　（国Ⅱ2009）

図Ⅰ

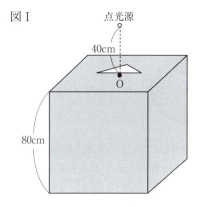

図Ⅱ

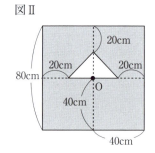

1 ： $2,200\text{cm}^2$
2 ： $2,400\text{cm}^2$
3 ： $2,600\text{cm}^2$
4 ： $2,800\text{cm}^2$
5 ： $3,000\text{cm}^2$

OUTPUT

実践 問題 **127** の解説

〈投影図〉

問題の箱を，2枚の板の一方に直角二等辺三角形の穴が開いていると考える。上面の中心Oから40cmにある点光源から光を照らすと，次のようになる。

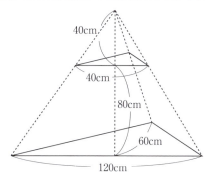

この図形の底面だけ取り出し，一辺が80cmの正方形（立方体の底面）をあてはめると，下図のようになる。

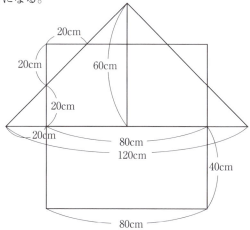

以上より，直接光が当たっている底面部分の面積は，

$$80 \times 40 - 20 \times 20 \times \frac{1}{2} \times 2 = 2800 (\text{cm}^2)$$

となる。

よって，正解は肢4である。

正答 4

第2章 SECTION 4 図形
展開図

必修問題 セクションテーマを代表する問題に挑戦！

展開図について学習していきます。まずは面の変形方法を理解するところから始めましょう。正多面体の展開図に関しては，平行関係を覚えましょう。

問 下の立方体の展開図を組み立てたときの見取図として正しいのはどれか。 （裁事2005）

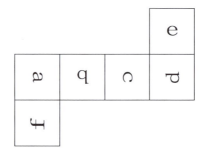

1:

2:

3:

4:

5:

頻出度	地上★	国家一般職★	東京都★★	特別区★★
	裁判所職員★★	国税・財務・労基★		国家総合職★

必修問題の解説

〈展開図〉

下図より展開図を組み立てたとき，aの下側とdの下側，bの下側とeの上側，cの左側とeの左側，bの上側とfの下側，cの右側とfの左側がそれぞれ同じ辺上にあることがわかる。

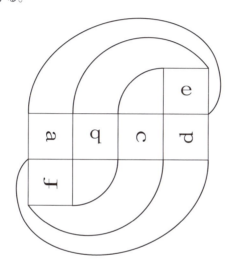

1 ✕ aの下側とdの右側が同じ辺上にあるため妥当でない。
2 ✕ bの下側とeの右側が同じ辺上にあるため妥当でない。
3 ✕ bの下側とeの下側が同じ辺上にあるため妥当でない。
4 ✕ cの右側とfの下側が同じ辺上にあるため妥当でない。
5 ◯ いずれの文字も正しい方向を向いていたため正しい。

正答 5

第2章 SECTION 4 図形
展開図

1 組み立てた際に重なる辺

展開図の問題は，組み立てたときに重なる辺がわかれば解ける問題が多い。それを明らかにする手順は次のとおりである。

① 展開図の中で，2辺の角度が最小になる（立方体なら90°，正八面体なら120°）部分は，その2辺は組み立てたときに重なり合う。

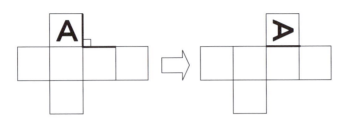

② ①で重なった辺の，それぞれの隣りの辺どうしも，組み立てたときに重なり合う。ただし，2つの面が共有する辺は1組しかないことに注意する。

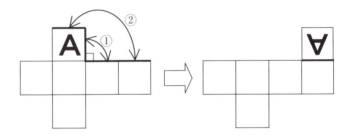

③ ②は繰り返し適用される。

上記の原則で，組み立てたときに重なる辺のところには，展開図上で面を移動することができる。その際，面に模様などが描かれているときは，模様の向きに注意して移動する。

【参考：展開図の中で2辺のなす角が最小になる部分】

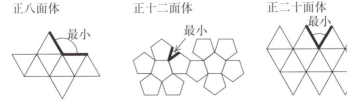

2 正多面体と平行な面

　立方体と正八面体については，組み立てたときに平行になる面の，展開図上での位置関係を覚えておくとよい。それぞれ，図の斜線部どうしは，組み立てたときに平行になる。

正六面体

1面挟んで平行になる

正八面体

2面挟んで平行になる

正二十面体

4面挟んで平行になる

正十二面体

2面挟んで平行になる

正十二面体の補足

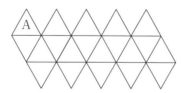

A_1 と A_2 が平行になる。2面挟んでいる A_1 とBが平行だと考えたくもなるが，上図太線のように4面が一直線状に並んでいる必要がある。

(例) 次の正二十面体の展開図において，組み立てたときに面Aと平行になる面はどれか。

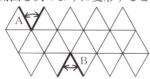

(解説)

　展開図を次のように変形すると下図面Bと平行になることがわかる。

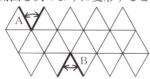 

SECTION 4 図形 展開図

実践 問題 128 基本レベル

[問] 次の図のような展開図を立方体に組み立て，その立方体をあらためて展開したとき，同一の展開図となるのはどれか。 （特別区2022）

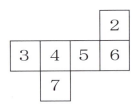

1 :

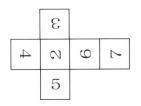

2 :

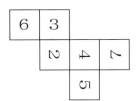

3 :

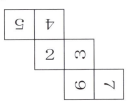

4 :

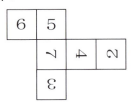

5 :

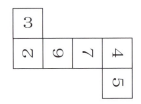

OUTPUT

実践　問題 128 の解説

〈展開図〉

　肢1～肢5の展開図上で面を移動して，問題図の展開図と矛盾する部分を探して消去法を用いることで，正解肢を探す。

　まず，肢1と肢2の展開図について，7の面と4の面の関係に着目すると，

1：

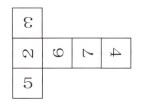

2：

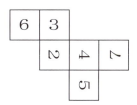

肢1では4の面の下の辺と7の面の下の辺が重なり，肢2では4の面の上の辺と7の面の上の辺が重なるが，問題図は，

　　7の面の上の辺と4の面の下の辺が重なる　……①

ことから，肢1と肢2は不適として消去できる。

　次に，肢4と肢5の展開図は，4の面の左の辺に着目すると，

4：

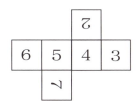

5：

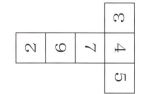

肢4では4の面の左の辺と5の面の右の辺が重なり，肢5では4の面の左の辺と3の面の左の辺が重なるが，問題図は，

　　4の面の左の辺と3の面の右の辺が重なる　……②

ことから，肢4と肢5は不適として消去することができる。

　以上①と②より，肢3が残るが，2の面と3の面の間の辺で切り離して，左側の部分を時計回りに回転させ，重なる辺の関係から3の面と4の面を接合させると，

第2章 SECTION ④ 図形
展開図

3：

となり，3，4，5，6の並びは問題図と同様であり，2，6の面を転がすと問題図と同様になるため，最も妥当な展開図であるといえる。

よって，正解は肢3である。

正答 3

memo

第2章 SECTION ④ 図形
展開図

実践 問題 129 基本レベル

頻出度	地上★★ 国家一般職★★ 東京都★★ 特別区★★
	裁判所職員★★ 国税・財務・労基★★ 国家総合職★★

問 下の図のような円すい台の展開図として，妥当なのはどれか。　（東京都2022）

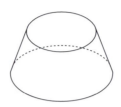

1 :
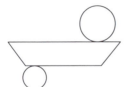

2 :

3 :
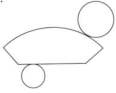

4 :
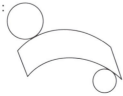

5 :

実践 問題 129 の解説

〈展開図〉

円すい台は，元の円すいから，相似な上部の円すいを切り取ったプリンのような立体である。また，図のように，円すいの底面の円周上にある点から頂点に線分を引き，その線分のうち円すい台を通る部分の長さをHとする。Hは，円すいの底面の円周上にある点のとり方によらず，一定である。

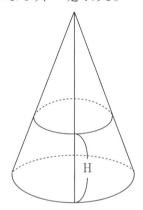

すると，円すい台の上面の円は，底面の円より小さいから，上面の円の円周の長さは底面の円の円周の長さより小さいことになる。このことから，肢4と5は不適である。

また，円すいを展開すると，

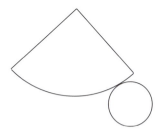

となり，底面の円が直線でない弧の部分と接している。これより，肢1と肢3は不適である。さらに，肢3は，円すい台を展開したときの側面のHが一定の長さになっていないことからも，不適である。

よって，正解は肢2である。

正答 2

SECTION 4 図形 展開図

実践 問題 130 基本レベル

問 下の図のように立方体の3つの頂点を通るように1つの角を切り取った立体に、2種類の矢印を付けた。この立体の展開図として適当なものはどれか。

(裁判所職員2016)

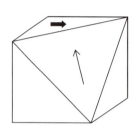

1：
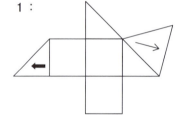

2：
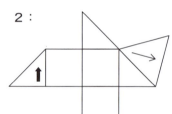

3：
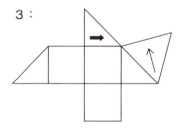

4：
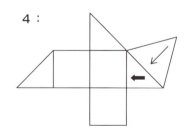

5：
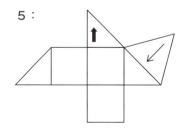

実践 問題 130 の解説

〈展開図〉

与えられた立体の矢印が描かれた面の展開図を描くと次のようになる。

これより，矢印どうしは2つの面が接する辺に向かう方向に描かれている。
また，太い矢印が描かれた面については，図のように方向が決まっている。

この矢印が描かれた面と同じ面を持つ選択肢は，肢1と肢5のみであり，他の選択肢はこの太い矢印の向きが明らかに違う。
肢1と肢5についてそれぞれ検討をする。
肢1は次のように面が移動でき，組み立てると，与えられた立体になることがわかる。

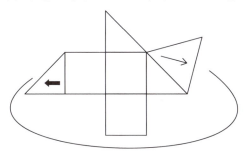

肢5の展開図は面を移動させると，矢印が2つの面が接する辺の方向を向いていないために，誤りとなる。

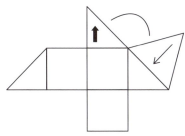

よって，正解は肢1である。

正答 1

SECTION 4 図形 展開図

実践 問題 131 基本レベル

頻出度	地上★	国家一般職★	東京都★★	特別区★
	裁判所職員★★	国税・財務・労基★★		国家総合職★

問 図は，正八面体の展開図のうちの一つの面に◎，三つの面に矢印を書き加えたものである。この展開図を組み立てたときの図として最も妥当なのはどれか。

(国税・労基2009)

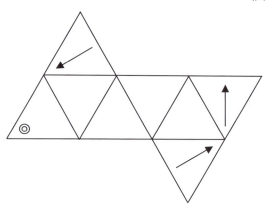

1: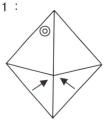

2: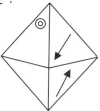

3: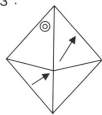

4: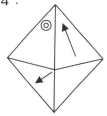

5: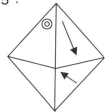

実践 問題 131 の解説

〈展開図〉

展開する前に重なっていた辺を対応させ，面の変形を施す。

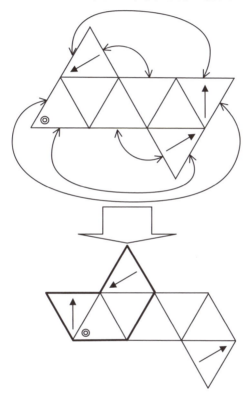

太線部が見えるようにこの展開図を組み立てると，次のようになる。

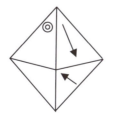

よって，正解は肢5である。

正答 5

第2章 SECTION 4 図形
展開図

実践 問題 132 基本レベル

頻出度	地上★	国家一般職★	東京都★★	特別区★★
	裁判所職員★★	国税・財務・労基★		国家総合職★

問 下図のような展開図の点線を山にして折ってできる正八面体を，ある方向から見た図として，あり得るのはどれか。 (東京都2015)

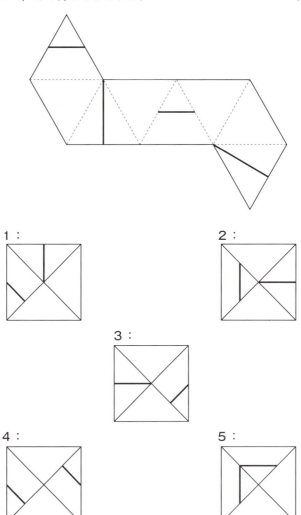

実践 問題 132 の解説

〈展開図〉

この正八面体を組み立てたときに重なる辺を調べ、重なり合う頂点は同じ名称をつけると下記の図のとおりになる。

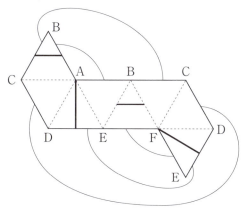

各頂点から見た図のうち、選択肢と類似の図は次の場合となるため、各選択肢と同一のものを探す。

(1) 三角形の頂点から底辺へ線が引かれている面が1つだけ見えている場合

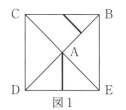
図1
（肢2と異なり、肢3と同一）

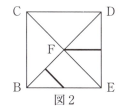
図2
（肢1と異なる）

(2) 三角形の辺から辺へ線が引かれている面が2つ見えている場合

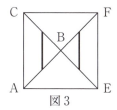
図3
（肢4および5と異なる）

よって、正解は肢3である。

正答 3

SECTION ④ 図形
展開図

実践　問題 133　基本レベル

頻出度	地上 ★	国家一般職 ★	東京都 ★★	特別区 ★★
	裁判所職員 ★★	国税・財務・労基 ★★		国家総合職 ★

問　右図は，正三角形2面と直角二等辺三角形6面からなる展開図である。
この展開図の点線部分を全て谷折りにして組み立て，立体Xを作る。
立体Xは，立方体を三つの頂点を通る平面で切断して三角錐を切り落とし，さらに，別の三つの頂点を通る平面で切断して三角錐を切り落とした立体である。このとき，立体Xにおいて辺abに平行な辺を全て太線で示しているのはどれか。

（地上2019）

1：
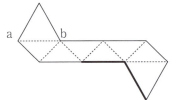

2：
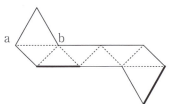

3：
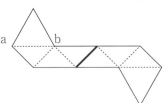

4：
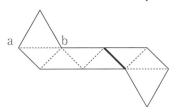

5：
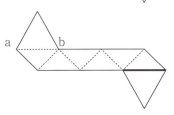

実践 問題 133 の解説

〈展開図〉

　立体Xは，展開図から直角二等辺三角形の6面と正三角形の2面で構成されている。

　立方体の切断で，切断面が直角二等辺三角形になることはないため，できる切断面は正三角形であることがわかる。これより，直角二等辺三角形の6面は，正方形である立方体の面が，切断により残ったものとわかる。切断面が正三角形になるように切断するには，下の左図のようにある頂点に隣接する3つの頂点を通るようにすればよい。切断により失う頂点をPとQとすると，以下のような切断になる。

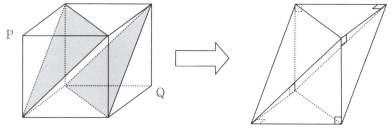

　できた立体Xに対して，下図のように，2面ある正三角形の1つに頂点a，b，cを，もう一方に頂点d，e，fをつける。

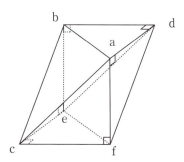

　上の見取図から辺abと平行な辺は，辺feである。展開図の重なる辺の関係から，aからfの頂点を展開図に書くと次のとおりになる。

第2章 SECTION 4 図形
展開図

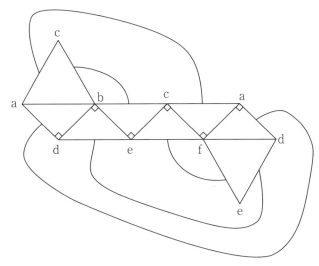

よって，正解は肢1である。

正答 1

memo

第2章 図形

SECTION 4 図形 展開図

実践 問題 134 基本レベル

問 下図のように，A及びア～オの文字が描かれた展開図を組み立ててできた正十二面体を，Aが描かれた面が真上になるように，水平な床の上に置いたとき，ア～オのうち正十二面体の底面となる面に描かれている文字として，正しいのはどれか。　　　　　　　　　　　　　　　　　　　　　　　（東京都2007）

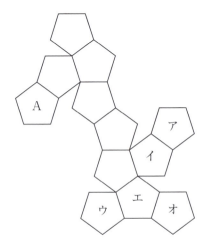

1：ア
2：イ
3：ウ
4：エ
5：オ

OUTPUT

実践 問題 134 の解説

〈展開図〉

題意より，面Aと平行な面を調べればよいことがわかる。正十二面体の展開図において，下図の色部どうしが平行な面となる。

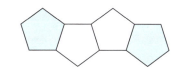

ここで，展開図において，対応する辺を調べ展開図を変形すると，下図のようになる。

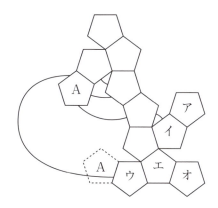

これより，Aと平行なのはオであるとわかる。
よって，正解は肢5である。

【コメント】
　まず，Aに隣接する5面を探し，次にその5面と隣接する5面を探す。この10面は，正十二面体の構造上，Aと平行にならない。残ったオの面がAと平行な面である。

正答 5

第2章 SECTION 4 図形
展開図

実践 問題 135 基本レベル

問 図1は，3つの表面の一部が着色されたある立体の平面図であり，図2，図3は，それぞれ，この立体を平面図のA方向，B方向から見たときの立面図である。この立体の展開図として，正しいのはどれか。　　　　　　　　（東京都2004）

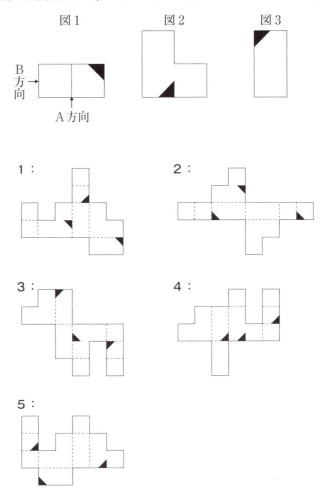

実践 問題 **135** の解説

〈展開図〉

図1，図2，図3はそれぞれ立体の平面図，正面図，側面図にあたる。よって，これらをもとに立体の見取図を描くと右図のようになる。

選択肢1〜5について，見取図をもとに検討していけばよいのだが，その際，着色部分の位置関係に注意する。

まず，肢1は下図の丸印の部分が見取図と異なるため，不適である。

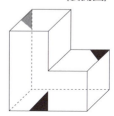

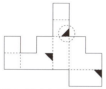

また，肢3は下図の丸印の部分が見取図と異なるため，不適である。

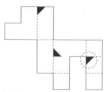

肢4は，下図の丸印の部分が見取図と異なるため，不適である。

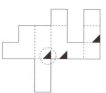

肢5は，下図の丸印の部分が見取図と異なるため，不適である。

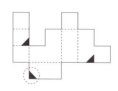

よって，正解は肢2である。

正答 2

第2章 SECTION ④ 図形
展開図

実践 問題 136 基本レベル

頻出度	地上★ 国家一般職★ 東京都★★ 特別区★★
	裁判所職員★★ 国税・財務・労基★ 国家総合職★

問 下図は，二つの立方体が一辺でつながった立体である。この立体の展開図として正しいのは次のうちではどれか。
　ただし，実線部分は山折り，点線部分は谷折りとする。　　　　（国Ⅱ2010）

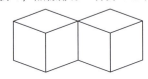

1：
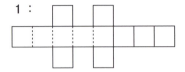

2：
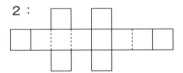

3：
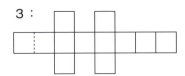

4：
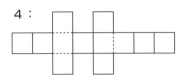

5：
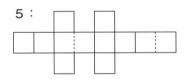

実践 問題 136 の解説

〈展開図〉

次のように頂点を設定する。

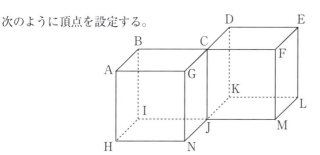

選択肢の展開図はすべて下図のような形（山折り，谷折りの区別はせずに形だけに注目している）であり，これは中段の正方形8枚が側面8枚であり，上段の2枚が上面2枚，下段の2枚が底面2枚となっていることがわかる。

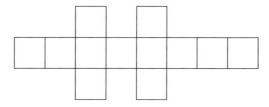

ここで，側面だけを展開することを考える。

仮に，面AHNGから展開すると考えると，次のように辺CJだけが谷折りになり，辺CJは2カ所に現れることがわかる。

また，面CJMFから展開すると考えると，2本の辺CJのうち1本が端になるので，谷折りの辺は1本しか現れず，その1本は下図のように正方形8枚の中央部分になる。

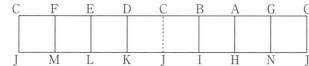

展開図

　すなわち，側面8枚の中に，谷折りの辺が2本現れるか，中央に1本現れるかのいずれかである。
　以上より，選択肢を検討する。
1 ×　谷折りが4本あるため，誤りである。
2 ×　谷折りが3本あるため，誤りである。
3 ×　谷折りの1本が中央部分にないため，誤りである。
4 ×　谷折りが3本あるため，誤りである。
5 ○　谷折りが2本あるため，正しい。

正答 5

memo

第2章 図形

第2章 SECTION ④ 図形
展開図

実践 問題 137 〈応用レベル〉

頻出度	地上★	国家一般職★	東京都★★	特別区★★
	裁判所職員★★	国税・財務・労基★★	国家総合職★	

問 図のような三面のみに模様のある正十二面体の展開図として最も妥当なのは次のうちではどれか。
ただし，展開図中の点線は，山折りになっていた辺を示す。
(国税・財務・労基2020)

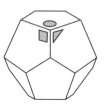

1：
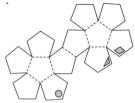

2：
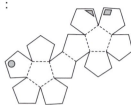

3：
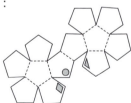

4：
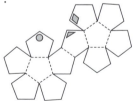

5：
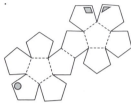

OUTPUT

実践 問題 **137** の解説

〈展開図〉

問題の見取図を展開して，展開図は，
- 1つの頂点の周りに，3種類のマーク(丸，三角形，平行四辺形)があること
- 右図のように反時計回りに見て，丸，平行四辺形，三角形の並び順になる

を満たすことになる。
各選択肢が上の条件を満たすかを検討する。

1 ○ 重なる辺の関係を用いて面を移動させると，1点の周りに3種類のマークがある展開図が存在する。また，反時計回りに丸，平行四辺形，三角形の順に並んでいることから，本肢は正しい。

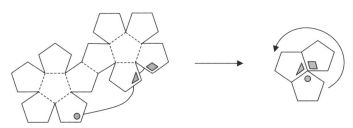

2 × 重なる辺の関係を用いて面を移動させると，1点の周りに3種類のマークがある展開図が存在する。しかし，反時計回りに丸，平行四辺形，三角形の順に並んでいないため，本肢は誤りである。

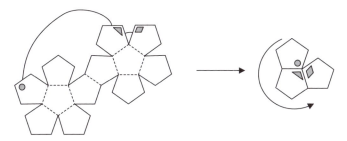

3 × 重なる辺の関係を用いて面を移動させても，周りに丸と平行四辺形のマークがある頂点と，周りに三角形のマークがある頂点は異なる。本肢は誤りである。

SECTION 4 図形
展開図

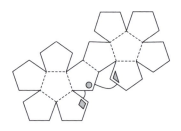

4 ✗ 重なる辺の関係を用いて面を移動させると，1点の周りに3種類のマークがある展開図が存在する。しかし，反時計回りに丸，平行四辺形，三角形の順に並んでいないため，本肢は誤りである。

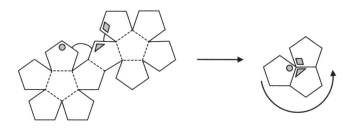

5 ✗ 重なる辺の関係を用いて面を移動させても，周りに平行四辺形と三角形のマークがある頂点と，周りに丸のマークがある頂点は異なる。本肢は誤りである。

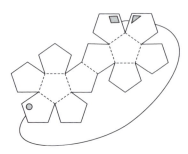

正答 **1**

memo

第2章　図形

第2章 SECTION ④ 図形
展開図

実践 問題 138 応用レベル

頻出度	地上★	国家一般職★	東京都★★	特別区★★
	裁判所職員★★	国税・財務・労基★		国家総合職★

問 下図のような立体の展開図として正しいのはどれか。ただし，太い実線は切り込みを，点線は折り目を表している。 (地上1998)

1：
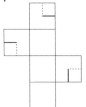

2：

3：
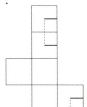

4：
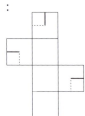

5：
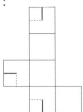

OUTPUT

実践 問題 **138** の解説

〈展開図〉

問題の見取図から，大きな正方形の面は，立体の左側面，背面，底面にある。これらは，互いに垂直の面の関係にあるから，展開図にするとこれら3面はL字型の形をしたものになる。

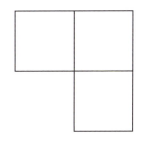

このため，肢1と肢4は，大きな正方形の面が直線的に並んでいることから，不適である。

次に，切り込みと折り目を持つ面が2面連続になるように，肢2と肢5の1つの面を移動させたものと図3を見ると，下のようになる。すると，肢3と肢5は折り目の部分が2面にわたって連続につながる部分があり，肢2については，折り目と切り込みの部分が1本ずつつながっている関係になっていることがわかる。

2:
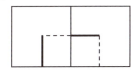

3，5:
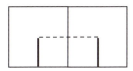

ここで，選択肢3と5について大きな正方形と同じ大きさの着色した面を1面補って考える。

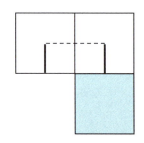

上の2つの図について考えると，大きな正方形の3つの面は互いに垂直な関係にある。それを下図のように①～③とつける。①～③は，
・上面または底面　・左側面または右側面　・前面または背面
のいずれかである。また，折り曲げてできる小さい正方形の面を下図のようにX，Yとおく。

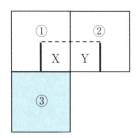

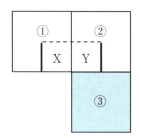

立体に復元したときのXについて考えると，Xは折り曲がった面であるため，①と平行ではない。また，展開図で①と③が共有する辺とXの折り目が平行であるため，Xは立体復元時に③と平行になると考えられる。同様に，Yも③と平行である。すなわち，立体に復元したときXとYは互いに平行な面になり，小さい正方形の2面が平行でない問題図に反する。
　以上より，残る肢2が最も妥当であるといえる。
　よって，正解は肢2である。

【コメント】
　この立体の切り込みのある3つの面に着目する。この切り込みのある3面の展開図としては，切り込み部分が1つの頂点に集まってくるような図1または図2が考えられる。折り曲げられる面が重ならないためには，切り込み線と折り目線が交互

OUTPUT

に並ぶ必要がある。

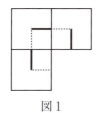
図1

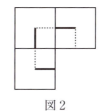
図2

正答 2

SECTION 4 図形
展開図

実践 問題 139 応用レベル

頻出度	地上★	国家一般職★	東京都★★	特別区★★
	裁判所職員★★	国税・財務・労基★		国家総合職★

問 図Ⅰのように，同じ大きさの正方形を組み合わせて組み立てた立体がある。これを展開したところ，正方形の1枚を誤って切り落としてしまったため図Ⅱのようになった。切り落とした正方形を図ⅡのA～Eのどの部分に戻せば図Ⅰの立体の正しい展開図になるか。
ただし，図Ⅱの展開図の点線は，正方形どうしがつながっていることを表す。

(国税・労基2007)

図Ⅰ

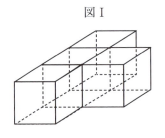

図Ⅱ

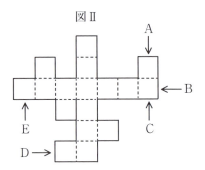

1：A
2：B
3：C
4：D
5：E

OUTPUT

実践 問題 **139** の解説

〈展開図〉

下図の各出っ張り部分に着目するとよい。

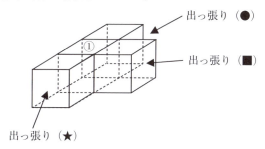

上図より、各出っ張り部分は、それぞれ5つの面で構成されていることがわかる（後掲の展開図上では、各出っ張りを構成する面に、★、■、●の記号を付している）。このことを踏まえ、立体と展開図の①の部分が対応していると考えると（これ以外の見方もありうる）、A〜Dはそれぞれ出っ張り部分に対応していることになる。出っ張り部分は5つの面で構成されるから、切り取られた部分は、面が4つしかないA〜Cの部分（●の部分）であることがわかる。

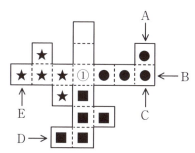

そして、下図のように組み立てると、切り取られた部分はCであることがわかる。

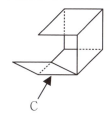

よって、正解は肢3である。

正答 3

SECTION 4 図形
展開図

実践 問題 140 応用レベル

問 図Ⅰのように，中空の正四面体は三つの辺をカッターで切ると平面図形に展開できる。図Ⅱのような中空の正十二面体を一つの平面図形に展開するために切る必要がある辺の数として正しいのはどれか。 (国Ⅱ2008)

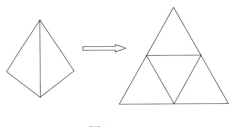

図Ⅰ

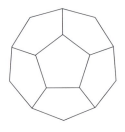

図Ⅱ

1：14辺
2：15辺
3：16辺
4：19辺
5：20辺

実践 問題140 の解説

〈展開図〉

　図Ⅰの正四面体の場合を考える。展開図のように正四面体の4面が、1つのつながった平面図形を構成するには、4－1＝3本の辺は切断せずに残さなければいけない。これより、正四面体から図Ⅰの展開図を作るには、6－3＝3本の辺を切断する必要があることがわかる。

　同様に、正十二面体の場合を考えることにする。正五角形からなる12面が1つのつながった平面図形を構成するには、

　　12－1＝11（本）

残す必要がある。

　以上より、切る必要がある辺の数は、

　　30－11＝19（本）

となる。

　よって、正解は肢4である。

　右図は正十二面体の展開図の一例である。

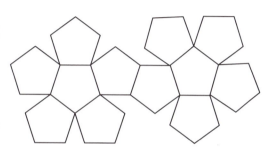

正答 4

第2章 SECTION 5 図形
軌跡

必修問題 セクションテーマを代表する問題に挑戦！

図形問題の花形，軌跡について学習していきます。まずは正確な軌跡を描く練習をしましょう。そのうえで，軌跡を描かずに上手く解く工夫をしていきましょう。

> 問 図のように，直径が6の円Aに，直径が3の円Bと直径が2の円Cが，それぞれ点P，Qで内接しており，円Aの中心，点P，Qが一直線上にある。円B，Cが円Aの内側を，円Aの円周に沿って滑ることなく回転し元の位置に戻ってくるまでに，円B，Cの円周上の点P，Qが描く軌跡として最も妥当なのはどれか。
>
> （国家総合職2017）

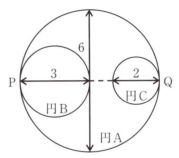

1:

2:

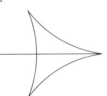

3:

4:

5:

直前復習

必修問題の解説

〈軌跡〉

円Bが円Aの内側を滑ることなく回転し，点Pが再び円Aの円周上にくるとき，円Bと円Aが接した円周の長さはともに3πとなる。円Aにおいて，3πとなる円弧の長さは全体の円周6πの半分であるため，点Pは円の中心を挟んだ向かい側である点Qの位置にくる。また，中継地点を考えると，点Pの円Bにおける反対側の点が円Aの円周上にあるとき，円Bと円Aが接した円周の長さは$\frac{3\pi}{2}$である。これは円Aの円周の$\frac{1}{4}$であるため，このとき点Pは円Aの中心に一致する。したがって，点Pの軌跡は円Aの直径となる。

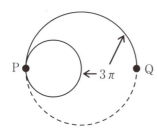
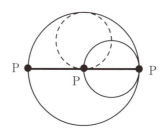

同様に，円Cが円Aの内側を回転し，点Qが再び円Aの円周上にくるとき，円Cと円Aが接した円周の長さは2πである。円Aにおいて2πとなる円弧の長さは円周の$\frac{1}{3}$であるため，点Qは元の地点も含めて3点で円Aの円周上と重なる。そのため，点Qの軌跡は左下図のようになる。したがって，点Pの軌跡と点Qの軌跡を重ね合わせると右下の図のようになる。

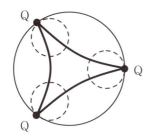
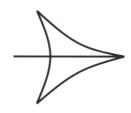

よって，正解は肢2である。

正答 2

第2章 SECTION ⑤ 図形 軌跡

1 直線上を図形が回転する場合

　軌跡の問題は，回転する図形の種類と，図形を回転する場所によって分類することができる。そのほとんどが図形上の点の描く軌跡を問うもの，および軌跡が描く長さや軌跡が囲む面積を求めるものである。

　これらの問題は実際に条件に従って作図するのが確実な方法である。そして，軌跡の作図をするためにも，一定の基本知識は必要であり，パターンごとにポイントを覚えておく必要がある。

　回転する図形は，多角形と円弧の組合せが多く，多角形と円について軌跡のパターンを覚えておくとよい。

(1) 多角形の場合

　半径・中心の異なる円弧を組み合わせた形になる。その際，回転の中心，回転の半径，回転角度に注意する。すなわち，多角形の軌跡は，扇形の円弧になり，この3つの要素はそのまま扇形の構成要素でもある。

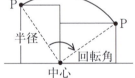

$\begin{cases} 回転の中心……多角形の頂点 \\ 回転の半径……動点と回転の中心の距離 \\ 回転角度　……回転の中心となる頂点の外角 \end{cases}$

　一般に，n角形では，1サイクルの間に，円弧はn個できる。なぜなら，n角形の頂点はn個あるため回転の中心はn個あるからである。しかし，点Pが頂点上の場合は，円弧は$n-1$個しかできない。回転の中心が点Pの場合，半径が0となり円弧ができないためである。

① 点Pが頂点上の場合の軌跡の例（長方形）

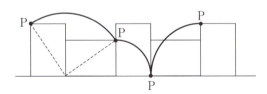

② 点Pが図形の内部の場合の軌跡の例（長方形）

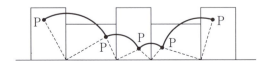

(2) 円の場合

円の中心の軌跡は，円が転がる直線に平行な直線となる。1周した場合の両直線の距離は，円周の長さと等しい。また，円周上の1点の軌跡は，サイクロイドとよばれる曲線となる。

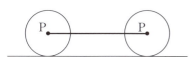

中心が描く軌跡は直線になる。

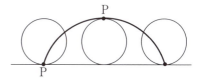

サイクロイド曲線

(3) 扇形の場合

扇形の中心の軌跡は，**直線と円弧を組み合わせたもの**となる。扇形の円弧の部分が転がる直線に接しているときに，直線に平行な線分が軌跡として現れ，それ以外のときに，円弧が軌跡として現れる。

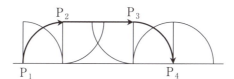

直線P_2P_3の長さは，扇形の円弧の長さと一致する。

2 図形中を点が移動する場合の軌跡

図形中の複数の点が連動して移動するときの軌跡を問うものもある。このようなタイプの軌跡は図形が回転するタイプとは違い，軌跡の形に明確なルールが存在しない。したがって，代表的な点をプロットしていき，その点を結んでいくしかない。

第2章 SECTION ⑤ 図形
軌跡

実践　問題 141　基本レベル

頻出度	地上★★★	国家一般職★★	東京都★★★	特別区★★★
	裁判所職員★	国税・財務・労基★		国家総合職★★

[問] 次の図のように，一辺の長さ a の正三角形A，Bが，一辺の長さ $2a$ の正六角形の辺に接しながら，それぞれ滑ることなく矢印の方向に回転を続けるとき，正三角形Aの頂点 P_A 及び正三角形Bの頂点 P_B が描く軌跡を表す図形として，妥当なのはどれか。

（東京都2010）

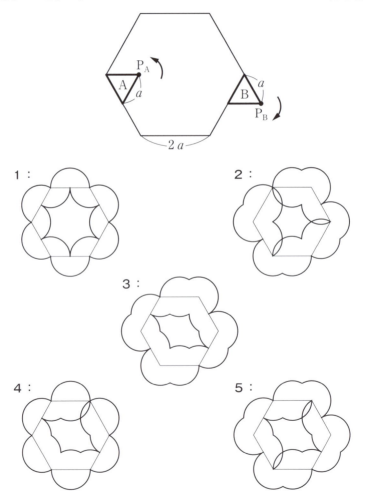

実践 問題141 の解説

〈軌跡〉

実際にAとBの正三角形を回転させると、以下のようになる。

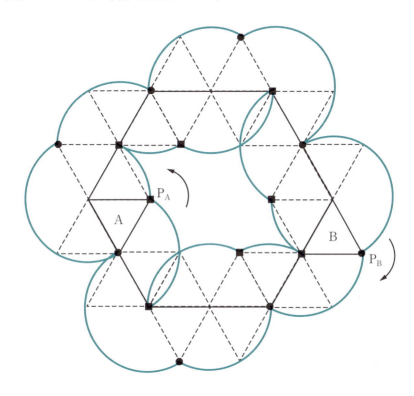

よって、正解は肢5である。

正答 5

SECTION 5 図形 軌跡

実践 問題 142 基本レベル

頻出度 地上★★★ 国家一般職★★ 東京都★★★ 特別区★★★
裁判所職員★ 国税・財務・労基★ 国家総合職★★

問 下の図のように，一辺の長さ a の正三角形が，一辺の長さ a の五つの正方形でできた図形の周りを，正方形の辺に接しながら，かつ，辺に接している部分が滑ることなく矢印の方向に回転し，一周して元の位置に戻るとき，頂点Pが描く軌跡の長さとして，正しいのはどれか。ただし，円周率は π とする。

（東京都2021）

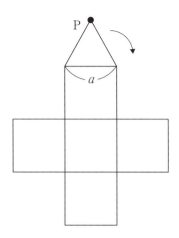

1 : $\dfrac{26}{3}\pi a$

2 : $9\pi a$

3 : $\dfrac{28}{3}\pi a$

4 : $\dfrac{29}{3}\pi a$

5 : $10\pi a$

実践 問題 142 の解説

〈軌跡〉

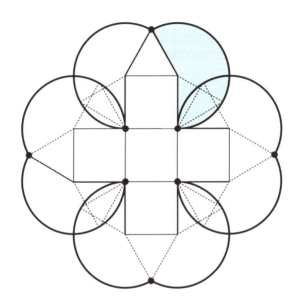

　頂点Pが描く軌跡を，上の図に示す。求めたい軌跡の長さは，図の着色部分の半径 a で中心角が210°の扇形の弧の長さの8倍に相当する。したがって，求める長さは，

$$2\pi a \times \frac{210°}{360°} \times 8 = \frac{28}{3}\pi a$$

である。
　よって，正解は肢3である。

正答 3

SECTION 5 図形 軌跡

実践 問題 143 基本レベル

頻出度	地上★★★ 国家一般職★★ 東京都★★★ 特別区★★★
	裁判所職員★ 国税・財務・労基★ 国家総合職★★

問 次の図は，ある図形が直線上を滑ることなく１回転したとき，その図形上の点Pが描く軌跡であるが，この軌跡を描くものはどれか。　　　（特別区2014）

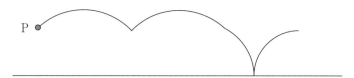

1：

2：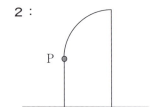

3：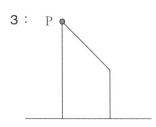

4：

5：

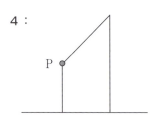
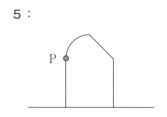

実践 問題 143 の解説

〈軌跡〉

点Pの軌跡は4つの円弧からなっており，回転の中心と円弧の中心角を図に書き込むと，下のようになる。

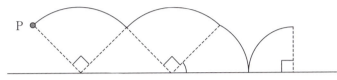

まず，肢3と肢4は，四角形の頂点に点Pがあるから，点Pの軌跡は4−1＝3つの円弧となるため，誤りである。

次に，肢1は，最初の円弧の次の軌跡は，扇形の円弧の部分が直線に接しているときの中心の軌跡であるから，円弧ではなく直線となる。よって，誤りである。

そして，上図より，1番目の円弧と2番目の円弧の半径がほぼ等しく，中心角が90°であることがわかる。肢5は，1番目の円弧の半径が2番目の円弧の半径より大きく，かつ2番目の円弧の中心角が90°未満であるため，誤りである。

これより，肢2の図形を1回転させたときの点Pの軌跡を描いてみると下図のようになり，正しいことがわかる。

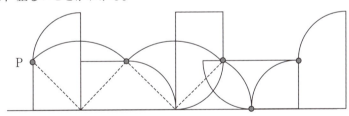

よって，正解は肢2である。

正答 2

SECTION ⑤ 図形 軌跡

実践 問題 144 基本レベル

頻出度	地上★★	国家一般職★	東京都★	特別区★
	裁判所職員★	国税・財務・労基★		国家総合職★★

問 次の図のような、正方形と長方形を直角に組み合わせた形がある。今、この形の内側を、一部が着色された一辺の長さ a の正三角形が、矢印の方向に滑ることなく回転して1周するとき、A及びBのそれぞれの位置において、正三角形の状態を描いた図の組合せはどれか。　　　　　　　　　　　　（特別区2020）

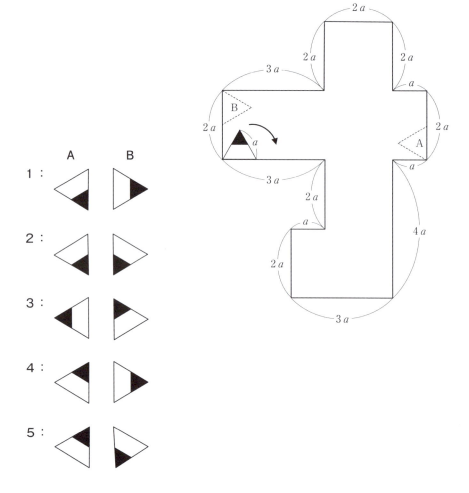

実践 問題 144 の解説

〈軌跡〉

実際に三角形を回転させると，以下のようになる。

よって，正解は肢5である。

正答 5

SECTION 5 図形 軌跡

実践 問題 145 基本レベル

頻出度: 地上★★★ 国家一般職★★ 東京都★★★ 特別区★★★
裁判所職員★ 国税・財務・労基★ 国家総合職★★

問 次の図のように，直径 $3a$ の半円に，一辺の長さ a の正方形を合わせた図形がある。今，この図形が直線上を矢印の方向に滑ることなく 1 回転したとき，半円の中心である点 P が描く軌跡の長さはどれか。ただし，円周率は π とする。

(特別区2009)

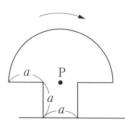

1 : $\dfrac{\sqrt{5}+9}{4}a\pi$

2 : $\dfrac{\sqrt{5}+11}{4}a\pi$

3 : $\dfrac{\sqrt{5}+13}{4}a\pi$

4 : $\dfrac{\sqrt{5}+9}{8}a\pi$

5 : $\dfrac{\sqrt{5}+11}{8}a\pi$

OUTPUT

実践 問題 145 の解説

〈軌跡〉

問題の図形を直線上に滑ることなく半回転させると，下図のようになる。このとき，点Pの描く軌跡は下図の太線のようになるが，残りの半回転は，下図の軌跡と点P′において対称となるため，軌跡の長さを求めるときは，点PからP′までの長さを2倍すればよい。

最初の円弧の半径は，三平方の定理より，

$$\sqrt{a^2 + \left(\frac{a}{2}\right)^2} = \frac{\sqrt{5}}{2}a$$

となり，回転角は45°となる。次に，半円部分を右半分になるまで回転させて，次の円弧の半径は$\frac{3}{2}a$，回転角は45°となる。最後に，円の中心の軌跡は直線となり，その長さは，半径$\frac{3}{2}a$の円周の$\frac{1}{4}$に等しくなる。したがって，求める軌跡の長さは，

$$\left(2\pi \times \frac{\sqrt{5}}{2}a \times \frac{45°}{360°} + 2\pi \times \frac{3}{2}a \times \frac{45°}{360°} + 2\pi \times \frac{3}{2}a \times \frac{1}{4}\right) \times 2$$

$$= \frac{\sqrt{5}+9}{4}a\pi$$

となる。

よって，正解は肢1である。

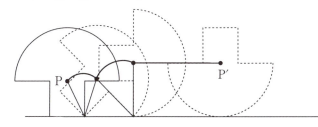

正答 1

SECTION 5 図形 軌跡

実践 問題 146 基本レベル

[問] 次の図のように，半径 r，中心角60°の扇形Aと，半径 r，中心角120°の扇形Bがある。今，扇形Aは左から右へ，扇形Bは右から左へ，矢印の方向に，直線 ℓ に沿って滑ることなくそれぞれ1回転したとき，扇型A，Bそれぞれの中心点P，P′が描く軌跡と直線 ℓ で囲まれた面積の和として妥当なのはどれか。

(特別区2022)

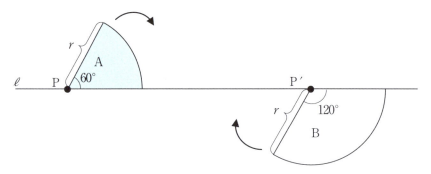

1： $\dfrac{1}{3}\pi r^2$

2： πr^2

3： $\dfrac{3}{2}\pi r^2$

4： $2\pi r^2$

5： $\dfrac{7}{3}\pi r^2$

実践 問題146 の解説

〈軌跡〉

はじめに，中心角60°の扇形Aについて考える。まず，点Qを中心として線分PQが直線ℓに対して垂直になるまで回転し，中心角が90°の円弧の軌跡が現れる。

次に，円弧の長さ$2\pi r \times \dfrac{60°}{360°} = \dfrac{1}{3}\pi r$と同じで直線$\ell$に平行な直線の軌跡が現れる。そして，点Rを中心として線分PRが直線ℓに接するまで回転し，中心角が90°の円弧の軌跡が現れる。最後に，点Pを中心として線分PQが直線ℓに接するまで回転するが，点Pは不動であるから軌跡は現れない。

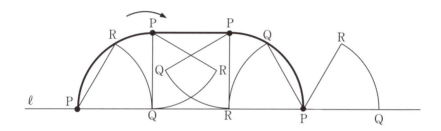

したがって，軌跡と直線ℓで囲まれた面積は，半径rで中心角90°の扇形2つの面積と，縦rで横$\dfrac{1}{3}\pi r$の長方形1つの面積の和に等しく，

$$\pi r^2 \times \dfrac{90°}{360°} \times 2 + r \times \dfrac{1}{3}\pi r = \dfrac{5}{6}\pi r^2 \quad \cdots\cdots ①$$

になる。

そして，中心角120°の扇形Bについて考える。まず，点P′を中心として線分P′Q′が直線ℓに接するまで回転するが，点P′は不動であるから軌跡は現れない。次に，点Q′を中心として線分P′Q′が直線ℓに対して垂直になるまで回転し，中心角が90°の円弧の軌跡が現れる。そして，円弧の長さ$2\pi r \times \dfrac{120°}{360°} = \dfrac{2}{3}\pi r$と同じで直線$\ell$に平行な直線の軌跡が現れる。最後に，点R′を中心として線分P′R′が直線ℓに接するまで回転し，中心角が90°の円弧の軌跡が現れる。

SECTION 5 図形 軌跡

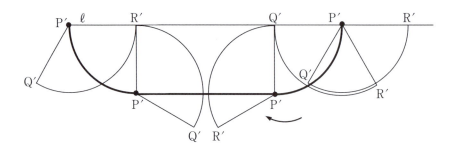

したがって，軌跡と直線 ℓ で囲まれた面積は，半径 r で中心角 $90°$ の扇形 2 つの面積と，縦 r で $\frac{2}{3}\pi r$ の長方形 1 つの面積の和となり，

$$\pi r^2 \times \frac{90°}{360°} \times 2 + r \times \frac{2}{3}\pi r = \frac{7}{6}\pi r^2 \quad \cdots\cdots ②$$

である。

以上より，求める面積の和は，①＋②より，

$$\frac{5}{6}\pi r^2 + \frac{7}{6}\pi r^2 = 2\pi r^2$$

である。

よって，正解は肢 4 である。

正答 4

memo

第2章 図形

第2章 SECTION 5 図形
軌跡

実践 問題 147 〈基本レベル〉

頻出度　地上★★★　国家一般職★★　東京都★★★　特別区★★★
　　　　裁判所職員★　国税・財務・労基★　国家総合職★★

問 下図のように一辺の長さ a の立方体を平らな床面に置いた後，立方体の面と同じ大きさの正方形のマス目A〜Eの上を滑ることなくA，B，C，D，Eの順に90°ずつ回転させた。このとき，立方体の頂点Pが描く軌跡の長さとして，正しいのはどれか。ただし，円周率は π とする。　　（東京都2016）

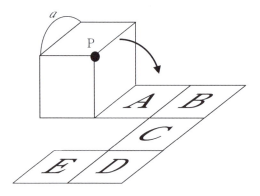

1 ： $\dfrac{3}{4}\pi a$

2 ： πa

3 ： $\dfrac{3}{2}\pi a$

4 ： $2\pi a$

5 ： $\dfrac{5}{2}\pi a$

実践 問題 147 の解説

〈軌跡〉

立方体を回転させたときに頂点Pの描く軌跡は，次のようになる。

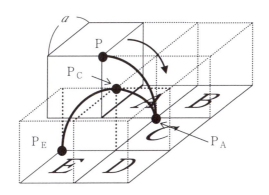

はじめの位置からマス目Aへ移動するときにできる弧PP_Aでは，半径a，中心角90°の円弧になる。マス目AからBに移動するとき，およびマス目BからCに移動するときは，いずれも点P_Aを含む辺が回転軸となるため，点P_Aは動かない。

マス目Cからマス目Dに移動するときには点Pの軌跡は弧$P_A P_C$を描き，その長さは半径a，中心角90°の円弧になる。

マス目Dからマス目Eに移動するとき，点Pの軌跡は弧$P_C P_E$を描き，その長さは半径a，中心角90°の円弧になる。

したがって，求める軌跡の長さは，半径a，中心角90°の扇形の弧が3つ分となるため，

$$2\pi a \times \frac{90°}{360°} \times 3 = \frac{3}{2}\pi a$$

となる。

よって，正解は肢3である。

正答 3

SECTION 5 軌跡

図形

実践 問題 148 基本レベル

頻出度	地上★★★	国家一般職★★	東京都★★	特別区★★★
	裁判所職員★★	国税・財務・労基★		国家総合職★★

問 図Ⅰのように、半径 a の円Oに外接する半径 b の円O′がある。円Oの円周に沿って円O′を滑らないように矢印の向きに回転させ、円O′上の点Pが元の位置に戻ったとき、点Pの軌跡は図Ⅱのようになった。このとき、a と b の長さの比はいくらか。 （国税・財務・労基2020）

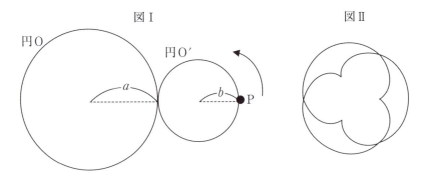

	a		b
1：	2	：	3
2：	3	：	1
3：	3	：	2
4：	3	：	4
5：	5	：	3

実践 問題148 の解説

〈軌跡〉

問題の図Ⅱの軌跡の図に，下の図のようにP_0からP_5までの点を入れる。

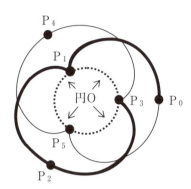

上の図より円O′は，P_0からスタートし，P_1とP_2を経由しP_3に到達する。点Pが1周するまでの軌跡を太線で表すことにする。そして点Pは，P_4とP_5を経由しP_0に戻る。点Pが1周してから2周するまでの軌跡を細い実線で表す。このとき，円O′は円Oの周りを2周していることがわかる。

この結果，円Oと接しながら円O′は，

$\quad 2 \times 2\pi a = 4\pi a$ ……①

移動したことになる。

さらに，上の図より円O′が円Oの周りを2周するまでに，点Pが円Oの周上から最も離れるタイミングがP_2とP_4の2回，そして回転終了後のP_0の1回の合計3回ある。このため，円O′が円Oと接しながら移動した長さは，

$\quad 3 \times 2\pi b = 6\pi b$

となる。この長さが①と等しく，

$\quad 6\pi b = 4\pi a$

が成り立つことから，

$\quad a：b = 3：2$

となる。

よって，正解は肢3である。

第2章 SECTION 5 図形 軌跡

【コメント】

　円O'が円Oに外側で接しながら1周するとき，円O'の中心は，

$$2\pi(a+b)$$

移動する。また，回転する円O'の円周の長さは$2\pi b$であるから，円O'が円Oに外側で接しながら1回転するときの円O'の回転数は，

$$\frac{2\pi(a+b)}{2\pi b} = 1 + \frac{a}{b}(回転)$$

である。円O'は問題文より2周しているから，円O'の回転数は，

$$2 + \frac{2a}{b}(回転) \quad \cdots\cdots ②$$

である。

　円O'のP₀が円Oの周りを2周してもとの位置に戻るためには円O'の回転数が自然数となるため，②の$2a$がbで割り切れないといけない。これを満たす選択肢は肢3のみである。

正答 3

memo

第2章 SECTION 5 図形 軌跡

実践 問題 149 　基本レベル

頻出度	地上★★	国家一般職★★	東京都★	特別区★★
	裁判所職員★	国税・財務・労基★★		国家総合職★★

問　平面上に円盤があり，この円盤を真上から見ると，図のように見える。円盤は，中心Oを軸として，一定の速度で矢印の方向に1時間に1回転している。いま，円板の直径AB上を，点Aから出発して1時間かけて一定の速度で点Bまで進む点Pがある。円板を真上から見たとき，点Pの軌跡として最も妥当なのはどれか。

（国税・財務・労基2023）

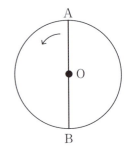

1 ：
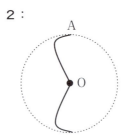

2 ：

3 ：
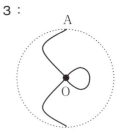

4 ：
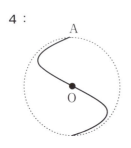

5 ：
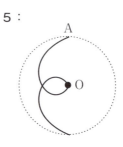

実践 問題 149 の解説

〈軌跡〉

まず、点PがAからOまで移動するときの点Pの軌跡について考える。円盤は30分でAとBの位置が上下反対になる位置にくる。そこで、スタート時、15分後、30分後における点Pの位置を考察する。なお、図中の矢印は大きな黒点の点Pが向かう方向であり、小さな黒点は円の中心のOである。

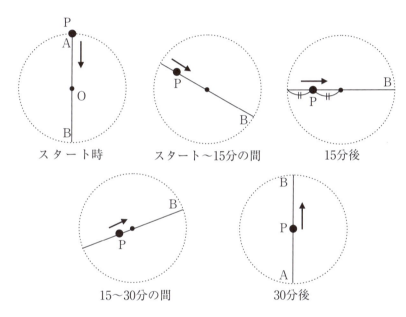

スタート～30分の間に点Pは線分OA上にある。線分OAを追跡すると、スタート～30分の間では、円の右半分の領域にはこない。そして、30分後から線分OB上を移動する点Pは、また左側に向かう（次のページのコメント参照）。この結果、右半分の領域に点Pの軌跡がある選択肢3と4は不適である。

さらに、0～15分の間では線分OAはOを通る水平な線よりも上側にあるが、15～30分の間では線分OAはOを通る水平な線よりも下側にある。このことから、点Pの軌跡は、15～30分の間で、Oを通る水平な線より下側に描く。このため、AからスタートしてOにたどり着くまでに、Oを通る水平な線よりも上側のみにしか点Pの軌跡が存在しない選択肢1と2は不適である。このため、選択肢5が最も妥当といえる。

SECTION 5 図形 軌跡

よって、正解は肢5である。

【コメント】

30分～1時間後の間での点Pの動きに着目する。PはOB上を進むことになるが、OBは円の左半分の領域にあるため、点Pはこの30分間も右の領域に軌跡を作らない。以上より、スタートから1時間後まで、点Pは円の左半分の領域のみに軌跡を描く。

実際に描いてみると、出発から60分後までの、5分ごとの点Pの位置は次のようになる。

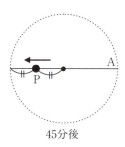

45分後

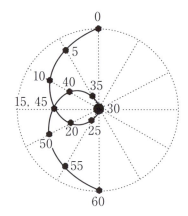

正答 5

memo

SECTION 5 図形 軌跡

実践　問題 150　基本レベル

頻出度	地上★★★	国家一般職★★	東京都★★★	特別区★★★
	裁判所職員★	国税・財務・労基★		国家総合職★★

問 下の図のように，直径 a の円が長方形の内側を辺に接しながら 1 周したとき，円が描いた軌跡の面積として，正しいのはどれか。ただし，円周率は π とする。

(東京都2018)

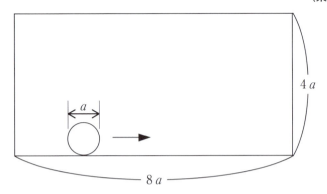

1 ： $(16+\pi)a^2$

2 ： $\left(19+\dfrac{\pi}{4}\right)a^2$

3 ： $\left(20+\dfrac{\pi}{4}\right)a^2$

4 ： $\left(21+\dfrac{\pi}{4}\right)a^2$

5 ： $(24+\pi)a^2$

OUTPUT

実践 問題 150 の解説

〈軌跡〉

直径 a の円が描く軌跡を示すと，以下の図のようになる。網かけされたところは，直径 a の円が描かれない部分である。

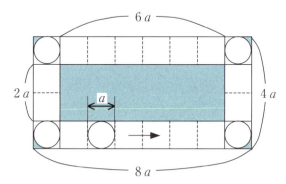

したがって，直径 a の円が描く軌跡の面積は，一辺が a の正方形と，半径が $\frac{a}{2}$ の円を用いて，次のように計算できる。

$$\square \times 16 + \square \times 4 = \square \times 16 + \left(\square \times 3 + \bigcirc \times 1\right)$$

$$= \square \times 19 + \bigcirc \times 1$$

$$= (a \times a) \times 19 + \left(\pi \times \frac{a}{2} \times \frac{a}{2}\right) \times 1$$

$$= 19a^2 + \frac{\pi}{4}a^2$$

$$= \left(19 + \frac{\pi}{4}\right)a^2$$

よって，正解は肢2である。

正答 2

SECTION 5 図形 軌跡

実践 問題 151 応用レベル

問 下図において正三角形ＡＢＰの頂点ＡはＸＯ上を，頂点ＢはＹＯ上を矢印の方向に動くとすると，頂点Ｐはどのような軌跡を描くか。 （裁判所職員2020）

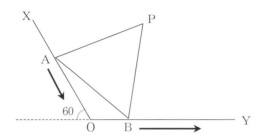

1：

2：

3：

4：

5：

実践 問題 151 の解説

〈軌跡〉

正三角形ＡＢＰの一辺の長さを a とする。

図１より，正三角形ＡＢＰを動かす前，頂点ＢはＯと一致し，頂点Ｐの位置は，ＯＰ＝ a ，∠ＡＯＰ＝60°を満たす位置，つまり，

　　∠ＸＯＹの２等分線上のＯからの長さが a の位置　……①

にある。そこから，図２のようにＢをＯからＹ上を右に移動した状態を考える。

まず，四角形ＯＢＰＡについて考える。∠ＡＯＢ＝120°，∠ＡＰＢ＝60°より，

　　∠ＯＡＰ＋∠ＯＢＰ＝180°

となり，四角形ＯＢＰＡの２組の対角の和がともに180°になっていることから，この四角形の４頂点を通る外接円が存在する（図２）。

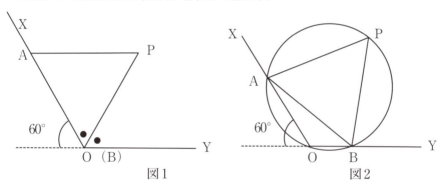

図１　　　　　　　　　　　　　　図２

次に，ＯとＰの２頂点を通る直線 m について考える。Ａを通らない弧ＢＰに対する円周角の定理から，

　　∠ＢＯＰ＝∠ＢＡＰ＝60°

を満たす。よって，直線 m は∠ＸＯＹの二等分線となり，

　　∠ＡＯＰ＝∠ＢＯＰ＝60°

を満たす。このことから，

　　ＢがＯを含むどのＹ上の点であっても，Ｐは∠ＸＯＹの二等分線上にある
　　……②

ことになる（図３）。

最後に，図３のときのＯＰについての長さを考える。そこで，Ｙ上にＯＱ＝ＯＰを満たす点Ｑをとる。②と図３のＱのとり方から，△ＯＰＱは正三角形となる。よって，ＢはＯＱ上にあるため，

SECTION 5 図形 軌跡

OP＞BP＝a
を満たす。このことから,
　OPの長さはaよりも長い
　……③
ことがわかる。

以上より, ①, ②, ③から常に∠XOYの角の2等分線上にあって, OPの長さが変化するPの軌跡は, 肢1のみである。
よって, 正解は肢1である。

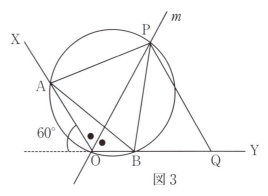

図3

【コメント】

Pの軌跡が線分になることを示すのは難しいため, 無視してもらってもよい。

Pの軌跡が線分であることは, ②であることと, OPの長さに最小値と最大値があることがわかればよい。ここで, OT＝aを満たすY上の点をTとする。BがOあるいはTにあるとき,
　OP＝a
と最も長さが短くなる。また, OB：OT＝1：$\sqrt{3}$を満たす点にBがあるとき, OPは,
　OP＝$\dfrac{2\sqrt{3}}{3}a$
と最も長くなる。

正答 1

memo

第2章　図形

第2章 SECTION 5 図形
軌跡

実践 問題 152 応用レベル

頻出度 地上★★★ 国家一般職★★ 東京都★★★ 特別区★★★
裁判所職員★★ 国税・財務・労基★ 国家総合職★

問 下の図のように，一辺の長さ 3 cm の正六角形の各辺を延長し，得られた交点を結んでつくった図形がある。この図形が，直線と接しながら，かつ，直線に接している部分が滑ることなく矢印の方向に 1 回転したとき，この図形の頂点 P が描く軌跡の長さとして，正しいのはどれか。ただし，円周率は π とする。

(東京都2022)

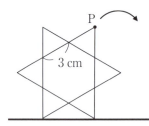

1 : $(6 + 3\sqrt{3})\pi$ cm
2 : $(6 + 4\sqrt{3})\pi$ cm
3 : $(9 + 2\sqrt{3})\pi$ cm
4 : $(9 + 3\sqrt{3})\pi$ cm
5 : $(9 + 4\sqrt{3})\pi$ cm

実践 問題 152 の解説

〈軌跡〉

図形をすべて描いて回転させるとわかりづらくなるため、一部、点Pと回転中心付近のみを描くと、次のようになる。

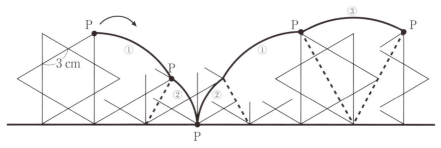

図より、Pの描く軌跡は、①の円弧が2つ、②の円弧が2つ、③の円弧が1つから構成される。

①の円弧は、半径9cm、中心角60°であるから、その長さは、

$$2\pi \times 9 \times \frac{60°}{360°} = 3\pi \text{ (cm)}$$

②の円弧の半径は、一辺3cmの正三角形の高さの2倍であるから、

$$3 \times \frac{\sqrt{3}}{2} \times 2 = 3\sqrt{3} \text{ (cm)}$$

となり、中心角60°であるから、円弧の長さは、

$$2\pi \times 3\sqrt{3} \times \frac{60°}{360°} = \sqrt{3}\pi \text{ (cm)}$$

である。③の円弧の半径は、一辺3cmの正三角形の高さの4倍であるから、

$$3 \times \frac{\sqrt{3}}{2} \times 4 = 6\sqrt{3} \text{ (cm)}$$

となり、中心角60°であるから、円弧の長さは、

$$2\pi \times 6\sqrt{3} \times \frac{60°}{360°} = 2\sqrt{3}\pi \text{ (cm)}$$

したがって、求める軌跡の長さは、

$$①\times 2 + ②\times 2 + ③ = 3\pi \times 2 + \sqrt{3}\pi \times 2 + 2\sqrt{3}\pi$$
$$= (6 + 4\sqrt{3})\pi \text{ (cm)}$$

である。

よって、正解は肢2である。

SECTION 5 図形 軌跡

【コメント】
　題意の図形の直線に接する部分は，Pのように凸の部分の6つの頂点である。1回転するまで，直線に接する2点の間に線を結ぶと，できあがる図形は下図のように長さ$3\sqrt{3}$cmの正六角形になる。つまり，この正六角形を1回転させても同じ結果になる。

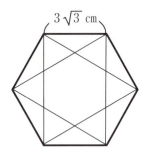

正答 **2**

memo

第2章 図形

第2章 SECTION 5 図形
軌跡

実践 問題 153 応用レベル

頻出度	地上★★★ 国家一般職★★★ 東京都★★ 特別区★★
	裁判所職員★ 国税・財務・労基★ 国家総合職★★

問 図のように一辺が4cmの正方形の中心に半径1cmの球が置いてある。球の最高点Pと正方形の周上の点Qとを結ぶ線分が球面と交わる点をRとする。点Qが正方形の周上を移動したときに点Rが球面上を描く軌跡として妥当なのはどれか。ただし，球の中心にある曲線は正方形と平行で円の中心を通過する平面での切り口である。 (地上2007)

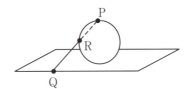

1:

2:

3:

4:

5:

OUTPUT

実践 問題 **153** の解説

〈軌跡〉

まず，点Qが正方形の1辺の中点にある場合(図1)を考えてみる。この場合，点P，Q，Rを含み，正方形に垂直な平面での切断面は，図2のようになる(点Oは球の中心，点Hは点Pから正方形に下ろした垂線の足を表す)。

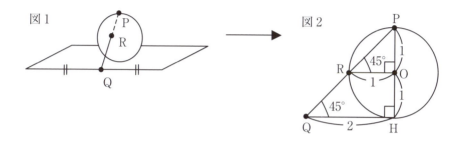

次に，点Qが正方形の頂点にある場合(図3)を考えてみる。この場合，点P，Q，Rを含み，正方形に垂直な平面での切断面は，図4のようになる。

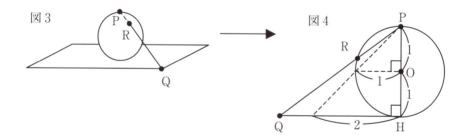

図2，4より，線分HQの長さが長くなるほど，線分PRの長さが短くなることがわかる。

ここで，仮に，点Qが，線分HQの長さを2cmとしたまま球の周りを移動する(図5のように移動する)とすれば，点Rが球面上を描く軌跡は，図6のようになる。

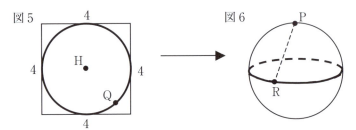

しかし、実際には点Qが正方形の周上を移動するため、線分HQの長さは図5よりも長くなる(ただし、円と正方形の接点の部分は除く)。そのため、線分PRの長さは短くなる。つまり、点Rの描く軌跡は、図6の軌跡よりも上(点P側)に位置することになる。

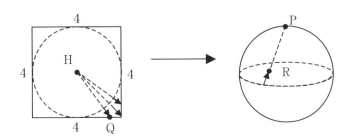

このことから、点Rの描く軌跡が図6の軌跡と同じである肢5、および点Rの描く軌跡が図6の軌跡よりも下(点Pと反対側)に位置している肢2、3は誤りである。
そこで、残った肢1、4について検討する。図1、2より、点Qが正方形の1辺の中点にあるとき、点Rは正方形と平行で円の中心を通過する平面上にある。そして、点Qが正方形の1辺の中点に移動してくる前後において、線分HQの長さは連続的に変化しているため、点Rの描く軌跡はなめらかな曲線になるはずである。したがって、点Rが正方形と平行で円の中心を通過する平面上に位置する前後の軌跡がなめらかな曲線になっていない肢4は誤りである。
よって、正解は肢1である。

OUTPUT

【参考】

　線分PQが作る軌跡を考えると，Pを頂点とし正方形を底面とする四角すいとなる。

　このとき，球は線分PQが作った平面で切断されていることになり，問題文よりRは球と平面の切断線上にある点となる。すなわち，Rの軌跡は，この四角すいで球を切断した切断線となる。

　ここで，球を平面で切断したときの切断面は円となることから，四角すいの側面のある1面について考えると，図のような形となる。

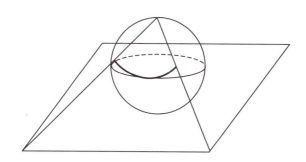

正答 1

SECTION 5 図形 軌跡

実践 問題154 応用レベル

頻出度	地上★★★	国家一般職★★	東京都★★★	特別区★★★
	裁判所職員★	国税・財務・労基★		国家総合職★★

問 図のように，1辺の長さが6 cmの正方形の中心に，その中心を同じくして半径1 cmの円が置かれている。円の周上の点をP，正方形の辺上の点をQとし，点Pと点Qを結んだ線分の中点をRとする。点Pは円の周上を，点Qは正方形の辺上をそれぞれ自由に動くことができるとき，点Rが動くことのできる範囲を網掛けで示したものとして正しいのはどれか。　　　　　　　　　　（国Ⅱ2010）

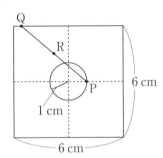

1:

2: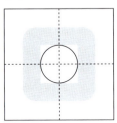

3: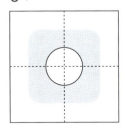

4: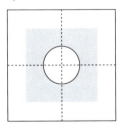

5: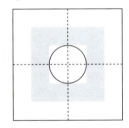

実践 問題 154 の解説

〈軌跡〉

図形をすべて描くのではなく，消去法で検討していく。

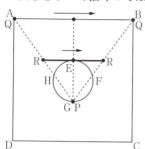

図のように正方形の頂点A～D，円周上の点をE～Hとする。まず，辺ABから最も離れたところにある円周上の点GにPを固定する。QをAからBへ移動させると，中点Rは直線を描く。この時点で肢1がありえないことがわかる。

また，これを他の辺に対して行うと次のようになる。

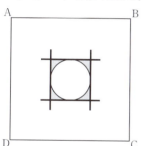

正方形の内側の網掛け部分にはRは動くことができない。したがって，肢3，4もありえないことに気づく。

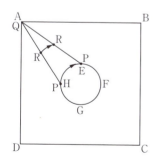

次に，Qを点Aに固定し，PをHからEへ移動させる。すると，Pは円軌道を描くためそれに連動して中点Rも円軌道を描く。これより，領域の外側が直角になることはない。

したがって，この時点で肢5もありえないことがわかる。
よって，正解は肢2である。

正答 2

S第2章ECTION ⑤ 図形
軌跡

実践 問題 155 応用レベル

頻出度	地上★★★	国家一般職★★	東京都★★★	特別区★★★
	裁判所職員★	国税・財務・労基★		国家総合職★★

問 図のように、点Pが三角形ＡＢＣの辺上を、点Qが線分ＤＥ上を自由に動くとき、点Pと点Qを結んだ線分を三等分する二つの点をそれぞれR，Sとする。点Rと点Sを結んだ線分ＲＳが動きうる範囲を示したものとして最も妥当なのはどれか。

なお、辺ＡＢと辺ＢＣの長さは等しく、また、点Bは、点Aと点Eを結んだ直線と、点Cと点Dを結んだ直線の交点の位置にある。

(国家一般職2012)

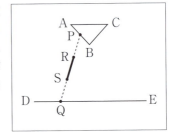

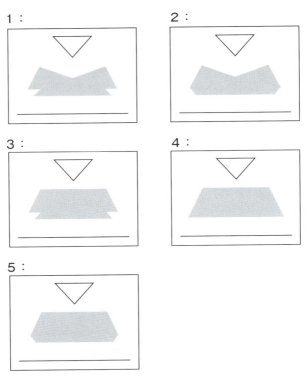

実践 問題 155 の解説

〈軌跡〉

点Pおよび点Qの片方を固定して, 線分RSの動きうる範囲を考える。

① PをAに固定してQがDE上を動くとき　② PをCに固定してQがDE上を動くとき

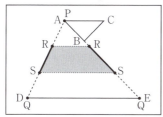 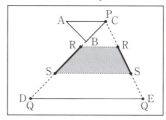

③ QをDに固定してPがAB上を動くとき　④ QをEに固定してPがBC上を動くとき

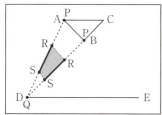 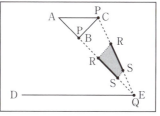

⑤ PをBに固定してQがDE上を動くとき

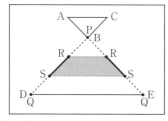

①〜⑤を重ねると次のようになる。

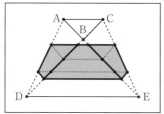

よって, 正解は肢5である。

正答 5

第2章 SECTION 5 図形
軌跡

実践 問題 156 応用レベル

頻出度	地上★★	国家一般職★	東京都★★	特別区★★★
	裁判所職員★★	国税・財務・労基★		国家総合職★★

問 次の図のように，半径 $6a$，中心角90°の扇形が直線上を矢印の方向に滑ることなく1回転したとき，図中の点Pが描く軌跡として最も妥当なのはどれか。

（特別区2021）

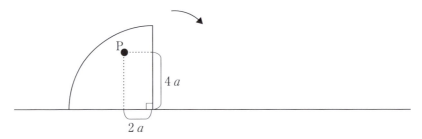

1 :

2 :

3 :

4 :

5 :

OUTPUT

実践 問題 **156** の解説

〈軌跡〉

問題の扇形が1回転する過程を次の4種類に分けて考えることができる。4種類の異なる曲線を2点間に①~④で表現する。

①：半径 $2\sqrt{5}\,a$，中心角90°の扇形の弧
②：半径 $2\sqrt{2}\,a$，中心角90°の扇形の弧
③：動く扇形を動く円の一部とみなしたとき，
　　動く円の半径が $6a$，描画点の半径が $2\sqrt{5}\,a$ のトロコイド
④：半径 $4\sqrt{2}\,a$，中心角90°の扇形の弧

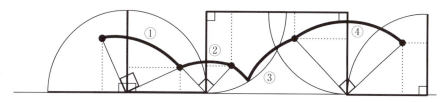

よって，正解は肢3である。

【コメント】

トロコイドは，動く円の円周より内部の点Pが動くときにできる軌跡である。トロコイドの概形は下の図のようになる。

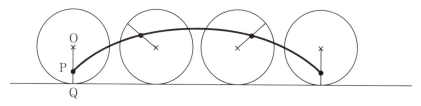

トロコイドの概形は，サイクロイドを縦に縮めた曲線と思っていただいてよい。また，Pが動く円の内部にあるとき，概形は床に接しないというのも特徴である。動く円の半径がOQ，描画点の半径がOPである。

正答 3

第2章 SECTION 6 図形
円の回転数

必修問題 セクションテーマを代表する問題に挑戦！

円が円のまわりを回転する問題には公式があります。まずはそれを覚えましょう。また，本問は有名なパターン問題です。解法の流れを丸ごと暗記してしまいましょう。

問 次の図のように，同じ大きさの三つの円が接している。円Aが円B，円Cの周りを滑ることなく回転してDの位置まできたとき，円Aの矢印の向きはどれか。ただし，円B，円Cは固定されているものとする。　　　　　　　　　　　　　　（特別区2004）

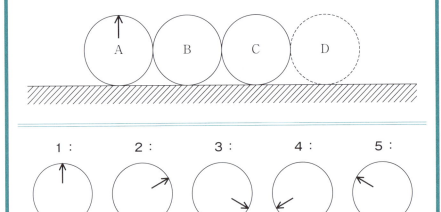

直前復習

頻出度	地上 ★	国家一般職 ★	東京都 ★★	特別区 ★
	裁判所職員 ★	国税・財務・労基 ★		国家総合職 ★

チェック欄		
1回目	2回目	3回目

必修問題の解説

〈円の回転数〉

　ある円Aを，固定された別の円の周りで，すべらないように回転させることを考える。円Aと円Bが同じ大きさのとき，円Aは，円Bの周りを1周すると，1 + 1 = 2回転する。円Bの半径が円Aの半径の n 倍の大きさのとき，円Aは，$n + 1$ 回転する。このことを利用して，この問題を考える。

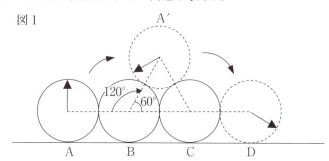

図1

　まず，円Aが円Bの上を転がって，図1のA′の位置まで移動したときを考える。このとき，円Aは，円Bの円周の $\frac{1}{3}$（120°）にあたる長さを移動したことになる。円Aと円Bは同じ大きさであるから，円Bの周りを1周したときに，円Aは 1 + 1 = 2（回転）する。ここでは $\frac{1}{3}$ 周だけしているため，比を考えて $\frac{1}{3} + \frac{1}{3} = \frac{2}{3}$（回転）することになる。

　次に，円Aが円Cの上を転がって，図1のA′の位置からDの位置まで移動したときを考える。このとき，円Aは，図形の対称性よりAからA′までと同じだけ回転することになるため，さらに $\frac{2}{3}$ 回転することになる。

　以上より，円Aは合計で $\frac{2}{3} + \frac{2}{3} = 1\frac{1}{3}$（回転）することになる。

　よって，正解は肢3である。

正答 3

SECTION 6 図形 円の回転数

1 円の場合

　大円の外側あるいは内側を小円が滑ることなく回転するとき、小円の円周上の1点の軌跡は、「サイクロイド」の1種である曲線になる。ただし、大円と小円の半径の比が2：1で、小円が大円の内側を回転するときは例外で、小円の円周上の1点の軌跡は、大円の直径となる。

(1) 大円の内側を小円が回転するとき

大円と小円の半径の比が2：1のとき　　大円と小円の半径の比が3：1のとき

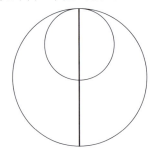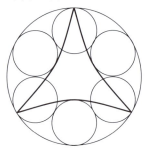

(2) 大円の外側を小円が回転するとき

大円と小円の半径の比が2：1のとき　　大円と小円の半径の比が3：1のとき

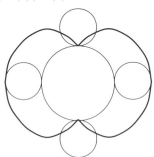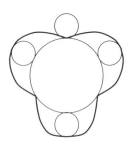

2 円の移動

　固定された円Oの円周を円Aが接しながら回転するものとする。
　円Oの半径を m、円Aの半径を n とすると、

　①円Oの外部を円Aが1周するとき、円Aは $\frac{m}{n}+1$ 回転する。

　②円Oの内部を円Aが1周するとき、円Aは $\frac{m}{n}-1$ 回転する。

　円Aが p 周したのであれば、上の式に p 倍すればよい。

INPUT

(例)下の図のように，同一平面上で直径$3a$の大きい円に，「A」の文字が描かれた直径aの円盤Aが外接し，「B」の文字が描かれた直径aの円盤Bが内接している。円盤Aと円盤Bがそれぞれ，アの位置から大きい円の外側と内側に接しながら，かつ，接している部分が滑ることなく矢印の方向に回転し，大きい円を半周してイの位置にきたときの円盤Aと円盤Bのそれぞれの状態を描くと，どのようになるか。

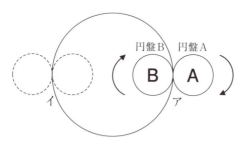

(解説)

直径$3a$の大きい円を円盤Cとする。円盤Aが円盤Cの外側を半周するとき，円盤Aの回転数は，

$$\left\{\left(\frac{3}{2}a \div \frac{1}{2}a\right) + 1\right\} \times \frac{1}{2} = 2 \text{（回転）}$$

である。

同様に，円盤Cの内側を円盤Bが半周するとき，円盤Bの回転数は，

$$\left\{\left(\frac{3}{2}a \div \frac{1}{2}a\right) - 1\right\} \times \frac{1}{2} = 1 \text{（回転）}$$

である。

どちらも回転数が整数であるため，円盤の向きは元の向きと同じになる。

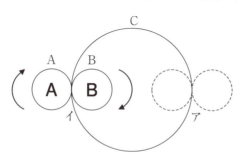

第2章 SECTION 6 図形
円の回転数

実践 問題 157 基本レベル

頻出度 地上★★ 国家一般職★ 東京都★★ 特別区★
裁判所職員★ 国税・財務・労基★ 国家総合職★

問 下の図のように，半径3の円板A～Fを並べて，円板の中心が一辺の長さが6の正六角形の頂点となるように固定する。半径3の円板Gが，固定した円板A～Fと接しながら，かつ接している部分が滑ることなく，矢印の方向に回転し，1周して元の位置に戻るとき，円板Gの回転数として，正しいのはどれか。

(東京都2020)

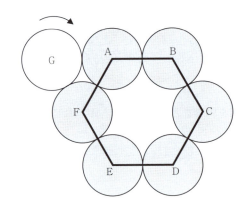

1：2回転
2：4回転
3：6回転
4：8回転
5：10回転

OUTPUT

実践　問題 157 の解説

〈円の回転数〉

ある半径の円が、同じ半径の円周上を接しながら回るとき、半周すると1回転する。

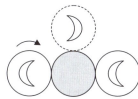

右下図のように、2つの円板FとAに接した状態①から、円板Gを円板Aに接しながら動かしていき、2つの円板AとBに接する状態②まで回転させる。そのとき、円板Gは、円板Aの周りを120°回転したことから、

$$1(回転) \times \frac{120°}{180°} = \frac{2}{3}(回転)$$

することになる。

以上より、A～Fの6つの円板上を接しながら1周するGは、

$$\frac{2}{3} \times 6 = 4(回転)$$

することになる。

よって、正解は肢2である。

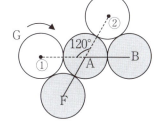

【別解】

上の図で、円板Gが①から②の状態まで回転したとき、円板Gの中心が描く円弧の長さは、

$$6 \times 2 \times \pi \times \frac{120°}{360°} = 4\pi$$

となる。

円板Gが1周するまでに、その中心の軌跡は、4πの長さの円弧を6つ、合計24πの長さになる。

円板Gの円周の長さは6πであるから、Gが1周すると、

$$24\pi \div 6\pi = 4(回転)$$

することになる。

正答 2

SECTION 6 図形 円の回転数

実践 問題 158 基本レベル

頻出度 地上★ 国家一般職★ 東京都★★ 特別区★
裁判所職員★ 国税・財務・労基★ 国家総合職★

問 下図のように，同一平面上で，直径4Rの円Zに，半分が着色された直径Rの円X及び直径$\frac{3}{2}$Rの円Yが，アの位置で接している。円X及び円Yが，それぞれ矢印の方向に円Zの円周に接しながら滑ることなく回転し，円Xは円Zを半周してイの位置で停止し，円Yは円Zを$\frac{3}{4}$周してウの位置で停止したとき，円X及び円Yの状態を描いた図の組合せとして，正しいのはどれか。 （東京都2014）

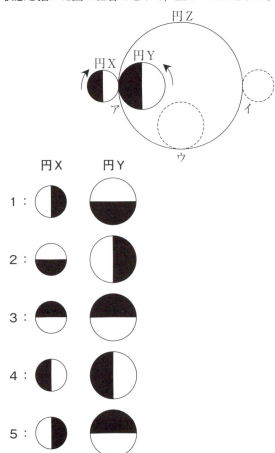

実践 問題 158 の解説

〈円の回転数〉

円Xと円Z、円Yと円Zについて、それぞれ回転数を確認する。

円Xは直径がRであるから、半径は$\frac{1}{2}$Rであり、円Zは直径が4Rであるから、半径は2Rである。

したがって、円Xが円Zの外側をイの位置まで半周する場合には、

$$\frac{1}{2} \times \left(\frac{2R}{\frac{1}{2}R} + 1 \right) = \frac{1}{2} \times (4 + 1) = \frac{5}{2}（回転）$$

となる。

円Xをイの位置にもっていき、時計回りに$\frac{5}{2}$回転させると、図のようになる。

円Yは直径が$\frac{3}{2}$Rであるから、半径は$\frac{3}{4}$Rである。

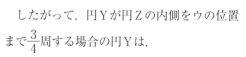

したがって、円Yが円Zの内側をウの位置まで$\frac{3}{4}$周する場合の円Yは、

$$\frac{3}{4} \times \left(\frac{2R}{\frac{3}{4}R} - 1 \right) = \frac{3}{4} \times \left(\frac{8}{3} - 1 \right) = \frac{5}{4}（回転）$$

することになる。

これより、円Yをウの位置にもっていき、反時計回りに$\frac{5}{4}$回転させると、図のようになる。

よって、正解は肢1である。

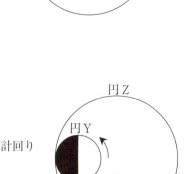

正答 1

SECTION 6 図形 円の回転数

実践 問題 159 基本レベル

問 半径比が1：2：4の円A，B，Cが互いに下図のように接していて，円Aには模様がついている。この状態から，円Aは円Bの内側を，円Bは円Cの外側をそれぞれ滑ることなく矢印の向きに同じ速さで転がっていく。円Bが点線の位置まで転がったときの円Aの模様はどのようになるか。 （裁判所職員2021）

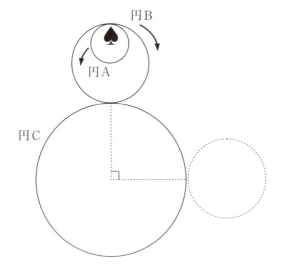

1： 2： 3： 4： 5：

OUTPUT

実践 ▶ 問題 159 の解説

〈円の回転数〉

円A，円B，円Cの半径の長さをそれぞれ a，$2a$，$4a$ とおく。
ここで，円C上を円Bが回転することを考える。

まず，円Bのみを回転させる。つまり，円Bが最初の位置から円Cを $\frac{1}{4}$ 周した状態を考える。

円Cの外側を回転している円Bは，円Cの周りを1周すると，

$\frac{4a}{2a} + 1 = 3$（回転）

することから，$\frac{1}{4}$ 周では時計回りに $\frac{3}{4}$（回転）することになる。このときの円Bの状態は下の図のようになる。

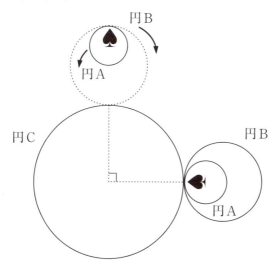

次に，円Aを円Bの周りを回転することを考える。

円Aと円Bが同じ速さで回転しているとの条件より，円Aの移動距離と円Bの移動距離は等しいことがわかる。そして，円Bが円Cの円周を $\frac{1}{4}$ 周した距離 $2\pi a$ は，円Bの円周の半分の長さに等しく，円Aは円Bの内側を $\frac{1}{2}$ 周することがわかる。

円Bの内側を回転している円Aは，円Bを1周すると，

第2章 SECTION 6 図形 円の回転数

することから、$\frac{1}{2}$周では、$\frac{1}{2}$回転することになる。

以上より、円Bが点線の位置まで転がったときの円Aの状態は下の図のようになる。

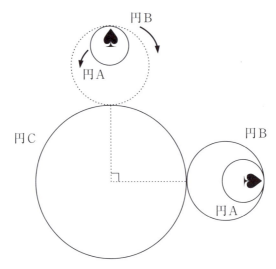

よって、正解は肢3である。

正答 3

memo

第2章

図形

527

第2章 SECTION 7 図形
平面図形の分割・構成

必修問題 セクションテーマを代表する問題に挑戦！

パズル，折り紙など平面に関する問題について学習していきます。立体に比べ出題形式が多く，非典型問題が多いのが特徴です。

> 問 次の図のような，小さな正方形を縦に4個，横に6個並べて作った長方形がある。今，小さな正方形を6個並べて作った1～5の5枚の型紙のうち，4枚を用いてこの長方形を作るとき，**使わない型紙**はどれか。ただし，型紙は裏返して使わないものとする。
>
> （特別区2009）

直前復習

必修問題の解説

〈平面図形の分割・構成〉

平面図形の構成の問題は，実際にパーツをあてはめていくことになる。手順としては，できるだけ単純なパーツを端からあてはめていくとよい。その際，次のパーツをあてはめられるように工夫することが大切である。

本問では，肢3のパーツが最も単純なパーツであり，あてはめやすい。そこで，最初にこれをあてはめることを考える。その際，あてはめ方にいくつかのパターンが考えられる。たとえば，下の図1，2などが考えられる。しかし，図2では，残りのパーツが入らないことが明らかである。

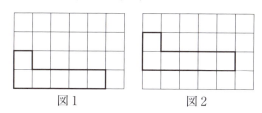

図1　　　　　図2

図1の場合に残りのパーツをあてはめることができるか検討すると，あてはめることができないことがわかる。

また，肢3のパーツを，図1の位置から右に1マス分移動させた場合も残りのパーツをあてはめることができない。

以上より，肢3のパーツを使って長方形を作ることができないことがわかる。

よって，正解は肢3である。

なお，肢3以外のパーツで長方形を作ると，以下のようになる。

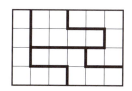

正答 3

第2章 SECTION 7 図形
平面図形の分割・構成

　平面図形の分割・構成の問題は，設定自体は単純であることが多いが，時間を要する問題が多い。その理由は，作業が煩雑であることや，注意力が必要である。
　したがって，この分野の問題を解くには，各パターンごとに作業手順を確立しておき，作業中に注意力を途切れさせないことが必要である。
　また，図形問題の解法パターンに慣れるまでは，自分で図形を描いてみることも大切なことである。

1 図形の個数

　大きな図形がいくつかの小さい図形を含むときに，条件にあてはまる図形の数を数え上げる問題がこれに該当する。このような問題を解くには，素直に数え上げるのが最も速い。
　ただし，漫然と数えたのでは，数え落としや，重複して数えるおそれがあるため，基準を決めて数える必要がある。図形の向きと大きさを基準として分類し，順に数えるとよい。1つひとつ図形を数えると，大変であるため，なるべく計算を入れていくと，数え落としや，重複して数えることもなくなる。

2 折り紙

　折り紙の問題では，折れ線に対して対称な図形ができることを利用して解いていく。
　折りたたんだ紙の一部を切り抜き，再び広げたときの模様を考える問題が有名である。このような問題では，最後の図から，順に，逆戻りしながら，始めの図を復元するのが最も確実な方法である。その際，頭で考えるだけでなく，実際に図を描いて考えるほうがよい。

(例) 正方形の紙を図のように点線に従って折り，斜線の部分を切り取る。再び紙を広げたときの模様を描きなさい。

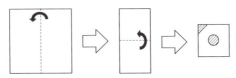

(解説)
　逆に広げながら模様を記入していく。模様は，折れ線を軸に対称な箇所に，対称な形で現れる。

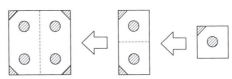

INPUT

3 パズル

図形の小片を組み合わせて，1つの図形を完成させる問題がある。ポイントは，以下に挙げるとおりである。

① 接合する辺どうし，角どうしの関係など限定性の強い図形に着目して組み合わせていく。
② 構成する図形の枚数(たとえば，小さい正方形の枚数)に着目する。
③ 特徴のある形を利用して選択肢を消去していく。

パズルの問題を考えるとき，実際は試行錯誤しながらあてはめていくことになる。夢中になりすぎて，**時間を使いすぎないように注意すること**。

(例) 図A，Bのような図形を合計10枚使い，長方形を完成させる。できた図形が下図のようなもののとき，A，Bを使った枚数の組合せを求めよ。

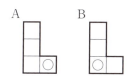
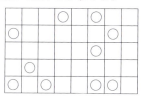

(解説)

まず，図の左上，左下など図形が確定しやすいところに関してA，Bを埋めていく。

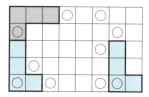
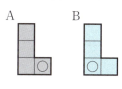

引き続いて同様に，中央上部，右上など確定しやすいところにA，Bを埋めていく。

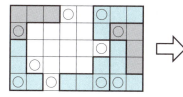
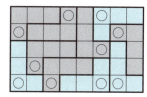

図より，Aは6枚，Bは4枚使用している。

SECTION 7 図形 平面図形の分割・構成

実践　問題 160　基本レベル

頻出度	地上★★★	国家一般職★★★	東京都★★★	特別区★★★
	裁判所職員★★	国税・財務・労基★★★	国家総合職★	

問 一辺の長さが1の正三角形を2つ組み合わせた図Ⅰのようなタイルがある。さらに，この正三角形と同じ大きさで区切られた図Ⅱのような32マスの盤面を作る。Aにタイルをのせずに，区切りに沿ってタイル15枚を敷きつめると，A以外の31マスのうち1マスだけタイルがのらない部分ができる。このとき，B～Fのうち，必ずタイルがのる部分はいくつあるか。　　　　（裁事2007）

図Ⅰ
タイル

図Ⅱ
盤面

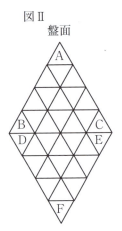

1 : 1個
2 : 2個
3 : 3個
4 : 4個
5 : 5個

OUTPUT

実践 問題 **160** の解説

〈平面図形の分割・構成〉

　まず，AとFにタイルをのせない敷き詰め方を考えると，その1つとして，図1を考えることができる。

　以下は，Fにタイルがのる場合について考えていく。

　次に，AとBにタイルをのせない敷き詰め方について考える。すると，DとFにタイルをのせる方法は図2のように決定してしまい，着色した部分にタイルをのせる方法がないため，不適である。また，Aの上の頂点とFの下の頂点を結ぶ直線 m によって裏表が反対になるように回転させると，AとCをのせない敷き詰める方法もなく，不適であるとわかる。

　この結果，BとCには必ずタイルがのることになる。

　最後に，AとDにタイルをのせない敷き詰め方は図3を考えることができる。また，直線 m によって裏表が反対になるように回転させると，AとEにタイルをのせない敷き詰め方もつくることができる。

　以上より，必ずタイルがのる部分はBとCの2つである。

　よって，正解は肢2である。

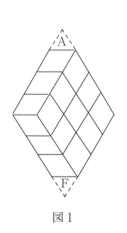

図1

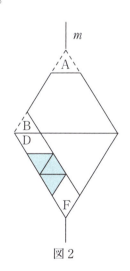

図2

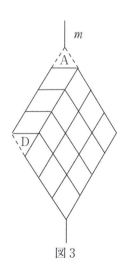

図3

正答 2

第2章 SECTION 7 図形
平面図形の分割・構成

実践 問題 161 基本レベル

頻出度	地上★★★ 国家一般職★★★ 東京都★★★ 特別区★★★
	裁判所職員★★ 国税・財務・労基★★★ 国家総合職★

問 図のような模様が描かれた透明のシートがある。このシートを同じ大きさの4枚の正方形のシートに分割し，**分割した4枚のシートを全て裏返した**。このとき，裏返した4枚のシートの模様について，**あり得ない**ものとして最も妥当なのはどれか。
ただし，回転させたシートは同一のものとみなす。　（国税・財務・労基2022）

図

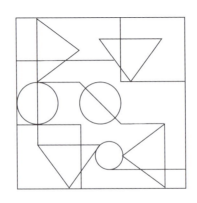

1 :

2 :
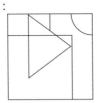

3 :

4 :

5 :

OUTPUT

実践 問題 161 の解説

〈平面図形の分割・構成〉

問題文の「裏返す」とは，元の図形に対し，
① 左右の辺の関係を入れ替える
② 上下の辺の関係を入れ替える

のいずれかである。しかし，左右の方向の入れ替えは，上下方向を入れ替えて，180°回転させても得ることができる。本問題はシートの回転が可能であるから，裏返す行為は上下の辺の関係を入れ替えることとしてよい。

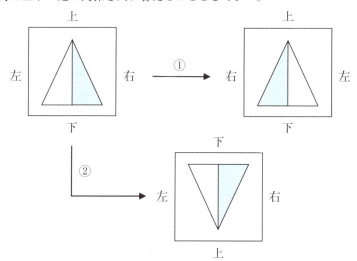

そこで，問題図の4つの辺に上下左右の文字を入れて，分けた4つの領域をそれぞれア～エとする。

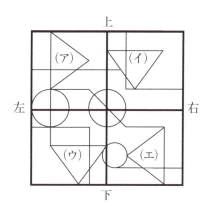

平面図形の分割・構成

図全体には，大きな円が2つ，小さな円が1つ，各領域に三角形が1つずつある。そこで，5つの選択肢が，上のどの領域にあったもので，裏返すことでどのように配置されているのかを検討することにする。

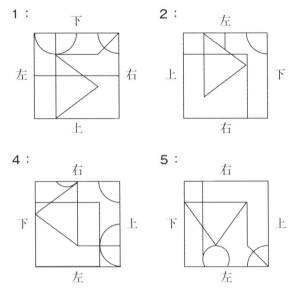

1 ○ 大きな円の一部の図形が2つと三角形1つから，(ア)の領域のシートを上下反転させて，得られた図形と考えられる。

2 ○ 大きな円の一部の図形が1つ，三角形が1つから，(イ)の領域のシートを上下反転させて，時計回りに90°回転させた図形と考えることができる。

4 ○ 大きな円の一部の図形が2つ，小さな円の一部の図形が1つ，そして三角形1つから，(ウ)の領域のものを，上下を反転させて，反時計回りに90°回転させた図形と考えることができる。

5 ○ 大きな円の一部の図形が1つ，小さな円の一部の図形が1つ，そして三角形1つから，(エ)の領域のものを，上下を反転させて，反時計回りに90°回転させた図形と考えることができる。

したがって，あり得ないものは，肢3の図形であるとわかる。
よって，正解は肢3である。

正答 3

memo

第2章　図形

SECTION 7 図形 平面図形の分割・構成

実践 問題 162 基本レベル

問 下図のようなA〜Eの5個の図形から4個を選んで、すき間なく、かつ重なり合うことなく並べ合わせて正方形をつくるとき、**必要でない図形として**、妥当なのはどれか。ただし、いずれの図形も裏返さないものとする。（東京都2014）

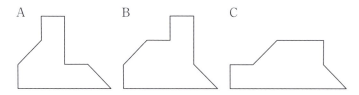

1 : A
2 : B
3 : C
4 : D
5 : E

OUTPUT

実践 問題 162 の解説

〈平面図形の分割・構成〉

次のように，各図形の面積を求める。

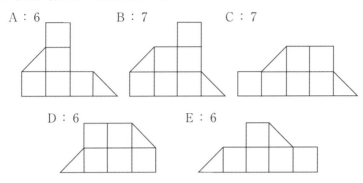

図より5つの図形の面積の合計は，

6 ＋ 7 ＋ 7 ＋ 6 ＋ 6 ＝ 32

である。ここで，面積が32よりも小さい正方形として考えられるものは，25，16，…があるが，16であるとすると，必要でない枚数が1枚ということに矛盾してしまうため，作る正方形の面積は25となり，必要でない図形は面積が7のBまたはCとなる。

ここで，B，C以外の図形の中で，Eの図形に着目をする。Eは長さが5の辺を持っているため，下図のように，作る正方形の1辺となるか，どこかの1列となる。さらに，太線部分に着目をすると，この部分にあてはまるのは，Cのみであることがわかる。

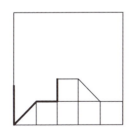 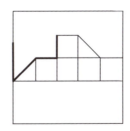

したがって，Cは使うことから，必要でない図形はBであることがわかる。

平面図形の分割・構成

実際に組み合わせてみると，下図のようになる。

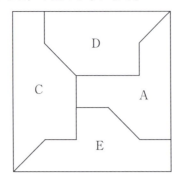

よって，正解は肢2である。

正答 2

memo

第2章 図形

SECTION 7 図形
平面図形の分割・構成

実践 問題163 　基本レベル

頻出度　地上★★★　国家一般職★★★　東京都★　　特別区★
　　　　裁判所職員★★　国税・財務・労基★★★　国家総合職★

問　正方形5枚を使って下のA〜Lの12種類のピースを作った。これらの中の異なる2枚のピースを使い，図形Mの中に埋め込むことを考える。どのピースも裏返して使ってよいこととするとき，正しくいえるのは次のうちどれか。

（裁判所職員2023）

1：AからLのピースの中で埋め込みに使えないのは5枚である。
2：Cのピースを使う埋め込み方は2通りである。
3：Dのピースを使う埋め込み方は3通りである。
4：Eのピースを使う埋め込み方は4通りである。
5：埋め込み方は全部で6通りである。

OUTPUT

実践　問題 163 の解説

〈平面図形の分割・構成〉

Mの中の正方形の位置を①～⑩とする。

JをMに埋め込んでみる。Jの最大幅は4であるから、Jの埋め込み方は次の2通り考えられる。

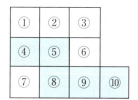

左側の図の場合、①～③の正方形のグループと⑦・⑧の正方形のグループの2つに分かれる。右側の図の場合、①～③・⑥のグループと⑦のみのグループの2つに分かれる。このため、Mの埋め込みにJを使うことはできない。

ここで、選択肢を検討していく。

1 × AからLのうちMの埋め込みに使えないのは、Aは自明、Jは上記のとおり、KとLも上記と同じ理由でMに埋め込むことができない。よって、該当するのは4種類である。

2 ○ Cの縦の長さが4であるから、Cのピースを使う埋め込み方は2通り考えることができる。該当するのがCとD、CとEである。

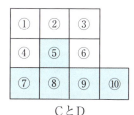

CとD　　　　　　　CとE

3 × Dのピースを使う埋め込み方は、肢2の左図のCとD、およびDとIの2通りの組合せしかない。

 図形
平面図形の分割・構成

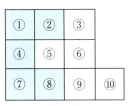

DとI

4 × Eのピースを使う埋め込み方は，肢2の右図のCとE，BとE，EとF，EとG，EとHの合計5通りある。

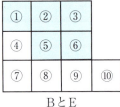

BとE   EとF

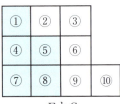   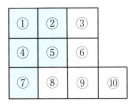

EとG   EとH

5 × 肢2〜肢4の解説から，Mに埋め込む場合の数は7通りある。

正答 **2**

memo

第2章 図形

545

第2章 SECTION 7 図形
平面図形の分割・構成

実践 問題 164 基本レベル

[問] 図1のような五角形の将棋の駒を，図2の実線部分のように3枚を1組として，角どうしが接するように並べ続けたとき，環状になるために必要な駒の枚数として，正しいのはどれか。 （東京都2017）

図1

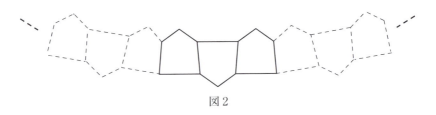

図2

1： 60枚
2： 72枚
3：108枚
4：120枚
5：135枚

OUTPUT

実践 問題 **164** の解説

〈平面図形の分割・構成〉

まず,問題で与えられた将棋の駒について,その頭を切り落とした図形を考えると,図3のような等脚台形となる。

図3

これを下のように並べ続けたとき,駒の頭の部分は関係しないため,図2の図形は,図3の図形を並べ続けたと考えることができる。

すると,図4のようになり,3枚の1組を並べるごとに環の外側の辺が傾く角度は,

　　$180° - 85° \times 2 = 10°$

である。

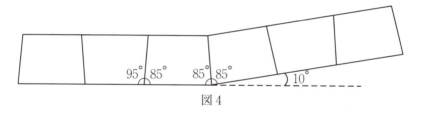

図4

この傾きが全部で360°になったときに,全体の図形が環状となる。したがって,

　　$360° \div 10° = 36 (組)$

の駒を並べると環状になる。このとき,将棋の駒は全部で,

　　$36 \times 3 = 108 (枚)$

並んでいる。

よって,正解は肢3である。

正答 **3**

第2章 SECTION 7 図形
平面図形の分割・構成

実践 問題 165 〈基本レベル〉

問 下の図は，正方形の折り紙を図Ⅰ〜図Ⅳの順に点線を谷にして折り畳んだ後，図Ⅴに示す黒く塗りつぶした部分を切り取ったときの状態を示している。下図の折り紙を広げたとき，折り紙にあいている穴の数として，正しいのはどれか。ただし，折り畳む際，折り紙は回転させず，裏返さない。　　　　（大阪府2010）

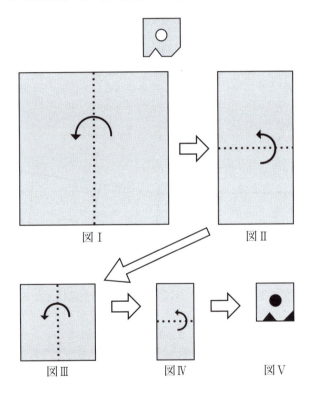

1：20
2：24
3：28
4：32
5：36

OUTPUT

実践　問題 165 の解説

〈平面図形の分割・構成〉

　紙を折った状態で一部分を切り取った場合に関する問題では，折った手順を1回ずつ前に戻しながら，その切り取った部分がどうなっているかを順番に考えていけばよい。

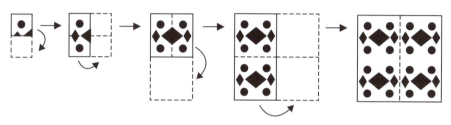

　上の図より，折り紙を広げたとき，折り紙にあいている穴の数は，28個である。よって，正解は肢3である。

正答 3

第2章 SECTION 7 図形
平面図形の分割・構成

実践 問題 166 基本レベル

頻出度	地上★★★	国家一般職★★★	東京都★★★	特別区★★★
	裁判所職員★★	国税・財務・労基★★★	国家総合職★	

問 図Ⅰのように，縦・横それぞれに，破線を引いた正方形の紙があり，右上の角を点Aとおく。いま，波線に沿って正方形の紙を，1辺がもとの長さの4分の1になるように折り，図Ⅱのように点Aを共有する2つの辺の中点を結ぶ線にハサミを入れた。黒塗りの部分を開いたところ，いくつかの紙片に分かれたが，この紙片の形と枚数として，正しいものはどれか。　　　　　　　　　（地上2011）

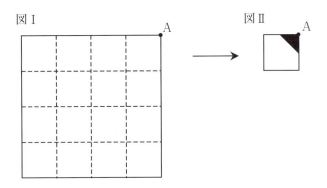

1：三角形のみが8枚
2：三角形のみが9枚
3：三角形が4枚と四角形が4枚の計8枚
4：三角形が4枚と四角形が5枚の計9枚
5：三角形が8枚と四角形が1枚の計9枚

実践 問題 166 の解説

〈平面図形の分割・構成〉

　紙を折った状態で一部分を切り取った場合に関する問題では，折った手順を1回ずつ前に戻しながら，その切り取った部分がどうなっているかを順番に考えていけばよい。

　本問では，下の図のようになる。なお，本問では，折る手順が指定されていないため，下の図の折る手順は一例にすぎないが，これ以外の折る手順であっても答えは同じになる。

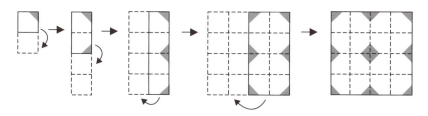

　上の図より，三角形が8枚と四角形が1枚の計9枚の紙片に分かれることがわかる。

　よって，正解は肢5である。

正答 5

第2章 SECTION 7 図形
平面図形の分割・構成

実践 問題 167 基本レベル

[問] 下図のように，同じ大きさの正方形の板A，Bがあり，それぞれの板には同じ大きさの正方形の穴があいている。板Bを90度ずつ回転させて板の角が合うように板Aと重ねたとき，一致する穴の最も少ない数として，正しいのはどれか。ただし，板は裏返さないものとする。 （東京都2013）

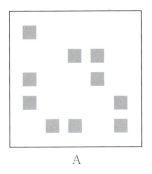
A

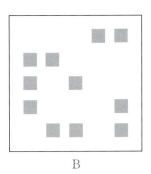
B

1 : 2
2 : 3
3 : 4
4 : 5
5 : 6

OUTPUT

実践 問題 167 の解説

〈平面図形の分割・構成〉

板Bを，回転させなかったものと，時計回りに90度，180度，270度回転させたものを，それぞれ板Aと重ねて一致する穴の数を調べる。ただし，以下に示した板Aと板Bを重ねた図は，一致する穴の重なりが見やすいように，少しずらして表してある。

図1　板Bを，回転させないで重ねたとき
　　　このとき，一致する穴は丸で囲んだ6つである。

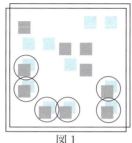

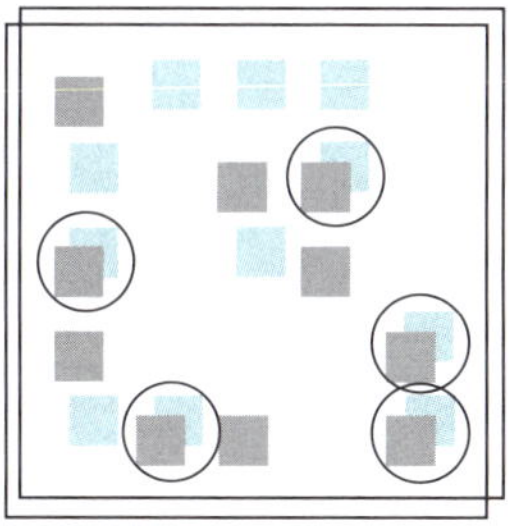

図2　板Bを，時計回りに90度回転させて重ねたとき
　　　このとき，一致する穴は丸で囲んだ5つである。

図3　板Bを，時計回りに180度回転させて重ねたとき
　　　このとき，一致する穴は丸で囲んだ3つである。

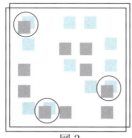
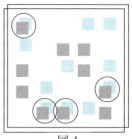

図4　板Bを，時計回りに270度回転させて重ねたとき
　　　このとき，一致する穴は丸で囲んだ4つである。

したがって，一致する穴の最も少ないのは，図3の場合の3つである。

よって，正解は肢2である。

正答 2

第2章 SECTION 7 図形
平面図形の分割・構成

実践 問題 168 基本レベル

問 ある正方形の紙の表裏には，同じ大きさのマス目が描かれている。今，図Ⅰのように1～36の数字を表面に記入した後，図Ⅱのように点線に従って4回折り，斜線部を切り取ったとき，切り取った紙片の数字の和はどれか。　（特別区2018）

1	2	3	4	5	6
20	21	22	23	24	7
19	32	33	34	25	8
18	31	36	35	26	9
17	30	29	28	27	10
16	15	14	13	12	11

図Ⅰ

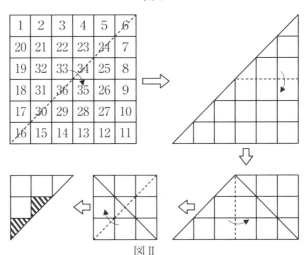

図Ⅱ

1 ： 144
2 ： 154
3 ： 158
4 ： 162
5 ： 166

OUTPUT

実践 問題 **168** の解説

〈平面図形の分割・構成〉

　図のように，問題の折り方をさかのぼりながら，切り取られた紙片の位置（○印）を追跡していく。

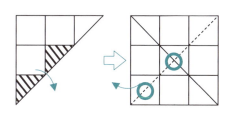
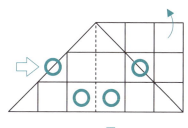
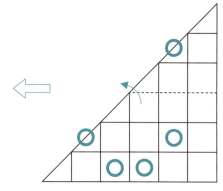
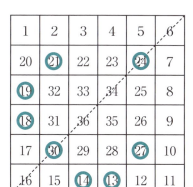

図

　図より，切り取られた紙片に書かれた数字は，13，14，18，19，21，24，27，30となる。したがって，その和は，

　　$13 + 14 + 18 + 19 + 21 + 24 + 27 + 30 = 166$

である。

　よって，正解は肢5である。

正答 5

第2章 SECTION 7 図形
平面図形の分割・構成

実践 問題 169 基本レベル

問 次の図のような正方形の紙がある。この紙を続けて5回折ってから元のように開いたところ，図の点線のような折り目ができた。このとき，4回目にできた折り目はどれか。　　　　　　　　　　　　　　　（特別区2016）

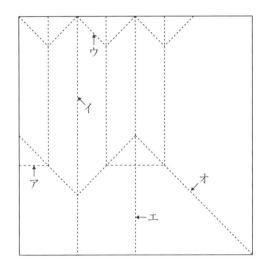

1：ア
2：イ
3：ウ
4：エ
5：オ

OUTPUT

実践 問題 **169** の解説

〈平面図形の分割・構成〉

ある折れ線を軸にして左右対称となっている折れ線は、軸となっている折れ線よりも後に折られた線であることを利用して考えていく。

図にカ〜クを次のように決める。

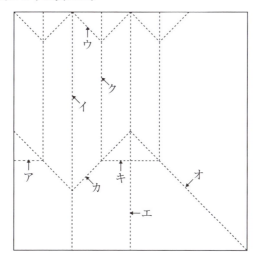

まず、イとウについてみると、ウはイに対して対称な線を持つため、ウはイより後に折られたことがわかる。

次に、エとオを比較すると、オはエより後に折られたことがわかる。さらに、オとカは同じ回に折られた線となるが、カとイを比較すると、カはイより後に折られたことがわかる。

さらに、アとイを比較すると、アとキが対称であることから、アはイよりも後に折られた線となり、キとカを比較すると、キとクが対称となるため、キはカよりも後に折られた線となる。

最後に、クとウを比較すると、ウはクに対して対称となる線を持つために、ウはクよりも後に折られたことがわかる。

以上より、1回目と2回目に折られたのはイとエになり、順番は決まらず、3回目に折られたのはオ、4回目に折られたのはア、5回目に折られたのがウとなる。

よって、正解は肢1である。

正答 1

第2章 SECTION 7 図形
平面図形の分割・構成

実践 問題 170 基本レベル

頻出度	地上★★★　国家一般職★★★　東京都★★★　特別区★★★
	裁判所職員★★　国税・財務・労基★★★　国家総合職★

問 図の中にある三角形の数として正しいのはどれか。　　　　　（東京都2002）

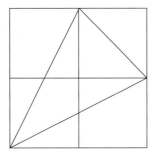

1 ： 12
2 ： 13
3 ： 14
4 ： 15
5 ： 16

実践 問題 170 の解説

〈平面図形の分割・構成〉

斜めの線に着目しながら数えもらしのないように，三角形の数を数えていく。

まず，図1の太線を含む三角形を調べていくと，ア～オの5つの網掛けの三角形を見つけることができる。

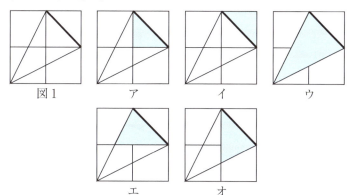

次に，図2の2本の太線のうち少なくとも1本を含むように，そして図1の太線を含まないように三角形を調べていくと，カにおいて4つ，キ1～キ4の合同な三角形が4つ，さらにク，ケの三角形ができる。

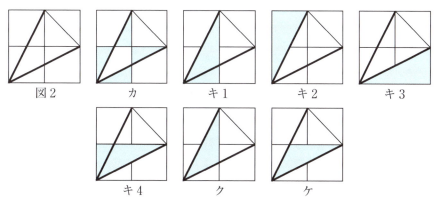

以上より，すべての三角形の数は，
　5 + 4 + 4 + 2 = 15
である。
　よって，正解は肢4である。

正答 4

SECTION 7 図形
平面図形の分割・構成

実践 問題 171 基本レベル

頻出度 地上★★★　国家一般職★★★　東京都★★★　特別区★★★
　　　　裁判所職員★★　国税・財務・労基★★★　国家総合職★

問　下の図のように，円を1本の直線で仕切ると，円が分割される数は2である。円を7本の直線で仕切るとき，円が分割される最大の数として，正しいのはどれか。　　　　　　　　　　　　　　　　　　　　　　　（東京都2020）

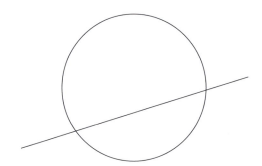

1 : 20
2 : 23
3 : 26
4 : 29
5 : 32

実践 問題171 の解説

〈平面図形の分割・構成〉

問題文中の「円が分割される数」とは,「円を直線で仕切った後の円の内側にある領域の数」のことである。

まず，2本目の直線を円の内部に引く。円の内部に最も多くの領域を作るには，図1の左図のように2本目を1本目に対して平行に引くのではなく，右図のように円の内部で1本目の直線と交わるように引けばよい。このとき，円の内部に領域を2つ増やすことができ，円が分割される数は 2 + 2 = 4 である。

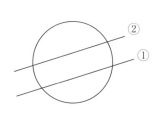
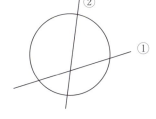

図1

次に，3本目の直線を円の内部に引く。円の内部に最も多くの領域を作るには，
　・1本目と2本目の直線の交点を通る（図2の左側）
よりも
　・1本目と2本目の直線と円の内部で1本ずつ交わる（図2の右側）
ように引けばよい。このとき，図2の右側のように，
　・円の縁と直線でできた領域が2個
　・直線のみでできた領域が1個
からなる合計3個の領域を円の内部に増やすことができ，円の分割される数は 4 + 3 = 7 となる。

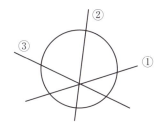
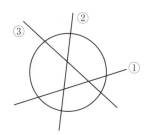

図2

平面図形の分割・構成

同様に，4本目の直線も，円の内部に最も多くの領域を作るには，
- 1～3本目を引いてできた直線の交点を通らない
- 1～3本目を引いてできた直線と円の内部で1点ずつ交わる

ように引けばよい。そのとき，
- 円の縁と直線でできた領域が2個
- 直線のみでできた領域が2個

からなる合計4個の領域を円の内部に増やすことができ，円が分割される数は7＋4＝11となる。

この操作を繰り返すと，n本目の直線を最大でn個の領域が新たにできるように引くことができ，円が分割される数の最大値は，$n-1$本目を引いた後のそれにnを加えた値になる。

これをもとに，円が分割される数が最大になるように直線を引いたとき，直線の本数と円が分割される数の最大値の関係を次の表に示す。

直線の本数	1	2	3	4	5	6	7	…
円が分割される数	2	4	7	11	16	22	29	…

以上より，直線の本数を定義域にしたとき，円が分割される数の差は，初項2，公差1の等差数列となるため，円を7本の直線で仕切るとき，円が分割される数は最大で29となる。

よって，正解は肢4である。

正答 4

memo

第2章 図形

第2章 SECTION 7 図形
平面図形の分割・構成

実践 問題 172 応用レベル

頻出度	地上★★	国家一般職★★	東京都★	特別区★
	裁判所職員★	国税・財務・労基★		国家総合職★★

問 個の点が図のようなマス目上に等間隔(縦と横の間隔は1cm)で並んでいる。このうちの3点を頂点とする三角形のうち、面積が1 cm^{2}の三角形は何個あるか。

(裁判所職員2020)

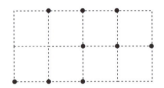

1：20個
2：22個
3：24個
4：26個
5：28個

OUTPUT

実践 問題 **172** の解説

〈平面図形の分割・構成〉

面積が 1 cm の三角形となるのは, 底辺と高さの一方が 2, もう一方が 1 のときである。

まず, 底辺の長さが 1 となる場合について考える。そのような三角形を作るためには, 全部で18通りの頂点の選び方がある。

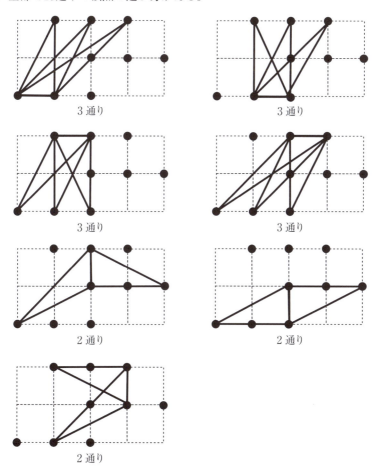

 平面図形の分割・構成

次に，底辺の長さが2となる三角形について考える。先の場合との重複に気をつけながら頂点を選ぶと，全部で10通りとなる。

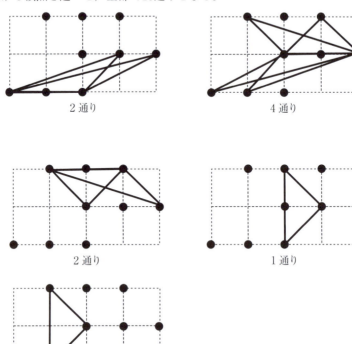

以上より，面積が1となる三角形は全部で28個ある。
よって，正解は肢5である。

正答 5

memo

第2章
図形

第2章 SECTION 7 図形
平面図形の分割・構成

実践 問題 173 応用レベル

頻出度	地上★	国家一般職★	東京都★	特別区★
	裁判所職員★	国税・財務・労基★	国家総合職★	

問 細長い長方形の紙を半ひねりして短辺同士をはり合わせ，下図1のようなメビウスの帯を作る。このメビウスの帯を，図1のとおり元の長方形の短辺を5等分するように長辺に平行にハサミで切っていったとき，いくつの輪に分かれるか（ただし，例えば，図2のような場合は2つと数える。）。　　（裁事2008）

図1　　　　　　　　　図2

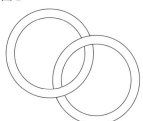

1 : 1つ
2 : 2つ
3 : 3つ
4 : 4つ
5 : 5つ

OUTPUT

実践 問題 173 の解説

〈平面図形の分割・構成〉

メビウスの帯は，帯状の紙を半ひねりして端どうしを合わせたものである。そのため，下図で考えると，頂点AとC，BとDがつながることになる。

本問では，このメビウスの帯を，元の長方形の短辺を5等分するように長辺に平行にハサミで切っていく。この場合，下図の①と⑤，②と④がつながって，帯は3つできる。

よって，正解は肢3である。

正答 3

SECTION 7 平面図形の分割・構成

図形

実践 問題 174 応用レベル

頻出度	地上★★	国家一般職★	東京都★	特別区★
	裁判所職員★	国税・財務・労基★		国家総合職★★

問 図Ⅰのように，同じ形状の正方形（四角形）を二つ重ねると，その重なった部分が正八角形になる。
いま，同様に図ⅡのA～Dの条件を満たす四角形のうちで適切な辺の長さをもつものと，これと合同な四角形とを重ねると，二つの重なった部分が正八角形になるものとして妥当なもののみをすべて挙げているのはどれか。
ただし，裏返して重ねてもよいものとする。

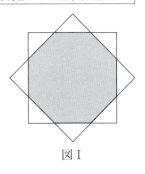

図Ⅰ

（国Ⅰ2008）

A：四辺の長さが等しく，頂点Pが45°である四角形

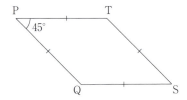

B：頂点S，Tが直角で，頂点Qが45°である四角形

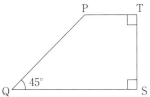

C：辺PQとQS，辺STとTPの長さが等しく，頂点P，Sが直角で，頂点Qが45°である四角形

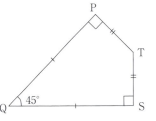

D：辺QSとPTが平行で，頂点Pが60°，頂点Sが45°である四角形

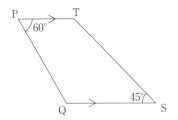

図Ⅱ

1：A，B
2：A，D
3：B，C
4：C，D
5：A，B，C

OUTPUT

実践 問題174 の解説

〈平面図形の分割・構成〉

図Ⅰの正八角形の辺上に，図Ⅱの各四角形の一部を描くことができるかどうかを考えるとよい。

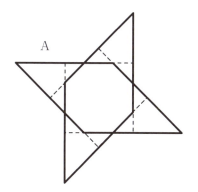

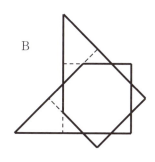

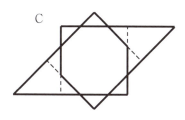

図より，四角形A，B，Cは，図Ⅰの正八角形の辺上に各四角形の一部を描くことができるとわかる。つまり，四角形A，B，Cは，それぞれと合同な四角形と重ねると，2つの重なった部分が正八角形になる。

これに対し，四角形Dは，図Ⅰの正八角形の辺上にその一部を描くことができない。つまり，四角形Dを重ねても，2つの重なった部分は正八角形になりえない。

よって，正解は肢5である。

正答 5

第2章 SECTION 8 図形
立体図形の分割・構成

必修問題 セクションテーマを代表する問題に挑戦！

主に積み木に関する問題について学習していきます。小さい立体を積み上げて大きな立体を作ると，どうしても内部の様子が見えなくなります。工夫して内部を考えていくことになります。

問 下図のように，125個の同じ大きさの小さい立方体をすき間なく積み重ねた立体がある。この立体をX，Y，Zの3方向からみて，下図に示す黒く塗りつぶした部分をその面に垂直な方向にそれぞれの面の反対側までくり抜いたとき，残された立体を構成する小さい立方体の個数として，正しいのはどれか。ただし，立体は，くり抜いても崩れないものとする。　　　　　（東京都2011）

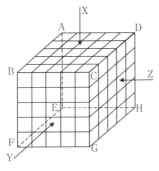

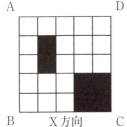
X方向

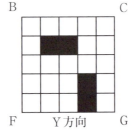
Y方向

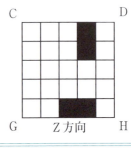
Z方向

1：65個
2：66個
3：67個
4：68個
5：69個

頻出度　地上★★★　国家一般職★★　東京都★★★　特別区★
　　　　裁判所職員★★★　国税・財務・労基★★★　国家総合職★★

チェック欄
1回目	2回目	3回目

〈立体図形の分割・構成〉

問題の黒く塗りつぶしてあるところを見取図に反映させると，次のようになる。

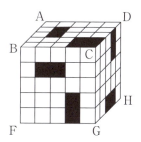

これを題意に従ってくり抜いたときの様子を，各段を底面に水平にスライスして表していく。

上から1段目（15個）

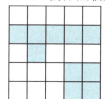

上から2段目（8個）

上から3段目（19個）

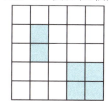

上から4段目（16個）

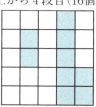

上から5段目（10個）

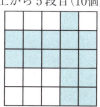

以上より，残った小さい立方体は15＋8＋19＋16＋10＝68(個)ある。
よって，正解は肢4である。

正答　4

第2章
SECTION ⑧
図形
立体図形の分割・構成

立体図形は紙の上に完全に表すことはできない。したがって、立体を立体のまま考えるとすると、どうしてもイメージ力が必要となる。しかし、問題を解くのに必要な限りで、立体図形を平面図形として表すことができれば、紙の上の作業で問題を解くことができるようになる。したがって、立体図形をどのように平面図形として表すかという点がこのセクションのポイントである。

このセクションで出題頻度が高いのが、積み上げた小立方体によって構成された立体に関する、いわゆる「積み木」の問題である。積み木の問題は、内部に隠れた小立方体の様子が見づらいところが問題点である。そこで、積み木の問題は各段をスライスして内部の様子を調べていくことになる。

① 串刺し問題

いくつかの小立方体で構成された立体があり、その何カ所かに針を背面まで垂直に刺すなどした場合に、影響を受けた小立方体の個数を問う問題である。原則として、1段ずつスライスして、各段の構成を考えていけばよい。スライス法ともいう。

② 着色問題

いくつかの小立方体で構成された立体があり、その表面全体に着色するとき、「まったく着色されない小立方体」、「1面のみ着色される小立方体」、「2面のみ着色される小立方体」などの個数を問うのが着色問題である。この問題も、原則として、1段ずつスライスして、各段ごとに考えていけばよい。

(例) 125個の小立方体からなる大立方体がある。図のように、この大立方体の隅から8個小立方体を除いたとき、表面（裏面を含む）に見えていない小立方体はいくつあるか。

(解説)

スライスして内部の様子を確認していく。また、見えていない小立方体を数えればよいから、1番上と下の段は調べる必要はない。

上から2～4段目をスライスし、小立方体ごとに見えている面の数を記入していくと次のようになり、見えていない小立方体は23個とわかる。

上から2段目

2	1	1	1	2
1	0	0	0	1
1	0	0	1	2
1	0	1		
2	1	2		

見えていない個数
6個

上から3段目

2	1	1	1	2
1	0	0	0	1
1	0	0	0	1
1	0	0	1	2
2	1	1	2	3

見えていない個数
8個

上から4段目

2	1	1	1	2
1	0	0	0	1
1	0	0	0	1
1	0	0	0	1
2	1	1	1	2

見えていない個数
9個

INPUT

3 積み木と切断

　小立方体で構成された大きな立体全体を平面で切断したときに，切断された小立方体の数を調べる問題である。次の例題で，解法手順を記しておく。

(例) 図のように同じ大きさの立方体64個を積み上げて作った立方体を，点A，B，Cを通る平面で切断したとき，切断される立方体の個数はいくつか。

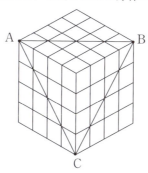

(解説)

　解法手順は次のとおりになる。

　① 各段の境目に点を記入する。
　② 一段ずつスライスをした図に，①で記入した点を反映する。
　③ ②の点を結ぶ。囲まれた箇所が切断された立体となる。

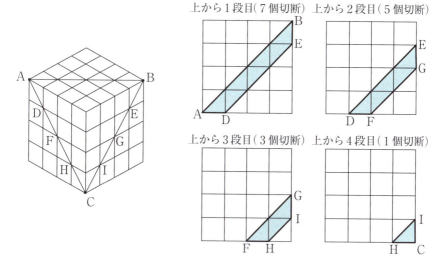

　図より，7 + 5 + 3 + 1 = 16(個)の小立方体が切断されていることがわかる。

第2章 SECTION 8 図形
立体図形の分割・構成

実践 問題 175 基本レベル

頻出度 地上★★★ 国家一般職★★ 東京都★★★ 特別区★
       裁判所職員★★★ 国税・財務・労基★★★ 国家総合職★★

問 図のような，合計125個の黒い小立方体と白い小立方体を積み上げて作った大立方体がある。黒い小立方体が見えているところは，反対の面まで連続して黒い小立方体が並んでいるものとする。このとき，白い小立方体の数はいくらか。

(国税・労基2010)

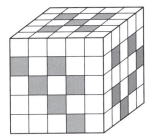

1：51個
2：55個
3：57個
4：61個
5：66個

実践 問題 175 の解説

〈立体図形の分割・構成〉

小立方体からできている大立方体の問題は，各段をスライスして，各段ごとに考えるとよい。

そこで，本問も，各段ごとに白い小立方体の個数を数えていくことにする。

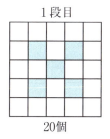
1段目
20個

2段目
9個

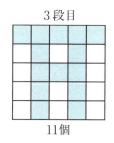
3段目
11個

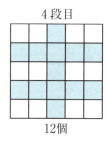
4段目
12個

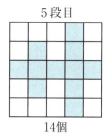
5段目
14個

したがって，白い小立方体の個数は，
 20 + 9 + 11 + 12 + 14 = 66（個）
である。

よって，正解は肢5である。

正答 5

SECTION 8 立体図形の分割・構成

実践 問題 176 基本レベル

頻出度 地上★★★ 国家一般職★★ 東京都★★★ 特別区★
裁判所職員★★★ 国税・財務・労基★★★ 国家総合職★★

問 下図のように64個の小立方体を積み上げた立方体があり，図の点A，B，Cは立方体の角である。点A，B，Cを通る平面でこの立方体を切断すると，切断前に1面も表面に出ていなかった小立方体は何個切断されるか。 （裁事2005）

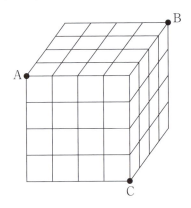

1：0個
2：1個
3：2個
4：3個
5：4個

実践 問題176 の解説

〈立体図形の分割・構成〉

A，B，Cの3点を通るように切断したとき，切断線は次のようになる。

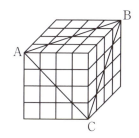

切断された小立方体が何個あるかを各段ごとに調べていく。なお，1段目と4段目は切断された小立方体がすべて表面に出ているため検討しない。

2段目

3段目

上図の斜線部が切断された小立方体である。なお，実線の切断線は各段の上部を，点線の切断線は各段の下部を表している。この中で，切断前に1面も表面に出ていないのは2段目の1個（★）だけである。

よって，正解は肢2である。

正答 2

第2章 SECTION 8 図形
立体図形の分割・構成

実践 問題 177 基本レベル

問 立方体の表面に初めに赤色を塗る。その立方体を一辺の長さが半分となる8個の立方体に切り分け，切断面には黄色を塗る。さらに，これらの8個の立方体のそれぞれを一辺の長さが半分となる8個の立方体に切り分け，切断面には緑色を塗る。
このとき，出来上がった64個の立方体のうち，3色が表面に塗られている立方体はいくつか。 (裁事2007)

1：48個
2：49個
3：50個
4：51個
5：52個

実践 問題 177 の解説

〈立体図形の分割・構成〉

まず，8個に切り分けられ，2色(赤色，黄色)で塗られた立方体を考える(図1)。8個の立方体は，回転させれば，すべて★の立方体と同じと考えることができる。

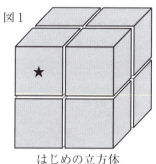

図1
はじめの立方体
(表面に赤色のみ塗られた状態)

8個に切り分けられた立方体

次に，図1の★の立方体を8個の立方体に切り分けたときを考える(図2)。

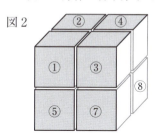

図2

切り分けられた立方体に，図2のように①〜⑧の番号をつける(立方体⑥は，⑤の後ろにある)。立方体①と⑧は，切断前の表面に1色のみ(立方体①は赤色のみ，立方体⑧は黄色のみ)が塗られているため，切断面に緑色を塗っても2色にしかならない。これに対し，立方体②〜⑦は，すでに2色が塗られているため，切断面を緑色で塗ると3色になる。

以上より，3色が表面に塗られている立方体は，

　(図2の立方体②，③，④，⑤，⑥，⑦の個数)×(図1の★の立方体の個数)

　　= 6 × 8

　　= 48(個)

となる。

よって，正解は肢1である。

正答 1

第2章 SECTION 8 図形
立体図形の分割・構成

実践　問題 178　基本レベル

問 すべての辺の長さが1の四角すいのAと，すべての辺が1の正四面体のBがある。

Aを2つ，Bを1つ組み合わせて，図1のような図形を作った。この図形にさらに，AとBを組み合わせて，すべての辺が2の四角すいを作ったとき，図形の中にあるAとBの個数はそれぞれ何個か。　　　　　　　　　　（地上2022）

A

B

図1

	Aの個数	Bの個数
1：	4	3
2：	5	2
3：	5	3
4：	6	3
5：	6	4

OUTPUT

実践 問題178 の解説

〈立体図形の分割・構成〉

問題のAの立体を2個とBの立体を1個組み合わせて、図1の立体を得る。

すべての辺の長さが2の四角すいを作るには、まずAを4個下の図の左側のように配置する。そして、Aの配置によってできた①～④の隙間を4個のBを用いて埋めると、右側の図になる。

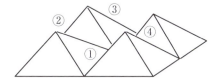 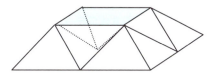

次に、着色した面の下側の部分はまだ空間となっていることから、Aの立体を上下逆にしたものを1個埋めると、次の図になる。

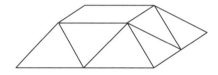

最後に、Aを1個乗せれば、すべての辺の長さが2の四角すいを作ることができる。

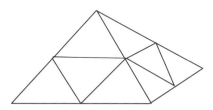

すべての辺の長さが2の四角すいを作るために使用したAとBの個数は、それぞれ6個と4個である。

よって、正解は肢5である。

正答 5

第2章 SECTION 8 図形
立体図形の分割・構成

実践 問題 179 基本レベル

頻出度	地上★★★ 国家一般職★★ 東京都★★★ 特別区★
	裁判所職員★★★ 国税・財務・労基★★★ 国家総合職★★

[問] 図Ⅰのような展開図をもつ立方体27個で構成される図Ⅱのような大きな立方体がテーブルの上に置かれている。この大きな立方体から四隅の四つの立方体(黒色で示したもの)を取り去った。こうしてできた立体の各面に見える♯の数が最も多い場合，その数はいくつか。
ただし，この立体のテーブルに接する面は見えないものとする。　（国Ⅱ 2003）

図Ⅰ 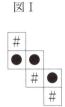　　　図Ⅱ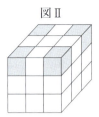

1 : 31
2 : 34
3 : 37
4 : 40
5 : 43

OUTPUT

実践 問題 **179** の解説

〈立体図形の分割・構成〉

図1のような展開図と見取図になることを考慮したうえで，設問の立体の各面に見える「♯」の数が最も多くなる場合を考える。

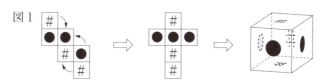

まず，一番下の段は図2のようになり，この段における「♯」の数の合計は，

　　$3 \times 4 = 12$（個）　……①

となる。

次に，真ん中の段を考えると，図1の見取図より，図3のア，イ，ウのうち「♯」とすることができるのは多くても2面である。よって，真ん中の段における「♯」の数は最大で，

　　$(1 + 2) \times 4 = 12$（個）　……②

となる。

図2

最後に，一番上の段を考える。一番上の段の5つの立方体のうち外側の4つの立方体は，それぞれ4つの面が見えているが，展開図より「♯」の面は3つが最大である。実際に3つの面が見えるようにするには，たとえば図3のAの立方体なら，図4に示した2通りがある。

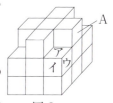

図3

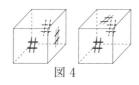

図4

一方，中央の立方体は1つの面のみ見えているから，一番上の段における「♯」の数は最大で，

　　$3 \times 4 + 1 = 13$（個）　……③

となる。

①～③をすべて合計すると，

　　$12 + 12 + 13 = 37$（個）

となる。

よって，正解は肢3である。

正答 3

第2章 SECTION 8 図形
立体図形の分割・構成

問題 180　基本レベル

頻出度　地上★★★　国家一般職★★　東京都★★★　特別区★
　　　　裁判所職員★★★　国税・財務・労基★★★　国家総合職★★

問　同じ大きさの小立方体が9個ある。このうちの4個を組み合わせて立体Aを，残りの5個を組み合わせて立体Bを作った。さらに，立体Aと立体Bを組み合わせて，図のような立体を作った。
次に，立体Bを固定したまま，立体Aのみを，図の破線を軸として，矢印の方向に90°回転させた。このときの立体として最も妥当なのは，次のうちではどれか。
ただし，小立方体を組み合わせるときには，面と面が合わさるように組み合わせるものとする。

（国家総合職2017）

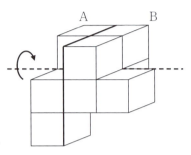

1 :
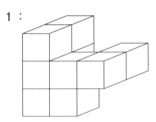

2 :
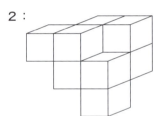

3 :
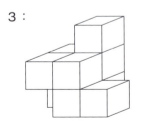

4 :
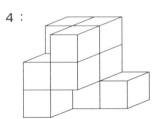

5 :
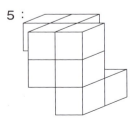

実践 問題 180 の解説

〈立体図形の分割・構成〉

はじめに，問題の図形の立体Aと立体Bを離した状態を左側から見た図は次のようになる。

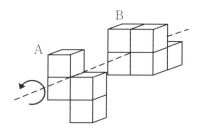

この図形の立体Aを矢印のように90°回転させたときは次の図のようになる。

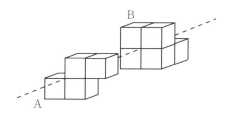

ここから，立体Bの1つ出っ張った立方体が上にくるように回転させると下のようになる。

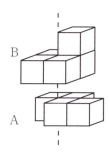

よって，正解は肢3である。

正答 3

第2章 SECTION 8 図形
立体図形の分割・構成

実践 問題 181 基本レベル

頻出度	地上★★★　国家一般職★★　東京都★★★　特別区★
	裁判所職員★★★　国税・財務・労基★★★　国家総合職★★

問 下図は1辺の長さが a の立方体16個からなる立体Aを，前方及び後方から見た状態を表している。立体Aと組み合わせて1辺の長さが $3a$ の立方体をつくるとき，組み合わせる立体を，前方及び後方から見た状態を表した図として，妥当なのはどれか。　　　　　　　　　　　　　　　　　　　（大阪府2010）

立体Aを前方から見た状態　　　立体Aを後方から見た状態

組み合わせる立体を　　　　　　組み合わせる立体を
前方から見た状態　　　　　　　後方から見た状態

1：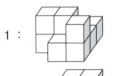

2：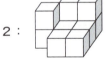

3：

4：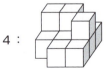

5：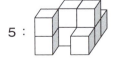
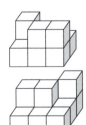

OUTPUT

実践 問題 **181** の解説

〈立体図形の分割・構成〉

1辺 $3a$ の立方体から立体Aを引いて，組み合わせる立体を考える。

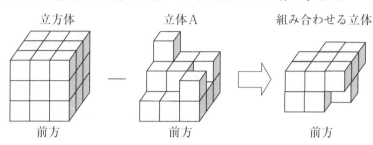

これを上から見た図で描くと，次のようになる。なお，正方形内の数字はその場所に積み上げられた小立方体の個数を表す。

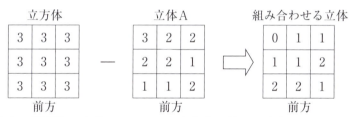

これより，選択肢の立体について，小立方体の数が一致するものを調べる。ただし，組み合わせる立体は回転・反転させることができることに注意する。

1				2				3				4				5		
1	1	1		1	2	2		0	2	2		2	2	1		1	1	1
2	2	1		2	1	1		2	1	1		1	1	2		1	2	2
0	1	2		0	1	1		1	1	1		0	1	1		2	0	1
前方				前方				前方				前方				前方		

1 × 網掛けをした中心の小立方体が2個となっているため不適である。
2 × 網掛け部の並びが1個，2個，0個となっているため不適である。
3 × 網掛け部の2個の小立方体に挟まれた角の小立方体数が0個となっているため不適である。
4 ○ 組み合わせる立体を前後に反転すると小立方体数が一致する。
5 × 肢1と同様に不適である。

正答 **4**

第2章 SECTION ⑧ 図形
立体図形の分割・構成

実践 問題 182 基本レベル

頻出度	地上★★★ 国家一般職★★ 東京都★★★ 特別区★
	裁判所職員★★★ 国税・財務・労基★★★ 国家総合職★★

問 下の図のような図形を，y 軸を中心に一回転させてできた立体を，次に x 軸を中心に一回転させたときにできる立体として，妥当なのはどれか。

（東京都2019）

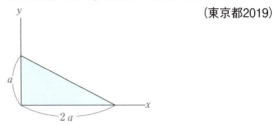

1 :
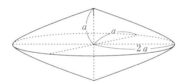

2 :
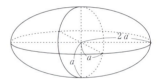

3 :
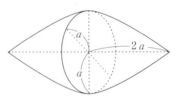

4 :
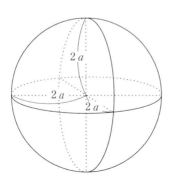

5 :
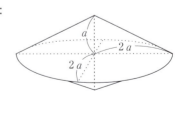

実践 問題 182 の解説

〈立体図形の分割・構成〉

問題図の図形を，y 軸を中心に1回転させてできる立体は，半径 $2a$ の円を底面とする高さ a の円すいとなる（下左図）。

この円すいを y 軸方向から見下ろすと，x 軸と y 軸の交点を中心とした半径 $2a$ の円板となる（下右図）。

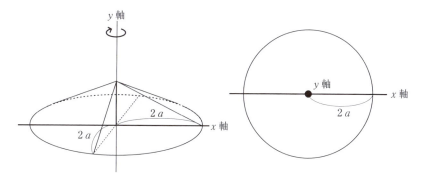

次に，x 軸を中心に1回転させたときにできる立体を考えると，x 軸を直径とした半径 $2a$ の円を回転させることになり，できる立体は半径 $2a$ の球となる。

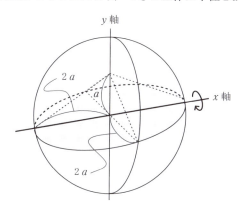

よって，正解は肢4である。

正答 4

第2章 SECTION 8 図形
立体図形の分割・構成

実践 問題 183 〈基本レベル〉

頻出度	地上★★★ 国家一般職★★ 東京都★★★ 特別区★
	裁判所職員★★★ 国税・財務・労基★★★ 国家総合職★★

[問] 図のように，空中に浮かんだ立方体の箱の外側の縁を次の①，②のルールにしたがって小さな虫が移動する。

① この虫は必ず辺の上をまっすぐに前進する。後退したり，Ｕターンをすることはない。

② この虫は頂点に来ると，図Ⅰのように進行方向に向かって「右」又は「左」のいずれかに曲がる。

この虫が，図Ⅱの位置及び方向で移動を開始し，右，左，右，左の順で交互に40回曲がった直後に移動しているのは，辺ア～オのどの辺の上か。

（国Ⅱ2006）

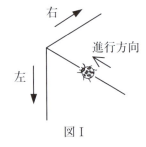

図Ⅰ

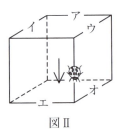

図Ⅱ

1：ア
2：イ
3：ウ
4：エ
5：オ

OUTPUT

実践 問題 183 の解説

〈立体図形の分割・構成〉

問題の図Ⅱの立方体の8頂点に，図1のようにA～Hとする。図Ⅱにおいて，最初に虫は図1のDからCを移動することになる。

虫はこの立方体の内部に入れないことと，①のルールの「辺の上をまっすぐ前進する」から，最初DからCへ，

おなかを立方体の中心に，到達点のCに顔を向けて ……(☆)

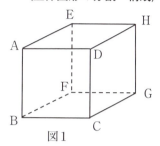

図1

虫が移動する。DからCに進んだときの虫の左手側にある面を左面，右手側にある面を右面と考えると，頂点で曲がったときに進む方向は左手あるいは右手にある面上の頂点と一致する。このとき，虫が通る辺とその辺を共有する2つの面を図2～図4のように山折りにした状態で考えるとよい。

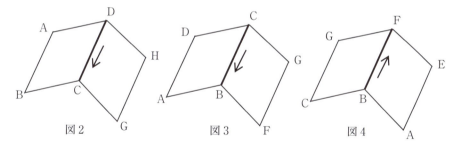

図2はDからCへ向かう際，左面にCGHDが，右面にCDABが見える。虫がCに到達して最初に右に曲がって，右面にある頂点Bがある方向に進むとわかる。

次に，図3はCからBへ向かう際，左面にBFGCが，右面にBCDAが見える。虫がBに到達して左に曲がって，左面にある頂点Fがある方向に進むとわかる。図4はBからFに虫が進んだ場合である。

立体図形の分割・構成

	曲がる頂点	曲がり方	進む方向
1回目	C	右	B方向
2回目	B	左	F方向
3回目	F	右	E方向
4回目	E	左	H方向
5回目	H	右	D方向
6回目	D	左	C方向
7回目	C	右	B方向
8回目	B	左	F方向

　上の表から，虫は6つの頂点「C，B，F，E，H，D」の順で規則的に移動していることがわかる。よって，1回目に曲がる頂点と7回目に曲がる頂点は同じCで，曲がった後に進む方向も同じである。よって，40回目は，
　　$40 = 6 \times 6 + 4$
であるから，上の表を用いて4回目と同じEを左に曲がったことがわかる。したがって，40回目に曲がった後にはEHのアの辺を移動していることになる。
　よって，正解は肢1である。

正答 1

memo

第2章 SECTION 8 図形
立体図形の分割・構成

実践 問題 184 応用レベル

問 同じ長さの105本の棒を用意する。まず1番目の棒を決め，その一端に2番目の棒を直角につなぐ。次に2番目の棒のあいている方の端点に1番目と2番目の棒を含む平面に直交するように3番目の棒をつなぐ。さらに，3番目の棒のあいている方の端点に2番目と3番目の棒を含む平面に直交するように4番目の棒をつなぐ。以後，このような規則に従って，重なることがないように105本の棒をつないでいく。3番目の棒を含む平面に最も多くの棒が含まれるようにつないだとき，その平面に含まれる棒はいくつか。 （裁事・家裁2007）

1 : 35本
2 : 36本
3 : 37本
4 : 41本
5 : 42本

OUTPUT

実践 問題 **184** の解説

〈立体図形の分割・構成〉

与えられた条件から棒を並べたものを図示すると，たとえば図1のような図を描くことができる。棒のつなぎ方は他にも考えられるのだが，「3番目の棒を含む平面に最も多くの棒が含まれるように」棒をつなぐという条件を考えると，なるべく規則的に並べたほうがよいことになる。

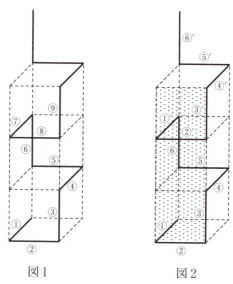

図1　　　　　図2

ここで，棒のつながりの規則性を考えると，⑦の棒は①の棒と同じ位置にくるため，結局図2のように6本ごとに螺旋を描いて一周していることがわかる。

ここで，図2のように③を含む平面を考えると，①〜⑥の1セットでは②と③の2本がこの面に含まれている。したがって，105本の棒をつなげた場合には，

　　$105 \div 6 = 17$余り3

となるため，①〜⑥のセットが17セット含まれることになる。したがって，

　　$17 \times 2 = 34$（本）

の棒がここに含まれている。さらに，「余り3」は①〜③の棒となるから，3番目の棒を含む平面に最も多くあるのは②と③であり，

　　$34 + 2 = 36$（本）

となる。

よって，正解は肢2である。

正答 2

第2章 SECTION 9 図形 位相

必修問題　セクションテーマを代表する問題に挑戦！

積み木の問題に引き続き，見えない箇所を見やすくする工夫を考えていきます。

[問] 次の図Ⅰのような展開図のサイコロがある。このサイコロを図Ⅱのとおり，互いに接する面の目の数が同じになるように4個床に並べたとき，床に接した4面の目の数の積はどれか。

（特別区2021）

図Ⅰ 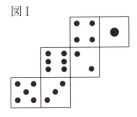　図Ⅱ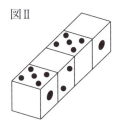

1：8
2：12
3：20
4：48
5：120

必修問題の解説

〈位相〉

図Ⅰの展開図から，2を上面，6を左側面にしたサイコロの位相図を次の図1に示す。また，括弧内の数字はサイコロの底面の目の数字である。

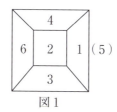

図1

次に，図Ⅱの1と2の目が見えている面を正面として，問題を考えていく。図Ⅰから正面のサイコロの位相図を図1に従って書くと次の図2である。

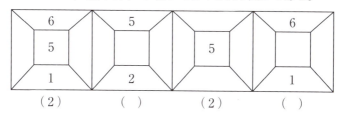

図2

図1より，図Ⅱの最も左にあるサイコロで右隣のサイコロと接している面の目は3とわかる。また，互いに接する面の目の数が同じになるように並べると，次の図3の位相図になる。

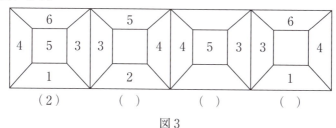

図3

最後に，図1に従ってサイコロの目を入れていくと次の図4の位相図になる。

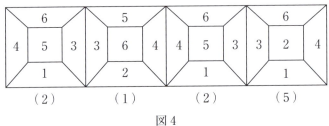

図4

以上より，床に接した4面の目の数の積は，

$2 \times 1 \times 2 \times 5 = 20$

である。

よって，正解は肢3である。

memo

第2章 図形

図形
位相

このセクションでは，前セクション「立体図形の分割・構成」と同様に，紙面にそのまま表すことが困難である複雑な立体をいかに簡単に表していくかを考える。

1 位相幾何学（トポロジー）

公務員試験の解法で扱うトポロジーとは，「形にはこだわらず，辺（直線とは限らない）と点との位置関係のみに着目して，図形を捉え直したもの」をいう。たとえば，トポロジー的には次の2つの図形は同じ形ということができる。

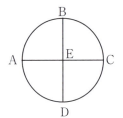
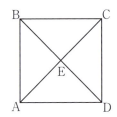

2つの図形とも点A～Dからは3本の線が，点Eからは4本の線が出ている。したがって，この2つの図形はトポロジー的に等しい図形とみなすことができる。

このような考え方は，実際の社会において，電車やバスの路線図に用いられている。

2 立体図形の位相図化

たとえば，立方体はどの視点から見ても最大で3面までしか表面を見ることができない。普通に見取図を描いてしまうと，見えない面の様子を調べるのが困難になってくる。そこで，立体図形を 1 のようなトポロジーの考え方で図示をする。

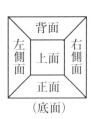

上の2つの図形は8つの頂点から3つずつ線とつながっているため，トポロジーとしては同じ図形とみなすことができる。すると，見取図で図示すると3面までしか見ることができなかったものが，6面（底面に関しては欄外の（　）で表している）見ることができるようになっている。これがトポロジーの利点である。

INPUT

(例) 向かい合う面の和が7である、同じ形のサイコロ4つがある。このサイコロを接する面が同じ数になるように並べたところ、下図のようになった。このとき、面Aに書かれてある数はいくつか。

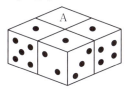

(解説)
問題の立体を、位相図で表すと次のようになる。

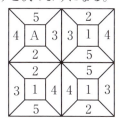

すると、左上のサイコロは、右下のサイコロと同じ配置であることがわかるため、A＝1となる。

3 一筆書き

一筆書きができるか、できないかは判別方法がある。なお、「奇点」とは、奇数本の線とつながっている点のことをいう。
① **奇点の数が0の場合**
一筆書きができ、始点と終点が同一となる。
② **奇点の数が2の場合**
一筆書きができ、始点と終点が異なる。この場合、2つの奇点が始点と終点となる。
(例)

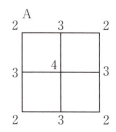 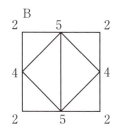

図形Aは奇点が4つあるため一筆書きができない。図形Bは奇点が2つであるため一筆書きができる。

SECTION 9 図形 位相

実践 問題 185 基本レベル

頻出度	地上★★	国家一般職★	東京都★★	特別区★★
	裁判所職員★★	国税・財務・労基★		国家総合職★

問 Ⅰ図のような展開図を持つサイコロ5個を，接し合う面の目の和が8になるようにⅡ図のように積んだ。Ⅹの目はいくつか。 （裁判所職員2020）

Ⅰ図

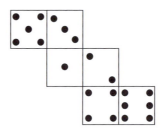

Ⅱ図

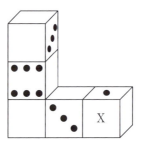

1 : 2
2 : 3
3 : 4
4 : 5
5 : 6

OUTPUT

実践　問題185　の解説

〈位相〉

問題のⅠ図で与えられた展開図を組み立てて，サイコロを作るとき，4の面を正面とする位相図は次のようになる。また，位相図の括弧の数字は底面の数字を表す。

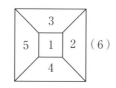

位相図に番号1～6を下の2つの条件に従って入れていく。
　　・接し合う面の目の和が8を満たす
　　・平行な面の目の和が7を満たす
　ここで，上の条件を満たす2つのサイコロの目の組合せは，(2, 6)，(3, 5)，(4, 4)の3通りある。
　まず，上下に並んだ3つのサイコロについて考える。3つのサイコロの位相図を図1に示す。また，接し合う面と下のサイコロの底面にA～Eのサイコロの目を表す記号を図1のように入れる。
　すると，AとBは接し合う面であるが，Aの目が3と4，Bの目が1と6ではないことから，AとBの数字の組合せは，
　　(A, B) = (5, 3)，(6, 2)
の2通り考えられる。
　A = 5，B = 3のとき，上の条件に従って数字を入れていくと，C = 4，D = 4，E = 3となる。
　A = 6，B = 2のときも同様に，C = 5，D = 3，E = 4となる。
　このことから，DとEの数字は，3あるいは4であるとわかる。

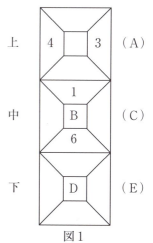

図1

　次に，下の3つのサイコロについて考える。3つのサイコロの位相図を図2に示す。図1と同様に，接し合う面にサイコロの目を表すF～Iの記号を入れる。
　FとGについて考えると，上の条件から，FとGは2あるいは6のいずれかにな

SECTION 9 図形 位相

る。

　F＝2，G＝6のとき，上の条件から，H＝1となるが，Hを接するIの面の目が7となってしまい，不適である。

　F＝6，G＝2のとき，上の条件から，H＝5，I＝3と決まる。

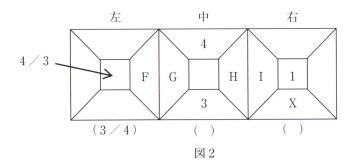

図2

　以上より，Xの目を含むサイコロを位相図にすると，図3のようになり，Xは5と決まる。

　よって，正解は肢4である。

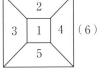

正答 4

memo

第2章 図形

第2章 SECTION 9 図形 位相

実践 問題186 基本レベル

問 図Ⅰのように6面中3面に矢印をつけた立方体がある。これを4個用意し、図Ⅱのように並べたところ、合わせた面同士の矢印の向きが一致した。一番右の立方体の上面の矢印の向きが図Ⅱのようであるとき、図に示した面ア、イ、ウにおいて、矢印が描かれている面(**矢印あり**)と何も書かれていない面(**矢印なし**)を正しく示している組合せはどれか。 (市役所2010)

図Ⅰ

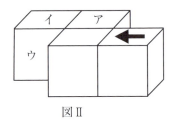

図Ⅱ

	ア	イ	ウ
1	矢印あり	矢印なし	矢印あり
2	矢印あり	矢印なし	矢印なし
3	矢印なし	矢印あり	矢印あり
4	矢印なし	矢印あり	矢印なし
5	矢印なし	矢印なし	矢印あり

実践 問題 186 の解説

〈位相〉

まず，図Ⅰを位相図で表すと左の図になる。右の図は左の図の上の面が底面になるように，90°，2回倒したものである。

次に，図Ⅱを位相図で表すと以下のようになる。

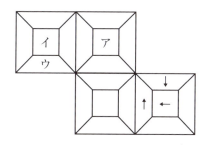

「図Ⅱのように並べたところ，合わせた面どうしの矢印の向きが一致した」との条件から，位相図に矢印を書き込むと以下のようになる。

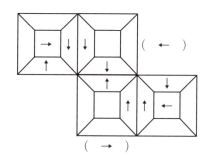

したがって，ア：矢印なし，イ：矢印あり，ウ：矢印あり，となる。
よって，正解は肢3である。

正答 3

第2章 SECTION 9 図形 位相

実践 問題 187 基本レベル

頻出度 地上★★ 国家一般職★★ 東京都★★ 特別区★★
　　　裁判所職員★★ 国税・財務・労基★ 国家総合職★

問　下の図のように，側面に2か所の穴がある木箱に9個の同じ立方体が収められている。一つの立方体の各面には，1～6の異なる数字が一つずつ書かれており，数字の位置関係は9個の立方体で同一である。この状態において，木箱の底面側に接している各立方体の面の九つの数字の和が32であるとき，この立方体の2の数字が書かれている面の反対側の面に書かれている数字として，正しいのはどれか。　　　　　　　　　　　　　　　　　　　　　　　（東京都2018）

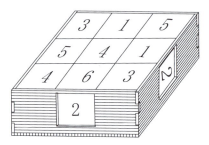

1：1
2：3
3：4
4：5
5：6

OUTPUT

実践 問題 187 の解説

〈位相〉

立方体の数字の構造を調べると、右列の真ん中の段の1を平面(上面)にした場合の右側面が2、真ん中の列の下の段の2を正面にした場合の平面が6になるため、下図の位相図に2を上面になるように書き入れると、1、2、6の3つの数字はどの2面をとっても立方体の対面になることはない。

ここで、問題図の木箱にある9個の立方体の中で、平面が3、4あるいは5であるものに着目すると、この3面の裏面は1、2あるいは6のいずれかになるから、この面の裏面の数字の合計は、それぞれ2個ずつあるため、
　　$(1 + 2 + 6) \times 2 = 18$
となる。

また、9個の立方体の上面の数字が1または6であるときの裏面の数字は3、4あるいは5のいずれかになる。このため、1の裏面の数字をx、6の裏面の数字をyとすると、9面の裏面の数字の和が32であるため、
　　$2x + y + 18 = 32$
　　　$2x + y = 14$
を満たす。xおよびyは3、4、5のいずれかであるため、$(x, y) = (5, 4)$の1通りに決まる。これより、2の裏の数字は残った3となる。

よって、正解は肢2である。

正答 2

SECTION 9 位相

実践 問題 188 基本レベル

頻出度	地上★★	国家一般職★	東京都★★	特別区★★
	裁判所職員★★	国税・財務・労基★		国家総合職★

問 図1のように，隣り合った面をつなぐように穴が開けられている立方体のブロックがある。このブロックを10個組み合わせて，図2のような図形を組み立てた。Aの穴があるブロックを1番目とし，すべてのブロックを通ってBの穴から抜けるとき，斜線のブロックは何番目に通るか。　　　（地上2017）

図1

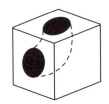

図2

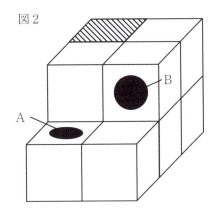

1：6
2：7
3：8
4：9
5：10

OUTPUT

実践 問題 **188** の解説

〈位相〉

図1のブロックを，位相図を用いて図3のように表す。

図3

同様に，図2の立体を，1階部分と2階部分に分けて位相図を用いて表すと，図4のようになる。

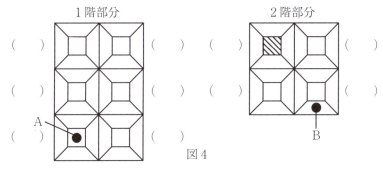

図4

それぞれのブロックを1回ずつ通るように，穴の位置を決めていくと，図5のようになる。その他の通り方を考えても，Bにたどり着けずに外に出る，ブロックの穴の空いてない壁にぶつかる，通らないブロックができてしまう，のいずれかになる。

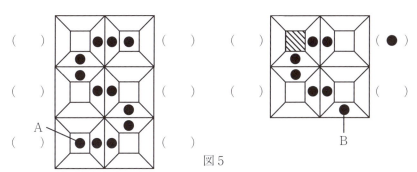

図5

このとき，斜線のブロックは8番目に通過する。
よって，正解は肢3である。

正答 3

SECTION 9 位相

実践 問題189 基本レベル

頻出度	地上★★	国家一般職★	東京都★★	特別区★★
	裁判所職員★★	国税・財務・労基★★		国家総合職★

問 下の図1のゴムで作られた伸縮自在の正十二面体の各面に，次のア，イのように色を塗る。
ア：隣り合う面には異なる色を塗る。
イ：塗る色の種類はできるだけ少なくする。
いま，下の図2のとおり，手前のA面にa色を塗り，A面と隣り合う3つの面にbとcの2色を塗った。
このとき，正十二面体の色の塗り方として最も適当なものはどれか。
なお，下の図3は，仮にA面に向かい合うB面を取り除き，正十二面体を平面で表したものである。 (裁判所職員2016)

図1

図2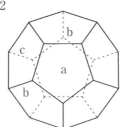

図3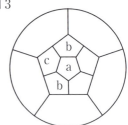

1：A面と隣り合う面は，bとcの2色で塗り分けることができる。
2：B面は，aの色で塗ることができる。
3：B面は，a，b，c以外の色で塗る必要がある。
4：B面は，bとcのいずれかの色で塗る必要がある。
5：正十二面体を塗り分けるには5色が必要である。

OUGPUT

実践 問題189 の解説

〈位相〉

問題で与えられた図3の位相図の各領域を①~⑦として，考えていく。

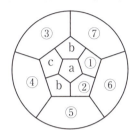

最初に，①，②について検討する。①と②はaとbに隣接していることから，aやbではない。また，①と②も隣接していることから，①と②は異なる色となる。

ここで，塗る色の種類が少なくなるように，一方にすでに使われているcを用いると，もう一方はa，b，cとは異なる色となるため，これをdとする。①と②は対称であるから，ここでは，①をc，②をdとして考える。

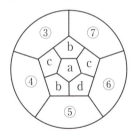

次に，塗る色の種類が少なくなるように，③~⑦をa~dの4色で塗ることを考える。

隣接する面の色から，③~⑦のそれぞれの面について塗ることができる色を挙げていくと次のようになる。

③	④	⑤	⑥	⑦
a，d	a，d	a，c	a，b	a，d

ここで，③，④，⑦に着目すると，塗ることができる色は同じであり，③は④と⑦に隣接していることから，塗ることができる色の組合せは，(③，④，⑦)＝(a，d，d)，(d，a，a)のいずれかとなる。

これより，場合分けをして考える。

(1) (③, ④, ⑦) = (a, d, d) のとき
　④, ⑦がdで塗られているため, ⑤と⑥の組合せは(⑤, ⑥) = (a, b), (c, a), (c, b)の3通りとなる。
　それぞれ塗っていくと次のようになる。

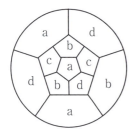
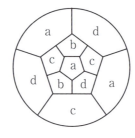
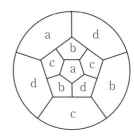

　それぞれについて, B面を考えていくと, (⑤, ⑥) = (a, b)の場合, B面にcを, (⑤, ⑥) = (c, a)の場合, B面にbを塗ることで4種類の色で塗ることができるが, (⑤, ⑥) = (c, b)の場合はB面にa〜d以外の新たな色を塗る必要があり, 5種類の色が必要となるから, 条件イに反する。
　したがって, (⑤, ⑥, B) = (a, b, c), (c, a, b)の場合が条件に合致して, 4種類の色で塗ることができる。

(2) (③, ④, ⑦) = (d, a, a) のとき
　④, ⑦がaで塗られているため, ⑤と⑥の組合せは(⑤, ⑥) = (c, b)しかない。

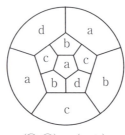

(⑤, ⑥) = (c, b)

　このとき, B面にa〜d以外の新たな色を塗る必要があり, 5種類の色が必要となるから, 条件イに反する。

以上より, 選択肢を検討する。

OUTPUT

1 ✕ A面と隣り合う面は，ｂとｃとｄの３色で塗り分けなければならない。
2 ✕ B面は，ｂとｃのいずれかの色で塗る必要がある。
3 ✕ 肢２と同様である。
4 ◯ 肢２と同様である。
5 ✕ 正十二面体を塗り分けるには４色が必要である。

第2章

図形

正答 4

第2章 SECTION 9 図形 位相

実践 問題 190 基本レベル

頻出度	地上★	国家一般職★	東京都★★	特別区★
	裁判所職員★	国税・財務・労基★		国家総合職★

問 次の図は，バス路線の案内図であり，A〜Dの4つの起終点と途中の停留所を表したものである。この案内図と同じバス路線を表している案内図として，妥当なのはどれか。

(東京都2010)

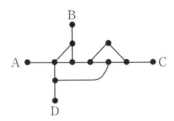

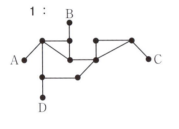

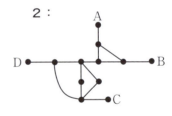

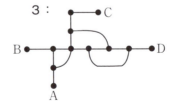

実践 問題 190 の解説

〈位相〉

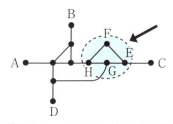

○ の中の停留所に着目する。上図のように、Cの隣をEとし、その他をF、G、Hとする。

1 × GまたはHがないため、誤り。　**2 ×** 停留所Gからの路線がないため、誤り。

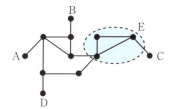 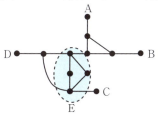

3 × Eからの路線がないため、誤り。

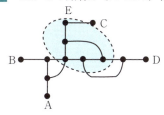

4 × Gからの路線がないため、誤り。　**5 ○**

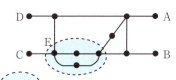 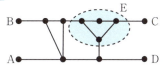

○ の部分を見ると、1～4は誤りであるが、5は誤りであるとはいえない。よって、正解は肢5である。

正答 5

第2章 SECTION ⑨ 図形 位相

実践 問題 191 基本レベル

頻出度 地上★★ 国家一般職★ 東京都★★ 特別区★★
裁判所職員★★ 国税・財務・労基★ 国家総合職★

[問] 次の図のような，同じ長さの線68本で構成された図形がある。今，この図形から何本かの線を取り除いて一筆書きを可能にするとき，取り除く線の最少本数はどれか。 （特別区2010）

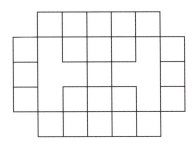

1：6本
2：7本
3：8本
4：9本
5：11本

実践 問題191 の解説

〈位相〉

一筆書きができる条件は,
① 図形中の交点すべてが偶点で構成されている（この場合スタートとゴールは一致する）。
② 図形中の交点のうち2つが奇点で，残りが偶点で構成されている（この場合スタートとゴールは一致しない）。
のうちいずれかを満たせばよい。

題意（取り除く線の本数を最少にする）を満たすには，奇点になっている点から線を取り除いて偶点にしてしまえばよい。そのような場合はいくつか考えられるが，以下に一例を示す。

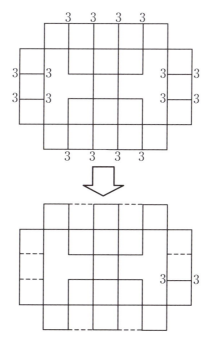

上図より，7本を取り除けば，条件②の場合にあたり，一筆書きが可能になる。よって，正解は肢2である。

正答 2

SECTION 9 図形 位相

実践 問題 192 応用レベル

頻出度	地上★★	国家一般職★★	東京都★★	特別区★★
	裁判所職員★★	国税・財務・労基★		国家総合職★★

問 方眼紙の左上のマス目から右下の★と書かれたマス目まで，下の図のようなA～Cの3つのコースに沿って，各面に1～6が書かれた立方体を転がす。どのコースも，下の図のように，上面を1とした同じ置き方でスタートする。ゴールの★における上面は，Aコースでは3，Bコースでは2，Cコースでは6であった。このときに使われた立方体の展開図として最も妥当なものはどれか。

(裁判所職員2022)

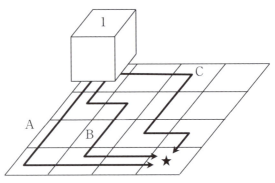

1:

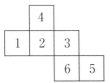

2:

3:

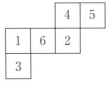

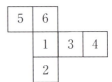

4:

5:

OUTPUT

実践　問題 192 の解説

〈位相〉

スタートさせる前の立方体の位相図を次のように表す。

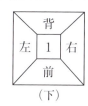

まず、Aコースで立方体を回転させてみる。すると、立方体の位相図は次のようになる。

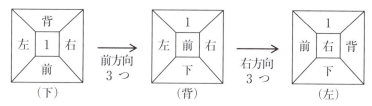

上の図から、右の面が3とわかる。ここで、1と3の面が隣り合っていない選択肢の1が誤りとわかる。

次に、Bコースで立方体を回転させてみる。すると、立方体の位相図は次のようになる。

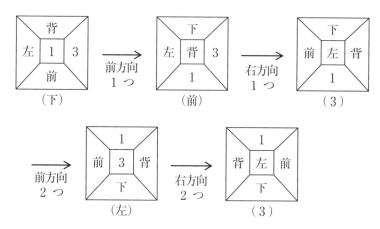

SECTION 9 図形 位相

　前の図から，左の面が2であるとわかる。よって，立方体の2と3の面は平行になるので，選択肢の2と3は誤りであるとわかる。

　最後に，Cコースで立方体を回転させると，立方体の位相図は次のようになる。

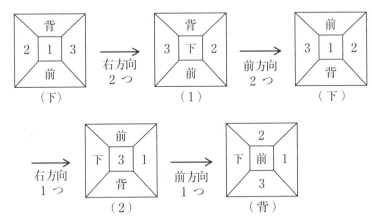

　上の図から，前の面が6とわかる。選択肢4と5の位相図を書いて，条件にあてはまるものを選ぶ。ただし，1の面を上，3の面を右にして書くことにする。

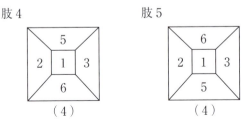

　2つのうち，条件に合っているのは肢4である。
　よって，正解は肢4である。

正答 4

memo

第2章　図形

第2章 SECTION 9 図形 位相

実践 問題 193 応用レベル

頻出度	地上★★	国家一般職★	東京都★	特別区★★
	裁判所職員★★	国税・財務・労基★		国家総合職★

問 次の図のような5つの部屋と①〜⑮の15か所の出入口を持つ建物があり、あらかじめ、15か所の出入口のうち、いずれか2か所を封鎖しておく。今、この状態の建物に外部から入り、各出入口を通過するごとに封鎖していき、残りの出入口13か所全てを封鎖して最後は外部に出るとき、あらかじめ封鎖しておく出入口として有り得ないのはどれか。ただし、封鎖した出入口を解除して通過することはできないものとする。　　　　　　　　　　　　　　　（特別区2012）

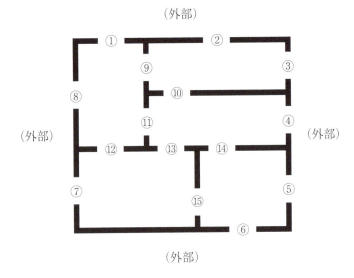

1：④
2：⑧
3：⑨
4：⑫
5：⑭

OUTPUT

実践　問題 193 の解説

〈位相〉

　与えられた図に次のように線を描き，左図のように点a～eを定める。そして，それぞれの交点から出ている線の本数を数えると右図のようになる。

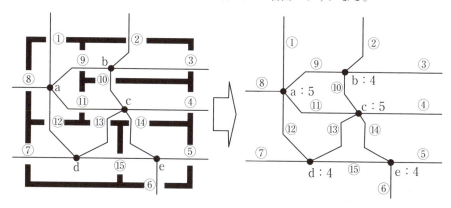

　外部とつながっている①～⑧の線のいずれかからスタートして，一筆書きをするには，上の図のa～eがすべて偶点になるように①～⑮の線から2本の線を除けばよい。

1 × ④を除くと，cは偶点になる。次に，①あるいは⑧のどちらか1本を除けば，a～eがすべて偶点となり，外部からの一筆書きが可能である。

2 × ⑧を除くと，aは偶点になる。次に，④を除けば，a～eがすべて偶点となり，外部からの一筆書きが可能である。

3 × ⑨を除くと，aが偶点，bが奇点になる。次に，⑩を除けば，a～eがすべて偶点となり，外部からの一筆書きが可能である。

4 × ⑫を除くと，aが偶点，dが奇点になる。次に，⑬を除けば，a～eがすべて偶点となり，外部からの一筆書きが可能である。

5 ○ ⑭を除くと，cが偶点，eが奇点になる。しかし，この2点をつなぐ線が存在しないため，a～eのすべてが偶点になるような1本の線の除き方はできず，外部からの一筆書きはできない。

正答　5

第2章 図形
SECTION 10 図形の計量

必修問題 セクションテーマを代表する問題に挑戦！

数的推理の頻出分野，図形の計量について学習していきます。このセクションで最も重要なのは三平方の定理と相似です。まずはそこを完璧にしましょう。

問 次の図のように，半径3cmの円と半径6cmの円が点Cで接している。2つの円に接する3本の接線の交点をO，A，Bとするき，ABの長さはどれか。　　　　　　　　　（特別区2010）

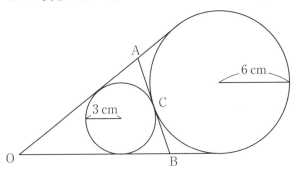

1：$3\sqrt{6}$ cm
2：$6\sqrt{2}$ cm
3：9 cm
4：$4\sqrt{6}$ cm
5：$6\sqrt{3}$ cm

直前復習

〈図形の計量〉

図のように補助線を引き，点を定める。

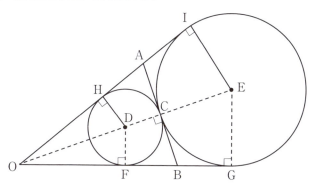

△ODFと△OEGに着目する。この2つの三角形は，∠DOF＝∠EOG，∠DFO＝∠EGO＝90°と，2つの角度が等しいため相似である。

△ODFと△OEGの相似比はDF＝3cm，EG＝6cmより，3：6＝1：2である。したがって，

OD：OE＝1：2

が成り立つ。OD＝x（cm）とおけば，

OD：OE＝1：2
⇔ $x : (x+9) = 1 : 2$
⇔ $x = 9$ (cm)

が得られる。

さらに，三平方の定理より，

OF＝$\sqrt{9^2 - 3^2} = 6\sqrt{2}$ (cm)
OG＝$\sqrt{18^2 - 6^2} = 12\sqrt{2}$ (cm)

となり，

FG＝OG－OF
　＝$6\sqrt{2}$ (cm)

となる。

ここで，

FG＝BF＋BG
BF＝BC（円外の1点から円に対して引いた2本の接線の関係）

ＢＧ＝ＢＣ（円外の１点から円に対して引いた２本の接線の関係）

より，
　　ＦＧ＝２ＢＣ
　　ＢＣ＝$\frac{1}{2}$ＦＧ
　　　　＝$3\sqrt{2}$（cm）

となる。

以上と同様の手順により，ＨＩ＝$6\sqrt{2}$cm，ＨＩ＝２ＡＣとなるため，ＡＣ＝$3\sqrt{2}$cmとなる。

したがって，
　　ＡＢ＝ＡＣ＋ＢＣ
　　　　＝$3\sqrt{2}+3\sqrt{2}$
　　　　＝$6\sqrt{2}$（cm）

となる。

よって，正解は肢２である。

【補足】

円外の点Ｘから円に対して引いた２本の接線ＸＹ，ＸＺについて（点Ｙ，Ｚは接点），
　　ＸＹ＝ＸＺ

が成立する。

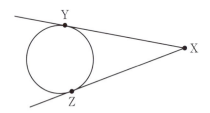

正答 2

memo

第2章 図形

SECTION 10 図形　図形の計量

1　三平方の定理

(1) 内容
直角三角形において，斜辺の長さ c，その他の辺の長さを a，b とすると，$a^2 + b^2 = c^2$ が成り立つ。

(2) 特殊な角度（45°，60°）の角を持つ直角三角形
下図のような3辺の比になる。

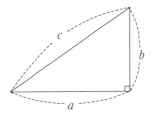 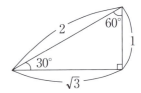

2　相似

相似な関係にある図形において，対応する辺の比を相似比という。相似比は，他の対応する辺の比にも成り立つ性質がある。

△ABC∽△DEF，AB = a，DE = b ならば，
AB：DE = BC：EF = AC：DF = a：b となる。

 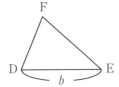

他の対応する辺の比も，相似比に従う。

また，相似比が a：b の相似な関係にある図形において，
　面積比は a^2：b^2（面積比は相似比の2乗）
　体積比は a^3：b^3（体積比は相似比の3乗）
が成り立つ。

3　底辺分割の定理

右図のようにBM：CM = p：q の三角形において，
△ABMの面積を S_1，△ACMの面積を S_2 とおくと，
　S_1：S_2 = p：q
が成り立つ。

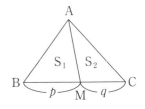

4 円の性質

(1) 円周角と中心角

同じ円で，等しい弧に対する円周角はすべて等しい。また，1つの弧に対する円周角は，その弧に対する中心角の半分に等しい。下の図において，$\angle a = \angle p$，$\angle a = \frac{1}{2} \angle x$ が成り立つ。

ここで，中心角を180°とすると，円周角は90°となるため，円の内部に直径を斜辺とする直角三角形ができることがわかる。

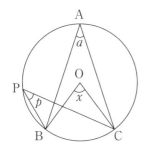
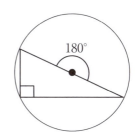

(2) 接弦定理

円の弦と，その一端から引いた接線とでできる角は，その角内にある弧に対する円周角に等しくなる。右図では，$\angle a = \angle x$ がいえる。

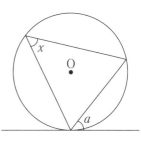

(3) 円外の任意の点から引いた接線

円外の1点から1つの円に引いた2本の接線の長さは等しい。また，接線と半径の作る角は直角となる。

(a) PA＝PB
(b) $\angle OAP = \angle OBP = 90°$

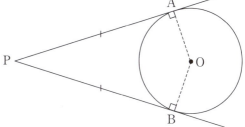

SECTION 10 図形の計量

実践 問題 194 基本レベル

頻出度	地上★★★ 国家一般職★★★ 東京都★★★ 特別区★★★
	裁判所職員★★★ 国税・財務・労基★★★ 国家総合職★★

問 下の図のように，直径の等しい円A及び円Bがあり，直径の等しい4個の円 p がそれぞれ他の2個の円 p に接しながら円Aに内接し，円Bには直径の等しい2個の円 q が円Bの中心で互いに接しながら円Bに内接している。このとき，1個の円 p の面積に対する1個の円 q の面積の比率として，正しいのはどれか。 (東京都2022)

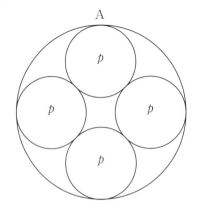
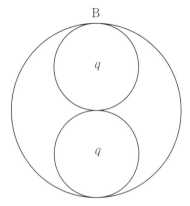

1 : $\dfrac{1+4\sqrt{2}}{4}$

2 : $\dfrac{2+3\sqrt{2}}{4}$

3 : $\dfrac{3+2\sqrt{2}}{4}$

4 : $\dfrac{4+\sqrt{2}}{4}$

5 : $\dfrac{5}{4}$

実践 問題 194 の解説

〈図形の計量〉

円AおよびBの半径をR，円pおよびqの半径をそれぞれm，nとおく。

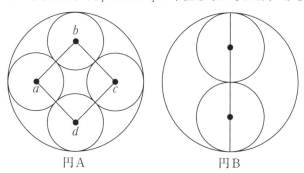

まず，円Aについて，内接する4つのpの円の中心を上の図のように，a，b，c，dとおく。すると，$ab=bc=cd=da=2m$であるから，四角形$abcd$は正方形である。よって，△abcは直角二等辺三角形であるから，

$ac = \sqrt{2}\ ab = 2\sqrt{2}\ m$

となり，円Aの中段で内接しているpの2つの円について，

$2R = 2m + ac$

が成り立ち，mについて解くと，

$2R = 2m + 2\sqrt{2}\ m \Rightarrow m = \dfrac{1}{\sqrt{2}+1}R$ ……①

が得られる。

同様に，円Bについても，nをRの式で表すことを考える。円qの直径の2倍が円Bの直径に等しく，

$2R = 4n \Rightarrow n = \dfrac{1}{2}R$ ……②

が得られる。

①と②より，円pと円qの面積を比で表すと，2つの円は相似な関係にあり，

円pの面積：円qの面積 $= m^2 : n^2$

$= \left(\dfrac{1}{\sqrt{2}+1}R\right)^2 : \left(\dfrac{1}{2}R\right)^2$

$= \dfrac{1}{3+2\sqrt{2}} : \dfrac{1}{4}$

になるから，題意の比率は，

$$\frac{1}{4} \div \frac{1}{3+2\sqrt{2}} = \frac{3+2\sqrt{2}}{4}$$

である。

よって，正解は肢3である。

正答 3

memo

第2章 図形

SECTION 10 図形
図形の計量

実践 問題 195 基本レベル

頻出度 地上★ 国家一般職★ 東京都★★★ 特別区★★
裁判所職員★★★ 国税・財務・労基★★ 国家総合職★★★

問 三角形ＡＢＣにおいて，∠Ａの二等分線と辺ＢＣの交点をＤ，∠Ａの外角の二等分線と辺ＢＣの延長との交点をＥとする。ＡＢ＝15，ＡＣ＝5，ＢＣ＝12のとき，線分ＤＥの長さとして正しいものはどれか。（裁判所職員2021）

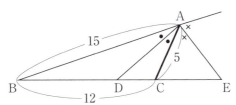

1：6
2：7
3：8
4：9
5：10

実践 問題 195 の解説

〈図形の計量〉

△ABCの∠Aの二等分線と辺BCの交点がDであるから,
BD：DC＝AB：AC＝15：5＝3：1
となり，BC＝12であるから,
$$DC = 12 \times \frac{1}{3+1} = 3 \quad \cdots\cdots ①$$
である。

∠Aの外角の二等分線についても，内角の同様の公式があるが，ここでは図を描いて求めてみる。右図のように，点Cを通り線分AEに平行な直線を引き辺ABとの交点をFとすると,
∠ACF＝∠CAE（錯角）
∠AFC＝∠GAE（同位角）
であり，∠CAEと∠GAEは等しいため,
∠ACF＝∠AFC
となり，△ACFは，AC＝AFの二等辺三角形である。

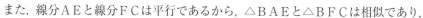

また，線分AEと線分FCは平行であるから，△BAEと△BFCは相似であり,
AB：AF＝BE：CE
となるが，AC＝AFであるから,
AB：AC＝BE：CE
となり，長さを代入して,
15：5＝（BC＋CE）：CE
15CE＝5×（12＋CE）
CE＝6　……②
である。
①と②より,
DE＝DC＋CE＝3＋6＝9
である。
よって，正解は肢4である。

【コメント】
内角の二等分線と辺の比については有名なため公式を用いたが，点Cを通り辺ABに平行な直線を引き線分ADを延長した直線との交点をFとしても，同様に導くことができる。

正答 4

第2章 SECTION 10 図形 図形の計量

実践　問題 196　基本レベル

頻出度　地上★★★　国家一般職★★★　東京都★★★　特別区★★★
　　　　裁判所職員★★★　国税・財務・労基★★★　国家総合職★★★

問　図のように，一辺の長さが1の正方形Aに内接し，30°傾いた正方形を正方形Bとする。また，正方形Bに内接し，45°傾いた長方形の長辺を a，短辺を b とする。a と b の長さの比が2：1であるとき，a の長さはいくらか。

（国家一般職2021）

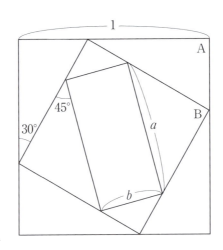

1：$\dfrac{2\sqrt{3} - 2\sqrt{2}}{3}$

2：$\dfrac{2\sqrt{3} - 2}{3}$

3：$\dfrac{\sqrt{6} - \sqrt{2}}{2}$

4：$\dfrac{2\sqrt{6} - 2\sqrt{2}}{3}$

5：$\dfrac{\sqrt{6} + \sqrt{2}}{3}$

直前復習

実践 問題196 の解説

〈図形の計量〉

下の図のように，頂点A～Gを定める。

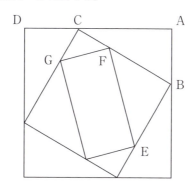

まず，△CFGは△BFEと相似な二等辺三角形であり，かつ $a:b=2:1$ であることから，
$$BC:BF:FC = 3:2:1 \quad \cdots\cdots ①$$
であり，そして，△ABCに着目すると，
$$BC:AC:AB = 2:\sqrt{3}:1 \quad \cdots\cdots ②$$
である。①と②より，BCの長さを $6c$ とおく。すると①より，$BF = 4c$ であるから，
$$a = 4\sqrt{2}\,c$$
となる。さらに，②より，
$$AC = 3\sqrt{3}\,c, \quad CD = AB = 3c$$
である。
ここで，
$$AC + CD = 1$$
より，方程式を立てて c について解くと，
$$3\sqrt{3}\,c + 3c = 1$$
$$3(1+\sqrt{3})c = 1$$
$$c = \frac{1}{3(1+\sqrt{3})} = \frac{1}{3(1+\sqrt{3})} \times \frac{\sqrt{3}-1}{\sqrt{3}-1} = \frac{\sqrt{3}-1}{6}$$
である。
以上より，
$$a = 4\sqrt{2}\,c = 4\sqrt{2} \times \frac{\sqrt{3}-1}{6} = \frac{2\sqrt{6}-2\sqrt{2}}{3}$$
である。
よって，正解は肢4である。

正答 4

SECTION 10 図形　図形の計量

実践　問題 197　基本レベル

頻出度	地上★★★　国家一般職★★★　東京都★★★　特別区★★★
	裁判所職員★★★　国税・財務・労基★★★　国家総合職★★

問　下の図のような三角形ＡＢＣにおいて，辺ＡＢ上に点Ｄ，辺ＣＡ上に点Ｅをとり，線分ＢＤ＝16cm，線分ＣＥ＝２cmであり，∠ＣＡＢ，∠ＡＢＣ及び∠ＢＣＡのそれぞれの二等分線の交点をＩとし，線分ＡＩと線分ＤＥが直交するとき，線分ＤＥの長さとして，正しいのはどれか。　　　　　　（東京都2022）

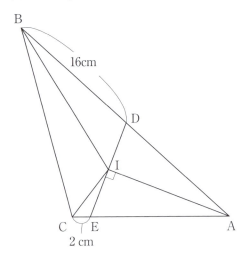

1 ： 10 cm
2 ： $6\sqrt{3}$ cm
3 ： 11 cm
4 ： $8\sqrt{2}$ cm
5 ： 12 cm

OUTPUT

実践 問題 197 の解説

〈図形の計量〉

∠ＩＡＤ＝∠ＩＡＥ＝○，∠ＩＢＣ＝∠ＩＢＤ＝●，∠ＩＣＡ＝∠ＩＣＢ＝△とする。

まず，三角形ＡＢＣについて，角度の総和が180°になるから，

2○＋2●＋2△＝180°　より
○＋●＋△＝90°　……①

を満たす。

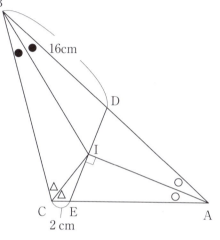

次に，ＡＩはＤＥの垂直二等分線であるから，

ＤＩ＝ＩＥ　……②

である。また，

∠ＡＤＩ＝∠ＡＥＩ＝90°－○＝●＋△

である。次に，

∠ＩＢＤ＋∠ＢＩＤ＝∠ＡＤＩ＝●＋△

であるから，∠ＢＩＤ＝△である。同様に，

∠ＥＣＩ＋∠ＣＩＥ＝∠ＡＥＩ＝●＋△

であるから，∠ＣＩＥ＝●である。この結果，

△ＢＩＤ∽△ＩＣＥ

となる。このため，

ＢＤ：ＩＤ＝ＩＥ：ＣＥ　……③

が成り立つ。②と③より，ＤＩ＝rとすると，

16：r＝r：2

であるから，

$r^2 = 32$
$r = 4\sqrt{2}$ (cm)

となる。したがって，ＤＥの長さは$8\sqrt{2}$ (cm)である。

よって，正解は肢4である。

正答 4

SECTION 10 図形の計量

実践 問題 198 基本レベル

問　Kビルの1階からは，建設中のSタワーは，KビルとSタワーの間にある高さ34mのDビルに隠れて，見ることができない。Kビルの高さ29mの位置からは，Sタワーの高さが534mになったとき，初めてその最上部を見ることができた。Sタワーの高さが634mになったとき，その最上部をKビルから見ることができる位置の中で，最も低い高さはどれか。ただし，Kビル，Dビル，Sタワーの高さの基点は同じ水平面上にあるものとする。

（特別区2012）

1 : 24m
2 : 25m
3 : 26m
4 : 27m
5 : 28m

OUTPUT

実践 問題 198 の解説

〈図形の計量〉

問題文より、Kビルの高さ29mの位置から、高さ534mのSタワーの最上部を見ることができたときの、Kビル、Dビル、Sタワーの位置関係を次のように図示し、点A〜Eをとる。

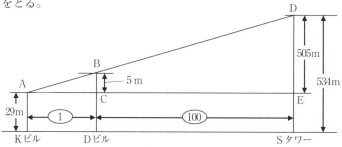

ここで、△ABCと△ADEは、∠BAC＝∠DAE、∠BCA＝∠DEA＝90°の直角三角形であるから、相似である。その相似比は、BC：DE＝5：505＝1：101となる。

これより、AC：AE＝AB：AD＝1：101となる。

次に、Sタワーの高さが634mとなったとき、最上部を見ることができるKビルの最も低い高さを x mとして、位置関係を次のように図示し、点O〜Sをとる。

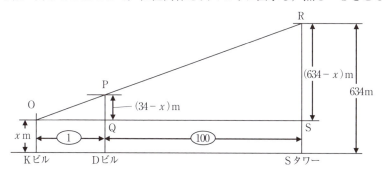

ここで、OQ：OS＝1：101であるから、
PQ：RS＝1：101＝$(34-x)$：$(634-x)$
$634-x=101\times(34-x)$
$634-x=3434-101x$
$100x=2800$
$x=28$（m）

よって、正解は肢5である。

正答 5

第2章 SECTION 10 図形
図形の計量

実践 問題 199 基本レベル

頻出度	地上★★★	国家一般職★★★	東京都★★★	特別区★★★
	裁判所職員★★★	国税・財務・労基★★★		国家総合職★★★

問 図のように，同じ大きさの正方形5個を並べ，両端の正方形の一辺を延長した直線と各正方形の頂点を通る直線を結んで台形ＡＢＣＤを作ったところ，辺ＡＢの長さが12cm，辺ＣＤの長さが4cmとなった。このとき，台形ＡＢＣＤの面積は正方形1個の面積の何倍となるか。　　　　（国家一般職2013）

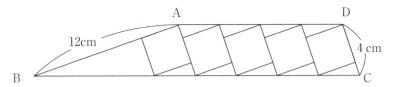

1：7倍
2：7.5倍
3：8倍
4：8.5倍
5：9倍

OUTPUT

実践 問題 **199** の解説

〈図形の計量〉

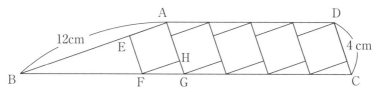

上の図のようにE，F，G，Hをおく。四角形AGCDは平行四辺形であるから，AG＝4cmである。また，正方形の一辺の長さをx(cm)とすると，

BE＝12－x(cm)，GH＝4－x(cm)

になる。

△ABG∽△EBFから，AB：AG＝EB：EF⇔3：1＝12－x：x
……①

△ABG∽△HFGから，AB：AG＝HF：HG⇔3：1＝x：4－x
……②

が成り立つ。

①をxについて解くと，x＝3となる。また，このとき，②も満たす。

この結果，△EBF，正方形AEFH，△HFGの面積を比にすると，次のとおりになる。

$\triangle EBF = 9 \times 3 \times \dfrac{1}{2} = \dfrac{27}{2}$(cm²)，　正方形AEFH＝9(cm²)

$\triangle HFG = 3 \times 1 \times \dfrac{1}{2} = \dfrac{3}{2}$(cm²)

以上より，台形ABCDの面積は，

台形ABCD＝△EBF＋正方形AEFH×5＋△HFG×9

$= \dfrac{27}{2} + 9 \times 5 + \dfrac{3}{2} \times 9 = 72$(cm²)

であり，正方形1個の面積の8倍である。

よって，正解は肢3である。

正答 3

SECTION 10 図形
図形の計量

実践 問題 200 基本レベル

頻出度	地上★★★ 国家一般職★★★ 東京都★★★ 特別区★★★
	裁判所職員★★★ 国税・財務・労基★★★ 国家総合職★★★

問 図のような，面積が36の正六角形A，Bについて，それぞれの網掛け部分の面積の組合せとして最も妥当なのはどれか。　　　（国税・財務・労基2016）

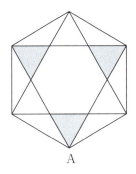
A

B

	A	B
1 :	4	10
2 :	4	12
3 :	4	15
4 :	6	10
5 :	6	12

実践 問題200 の解説

〈図形の計量〉

Aに図のような補助線を引き，AとBに頂点P～Xを図のように振る。

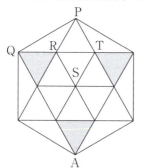 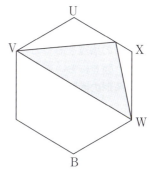

ここで，△PQRと△PRTを比較すると，どちらも高さが共通であり，底辺の長さもどちらも合同な正三角形の1辺となることから，△PQRと△PRTの面積は等しい。

△PRTと△RSTは合同な正三角形であるから，この正六角形には，△PRTと面積が同じ三角形が18個あることになる。したがって，Aの網掛け部分の面積は，

$$\frac{36}{18} \times 3 = 6$$

である。

次に，Bの網掛け部分の面積について考える。VWとUXは平行であるため，

　　Bの網掛け部分の面積＝△UVW

となる。

台形UVWXの面積は36÷2＝18より，

　　△UVW＋△UXW＝18　……①

を満たす。また，△UVWの面積と△UXWの面積の比は，底辺の比に等しく，

　　△UVW：△UXW＝VW：UX＝2：1　……②

となる。①と②より，Bの網掛け部分の面積は，△UVWの面積に等しく，

$$18 \times \frac{2}{3} = 12$$

である。

よって，正解は肢5である。

正答 5

第2章 SECTION 10 図形

図形の計量

実践 問題 201 〈基本レベル〉

頻出度 地上★★★ 国家一般職★★★ 東京都★★★ 特別区★★★
　　　　裁判所職員★★★ 国税・財務・労基★★★ 国家総合職★★★

[問] 図Ⅰは，一辺の長さが等しい二つの正三角形を重心を中心として60°回転させて重ねたものである。この図形の隣り合う各頂点を直線で結び，さらに，内側の正六角形の頂点を一つおきに結ぶと，図Ⅱで示される図形となる。

このとき，図Ⅱにおいて，一番外側にできた正六角形の面積は，一番内側にできた正六角形の面積の何倍か。　　　　　　　　　　　　　　（国税・労基2004）

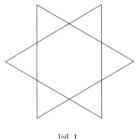
図Ⅰ

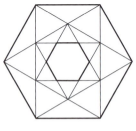
図Ⅱ

1 ： 6倍
2 ： $4\sqrt{3}$倍
3 ： $6\sqrt{2}$倍
4 ： 9倍
5 ： $6\sqrt{3}$倍

実践 問題 201 の解説

〈図形の計量〉

一番内側の正三角形の重心を点Aとし，下図のように補助線を引き，点B〜Hをとる。

内側の正六角形の面積は△ADEの6倍，外側の正六角形の面積は△ABCの6倍となるため，正六角形の面積比は△ABCと△ADEの面積比によって求めることができる。さらに，△ABCと△AEDは，ともに正三角形で，相似であり，面積比は相似比の2乗となることから，

　（外側の正六角形の面積）：（内側の正六角形の面積）
　＝（△ABCの面積）×6：（△ADEの面積）×6
　＝（△ABCの面積）：（△ADEの面積）
　＝AB^2：AE^2

となる。

ここで，点Gは，頂点Bから対辺への垂線と頂点Cから対辺への垂線との交点であることから，△ABCの重心である。つまり，AG：GF＝2：1となる。また，△ADE≡△GDEであるため，AH：HG＝1：1となる。これらのことから，AH：HG：GF＝1：1：1となるため，AB：AE＝AF：AH＝3：1となる。

したがって，△ABCと△ADEの相似比は3：1となる。そして，面積比は相似比の2乗となるため，△ABC：△ADE＝3^2：1^2＝9：1となる。

以上より，外側の正六角形の面積は内側の正六角形の面積の9倍となる。

よって，正解は肢4である。

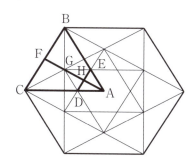

正答 4

図形の計量

実践 問題 202 基本レベル

頻出度	地上★★	国家一般職★★	東京都★★	特別区★★
	裁判所職員★	国税・財務・労基★		国家総合職★

問 下の図のように，同じ大きさの15個の正方形のマス目を描いて点A～Eを置き，点Aから点B及び点Eをそれぞれ直線で結んだとき，∠ABCと∠DAEの角度の和として，正しいのはどれか。　　　　　　　　　　　（東京都2021）

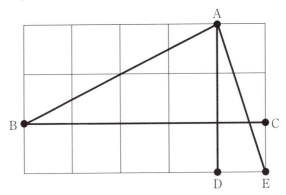

1：35°
2：40°
3：45°
4：50°
5：55°

実践 問題 202 の解説

〈図形の計量〉

F，GおよびHを下の図のようにおき，補助線AF，BFを引く。

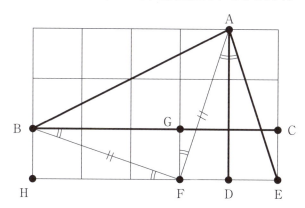

AE＝AF＝BFであるから，△AED≡△AFD≡△BFGである。よって，
　　∠EAD＝∠FAD＝∠FBG　……①
であるから，求めたい2つの角度の和は，
　　∠ABC＋∠DAE＝∠ABC＋∠FBG＝∠FBA
と∠FBAの角度に等しい。
　また，平行線の錯角の性質と①より，
　　∠BFH＝∠AFG＝∠EAD　……②
より，
　　∠AFB＝∠AFG＋∠BFG＝∠BFH＋∠BFG＝90°
となって△ABFは直角二等辺三角形であるから，∠FBA＝∠FAB＝45°である。
　よって，正解は肢3である。

正答 3

第2章 SECTION 10 図形
図形の計量

実践 問題 203 基本レベル

[問] 三角形ABCにおいて，図のように各辺の延長上に，各辺の長さが2倍となる点D，E，Fをとる（AE＝2AB，BF＝2BC，CD＝2CA）。次に，三角形DEFにおいて，図のように各辺の延長上に，各辺の長さが2倍となる点G，H，Iをとる（DH＝2DE，EI＝2EF，FG＝2FD）。このとき，三角形GHIの面積は三角形ABCの面積の何倍か。 　　　　　（地上2008）

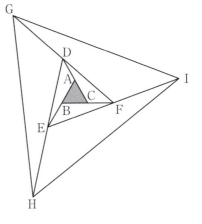

1：40倍
2：42倍
3：45倍
4：48倍
5：49倍

実践 問題 203 の解説

〈図形の計量〉

まず，△ＤＥＦの面積が△ＡＢＣの面積の何倍かを考える。頂点Ｄ，Ｅ，Ｆから右図のような補助線を引き，区切られた部分を三角形①，三角形②，…三角形⑦とする。

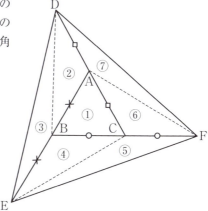

三角形①と三角形②に着目すると，高さが共通で，かつ，底辺の比（ＣＡ：ＡＤ）が１：１であることから，三角形①の面積と三角形②の面積は等しいことがわかる（底辺分割の定理）。同様にして，三角形②の面積と三角形③の面積も等しいことがわかり，結局，

　　三角形①の面積＝三角形②の面積＝三角形③の面積

であることがわかる。以上と同様の手順で，三角形④，⑤と⑥，⑦についても考えると，

　　三角形①の面積＝三角形④の面積＝三角形⑤の面積
　　三角形①の面積＝三角形⑥の面積＝三角形⑦の面積

であることがわかる。つまり，三角形①，②，…，⑦の面積はすべて等しいことがわかる。したがって，△ＤＥＦの面積は△ＡＢＣの面積の７倍である。

次に，△ＧＨＩの面積が△ＤＥＦの面積の何倍かを考えることになるが，両者の関係が△ＤＥＦと△ＡＢＣの関係と同じといえるため，△ＧＨＩの面積は△ＤＥＦの面積の７倍であるとわかる。

以上より，

　　（△ＧＨＩの面積）＝（△ＤＥＦの面積）×７
　　　　　　　　　　＝（△ＡＢＣの面積×７）×７
　　　　　　　　　　＝（△ＡＢＣの面積）×49

となる。

よって，正解は肢５である。

正答 5

SECTION 10 図形の計量

実践 問題204 基本レベル

頻出度 地上★★★ 国家一般職★★★ 東京都★★★ 特別区★★★
裁判所職員★★★ 国税・財務・労基★★★ 国家総合職★★★

問 次のような正四面体がある。ＡＰ：ＰＢ＝５：２とするＡＢ上の点をＰ，ＢＣ上の点をＱ，ＣＤ上の点をＲ，ＡＤ上の点をＳとしたとき，折れ線ＰＱＲＳＰの全長Ｘを最小にするコースを考える。このとき，ＱＲとＸの比として正しいものはどれか。　　　　　　　　　　　　　　　　　　　　　　　（裁判所職員2018）

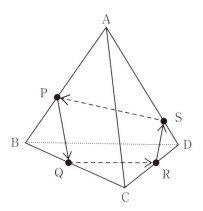

1： 1：3
2： 1：4
3： 2：5
4： 3：10
5： 5：14

OUTPUT

実践 問題204 の解説

〈図形の計量〉

正四面体の展開図は面を構成する正三角形が互い違いに一列に4つ並んだ形で描くことができる。このような展開図にしたときの紙面右下の点Ａ，Ｂ，Ｐをそれぞれ A′，B′，P′ とする。

Ｘが最小となる道すじは，折れ線ＰＱＲＳＰが展開図上で一直線になったときである。ＡＰ：ＰＢ＝Ａ′Ｐ′：Ｐ′Ｂ′＝5：2であるため，正四面体の面を構成する正三角形の一辺の長さを7としたときの展開図は下のようになる。

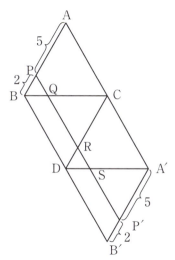

図より，ＡＡ′∥ＢＢ′∥ＰＰ′であり，またＡＢ∥Ａ′Ｂ′であるため，四角形ＡＢＢ′Ａ′，四角形ＡＰＰ′Ａ′，四角形ＰＢＢ′Ｐ′はすべて平行四辺形である。このため，ＡＡ′＝ＢＢ′＝ＰＰ′であり，その長さは正三角形ＡＢＣの一辺の長さの2倍であるため14である。

また，△ＰＢＱ，△ＤＲＳは一辺の長さが2の正三角形，△ＣＱＲ，△Ａ′ＳＰ′は一辺の長さが5の正三角形である。

したがって，ＱＲ＝5，ＰＰ′＝14であるため，ＱＲ：ＰＰ′＝5：14となる。
よって，正解は肢5である。

正答 5

第2章 SECTION 10 図形
図形の計量

実践 問題 205 基本レベル

頻出度	地上★★★ 国家一般職★★ 東京都★★★ 特別区★★
	裁判所職員★★ 国税・財務・労基★★ 国家総合職★★★

[問] 図のような正六角形のA点とP点を結んだ直線で，折り曲げる。P点がB点からD点に向かって移動するときの，折り曲げて重なった部分の面積の大きさを示したグラフとして，正しいものはどれか。　　　　　　　　　　（地上2020）

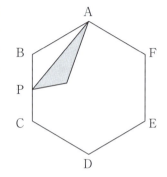

1:
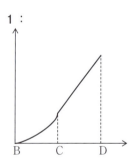

2:
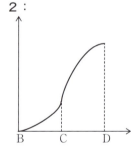

3:
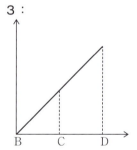

4:
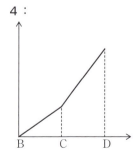

5:
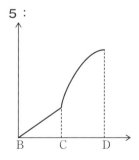

OUTPUT

実践 問題 205 の解説

〈図形の計量〉

正六角形の1辺の長さを2とする。また，PがBからスタートして移動した道のりをtとする。

まず，最初にPがBC間を動くときを考える。求めたい部分の面積は△ABPの面積に等しい。Aから，BとPを通る直線に下ろした垂線の足をTとすると，△ABTは30°，60°，90°の直角三角形になるため，AT＝$\sqrt{3}$，BP＝tであり，重なった部分の面積は，

△ABPの面積＝$\frac{1}{2}$×BP×$\sqrt{3}$＝$\frac{\sqrt{3}}{2}t$

……①

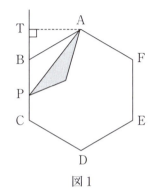

図1

となる。

次に，CD間をPが動くときを考える。BC＋CP＝tから，CP＝t－2となる。AとPを通る直線で折り曲げて，重なった部分の面積は，四角形ABCPの面積，

台形ABCDの面積－△APDの面積

に等しい。台形ABCDの面積は，長さ2の正六角形の面積である，

$\frac{\sqrt{3}}{4}$×2^2×6＝$6\sqrt{3}$

の半分の$3\sqrt{3}$である。

また，ADを底辺としてPからADに垂線を下ろした垂線の足をSとすると，△PSDは30°，60°，90°の直角三角形で，PDの長さが，

PD＝CD－CP＝2－(t－2)＝4－t

であることを用いると，

PS＝$\frac{\sqrt{3}}{2}$×PD＝$\frac{\sqrt{3}}{2}(4-t)$

であり，△APDの面積は，

$\frac{1}{2}$×AD×$\frac{\sqrt{3}}{2}(4-t)$

＝$\frac{1}{2}$×4×$\frac{\sqrt{3}}{2}(4-t)$＝$4\sqrt{3}-\sqrt{3}t$

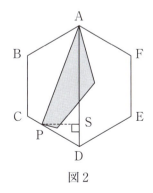

図2

となる。よって，重なった部分の面積は，
$$3\sqrt{3} - (4\sqrt{3} - \sqrt{3}\,t) = \sqrt{3}\,t - \sqrt{3} \quad \cdots\cdots ②$$
となる。

　以上より，①と②はグラフ上で面積の値$\sqrt{3}$（$t=2$）で連続であり，②の直線のほうが①よりも直線の傾きが大きくなるグラフを選べばよい。

　よって，正解は肢4である。

正答 4

memo

第2章 SECTION 10 図形
図形の計量

実践 問題 206 基本レベル

頻出度	地上★★★	国家一般職★★★	東京都★★★	特別区★★★
	裁判所職員★★★	国税・財務・労基★★★	国家総合職★★★	

問 下図のように，長方形ＡＢＣＤを辺ＡＢに平行な直線７本で，８つの同じ大きさの長方形に分割し，ＡとＥ，ＢとＤをそれぞれ直線で結んだとき，斜線部分アとイの面積の比として，正しいのはどれか。　　　　（東京都2012）

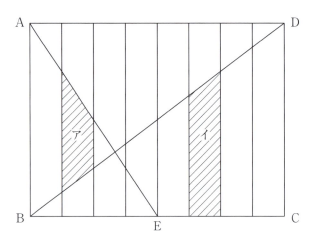

　　　ア：イ
1 ： 2 ： 3
2 ： 4 ： 5
3 ： 5 ： 7
4 ： 7 ：11
5 ： 8 ：13

OUTPUT

実践 問題206 の解説

〈図形の計量〉

次の図のように，図形アとイの頂点として，F～M，およびS，Tを入れる。1つの長方形の縦の長さをa，横の長さを$8b$とする。

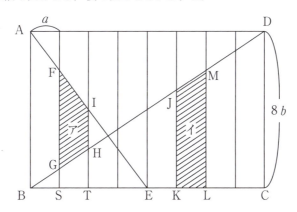

まず，アの面積について考える。△BSG，△BTH，△BCDは互いに相似な図形であるから，

　SG：TH：CD＝BS：BT：BC＝1：2：8

が成り立ち，SG＝b，TH＝$2b$と求めることができる。

また，△EBA，△ESF，△ETIは互いに相似な図形であるから，

　AB：FS：IT＝BE：SE：TE＝4：3：2

より，FS＝$6b$，IT＝$4b$と求めることができる。よって，

　FG＝FS－GS＝$6b-b=5b$，HI＝IT－HT＝$4b-2b=2b$

となる。よって，アの面積は，

　$\frac{1}{2}\times(FG+HI)\times a=\frac{7}{2}ab$　……①

になる。

次に，イの面積について考える。△BSG，△BKJ，△BLMは互いに相似な図形で，

　GS：JK：ML＝BS：BK：BL＝1：5：6

より，JK＝$5b$，ML＝$6b$である。よって，イの面積は，

　$\frac{1}{2}\times(JK+ML)\times a=\frac{11}{2}ab$　……②

である。
　以上①と②より，アとイの面積の比は，
$$ア：イ = \frac{7}{2}ab : \frac{11}{2}ab = 7 : 11$$
である。
　よって，正解は肢4である。

正答 4

memo

S ECTION 10 図形 図形の計量

実践 問題 207 基本レベル

問 次の図のように，点O，P，Qを中心とする半径 a の3つの円が隙間なく互いに接している。今，この3つの円の外に正三角形ＡＢＣが外接しているとき，正三角形ＡＢＣの面積は，この点O，P，Qを結んでできる正三角形ＯＰＱの面積の何倍か。 （特別区2015）

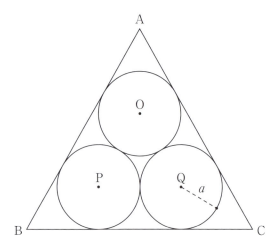

1 ： $2\sqrt{3}$ 倍
2 ： $2\sqrt{3}+1$ 倍
3 ： $2\sqrt{3}+2$ 倍
4 ： $2\sqrt{3}+3$ 倍
5 ： $2\sqrt{3}+4$ 倍

OUTPUT

実践 問題 **207** の解説

〈図形の計量〉

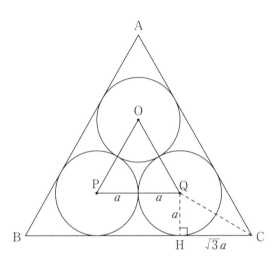

まず，正三角形ＯＰＱについて考える。辺ＰＱの長さは，円の半径の２つ分であるため，$2a$ となる。

次に，正三角形ＡＢＣについて考える。点Ｑから辺ＢＣに下ろした垂線の足をＨとすると，△ＱＨＣは，ＱＨ＝ a である $30°$，$60°$，$90°$ の直角三角形となる。ＱＨ：ＨＣ＝ $1 : \sqrt{3}$ より，ＨＣ＝ $\sqrt{3}a$ となる。よって，辺ＢＣの長さは，

$$2 \times (a + \sqrt{3}a) = 2(1 + \sqrt{3})a$$

である。

正三角形は，互いに相似である。相似な図形において，面積比は相似比の２乗になることより，

$$\begin{aligned}
△ＡＢＣ : △ＯＰＱ &= \{2(1+\sqrt{3})a\}^2 : (2a)^2 \\
&= 4(1+\sqrt{3})^2 a^2 : 4a^2 \\
&= (1+\sqrt{3})^2 : 1 \\
&= 2\sqrt{3} + 4 : 1
\end{aligned}$$

である。

したがって，正三角形ＡＢＣの面積は，正三角形ＯＰＱの面積の $(2\sqrt{3} + 4)$ 倍である。

よって，正解は肢５である。

正答 5

第2章 SECTION 10 図形
図形の計量

実践 問題 208 基本レベル

頻出度	地上★★★ 国家一般職★★★ 東京都★★★ 特別区★★★
	裁判所職員★★★ 国税・財務・労基★★★ 国家総合職★★★

問 下図のような，一辺の長さが a の正方形と，正方形の各辺を半径とする円弧からなる図形の網掛け部分の面積として，正しいのはどれか。ただし，円周率は π とする。

(東京都2010)

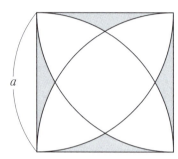

1 : $\left(1 - \dfrac{\sqrt{3}}{4} - \dfrac{\pi}{6}\right) a^2$

2 : $\left(1 - \dfrac{\sqrt{3}}{4} - \dfrac{\pi}{12}\right) a^2$

3 : $\left(4 - \dfrac{\sqrt{3}}{4} - \dfrac{2\pi}{3}\right) a^2$

4 : $\left(4 - \sqrt{3} - \dfrac{2\pi}{3}\right) a^2$

5 : $\left(4 - \sqrt{3} - \dfrac{\pi}{6}\right) a^2$

実践 問題208 の解説

〈図形の計量〉

下の図にA～Eを入れる。

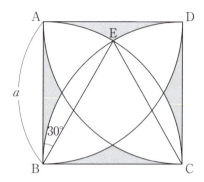

図形AEDの面積は，正方形ABCDの面積から，正三角形EBCと扇形BAEと扇形CDEの面積を引けば求められる。また，網掛け部分の面積は図形AEDが4つ集まったものである。正三角形の一辺の長さはa，扇形の中心角の大きさは30°，半径はaだから，求める網掛け部分の面積Sは，

$$S = \left(a^2 - \frac{\sqrt{3}}{4}a^2 - \pi a^2 \times \frac{30°}{360°} \times 2\right) \times 4$$
$$= \left(4 - \sqrt{3} - \frac{2\pi}{3}\right)a^2$$

となる。

よって，正解は肢4である。

正答 4

第2章 SECTION 10 図形
図形の計量

実践 問題 209 基本レベル

頻出度	地上★★★ 国家一般職★★★ 東京都★★★ 特別区★★★
	裁判所職員★★★ 国税・財務・労基★★★ 国家総合職★★★

[問] 図のように三角形に内接する円がある。三角形の周囲の長さ60cm，面積が135cm²であるとき，円の半径として正しいものはどれか。（裁判所職員2020）

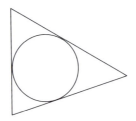

1 ： 4 cm
2 ： 4.5cm
3 ： 5 cm
4 ： 5.5cm
5 ： 6 cm

OUTPUT

実践 問題 209 の解説

〈図形の計量〉

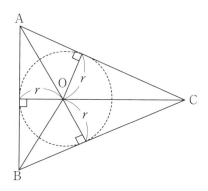

　上の図のように，三角形の各頂点をA，B，C，および内接円の中心をOとする。また，内接円の半径をr(cm)とする。

　各辺における内接円の接点とOを結ぶ線分は，図のように各辺と垂直に交わり，その長さはrに等しい。よって，△ＡＢＣの面積は，以下のように3つの三角形に分けて求めることができる。

$$\triangle ABC = \triangle ABO + \triangle BCO + \triangle CAO$$
$$= \frac{1}{2} \times AB \times r + \frac{1}{2} \times BC \times r + \frac{1}{2} \times CA \times r$$
$$= \frac{1}{2} \times (AB + BC + CA) \times r$$
$$= \frac{1}{2} \times (\triangle ABCの周囲の長さ) \times r \quad \cdots\cdots(※)$$
$$= \frac{1}{2} \times 60 \times r$$
$$= 30r$$

すると，△ＡＢＣの面積が135cm²となることから，
$$30r = 135$$
$$r = 4.5 \text{(cm)}$$

と求めることができる。

　よって，正解は肢2である。

図形の計量

【コメント】
　本解説で示したように，三角形の面積は，その周囲の長さおよび内接円の半径を用いて，(※)のように表すことができる。三角形の面積公式の1つとして，覚えておくと便利である。

正答 2

memo

第2章 図形

第2章 SECTION 10 図形
図形の計量

実践 問題 210 基本レベル

頻出度 地上★★★ 国家一般職★★★ 東京都★★★ 特別区★★★
裁判所職員★★★ 国税・財務・労基★★★ 国家総合職★★★

問 図のような直角三角形があり，辺の長さには $0<a<b<c$ なる関係がある。各辺に対して，直径が辺の長さと等しく，中心が辺の中点となるような円を描いたとき，直径 a の円で直径 c の円に含まれない部分の面積と直径 b の円で直径 c の円に含まれない部分の面積との和はいくらか。 （国税・労基2005）

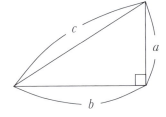

1 : $\dfrac{c^2}{4}\pi$

2 : $\dfrac{c^2-ab}{4}\pi$

3 : $\dfrac{c}{2}\pi$

4 : $\dfrac{c(a+b)}{2}$

5 : $\dfrac{ab}{2}$

直前復習

OUTPUT

実践 問題 210 の解説

〈図形の計量〉

面積を求める図形は右図の斜線部になる。なお，c を直径とする円は，円周角の定理と，右図の三角形が直角三角形であることより，この直角三角形の外接円である。

右図より，求める面積は，
  (直径 a の半円) + (直径 b の半円) +
   (直角三角形) − (直径 c の半円)
で求めることができる。

題意の面積を S とすると，

$$S = \left(\frac{a^2}{4}\pi \times \frac{1}{2} + \frac{b^2}{4}\pi \times \frac{1}{2} + \frac{1}{2}ab\right) - \frac{c^2}{4}\pi \times \frac{1}{2}$$

$$= \frac{\pi}{8}(a^2 + b^2) - \frac{\pi}{8}c^2 + \frac{1}{2}ab \quad \cdots\cdots ①$$

ここで直角三角形において，三平方の定理より，
  $c^2 = a^2 + b^2$
これを①の式に代入して，

$$S = \frac{\pi}{8}c^2 - \frac{\pi}{8}c^2 + \frac{ab}{2}$$

$$= \frac{ab}{2}$$

となる。

よって，正解は肢 5 である。

正答 5

SECTION 10 図形の計量

実践 問題 211 基本レベル

頻出度 地上★★★ 国家一般職★★★ 東京都★★★ 特別区★★★
裁判所職員★★★ 国税・財務・労基★★★ 国家総合職★★★

問 図のように、点Oを中心とする半径 r の円に長方形ABCDが内接し、長方形ABCDの各辺の長さを直径とした半円を長方形の外側に描いたとき、斜線の部分の全面積と長方形ABCDの面積との比はいくらか。

（国税・財務・労基2012）

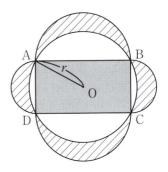

	斜線部分の全面積		長方形ABCDの面積
1：	1	：	1
2：	$\sqrt{3}$	：	2
3：	$2\sqrt{2}$	：	3
4：	π	：	3
5：	π	：	4

実践 問題211 の解説

〈図形の計量〉

与えられた図の領域を，次のように①〜⑨とする。

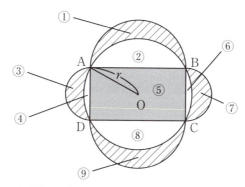

領域①+②はＡＢを直径とする半円であり，領域⑧+⑨はＤＣを直径とする半円である。そして，ＡＢ＝ＤＣであるから，領域①+②+⑧+⑨は，ＡＢ（ＤＣ）を直径とする円Ｘの面積となる。

同様に，領域③+④+⑥+⑦は，ＡＤ（ＢＣ）を直径とする円Ｙの面積となる。

斜線部分の全面積は，これら2つの円の面積から，領域②，④，⑥，⑧の面積の合計を引いたものとなる。

ここで，領域②，④，⑥，⑧は，半径 r で点Ｏを中心とする円Ｏの内部の領域であり，その全面積は，円Ｏの面積から長方形ＡＢＣＤの面積⑤を引いたものである。

また，ＡＢ＝$2a$，ＡＤ＝$2b$ とすると，三平方の定理より $a^2+b^2=r^2$ が成り立つ。これより，斜線部分の全面積を求めると，

斜線部分の全面積＝円Ｘの面積＋円Ｙの面積−（円Ｏの面積−長方形ＡＢＣＤの面積）

$$= \pi a^2 + \pi b^2 - (\pi r^2 - ⑤)$$
$$= \pi (a^2+b^2) - \pi r^2 + ⑤$$
$$= \pi (a^2+b^2-r^2) + ⑤$$
$$= ⑤$$

となる。

したがって，斜線部分の全面積と長方形ＡＢＣＤの面積は等しくなるため，求める比は1：1となる。

よって，正解は肢1である。

正答 1

図形の計量

実践 問題 212 基本レベル

頻出度 地上★★★ 国家一般職★★★ 東京都★★★ 特別区★★★
      裁判所職員★★★ 国税・財務・労基★★★ 国家総合職★★★

問 1辺が10cmの正八面体の木片がある。この木片を削って得ることのできる最も大きな球の直径はどれか。 （特別区2011）

1 ： $5\sqrt{\dfrac{3}{2}}$ cm

2 ： $5\sqrt{2}$ cm

3 ： $10\sqrt{\dfrac{2}{3}}$ cm

4 ： $5\sqrt{3}$ cm

5 ： 10cm

OUTPUT

実践 問題 212 の解説

〈図形の計量〉

図1のような正八面体ＡＢＣＤＥＦに内接する球を考える。内接する球の中心Ｏは，Ａから正方形ＢＣＤＥに降ろした垂線の足と一致する。

辺ＢＣの中点をＭとして，3点Ａ，Ｏ，Ｍを通る断面を考えると，三角形ＡＯＭは図2のようになる。Ｏから辺ＡＭに降ろした垂線の足をＨとすると，球の半径はＯＨに等しい。

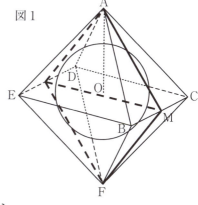
図1

まず，
　　ＯＭ＝5（cm）
であり，図1で面ＡＢＣは正三角形であるから，
　　ＡＭ＝$5\sqrt{3}$（cm）
となる。△ＯＭＡは直角三角形であるから，三平方の定理より，
　　ＯＡ＝$5\sqrt{2}$（cm）
となる。

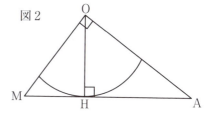
図2

ところで，△ＨＭＯ∽△ＯＭＡであるから，
　　ＯＨ：ＯＭ＝ＡＯ：ＡＭ
となり，
　　ＯＨ＝ＯＭ×$\dfrac{\text{ＡＯ}}{\text{ＡＭ}}$＝$5 \times \dfrac{5\sqrt{2}}{5\sqrt{3}}$＝$5\sqrt{\dfrac{2}{3}}$（cm）
である。したがって，球の直径は，
　　$5\sqrt{\dfrac{2}{3}} \times 2 = 10\sqrt{\dfrac{2}{3}}$（cm）
である。

よって，正解は肢3である。

正答 3

SECTION 10 図形の計量

実践 問題 213 基本レベル

[問] 底面が半径 5 の円で，高さが $10\sqrt{2}$ の直円錐がある。底面の円の直径の両端に当たる 2 点をこの直円錐の側面上で結ぶとき，その 2 点間の道のりの最小値に最も近いのは，次のうちどれか。 （裁事・家裁2002）

1 : 14.2
2 : 14.5
3 : 14.8
4 : 15.1
5 : 15.4

OUTPUT

実践 問題 213 の解説

〈図形の計量〉

問題の直円錐，およびその展開図を描いてみると，以下のようになる。
また，展開図のＯＱとＯＱ´を合わせて，直円錐に復元できる。

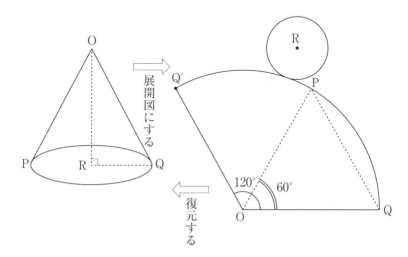

ここで，左上図の△ＯＱＲは直角三角形であるから，**三平方の定理**より，
$$OQ^2 = OR^2 + RQ^2$$
である。よって，これよりこの**円錐の母線の長さＯＱ**は，以下のように求められる。
$$OQ = \sqrt{OR^2 + RQ^2} = \sqrt{(10\sqrt{2})^2 + 5^2} = 15$$

他方，**展開図の扇形の中心角**は，
$$360° \times \frac{底面の円の半径}{母線の長さ} = 360° \times \frac{5}{15} = 120°$$
である。

Ｐは展開図で弧ＱＱ´の中点であるから，底面の円の直径の両端にあたる２点Ｐ，Ｑを側面上で結ぶときの最短距離は，右上図の線分ＰＱのようになる。そして，その長さは，△ＯＰＱが正三角形であることから，ＰＱ＝ＯＱ＝15である。

よって，正解は肢４である。

正答 4

SECTION 10 図形の計量

実践 問題 **214** 基本レベル

> 下の図のような辺ＡＢ＝3，辺ＡＤ＝2，辺ＡＥ＝5の直方体ＡＢＣＤ－ＥＦＧＨがある。糸をこの直方体の表面に張り，頂点Ａと頂点Ｇを結ぶとき，張った糸が最短となる長さはいくらか。
> なお，下の図に示した糸の張り方は一例であり，糸は必ずしもこの面を通るとは限らない。　　　　　　　　　　　　　　　　　　　　（裁判所職員2017）

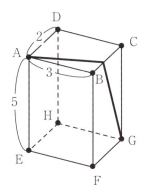

1： $2\sqrt{7}$
2： 6
3： $\sqrt{42}$
4： $5\sqrt{2}$
5： $\sqrt{58}$

OUTPUT

実践 問題 **214** の解説

〈図形の計量〉

面ＡＢＣＤを上面とし，面ＡＢＦＥを正面とし，面ＢＣＧＦを右側面とする。上面に平行な面を底面とし，正面に平行な面を裏面とし，右側面に平行な面を左側面とする。

頂点Ａから頂点Ｇへの糸の張り方は「上面 ⇒（裏面または右側面）」「正面 ⇒（底面または右側面）」「左側面 ⇒（底面または裏面）」の全部で6通りある。しかし，たとえば「上面 ⇒ 裏面」と「正面 ⇒ 底面」とは張る糸の長さは同じになるから，結局「上面 ⇒ 裏面」「上面 ⇒ 右側面」「正面⇒ 右側面」の3通りについて検討すればよい。

(1)　「上面ＡＢＣＤ ⇒ 裏面ＣＤＨＧ」と糸を張る場合

上面と裏面の展開図に，ＡＧの最短距離となる直線を書き込むと，下図のようになる。

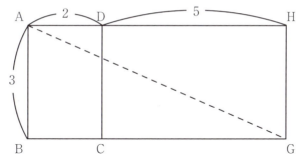

図より，ＡＧ ＝ $\sqrt{3^2 + (2 + 5)^2}$ ＝ $\sqrt{58}$ となる。

(2)　「上面ＡＢＣＤ ⇒ 右側面ＢＣＧＦ」と糸を張る場合

上面と右側面の展開図に，ＡＧの最短距離となる直線を書き込むと，下図のようになる。

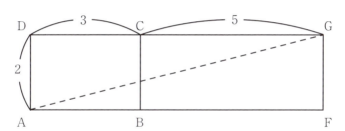

第2章 SECTION 10 図形 図形の計量

図より，ＡＧ $=\sqrt{2^2+(3+5)^2}=\sqrt{68}=2\sqrt{17}$ となる。

(3) 「正面ＡＢＦＥ ⇒ 右側面ＢＣＧＦ」と糸が張る場合

正面と右側面の展開図に，ＡＧの最短距離となる直線を書き込むと，下図のようになる。

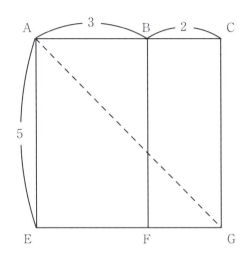

図より，ＡＧ $=\sqrt{5^2+(3+2)^2}=\sqrt{50}=5\sqrt{2}$ となる。

以上より，$\sqrt{50}<\sqrt{58}<\sqrt{68}$ であるから，張った糸が最短になるのは「正面ＡＢＦＥ ⇒ 右側面ＢＣＧＦ」の場合であり，そのときＡＧ $=5\sqrt{2}$ である。

よって，正解は肢4である。

正答 4

memo

第2章　図形

第2章 SECTION 10 図形
図形の計量

実践 問題 215 基本レベル

頻出度	地上★★★ 国家一般職★★★ 東京都★★★ 特別区★★★
	裁判所職員★★★ 国税・財務・労基★★★ 国家総合職★★★

問 図のように，底面が直径1の円で，かつ高さが4πの円柱に，ひもを底面の点Bから直上の点Aまで等間隔の螺旋状に巻いていったところ，ちょうど4周したところで巻き終わった。このひもを用いて円を作ったとき，その面積はいくらか。

（国家一般職2012）

1： $4\sqrt{2}\pi$
2： 8π
3： $8\sqrt{2}\pi$
4： 12π
5： $12\sqrt{2}\pi$

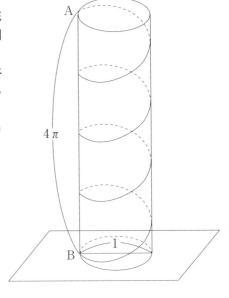

直前復習

OUTPUT

実践 問題 215 の解説

〈図形の計量〉

問題文の円柱を,線分ABで切って開いた展開図を描くと,図のようになる。底面の直径が1であるため,底面の周はπである。また,点Aと点A′,点Bと点B′はそれぞれ同じ点である。

ひもは円柱を4周しているため,展開図を斜めに横切る4本の線として表される。その斜めの線分1本の長さは,三平方の定理より$\sqrt{2}\pi$である。これが4本あるため,ひも全体の長さは$4\sqrt{2}\pi$となる。

このひもを用いて円を作るため,円周$4\sqrt{2}\pi$の円を作ることになる。

一方,半径rの円の円周は$2\pi r$であるから,この円の半径rは,
$$2\pi r = 4\sqrt{2}\pi$$
$$r = 2\sqrt{2}$$
となる。

したがって,この円の面積は,
$$\pi r^2 = \pi (2\sqrt{2})^2$$
$$= 8\pi$$
となる。

よって,正解は肢2である。

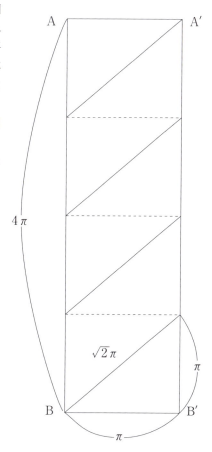

正答 2

図形の計量

実践 問題 216　基本レベル

頻出度　地上★　国家一般職★　東京都★　特別区★
　　　　裁判所職員★　国税・財務・労基★　国家総合職★

[問] 正六角形の対角線を回転軸として回転させてできる2種類の立体のうち，大きい方の体積は小さい方の何倍になるか。ただし，$\sqrt{3}=1.73$とし，小数点第2位を四捨五入する。
(東京都1998)

1 : 2.1倍
2 : 2.3倍
3 : 2.5倍
4 : 2.7倍
5 : 2.9倍

実践 問題216 の解説

〈図形の計量〉

まず，小さいほうの立体は下図のようになる。

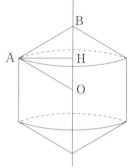 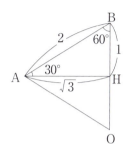

正六角形の1辺を2とすると，上図の△OABは正三角形であるから，BH＝1，AH＝$\sqrt{3}$となる。

よって，この立体の体積は，

$(\sqrt{3})^2 \pi \times 1 \times \dfrac{1}{3} \times 2 + (\sqrt{3})^2 \pi \times 2 = 2\pi + 6\pi = 8\pi$

となる。

次に，大きいほうの立体は下図のようになる。

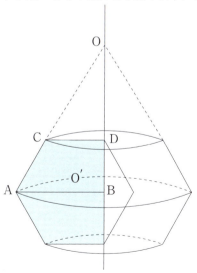 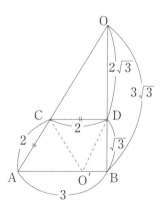

前ページの図のＡＣ＝ＣＤ＝2より，ＢＤ＝$\sqrt{3}$，ＡＢ＝3となり，ＯＤ＝$2\sqrt{3}$であるから，ＯＢ＝$3\sqrt{3}$となる。

したがって，この立体の体積は，円すい台2個分の体積を求めればよいから，

$$\left(\frac{1}{3}\times 3^2\pi\times 3\sqrt{3}-\frac{1}{3}\times 2^2\pi\times 2\sqrt{3}\right)\times 2 = \left(9\sqrt{3}\pi-\frac{8}{3}\sqrt{3}\pi\right)\times 2$$
$$=\frac{38}{3}\sqrt{3}\pi$$

となる。

これより，体積の比は，

$$\left(\frac{38}{3}\times 1.73\pi\right)\div 8\pi ≒ 2.7(倍)$$

となる。

よって，正解は肢4である。

正答 4

memo

第2章　図形

SECTION 10 図形の計量

実践 問題 217 応用レベル

頻出度	地上★★★ 国家一般職★★★ 東京都★★★ 特別区★★★
	裁判所職員★★★ 国税・財務・労基★★★ 国家総合職★★★

問 一辺の長さが1の正方形の各辺を4等分し，4等分した点の一つと頂点を，図のように線分で結んだとき，網掛け部分の図形の面積はいくらか。 （国家一般職2018）

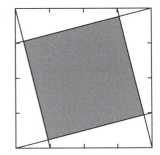

1 ： $\dfrac{9}{17}$

2 ： $\dfrac{7}{13}$

3 ： $\dfrac{10}{17}$

4 ： $\dfrac{8}{13}$

5 ： $\dfrac{11}{17}$

実践 問題 217 の解説

〈図形の計量〉

A～Fの点を右図のように与える。4本の線の引き方から、次のことがわかる。

(1) 網掛けの図形は平行四辺形
(2) △ABC≡△EDF
(3) △ABC∽△ADE

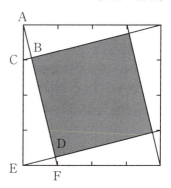

(2)から網掛けの図形の一辺の長さはすべてBDの長さに等しく、(3)から網掛けの図形のすべての角度は90°となる。よって、網掛けの図形は正方形であるとわかる。

ここで、ABの長さをx、BDの長さをyとする。

(3)より、AB：AD＝AC：AE＝1：4であるから、

$x : x+y = 1 : 4$
$x+y = 4x$
$y = 3x$ ……①

となる。

次に、△ADEの面積の4倍と網掛けの正方形の面積の和が、一辺の長さ1の正方形の面積に等しくなることから、方程式を立てると、

$4 \times \frac{1}{2}(x+y) \times x + y^2 = 1$ ……②

となる。さらに、①を②に代入してxを求めると、

$2(x+3x) \times x + (3x)^2 = 1$
$17x^2 = 1$
$x = \frac{1}{\sqrt{17}}$

となる。また、①に代入をして、$y = \frac{3}{\sqrt{17}}$となる。

以上より、網掛け部分の正方形の面積は、

$\frac{3}{\sqrt{17}} \times \frac{3}{\sqrt{17}} = \frac{9}{17}$

である。

よって、正解は肢1である。

正答 1

第2章 SECTION 10 図形
図形の計量

実践 問題 218 応用レベル

問 点Aと点Bの間は20cmで、この2点は固定してある。点Bを中心にして、半径60cmにした円をm、直線ABに垂直な直線をlとする。
直線lの上を移動する点をC、円mの上を移動する点をDとし、線分CDは20cmを保つ。点Cが点Aに近づいていき、点Aに最も近づいたとき、線分ACの長さとして、妥当なものはどれか。 (地上2006)

1 ： $(20\sqrt{5} - 20)$cm
2 ： 30cm
3 ： $20\sqrt{3}$cm
4 ： $(40\sqrt{2} - 20)$cm
5 ： 40cm

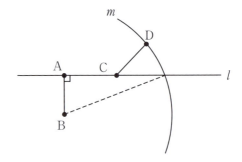

OUTPUT

実践 問題 218 の解説

〈図形の計量〉

　ＣＤの長さが20cmという一定の長さの条件を満たすような円 m 上のＤを考えるとき，Ｃを中心とする半径20cmの円 n を導入して，円 m と円 n の交点をＤとすればよい。

　このとき，円 m と円 n の関係は3通り考えられるが，これらのうちまず，次の2通りについて考える。

(1) 円 m と円 n が2点で交わっているとき　　(2) 円 m と円 n が交わっていないとき

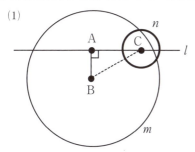 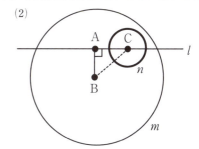

　(1)は，2つの円の交点のうち1つをＤとすればよいが，Ｃは線 l 上をさらに左に移動することができるため，ＡＣの長さが最小にはならず，不適である。
　(2)は，対応するＤを円 m 上で取ることができないため，不適である。
　したがって，ＡＣ間が最小の長さになるのは，(3)の円 m と円 n がＤの1点で接するときである。このとき，Ｄで円 m と円 n は共通接線を持ち，Ｂ，ＣおよびＤは同じ直線上にあることがわかる。

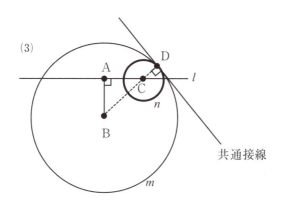

(3)のとき，
　ＢＣ＝ＢＤ－ＣＤ＝60－20＝40（cm）
であるから，△ＡＢＣについて三平方の定理より，ＡＣの長さは，
　ＡＣ＝$\sqrt{BC^2-AB^2}$＝$\sqrt{40^2-20^2}$＝$\sqrt{1600-400}$＝$20\sqrt{3}$（cm）
となる。
　よって，正解は肢３である。

memo

SECTION 10 図形の計量

実践 問題 219 応用レベル

問 図のように，二つの合同な三角柱が直角に交差しているとき，四面体ＡＢＣＤの体積はいくらか。
(国Ⅱ2010)

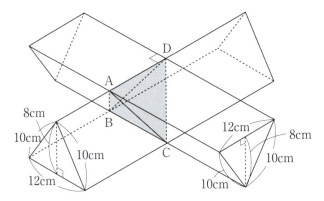

1 ：192cm³
2 ：198cm³
3 ：204cm³
4 ：208cm³
5 ：216cm³

OUTPUT

実践 問題 219 の解説

〈図形の計量〉

BCを通り，なおかつBCを含む面に垂直になるような平面で四面体ABCDを切断する。このとき辺ADの中点を通るように切断されるが，その交点をEとおく。すると，底面を△BCE，高さをAEとする三角すいができる。

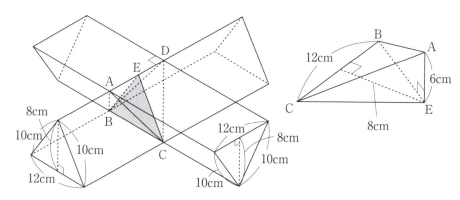

この三角すいの体積は，

$$(12 \times 8 \div 2) \times 6 \times \frac{1}{3} = 96 (\text{cm}^3)$$

である。もう1つできた三角すいD−BCEは合同な立体であるから，やはり体積は96cm³である。したがって，四面体ABCDの体積は，$96 \times 2 = 192 (\text{cm}^3)$である。

よって，正解は肢1である。

正答 **1**

第2章 SECTION 10 図形
図形の計量

実践 問題 220 　応用レベル

頻出度	地上★　　国家一般職★★　　東京都★★　　特別区★
	裁判所職員★★　　国税・財務・労基★★　　国家総合職★★★

問　図のように，半径2の円が四つあり，点A，B，C，Dは各円の中心である。このとき，四つの円が重なり合っている部分の面積はいくらか。

(国家総合職2022)

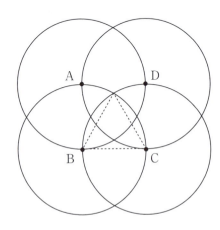

1 ： $\dfrac{16}{3} - \dfrac{4}{3}\pi$

2 ： $-\dfrac{\sqrt{3}}{2} + \dfrac{2}{3}\pi$

3 ： $4 - 4\sqrt{3} + \dfrac{4}{3}\pi$

4 ： $-\dfrac{8}{3} + \dfrac{4}{3}\pi$

5 ： $2 + \sqrt{3} - \dfrac{2}{3}\pi$

実践 問題220 の解説

〈図形の計量〉

まず，四角形ＡＢＣＤは一辺の長さが２の正方形である。この正方形の内部に現れる弧どうしの４つの交点を下の図のようにＥ，Ｆ，Ｇ，Ｈとする。

次に，a を次のように定義する。

- a = 線分ＡＢ，弧ＢＦＥ，弧ＥＡで囲まれた着色部分の面積

このとき，次が成り立つ。

- 線分ＢＣ，弧ＣＧＦ，弧ＦＢで囲まれた部分の面積 = a
- 線分ＣＤ，弧ＤＨＧ，弧ＧＣで囲まれた部分の面積 = a
- 線分ＤＡ，弧ＡＥＨ，弧ＨＤで囲まれた部分の面積 = a

４つの円が重なる部分の面積をＳとし，a の式で表すと，

$$S = 正方形ＡＢＣＤ - 4a = 4(1-a) \quad \cdots\cdots ①$$

である。

最後に，a を求める。△ＢＣＥは一辺の長さが２の正三角形であるから，

- 中心をＢとする扇形ＡＢＥの面積 = $2^2\pi \times \dfrac{30°}{360°} = \dfrac{\pi}{3}$ $\cdots\cdots ②$
- 中心をＣとする扇形ＣＢＥの面積 = $2^2\pi \times \dfrac{60°}{360°} = \dfrac{2}{3}\pi$ $\cdots\cdots ③$
- △ＢＣＥの面積 = $\sqrt{3}$

であるから，

a = 中心をＢとする扇形ＡＢＥの面積 − 線分ＢＥと弧ＢＥで囲まれた部分の面積
$= ② - (③ - △ＢＣＥ)$
$= \dfrac{\pi}{3} - \left(\dfrac{2}{3}\pi - \sqrt{3}\right) = \sqrt{3} - \dfrac{\pi}{3}$

である。①より求めたい面積は，

$$S = 4\left\{1 - \left(\sqrt{3} - \dfrac{\pi}{3}\right)\right\} = 4 - 4\sqrt{3} + \dfrac{4}{3}\pi$$

である。

よって，正解は肢３である。

正答 3

第2章 SECTION 10 図形
図形の計量

実践 問題 221 応用レベル

問 図Ⅰのような一辺の長さが12cmの立方体を，図Ⅱのように正面から円形で，図Ⅲのように上面から正方形で，それぞれ反対側の面まで垂直にくり抜いたとき，残っている立体の体積として，正しいのはどれか。ただし，円周率はπとする。

（東京都2014）

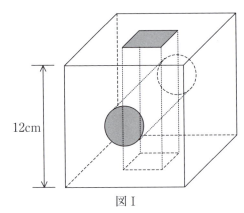

図Ⅰ

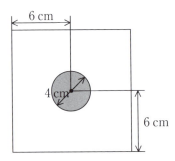

図Ⅱ 正面及び背面から見た図　　図Ⅲ 上面及び底面から見た図

1： $1536 - 20\pi \, cm^3$
2： $1536 - 32\pi \, cm^3$
3： $1572 - 32\pi \, cm^3$
4： $1572 - 48\pi \, cm^3$
5： $1600 - 48\pi \, cm^3$

実践 問題221 の解説

〈図形の計量〉

この立体を正面から見たときの縦穴の位置は次のようになる。

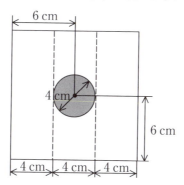

したがって，くり抜かれた立体は次のような形となる。
これより，残っている立体の体積を求めるためには，立方体の体積を求めてから，この立体の体積を引けばよい。

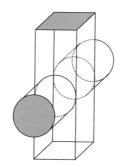

図より，この立体は，底面が1辺の長さが4cmの正方形である高さが12cmの四角柱に，底面が直径4cm（半径2cm）の円である高さ4cmの円柱が2個ついた形である。これより，くり抜かれた立体の体積は，

$(4 \times 4 \times 12) + 2 \times (\pi \times 2^2 \times 4) = 192 + 32\pi$ (cm^3)

となる。以上より，求めたい，残っている立体の体積は，

$12 \times 12 \times 12 - (192 + 32\pi) = 1728 - 192 - 32\pi = 1536 - 32\pi$ (cm^3)

となる。
よって，正解は肢2である。

正答 2

2024-2025年合格目標
公務員試験 本気で合格！ 過去問解きまくり！
②判断推理・図形

2019年11月15日　　第1版　第1刷発行
2023年11月10日　　第5版　第1刷発行

編著者●株式会社　東京リーガルマインド
　　　　LEC総合研究所　公務員試験部

発行所●株式会社　東京リーガルマインド
　　　　〒164-0001　東京都中野区中野4-11-10
　　　　　　　　　アーバンネット中野ビル
　　　　LECコールセンター　　📞 0570-064-464
　　　　　　　　受付時間　平日9：30〜20：00/土・祝10：00〜19：00/日10：00〜18：00
　　　　　　　　※このナビダイヤルは通話料お客様ご負担となります。
　　　　書店様専用受注センター　　TEL 048-999-7581 / FAX 048-999-7591
　　　　　　　　受付時間　平日9：00〜17：00/土・日・祝休み
　　　　www.lec-jp.com/

カバーイラスト●ざしきわらし
印刷・製本●情報印刷株式会社

©2023 TOKYO LEGAL MIND K.K., Printed in Japan　　　　　ISBN978-4-8449-0766-4
複製・頒布を禁じます。
本書の全部または一部を無断で複製・転載等することは，法律で認められた場合を除き，著作者及び出版者の権利侵害になりますので，その場合はあらかじめ弊社あてに許諾をお求めください。
なお，本書は個人の方々の学習目的で使用していただくために販売するものです。弊社と競合する営利目的での使用等は固くお断りいたしております。
落丁・乱丁本は，送料弊社負担にてお取替えいたします。出版部（TEL03-5913-6336）までご連絡ください。

公務員試験攻略はLECにおまかせ！
LEC大卒程度公務員試験 書籍のご紹介

過去問対策

公務員試験 本気で合格！過去問解きまくり！

最新過去問を収録し、最新の試験傾向がわかる過去問題集。入手困難な地方上級の再現問題も収録し、充実した問題数が特長。類似の問題を繰り返し解くことで、知識の定着と解法パターンの習得が図れます。講師が選ぶ「直前復習」で直前期の補強にも使えます。

教養科目

① 数的推理・資料解釈　定価 1,980円
② 判断推理・図形　定価 1,980円
③ 文章理解　定価 1,980円
④ 社会科学　定価 2,090円
⑤ 人文科学Ⅰ　定価 1,980円
⑥ 人文科学Ⅱ　定価 1,980円
⑦ 自然科学Ⅰ　定価 1,980円
⑧ 自然科学Ⅱ　定価 1,980円

専門科目

⑨ 憲法　定価 2,090円
⑩ 民法Ⅰ　定価 2,090円
⑪ 民法Ⅱ　定価 2,090円
⑫ 行政法　定価 2,090円
⑬ ミクロ経済学　定価 1,980円
⑭ マクロ経済学　定価 1,980円
⑮ 政治学　定価 1,980円
⑯ 行政学　定価 1,980円
⑰ 社会学　定価 1,980円
⑱ 財政学　定価 1,980円

（定価は2024-25年版です）

数的処理対策

畑中敦子 数的処理シリーズ

畑中敦子 著

大卒程度
数的推理の大革命！第3版　定価 1,980円
判断推理の新兵器！第3版　定価 1,980円
資料解釈の最前線！第3版　定価 1,540円

高卒程度
天下無敵の数的処理！第3版　定価 各1,650円
① 判断推理・空間把握編　② 数的推理・資料解釈編

「ワニ」の表紙でおなじみ、テクニック満載の初学者向けのシリーズ。LEC秘蔵の地方上級再現問題も多数掲載！ワニの"小太郎"が、楽しく解き進められるよう、皆さんをアシストします。「天下無敵」は数的処理の問題に慣れるための入門用にオススメです！

岡野朋一の算数・数学のマスト

LEC専任講師 岡野朋一 著
定価 1,320円

「小学生のころから算数がキライ」「数的処理って苦手。解ける気がしない」を解決！LEC人気講師が数的推理の苦手意識を払拭！「数学ギライ」から脱出させます！

公務員ガイドブック

1000人の合格者が教える公務員試験合格法

合格者の生の声をもとに、「公務員とは何か」から「公務員試験合格に必要なこと」まで、すべての疑問を解決！データや図表で分かりやすく、本書を読むだけで公務員の全貌を理解できる！

LEC専任講師 岡田淳一郎 監修
定価 1,870円

※価格は、税込(10%)です。

LEC公務員サイト

LEC独自の情報満載の公務員試験サイト！
www.lec-jp.com/koumuin/

ここに来れば「公務員試験の知りたい」のすべてがわかる!!

LINE公式アカウント [LEC公務員]

公務員試験に関する全般的な情報をお届けします！
さらに学習コンテンツを活用して公務員試験対策もできます。

友だち追加はこちらから！

@leckoumuin

❶ **公務員を動画で紹介！「公務員とは？」**
　公務員についてよりわかりやすく動画で解説！

❷ **LINE でかんたん公務員受験相談**
　公務員試験に関する疑問・不明点をトーク画面に送信するだけ！

❸ **復習に活用！「一問一答」**
　公務員試験で出題される科目を○×解答！

❹ **LINE 限定配信！学習動画**
　公務員試験対策に役立つ動画を LINE 限定配信!!

❺ **LINE 登録者限定！オープンチャット**
　同じ公務員を目指す仲間が集う場所

公務員試験 応援サイト 直前対策＆成績診断
www.lec-jp.com/koumuin/juken/

LEC Webサイト ▷▷ www.lec-jp.com/

情報盛りだくさん！

資格を選ぶときも，
講座を選ぶときも，
最新情報でサポートします！

最新情報
各試験の試験日程や法改正情報，対策講座，模擬試験の最新情報を日々更新しています。

資料請求
講座案内など無料でお届けいたします。

受講・受験相談
メールでのご質問を随時受付けております。

よくある質問
LECのシステムから，資格試験についてまで，よくある質問をまとめました。疑問を今すぐ解決したいなら，まずチェック！

書籍・問題集（LEC書籍部）
LECが出版している書籍・問題集・レジュメをこちらで紹介しています。

充実の動画コンテンツ！

ガイダンスや講演会動画，
講義の無料試聴まで
Webで今すぐCheck！

動画視聴OK
パンフレットやWebサイトを見てもわかりづらいところを動画で説明。いつでもすぐに問題解決！

Web無料試聴
講座の第1回目を動画で無料試聴！気になる講義内容をすぐに確認できます。

スマートフォン・タブレットから簡単アクセス！ ▷▷

自慢のメールマガジン配信中！（登録無料）

LEC講師陣が毎週配信！ 最新情報やワンポイントアドバイス、改正ポイントなど合格に必要な知識をメールにて毎週配信。

www.lec-jp.com/mailmaga/

LEC E学習センター

新しい学習メディアの導入や、Web学習の新機軸を発信し続けています。また、LECで販売している講座・書籍などのご注文も、いつでも可能です。

online.lec-jp.com/

LEC電子書籍シリーズ

LECの書籍が電子書籍に！ お使いのスマートフォンやタブレットで、いつでもどこでも学習できます。

※動作環境・機能につきましては、各電子書籍ストアにてご確認ください。

www.lec-jp.com/ebook/

LEC書籍・問題集・レジュメの紹介サイト **LEC書籍部** www.lec-jp.com/system/book/

- LECが出版している書籍・問題集・レジュメをご紹介
- 当サイトから書籍などの直接購入が可能(＊)
- 書籍の内容を確認できる「チラ読み」サービス
- 発行後に判明した誤字等の訂正情報を公開

＊商品をご購入いただく際は、事前に会員登録（無料）が必要です。
＊購入金額の合計・発送する地域によって、別途送料がかかる場合がございます。

※資格試験によっては実施していないサービスがありますので、ご了承ください。

LEC 全国学校案内

＊講座のお問合せ，受講相談は最寄りのLEC各校へ

LEC本校

北海道・東北

札　幌本校　☎011(210)5002
〒060-0004 北海道札幌市中央区北4条西5-1　アスティ45ビル

仙　台本校　☎022(380)7001
〒980-0022 宮城県仙台市青葉区五橋1-1-10　第二河北ビル

関東

渋谷駅前本校　☎03(3464)5001
〒150-0043 東京都渋谷区道玄坂2-6-17　渋東シネタワー

池　袋本校　☎03(3984)5001
〒171-0022 東京都豊島区南池袋1-25-11　第15野萩ビル

水道橋本校　☎03(3265)5001
〒101-0061 東京都千代田区神田三崎町2-2-15　Daiwa三崎町ビル

新宿エルタワー本校　☎03(5325)6001
〒163-1518 東京都新宿区西新宿1-6-1　新宿エルタワー

早稲田本校　☎03(5155)5501
〒162-0045 東京都新宿区馬場下町62　三朝庵ビル

中　野本校　☎03(5913)6005
〒164-0001 東京都中野区中野4-11-10　アーバンネット中野ビル

立　川本校　☎042(524)5001
〒190-0012 東京都立川市曙町1-14-13　立川MKビル

町　田本校　☎042(709)0581
〒194-0013 東京都町田市原町田4-5-8　MIキューブ町田イースト

横　浜本校　☎045(311)5001
〒220-0004 神奈川県横浜市西区北幸2-4-3　北幸GM21ビル

千　葉本校　☎043(222)5009
〒260-0015 千葉県千葉市中央区富士見2-3-1　塚本大千葉ビル

大　宮本校　☎048(740)5501
〒330-0802 埼玉県さいたま市大宮区宮町1-24　大宮GSビル

東海

名古屋駅前本校　☎052(586)5001
〒450-0002 愛知県名古屋市中村区名駅4-6-23　第三堀内ビル

静　岡本校　☎054(255)5001
〒420-0857 静岡県静岡市葵区御幸町3-21　ペガサート

北陸

富　山本校　☎076(443)5810
〒930-0002 富山県富山市新富町2-4-25　カーニープレイス富山

関西

梅田駅前本校　☎06(6374)5001
〒530-0013 大阪府大阪市北区茶屋町1-27　ABC-MART梅田ビル

難波駅前本校　☎06(6646)6911
〒556-0017 大阪府大阪市浪速区湊町1-4-1
大阪シティエアターミナルビル

京都駅前本校　☎075(353)9531
〒600-8216 京都府京都市下京区東洞院通七条下ル2丁目
東塩小路町680-2　木村食品ビル

四条烏丸本校　☎075(353)2531
〒600-8413　京都府京都市下京区烏丸通仏光寺下ル
大政所町680-1　第八長谷ビル

神　戸本校　☎078(325)0511
〒650-0021 兵庫県神戸市中央区三宮町1-1-2　三宮セントラルビル

中国・四国

岡　山本校　☎086(227)5001
〒700-0901 岡山県岡山市北区本町10-22　本町ビル

広　島本校　☎082(511)7001
〒730-0011 広島県広島市中区基町11-13　合人社広島紙屋町アネクス

山　口本校　☎083(921)8911
〒753-0814 山口県山口市吉敷下東 3-4-7　リアライズⅢ

高　松本校　☎087(851)3411
〒760-0023 香川県高松市寿町2-4-20　高松センタービル

松　山本校　☎089(961)1333
〒790-0003 愛媛県松山市三番町7-13-13　ミツネビルディング

九州・沖縄

福　岡本校　☎092(715)5001
〒810-0001 福岡県福岡市中央区天神4-4-11　天神ショッパーズ
福岡

那　覇本校　☎098(867)5001
〒902-0067 沖縄県那覇市安里2-9-10　丸姫産業第2ビル

EYE関西

EYE 大阪本校　☎06(7222)3655
〒530-0013　大阪府大阪市北区茶屋町1-27　ABC-MART梅田ビル

EYE 京都本校　☎075(353)2531
〒600-8413　京都府京都市下京区烏丸通仏光寺下ル
大政所町680-1　第八長谷ビル

【LEC公式サイト】www.lec-jp.com/

スマホから簡単アクセス！

LEC提携校

＊提携校はLECとは別の経営母体が運営をしております。
＊提携校は実施講座およびサービスにおいてLECと異なる部分がございます。

■ 北海道・東北

八戸中央校【提携校】 ☎0178(47)5011
〒031-0035　青森県八戸市寺横町13　第1朋友ビル　新教育センター内

弘前校【提携校】 ☎0172(55)8831
〒036-8093　青森県弘前市城東中央1-5-2
まなびの森　弘前城東予備校内

秋田校【提携校】 ☎018(863)9341
〒010-0964　秋田県秋田市八橋鯲沼町1-60
株式会社アキタシステムマネジメント内

■ 関東

水戸校【提携校】 ☎029(297)6611
〒310-0912　茨城県水戸市見川2-3092-3

所沢校【提携校】 ☎050(6865)6996
〒359-0037　埼玉県所沢市くすのき台3-18-4　所沢K・Sビル
合同会社LPエデュケーション内

東京駅八重洲口校【提携校】 ☎03(3527)9304
〒103-0027　東京都中央区日本橋3-7-7　日本橋アーバンビル
グランデスク内

日本橋校【提携校】 ☎03(6661)1188
〒103-0025　東京都中央区日本橋茅場町2-5-6　日本橋大江戸ビル
株式会社大江戸コンサルタント内

■ 東海

沼津校【提携校】 ☎055(928)4621
〒410-0048　静岡県沼津市新宿町3-15　萩原ビル
M-netパソコンスクール沼津校内

■ 北陸

新潟校【提携校】 ☎025(240)7781
〒950-0901　新潟県新潟市中央区弁天3-2-20　弁天501ビル
株式会社大江戸コンサルタント内

金沢校【提携校】 ☎076(237)3925
〒920-8217　石川県金沢市近岡町845-1　株式会社アイ・アイ・ピー金沢内

福井南校【提携校】 ☎0776(35)8230
〒918-8114　福井県福井市羽水2-701　株式会社ヒューマン・デザイン内

■ 関西

和歌山駅前校【提携校】 ☎073(402)2888
〒640-8342　和歌山県和歌山市友田町2-145
KEG教育センタービル　株式会社KEGキャリア・アカデミー内

■ 中国・四国

松江殿町校【提携校】 ☎0852(31)1661
〒690-0887　島根県松江市殿町517　アルファステイツ殿町
山路イングリッシュスクール内

岩国駅前校【提携校】 ☎0827(23)7424
〒740-0018　山口県岩国市麻里布町1-3-3　岡村ビル　英光学院内

新居浜駅前校【提携校】 ☎0897(32)5356
〒792-0812　愛媛県新居浜市坂井町2-3-8　パルティフジ新居浜駅前店内

■ 九州・沖縄

佐世保駅前校【提携校】 ☎0956(22)8623
〒857-0862　長崎県佐世保市白南風町5-15　智翔館内

日野校【提携校】 ☎0956(48)2239
〒858-0925　長崎県佐世保市椎木町336-1　智翔館日野校内

長崎駅前校【提携校】 ☎095(895)5917
〒850-0057　長崎県長崎市大黒町10-10　KoKoRoビル
minatoコワーキングスペース内

沖縄プラザハウス校【提携校】 ☎098(989)5909
〒904-0023　沖縄県沖縄市久保田3-1-11
プラザハウス　フェアモール　有限会社スキップヒューマンワーク内

※上記は2023年10月1日現在のものです。

書籍の訂正情報について

このたびは，弊社発行書籍をご購入いただき，誠にありがとうございます。
万が一誤りの箇所がございましたら，以下の方法にてご確認ください。

1 訂正情報の確認方法

書籍発行後に判明した訂正情報を順次掲載しております。
下記Webサイトよりご確認ください。

www.lec-jp.com/system/correct/

2 ご連絡方法

上記Webサイトに訂正情報の掲載がない場合は，下記Webサイトの
入力フォームよりご連絡ください。

lec.jp/system/soudan/web.html

フォームのご入力にあたりましては，「Web教材・サービスのご利用について」の
最下部の「ご質問内容」に下記事項をご記載ください。

- ・対象書籍名(○○年版，第○版の記載がある書籍は併せてご記載ください)
- ・ご指摘箇所(具体的にページ数と内容の記載をお願いいたします)

ご連絡期限は，次の改訂版の発行日までとさせていただきます。
また，改訂版を発行しない書籍は，販売終了日までとさせていただきます。

※上記「2ご連絡方法」のフォームをご利用になれない場合は，①書籍名，②発行年月日，③ご指摘箇所，を記載の上，郵送にて下記送付先にご送付ください。確認した上で，内容理解の妨げとなる誤りについては，訂正情報として掲載させていただきます。なお，郵送でご連絡いただいた場合は個別に返信しておりません。

送付先：〒164-0001 東京都中野区中野4-11-10 アーバンネット中野ビル
株式会社東京リーガルマインド 出版部 訂正情報係

- ・誤りの箇所のご連絡以外の書籍の内容に関する質問は受け付けておりません。
  また，書籍の内容に関する解説，受験指導等は一切行っておりませんので，あらかじめご了承ください。
- ・お電話でのお問合せは受け付けておりません。

講座・資料のお問合せ・お申込み

LECコールセンター　☎0570-064-464

受付時間：平日9:30〜20:00/土・祝10:00〜19:00/日10:00〜18:00

※このナビダイヤルの通話料はお客様のご負担となります。
※このナビダイヤルは講座のお申込みや資料のご請求に関するお問合せ専用ですので，書籍の正誤に関するご質問をいただいた場合，上記「2ご連絡方法」のフォームをご案内させていただきます。